미쳐버린 배

걸작
논픽션
024

MADHOUSE
at the END *of the* EARTH

미쳐버린 배

지구 끝의
남극 탐험

줄리언 생크턴 지음

최지수 옮김

글항아리

일러두기

· 본문 하단 각주는 지은이 주다.

· 원서에서 이탤릭체로 강조한 것은 고딕체로 표시했다.

· 본문에서 작은 글자로 부연 설명한 것은 옮긴이 주다.

제스, 마야, 레일라(그리고 수키)를 위하여

프롤로그

⚓

1926년 1월 20일

캔자스주 레번워스

레번워스 교도소 병원의 작은 창에 쳐진 쇠창살 사이로 차갑고 희부연 여명이 비쳐들었다. 16시간의 교대 근무로 녹초가 된 노년의 의사는 책상을 정리한 후 경비원에게 감방으로 돌아갈 준비가 됐다는 신호를 보냈다. 교도소 진료가 종료되자 의사는 수감자 23118번으로 돌아갔다.

의사는 침대 위에 그대로 널브러졌다. 긴 밤이었다. 이례적인 규모의 아편 중독이 온 나라를 휩쓸고 있었다. 의사의 말에 따르면, 해가 진 뒤의 병원 꼭대기 층은 마약 중독자들이 금단의 고통으로 울부짖는 "마약 중독자들의 매드하우스narcotic mad house"가 되었다. 의사가 수감된 감방은 3층짜리 벽돌 건물 안에 있는 채광이 좋은 방이었다. 방 안에는 싱글 침대, 의자, 수도꼭지가 있었고, 벽에는 의사가 만든 자수 그림이 걸려 있었다. 그 방은 시카고 갱스터 빅 팀인 머피(나중에 의사의 친구이자 보호자가 되었다)나 수없이 살인을 저지르고도 반성조차 않던 연쇄살인범(어쩌면 아닐 수도 있지만) 칼 팬즈램을 포함한 교도소 내 다른 수감자들의 방에 비해 훨씬 더 편안했다. 23118번 수감자의 죄목은 이들과는 달랐기 때문이기도 하다. 60세에 들어온 이 남자는 석유 회사 주식과 관련된 폰지 사기 혐의로 징역 14년형을 선고받았다. 수감 생활 3년째인데, 14년형은 유사 범죄에 비하면 과했지만 그의 악명 높은 사기행각에는 적절한 구형이었다.

어렴풋이 기억나는 젊은 시절, 그가 범죄를 저지르기 시작하기 전에는 유명한 북극 탐험가였다. 1908년에 북극을 정복했다는 그의 주장으로 그는 곧 국가적 영웅이 되었지만, 다른 몇 명과 마찬가지로 그 역시 거짓말을 한 것 아니냐는 의심을 받게 되었다.

"그는 세계에서 가장 대단한 사기꾼 중 한 명에 들 것이다"라고 『뉴욕 타임스』는 단언했다. "북극에 처음 갔다는 게 그를 악명 높은 사기꾼으로 만든 유일한 사기는 아닐 것이다."

오후에 간수가 그에게 면회자가 있다고 전했다. 교도소에 수감된 이후로 의사는 친구나 가족의 면회를 일체 거절했다. 하지만 오늘 그를 면회 온 사람은 유일한 예외다. 30여 년 전에 남극 대륙으로 떠난 원정에서 함께한 53세의 노르웨이인 동료다. 의사는 그를 떠올리지 않는 날이 거의 없었다. 한때 극지에서 의사의 견습생이었던 이 노르웨이인은 남극을 정복해 세계에서 가장 위대한 탐험가 중 한 사람이 되었다. 헤드라인을 장식한 그의 공적, 그리고 그 공적이 사실이라는 명백함이 그를 거의 신화적인 존재로 부각시켰다. 그는 미국 전역을 돌며 강연을 했는데, 강연에서 그는 이전 멘토에게 경의를 표하는 발언을 하곤 했다.

이렇게 저명한 탐험가가 레번워스 교도소의 유명 수감자와 면회한다는 소식이 알려지자 기자들은 득달같이 교도소로 몰려들었다. 이 불명예스러운 의사에 대해 지지를 표하며 공개적으로 만나는 건 노르웨이인 자신의 평판에 위협이 될 수도 있었다. 하지만 그 면회는 단순히 도움을 필요로 하는 오랜 친구에 대한 연민에서 나온 행동이 아니었다. 전 지구가 탐내던 지역을 먼저 갖겠다는 하나의 열망으로 싸우던 그 몇 년으로 돌아가는 시간이었다. 마음속에서 활활 타오르던 불길이 그를 태워버렸다. 그저 생존만이 전부였던 단조로운 생활에서 무언가를 배웠던, 그리고 그를 온전히 이해해주던 의사와 같은 몇 안 되는 친구마저 없어진 그는 점점 더 괴롭고 편집증적인 사람이 되어 있었다. 무엇보다 노르웨이인은 자신의 생명을 구한 사람을 만나게 되어 영광이라고 생각하고 있었다.

둘의 운명은 마지막으로 헤어진 후부터 극적으로 엇갈렸고, 달라진 운명은 서로의 얼굴에 고스란히 드러나 있었다. 교도소 생활은 의사에게서 생기와 활력을 앗아갔다. 그의 청회색 눈에선 열정이 사라져 있었고, 한때 풍성했던 머리카락은 숱이 많이 줄었으며, 안 그래도 큰 코는 더 커져 있었다. 하지만 그가 금니를 드러내며 환한 미소를 짓자, 젊은 시절의 모습이 번득였다.

노르웨이인은 의사 앞에 섰다. 의사는 노르웨이인의 모습을 "구릿빛에, 극지방의 눈에 그을린 피부, 깊은 주름, 그리고 상대의 기분을 좋게 하는 상쾌한 활력이 있었다. 내가 옥살이 하는 동안 그는 영광의 정점에 있었다. (…) 처음에는 비참했지만, 곧 따스한 우정이 모든 벽을 허물어뜨렸다. 마치 형제 같았다"고 회상했다.

둘은 서로의 손을 잡은 채 놓을 줄 몰랐다. 사람들이 대화 내용을 듣지 못하게 하고자 의사가 "벨지카 말"이라 부르던 언어로 말하기 시작했다. 벨지카호는 남극으로 가는 첫 여행에서 둘 모두의 인생 전성기에 탔던 배 이름이다. 과학자, 장교, 선원들은 당시 프랑스어, 네덜란드어, 노르웨이어, 독일어, 폴란드어, 영어, 루마니아어, 라틴어 등 여러 언어를 썼는데, 그야말로 바벨탑의 언어 혼란이 따로 없었다. 항해는 추위와 어둠이 인간의 영혼을 어떻게 파괴시킬 수 있는지 알게 해줬다. 의사는 이때부터 태양신을 숭배하기 시작했다. 지금과 같은 쇠창살과 자물쇠는 아니지만 그때도 그는 끝없이 펼쳐진 얼음 속에 갇힌 죄수였다. 그리고 그때도 그는 밤마다 비명을 들었다.

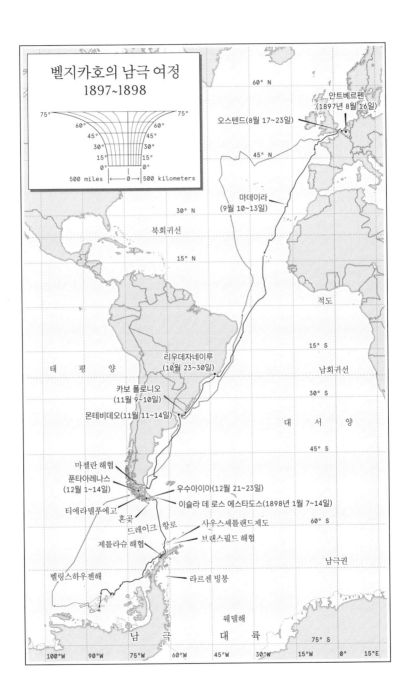

벨지카호의 남극 여정
1897~1898

500 miles ←→ 0 →│ 500 kilometers

안트베르펜
(1897년 8월 16일)

오스텐드(8월 17~23일)

마데이라
(9월 10~13일)

60° N

45° N

30° N

북회귀선

15° N

적도

15° S

리우데자네이루
(10월 23~30일)

남회귀선

태   평   양

카보 폴로니오
(11월 9~10일)

30° S

몬테비데오(11월 11~14일)

대   서   양

45° S

마젤란 해협

푼타아레나스
(12월 1~14일)

우수아이아(12월 21~23일)

티에라델푸에고

이슬라 데 로스 에스타도스(1898년 1월 7~14일)

혼곶

사우스셰틀랜드제도

60° S

드레이크 항로

브랜스필드 해협

제를라슈 해협

벨링스하우젠해

라르센 빙붕

남극권

웨델해

남   극   대   륙

75° S

100°W   90°W   75°W   60°W   45°W   30°W   15°W   0°   15°E

제를라슈 해협의 발견
1898년 1월 23일부터
2월 12일

오귀스트섬
(첫 상륙)

브라반트섬

앙베르섬

당코 해안

레네드섬
(마지막 상륙)

62°S

사우스셰틀랜드
제도

64°S 제를라슈 해협

브랜스필드 해협

남극권

66°S

라르센
빙붕

그레이엄 랜드

68°S

웨델해

벨 링 스 하 우 젠 해

70°S

72°S

100°W   90°W   80°W   70°W   60°W

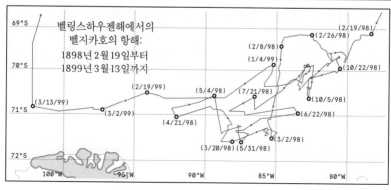

69°S

벨링스하우젠해에서의
벨지카호의 항해:
1898년 2월 19일부터
1899년 3월 13일까지

(2/19/98)
(2/26/98)
(2/8/98)
(1/4/99)
(10/22/98)

70°S

(2/19/99)
(5/4/98)
(7/21/98)
(10/5/98)

(3/13/99)
(3/2/99)
(4/21/98)
(6/22/98)

71°S

(3/20/98) (5/31/98)
(3/2/98)

72°S

100°W   95°W   90°W   85°W   80°W

차례

제1부

때때로 과학은 탐험을 떠나는 핑계가 된다.
하지만 드물게는 이유가 되기도 한다.

조지 레이 맬러리

제1장
"벨기에라고 왜 못 해?"

⚓

1897년 8월 16일

안트베르펜에서

스켈트강은 프랑스 북부에서부터 벨기에를 가로지르며 완만하게 흐르다가, 바다를 향해 떠나기 딱 알맞은 정도로 깊고 넓게 펼쳐지는 안트베르펜 항구에서 서쪽으로 급격히 물살을 튼다. 구름 한 점 없는 어느 여름날 아침, 2만 명도 넘는 인파가 도시 강가를 따라 모여 서서 벨지카호의 출항을 벅찬 마음으로 바라보며 환호했다. 메탈그레이 컬러로 새 단장을 한 113피트짜리 돛대 세 개를 달고 화력 엔진으로 움직이는 이 증기선은 미지의 해안을 탐사하여 식물, 동물, 지질학 데이터를 수집하기 위해 남극 대륙을 향해 출발했다. 물론 이렇게 많은 사람이 모여든 건 정작 과학적 탐사에 대한 기대보다는 순전히 애국심 때문이었다. 벨기에. 67년 전 네덜란드로부터 독립해, 많은 시민보다 더 늦게 탄생한 지 얼마 안 된 이 작고 젊은 나라 벨기에가 인류 탐사의 새로운 개척지에 깃발을 꽂으러 가는 순간이었으니 말이다.

　오전 10시, 배는 닻을 올리고 속도를 높여 북해를 향해 출항했다. 배에 가득 실은 석탄, 식량, 장비 등 화물 무게 때문에 배는 수면 위로 1.5미터밖에 올라와 있지 않았다. 벨지카호는 정부 관료들, 축하 인파, 언론 취재단이 각각 타고 있는 요트들 사이로 미끄러져 나아갔다. 해안을 따라 깃발들을 꽂고 늘어서 있는 타운하우스도 지나고, 하늘을 찌를 듯이 우뚝 솟은 화려한 고딕 양식의 대성당도 지나고, 중세 시대의 흔적을 간직한 요새 헷 스틴도 지났다. 군악대는 작지만 위대한 벨기에의 국가 「브라반트의 행진곡」을 웅장하게 연주했다. 강의 양안에서는 축포가 발사되었다. 전 세계에서 모여든 배들은 뱃고동을 울리고 검정, 노랑, 빨강으로 구성된 벨기에 국기를 게양했다. 벨지카호가 지나가자 군중 사이로 환호성이 울려퍼졌다. 온 도시가 전율하는 듯했다.

　깃발, 모자, 손수건이 휘날리고 환호성으로 가득한 바다를 배의 고물에서 돌아보고 있는 사람은 바로 서른한 살의 사령관 아드리앵 드 제를라슈 드 고메리였다. 그는 얼굴에 감정을 별로 드러내지 않았으나 그윽한 눈빛에서는 분명 열정이 불타오르고 있었다. 콧수염, 턱수염, 넥타이 매듭에 이르기까지 이 순간을 위해 세심하게 신경 쓴 것이 보였다. 사령관의 짙은 색 더블 코트는 벨기에의 8월 아침 날씨에는 꽤 덥고, 세상의 끝을 항해하기에는 또 너무 추울 터였지만, 역사적인 순간을 빛내주기에는 적절한 차림이었다. 환호 속에서 그는 간간이 가죽 챙에 문장 표식이 박혀 있는 벨지카 모자를 벗어 들고 기뻐하는 군중을 향해 손을 흔들곤 했다. 이 환호성을 얼마나 갈망해왔던가. 그에게 이날의 출항은 마치 결승선을 끊는 기분이었다. 그는 이 순간을 이렇게 묘사했다. "당시 내 마음은 이미 목표를 달성한 사람의 마음과 같았다."

정말 그랬다. 이날의 출항은 그의 개인적인 목표 달성의 순간이기도 했다. 그날 아침 많은 사람이 절절한 애국심을 보여주긴 했지만 벨기에의 이 남극 탐험은 어찌 보면 국가적인 노력이 맺은 결실이라기보다는 아드리앵 드 제를라슈의 확고한 의지가 관철된 결과이기도 했기 때문이다. 그는 3년도 넘게 이 탐험을 계획했고, 인력을 배치했으며, 필요한 기금을 모았다. 그는 결단력만으로 회의주의자들의 반대를 이겨 냈고, 기꺼이 돈을 투자하게 만들었으며, 정부 지원을 받아냈다. 목적지까지는 1만 마일이나 남아 있었지만, 이미 출발부터 그는 영광스러운 기분을 누리고 있었던 것이다. 하지만 황홀한 감정과 동료들의 헹가래에 이것이 미리 끌어다 쓰는 영광의 순간이라는 걸 잠시 잊었다. 사실 진정한 영광의 순간을 맞이하려면 지구상에서 가장 험난한 환경 중 하나, 인간이 살기엔 너무 험난해 그 누구도 몇 시간 이상을 보낸 적 없는 남극 대륙에서 살아 돌아와야만 하기 때문이었다.

벨기에와 네덜란드의 국경은 안트베르펜의 서북쪽으로 12마일 떨어져 있는 스켈트강을 가로지르고 있다. 이 국경을 건너기 전, 벨지카호는 잠시 리프 켄쇼크 부두에 정박했다. 갑판 위와 선박 주변의 요트 위는 아직 흥분이 가라앉지 않은 상태였고, 선원들은 부두에서 내려 다이너마이트보다 더 강하다는 폭발물 0.5톤을 배에 싣느라 부두와 벨지카호를 부지런히 오갔다. 사령관에게는 화물칸에 실린 폭발물 상자들이 일종의 보험이었다. 사실 아드리앵은 남극의 빙하에서 뭘 찾을 수 있을지 알 수 없었고, 그저 19세기까지 인류가 들어가지 못했으므로 조심스럽게 접근해야 한다는 것만 생각했다. 그는 배가 부서질 여러 상황을 미리 상상해두었다. 빙산이나 미지의 암초에 난파될 수도 있다. 하지만 가장 무서운 건, 얼음 더미에 갇히고 압력을 받아 부서지거나 언제 구출될지 모르는 부하들이 배 안에서 전부 굶어 죽는 상황이었다. 북극해에서 수많은 원정대가 그런 운명을 맞이했다. 아드리앵은 이 0.5톤의 뇌약이 해빙에 갇혔을 때 빠져나오게 해줄 거라고 믿었다. 하지만 남극 대륙의 위력을 과소평가한 첫 실책이었다. 사실 마지막 실책이었어야 했다.

선원들이 배에 폭발물을 싣는 동안 고위급 인사들이 환송 요트에서 내려 벨지카호로 올라와, 드 제를라슈와 부하들에게 행운을 빌어주었다. 드 제를라슈 사령관은 군중 앞에서보다는 바다 위에서 이런 인사들을 대하기가 훨씬 더 편했다. 지난 3년간 이런 사람들을 만나러 다니느라 힘이 좀 들었기 때문이다. 남극에서 보낼 시간보다 남극으로 떠날 자금을 찾는 데 훨씬 더 많은 시간을 보낸 게 사실이었다. 남극 탐험을 후원한 정부 장관들, 부유층 후원자들, 벨기에 왕립 지리학회의 나이 든 학자들과 인사를 나누며 이들에게 영광을 안겨주어야 한다는 의무감 때문에 어깨가 무거웠다. 드 제를라슈에게는 얼어붙은 대륙보다 이들이 결과에 대해 가할 심판이 더 두려웠다.

임무에 실패하고 돌아오면 아마 전 국민의 실망감을 견뎌내야 할 것이다. 게다가 드 제를라슈의 가문에도 불명예가 될 게 뻔했다. 드 제를라슈 가문은 벨기에에서 무려 14세기부터 대대로 뿌리 내려온 귀족 집안이다. 아드리앵의 친척인 에티앙콘스탕틴 드 제를라슈는 벨기에 국가 창설자의 일원이고, 헌법의 주 창시자이자 초대 총리였다(물론 임기는 11일에 불과했지만). 아드리앵의 아버지와 할아버지 모두 장교를 지냈고, 훈장을 받았다. 사람들은 드 제를라슈 집안이 가진 힘에 기대를 걸었다. 아드리앵의 가족들도 언론과 벨기에 상류층 모임에서 아드리앵의 남극 프로젝트를 지지하는 발언을 하며 성공을 기원했다. 하지만 이는 아드리앵 사령관에게 압박감만 더 안겨줄 뿐이었다.

아드리앵의 부모님, 여동생, 그리고 전도유망한 군 중위였던 남동생도 벨지카호에 탑승했고, 고위급 인사들이 각자 요트로 돌아간 후에도 배에서 내리지 않고 있었다. 요트로 돌아가지 않아도 되었던 유일한 후원자는 사교계 명사인 레오니 오스테릿이었다. 안트베르펜의 저명한 무역가의 미망인이자 몸집이 풍만한 54세의 레오니는 드 제를라슈를 마치 자기 아들처럼 대했다. 드 제를라슈 역시 레오니를 "어머니 오스테릿"이라 부르며 따랐고, 그녀를 가장 신뢰하는 친구로 여겼다(물론 드 제를라슈의 탐험에 돈을 아낌없이 쏟아붓는 레오니를 두고 다른 남정네들은 "Mère Antarctique"라고 불렀는데, 이는 "남극 바다"라는 뜻이지만 동시에 "남극 어머니"와 동음이기도 하다). 헤어져야 할 시간이 되자, 귀족 신분인 아드리앵의 아버지 오귀스트는 과학자부터 가장 계급이 낮은 갑판원까지 원정대 식구들을 한 명 한 명 포옹해주며, 떨리는 목소리로 그들 모두를 "사랑하는 자녀들"이라고 불렀다. 어머니 에마는 마치 다시는 맏아들을 보지 못하리라는 예감이라도 한 듯, 흐느껴

울기만 했다. 28세로 땅딸막한 체구에 저돌적인 조르주 르콩트 벨지카
호 선장은 자신과 다른 모든 사람이 아드리앵을 위해 충성을 다할 것
이라고 아드리앵의 어머니에게 맹세했다. 그는 맹세를 함부로 하는 사
람이 아니었다. 르콩트 선장은 이어서 대원들에게 "마담 드 제를라슈
만세!"를 세 번 외치자고 했다. 세 번째 외침의 울림이 갑판에서 채 사
라지기도 전에 선장은 선원들에게 지시를 내렸다.

"이제 다들 위치로!"

드 제를라슈의 가족들도 배에서 내려 '브라보'라는 이름의 요트를 타
고 안트베르펜으로 돌아갔다. 아드리앵은 벨지카의 갑판에 선 채 모자
를 흔들며 눈물이 핑 도는 것을 간신히 참았다. 목격자의 말에 따르면,
"그의 얼굴에는 격렬한 감정이 요동치고 있었다".

"벨기에 만세 Vive la Belgique!" 아드리앵은 요트 브라보가 떠나는 걸
보며 배 위에서 소리쳤다. 그는 곧 곡예사처럼 민첩하게 뱃머리로 올
라갔다. 망대까지 15초도 채 걸리지 않았다. 그러고는 사랑하는 사람
들이 탄 요트가 강변 너머로 사라질 때까지 모자를 계속 흔들어댔다.

아드리앵은 벨기에 밖에선 살아본 적이 없었다. 하지만 배에선 마치
집처럼 편안함을 느꼈다. 그는 1866년 8월 2일 벨기에 하셀트에서 태
어났다. 형제, 아버지, 할아버지, 그리고 이전의 드 제를라슈 가문의 조
상들과 달리, 아드리앵은 군인이 되는 것에 관심이 없었다. 그는 평화

주의자였고 바다에서의 삶을 꿈꿨다. 1830년 혁명으로 네덜란드에서 분리 독립한 이후 해군은 사실상 존재하지 않는 것이나 다름없는 데다 상선도 있으나 마나 한, 해변 길이가 고작 40마일에 불과한 벨기에 소년들이 흔히 품는 꿈은 아니었다.

어린 시절 그는 다른 남자아이들처럼 전쟁놀이를 하며 놀지 않았다. 대신 혼자서 몇 시간이고 앉아 복잡하게 생긴 축소 모형 선박들을 만들곤 했다. 그중 가장 멋진 것은 기능성 장비를 갖춘 범선이었는데, 그를 아끼던 어머니의 도움을 받아 겨우내 매달려 완성한 것이었다. 범선이 완성되었을 때, 그는 집 근처 해안가에 배를 띄우고, 바람에 돛이 휘날리는 걸 자랑스레 바라보며 활짝 웃었다. 하지만 곧 물살이 배를 휘감았고, 댐 너머로 배가 쓸려가는 걸 무력하게 바라볼 수밖에 없었다. 아드리앵이 케임브리어라고 이름 붙인 이 배는 그가 처음으로 몰아본 배이자 첫 난파선이었다.

그러나 이 가슴 아픈 사건도 바다를 향한 그의 야망을 꺾진 못했다. 처음에 가족들은 사춘기의 충동적인 열정으로 생각했지만 시간이 지나면서 바다에 대한 그의 집착은 점점 더 대담한 행동으로 이어졌다. 16세에는 브뤼셀 자유대학에 입학해 뛰어난 성적을 올렸다. 하지만 여름 방학이 되자, 안트베르펜에서 뉴욕이나 필라델피아 등지로 항해하는 대서양 횡단 선박의 견습 선원으로 들어가 일을 했다.

아버지 콜로넬 오귀스트 드 제를라슈 대령은 아드리앵이 선택한 직업을 못마땅해했다. 아들의 사회적 계급과 그동안 받아온 교육에 합당치 않은 일이라고 여겼기 때문이다. 아들이 갑판을 닦고, 밧줄 더미 위에서 잠자고, 돌처럼 딱딱한 선원용 건빵을 먹고, 풋내기 선원들의 시시껄렁한 농담이나 들을 걸 상상하면 괴로웠다. 그는 아들에게 사회에서 더 존경받을 수 있는 직업을 찾아보라고 말했지만, 육지에서의 삶이 아들을 불행하게 만든다는 걸 금세 알아차렸다. "집에 돌아오자마자 오빠는 향수병에 걸렸어요." 아드리앵의 여동생 루이즈는 그때 일을 회상했다. "오빠는 오로지 아버지에 대한 순종과 의무감 때문에 공학을 배우기 시작했어요. 그러자 건강이 곧 심하게 악화되었고, 몹시 우울해했죠. 오빠는 선원과 항해자가 가진 특유의 눈빛을 하고 있었어요. 마주보고 있는데도 그 눈빛은 마치 아득히 먼 무한한 창공을 바라보는 것 같았죠."

아버지는 결국 두 손 들었고 아들이 벨기에 해군에 들어가는 걸 허락했다. 아드리앵은 아버지의 믿음이 합당하다는 걸 증명해 보이겠다며 더 열심히 일했다. 해군 지도자들은 아드리앵이 선박에 대한 친화력을 타고났고, 바람과 조류를 읽어내는 재능이 있다고 말했다. 드 제를라슈가 입고 있던 헐렁한 선원용 정복과 오버사이즈 방수모는 곧 단정한 장교 제복이 되었다. 그는 단기간에 벨기에 최고의 해군 유망주 중 한 명이 되었다. 물론 벨기에 해군이 하는 일이라봐야 고작 북해에서 연락선 관리 감독을 하는 것이라 무슨 엄청난 의미가 있었던 건 아니다. 그래서 드 제를라슈는 선장이 되는 데 필요한 경험을 쌓기 위해 다른 나라 선박에서 복무할 수밖에 없었다. 그 과정에서 그는 바다의 경이로움을 느꼈다. 혼곳을 돌아 샌프란시스코로 가던 항해에서 그가 타고 있던 영국 선박 크레이기 번은 티에라델푸에고 앞바다에서 거센 바람에 휩쓸리다 암초에 부딪혀 난파되고 말았다. 아드리앵의 두 번째 난파선이었다.

이후 몇 년간은 네덜란드 원양 선박에서 일했고, 그사이 아드리앵은 중위로 진급해 벨기에 오스텐드 항구와 영국 도버 항구 간 연락선 노선을 맡게 되었다. 1890년, 아드리앵은 임무 수행 중에 런던으로 가는 벨기에 국왕을 처음 만나게 되었다. 키가 크고 거만하며, 매부리코에 회색 수염을 기른 레오폴드 2세는 아드리앵에게 관심을 가졌다. 드 제를라슈 가문과 그의 재능이 익히 알려져 있었기 때문이다. 왕은 함교 위에서 23세의 해군 중위 아드리앵을 불렀다. 벨기에를 위해 봉사하는 것이 기쁜가? 왕이 물었다. 아드리앵은 젊음의 패기로 답했다. "물론입니다, 폐하." 그가 말했다. "항해만 하는 것이 다소 단조롭긴 하지만, 현재 우리 실정이 그러하니 선택의 여지가 없습니다."

벨기에 해군의 존재감이 없다는 게 국가의 수치라고 여기던 레오폴드 왕은 드 제를라슈의 솔직함에 놀랐다.

"맞는 말이다." 왕이 말했다. "아직까지는."

이후 얼마 지나지 않아, 아드리앵은 벨기에의 식민지가 아니라 레오폴드 국왕이 개발을 위해 자신의 사유재산이라고 주장하는 약 100만 제곱마일에 이르는 중앙아프리카의 한 구역인 콩고 공화국의 강 체계를 해도로 만들라는 제안을 받게 되었다. 이 임무는 아드리앵을 조지프 콘래드의 소설 『어둠의 심연』에 나오는 커츠와 말로가 그랬던 것처럼 미지의 세계로 매혹했을 것이고, 레오폴드 국왕의 환심을 사서 자신의 경력에 엄청난 이점을 얻을 수 있을 것이었다.

하지만 아드리앵은 반대로 왕의 신경을 거슬리게 할 수도 있을 거란 판단에 제안을 거절했다. 게다가 담수 항법이나 콩고에는 관심이 없었고, 더 추운 지방으로의 항해를 이미 계획 중이었기 때문이다.

서구의 탐험가들은 주로 아프리카, 남아메리카, 중앙아시아 등 세계의 광활한 지역들을 여전히 개척 중이었는데, 그중에서도 남극 대륙은 인류에게 미지의 세계로 남아 있었다. 북아메리카보다 더 넓은, 이 지구의 최남단 대륙은 1820년 그 존재가 처음 알려진 이래로 소수의 탐험가, 일부 포경선, 물범 사냥꾼들의 손으로 그려진 몇 개의 해안선 말고는 세계 지도에서 공백으로 표시되어 있었다. 그 공백 안에 무엇이 있는지는 아무도 알지 못했다. 광활한 바다가 더 펼쳐져 있는지, 얼음으로 뒤덮인 대양이 있는지, 아니면 넓고 단단한 땅이 있는지 아직 확인되지 않았다. 남극은 지리적으로 마지막 남은 미지의 영역이었다.

남위 70도선을 넘어 더 남쪽으로 전진한 원정대는 그때까지 단 세 팀뿐이었다. 남극 여행은 위험할 뿐 아니라 비용도 많이 들어, 마지막 원정대 이후로 반세기나 지나버렸다. 세계지리학회에서는 남극 탐험의 시대가 다시 왔다는 데 다들 공감하고 있었다. 여기에 드 제를라슈가 남극 탐험에 대해 품고 있던 열망을 풀어보기로 결정한 것이다. 1891년, 스웨덴인 탐험가 아돌프 에리크 노르덴스키월드 남작이 남극 탐험을 계획 중이라는 소식을 들은 드 제를라슈는 거기에 지원한 후 벨기에 정부에 자금 지원을 요청했다. 하지만 벨기에 정부로부터는 아무 소식이 없었다. 다른 사람이라면 낙담했겠지만, 25세의 젊은 중위는 오히려 기회로 여겼다. 남작의 계획이 실패로 돌아가고, 아무도 그

일을 맡으러 나서지 않았을 때 아드리앵의 마음속에 있던 아이디어가 꽃피우게 된 것이다. 아드리앵은 남작에 비하면 상대적으로 경험이 없었지만, 자기 자신과 벨기에에 영광을 안겨줄 원정대를 직접 꾸리기로 했다. "왜 나여야 하는가?" "왜 벨기에여야 하는가?"라는 질문은 그에게 문제 되지 않았던 것 같다. 오히려 반대로 "나라고 왜 못 해?" "벨기에라고 왜 못 해?"라고 생각한 것이다.

다만 한 가지, 비용 문제가 남아 있었다. 아드리앵은 다년간의 항해에 필요한 자금을 조달하기 위해 벨기에 정부와 국민에게 남극 항해의 가치와 자기 자신의 가치를 납득시켜야만 했다. 그러려면 한때 그가 열심히 만들던 모형 배처럼 정교하게 짜인 설득을 해야 했다.

그는 검증되지 않은 소년의 환상쯤으로 치부될 우려가 있는 계획에 정부가 기회를 주는 걸 망설이는 입장을 충분히 이해했다. 이에 애국심에 호소하기로 했다. 유럽 전역에 불어닥친 민족주의 바람을 감지한 아드리앵은 민첩한 항해사답게 그러한 사회 분위기를 이용했다. 독립한 지 얼마 안 된 벨기에가 지구 남극단에서 국기를 자랑스럽게 휘날리며 세계 언론에 보도될 것이라는 주장은 원정대를 꾸리기에 더할 나위 없는 주장이었다.

또 이 젊은 중위는 자신의 계획에 자금을 조달하게끔 만드는 가장 효과적인 방법은 바로 단순한 탐험이 아닌, 과학적 탐험으로 틀을 짜는 것이라고 생각했다. 19세기에는 여러 유럽 국가가 세계적 영향력을 넓히고 내수 산업을 뒷받침할 자원을 제공해줄 영토를 식민지화하는 데 혈안이 되어 탐험 열풍이 불던 시기였다. 게다가 탐사의 정당성은 세기를 거듭할수록 진화해갔다. 탐험가라는 직업은 선원, 군인, 상인, 선교사와 함께 찰스 다윈이나 알렉산더 폰 훔볼트와 같은 자연과학자의 대열에 서게 되었다. 동식물학, 지질학, 인구학적 데이터가 과거 금이나 향신료, 값싼 노동력처럼 탐나는 상품이 되었기 때문이다. 서방 국가들은 세계 여러 곳을 정복해 이 데이터를 얻으려고 노력했다. 유럽과 미국의 지리학회에서는 과학적 발전과 국가가 마음껏 뽐내도 되는 우승 트로피를 차지하기 위해 열을 올렸다. 그러는 와중에 귀한 천연자원이 발견되면 더 좋은 일이었다.* 비록 아드리앵도 과학을 수단으로 삼긴 했으나, 몇몇 존경받는 벨기에 학자들에게 진지하게 조언을 얻으러 다녔다. 학자들은 그의 가문에 대해서는 알고 있어도 아드리앵은 알지 못했다. 그럼에도 불구하고 아드리앵은 자신의 남극 계획에 대한 열정을 피력했다. 학자들의 도움으로 그는 1894년 말, 벨기에 정부의 지원금을 받는 일과 벨기에의 이름을 걸고 할 수 있는 탐험에 대한 내용으로 브뤼셀의 벨기에 왕립 지리학회에 제출할 긴 제안서를 작성했다. 깔끔한 필체로 쓰인 이 제안서는 열정 넘치는 성실한 학생이 작성한 듯했다. 사회에서 자신의 경험 부족과 젊은 나이를 꺼릴 수 있다는 점을 충분히 이해한 그는 개인의 열정보다는 일인칭 복수형인 '우리' 왕실이라는 주어를 반복적으로 써서 더 큰 스케일로 비치려고 노력하기도 했다. "극지에 대한 지식과 관련된 모든 것에 거부할 수 없는 매력을 느껴온 우리 왕실이 남극해 탐사를 위한 벨기에 원정대를

---

* 과학은 당시 식민지 개척과 이윤 추구 탐사를 위한 구실로 자주 거론되곤 했다. 실제로 레오폴드 2세 국왕은 콩고에 대한 가혹한 착취 행위를 과학적 소명이라고 주장하기도 했다.

조직하는 일이 가능하지 않은 것은 아닐지 자문했다.”

지리학회는 브뤼셀 중심에 있는 신고전주의 양식으로 웅장하게 지어진 학회 건물에서 제안서를 발표할 수 있도록 아드리앵을 초대했다. 1895년 1월 9일, 28세의 청년 드 제를라슈는 벨기에 과학계에서 자신의 프로젝트를 상세히 설명했다. 그는 과학적으로 아직 미지의 영역으로 남아 있는 극지 탐사에 세계가 오랫동안 꾸준히 매달려왔고, 그해에는 네 곳도 채 안 되는 팀만이 극지를 두고 경쟁 중이라고 주장했다. 그리고 자신이 계획한 광범위한 과학 탐사 프로그램을 설명하기 시작했다. 무엇보다 동식물학, 해양학, 기상학 데이터를 수집하겠다고 주장했다. 지구의 자기장을 측정하기 위한, 당시엔 잘 알려지지 않은 남극광을 연구하기 위한 것이라고도 했다. 그러면서 아드리앵은 남극 반도 끝에서 지구 반대편의 빅토리아랜드에 이르는 해안선을 그렸다. 빅토리아랜드는 약 50년 전 용감한 영국인 항해사 제임스 클라크 로스가 당시 최남단이었던 남위 78°09′를 기록한 곳이다.

아드리앵이 제안한 탐사는 약 2년이 소요될 것이었다. 1896년 9월에 출발하면 12월 초쯤 남극에 도달하고, 이듬해 중반까지 남극 항로를 따라 탐험하는 계획이었다. 그러고는 호주로 가서 추운 겨울(북반구는 여름일 때)이 지나길 기다렸다가 봄에 해빙이 어느 정도 녹고 나면 남극으로 돌아가는 것이다. 그때까지는 해빙이 굳어지고 몇 주 동안 태양조차 뜨지 않는 남극권의 겨울을 목격한 사람이 아무도 없었다. 아드리앵도 남극의 겨울을 목격할 계획은 없었으나, 제대로 된 배를 타고 간다면 이전보다 더 멀리 빙하 사이로 가볼 수 있을 거라는 희망을 품고는 있었다.

그가 설명을 마치자, 강당은 박수로 가득했다. 아드리앵의 대담함과 젊음의 패기에 감동한 과학자들은 벨기에 남극 탐사에 확실한 지지 의사를 보였다.

아드리앵은 역사에 남기 위해, 그리고 아버지에게 자신의 항해의 꿈이 허황된 것이 아님을 증명하기 위해 "최초"라는 기록을 가지고 돌아와야만 했다. 극지 탐사는 오랫동안 영웅적인 업적으로 간주되어왔다. 왜냐하면 가장 높은 위도에 가야 하고, 가장 낮은 온도를 견뎌야 하며, 가장 긴 거리를 가야 하기 때문이다. 그러한 성취는 대중을 흥분시키며, 미지의 세계로 진출해보고자 하는 인간 마음속 깊은 곳의 욕망을 채워주었다.

아드리앵은 자문을 제공해준 학자들과 함께 극지 탐사의 목표를 정했다. 학자들은 특별히 아드리앵이 제안한 연구 주제에 관심이 있었다. 천문학자 샤를 라그랑주는 "이걸 고려한다는 것 자체만으로도 이 탐사에 의미를 부여하기에 충분할 것"이라고 주장하기도 했다. 라그랑주는 1841년 로스가 실패한 남극 탐사가 "역사를 새로 쓸 것"이라고 말하기도 했다.

남자극점the South Magnetic Pole은 위도 75도 부근으로 알려져 있었다.*

---

* 남자극점은 남반구에서 지구 자기장의 선이 수직 상공으로 향하는 지점을 말한다. 전 방향의 자오선이 이 점에서 만난다. 모든 방향이 북쪽인 지점인 위도 90도의 지리상의 남극과 혼동해서는 안 된다. 남자극점과 북자극점은 지구의 내핵 주변을 흐르며 도는 액체 상태의 철 때문에 계속해서 변화한다.

남자극점의 정확한 위치를 정하면 향후 항해사들이 나침반 판독을 더 정확히 할 수 있었다. 따라서 결정적인 업적이 될 수도 있었다. 아드리앵은 계획을 수정했다. 뉴질랜드 바로 남쪽에 있는 빅토리아랜드에 겨울 캠프를 만들기 위해, 그리고 봄을 알리는 신호가 나타나기 무섭게 남자극점으로 돌진하기 위해, 4명으로 구성된 상륙 팀을 따로 꾸리기로 했다.

지리학회의 검증이 이보다 더 적기일 순 없었다. 불과 6개월 후인 1895년 7월 세계지리학회의 학술대회인 제6차 국제 지리 학술대회가 런던에서 개최되었고, 거기서 남극 탐사가 세계에서 가장 시급한 우선순위라는 데 뜻을 모았다. 이 회의의 공식 보고서에서는 "이 일은 이번 세기가 끝나기 전에 착수해야만 한다"며 시한까지 언급했다. 남극 탐사의 경쟁은 이미 시작되었고, 용감하지만 잘 알려지지는 않았던 한 젊은 벨기에 해군 장교가 원정대를 꾸리겠다는 계획을 발표함으로써 독일, 영국, 스웨덴과 같이 해군이 강력한 강대국들과 맞붙게 되었다.

아드리앵은 빨리 움직여야 했다. 하지만 큰 문제가 하나 있었다. 지리학회에서 기회는 주었을지언정 돈은 주지 않은 것이다. 아드리앵은 탐사 비용이 30만 프랑 정도(현재 환율로 약 180만 달러)가 될 것으로 추정했다. 아드리앵의 과학 자문단은 그 금액마저 너무 적으며, 국제 단위로 추진된 이전의 다른 남극 탐사에 제안된 비용에 비해서 지나치게 적다고 말하기도 했다. 하지만 아드리앵은 해볼 법한 비용을 제시하는 것의 이점이 분명히 있을 거라고 생각했다.

아드리앵은 부유한 후원자들을 찾기 시작했다. 먼저 벨기에의 가장 저명한 인물인 레오폴드 국왕에게 접근했다. 그는 왕이 자신의 이름을 딴 신대륙을 갖게 될 거라는 희망에 부풀어 자금을 대줄 것이라고 확신했다. 이에 왕궁에 원정에 관한 계획서를 보냈으나 응답을 받지 못했다. 아드리앵은 그걸 보고 레오폴드 국왕이 자신이 과거 콩고 프로젝트에 참여하지 않겠다고 거절한 것에 대해 아직도 유감을 품고 있는 거라고 생각했다.

그는 낙담하지 않고 집안이 보유한 광범위한 사회적 인맥을 활용해 벨기에 상류층에 호소하고 다녔다. 숲이 우거진 브뤼셀에 위치한 부모님의 고급스러운 타운하우스에서 홀로 편지를 썼다. 진심 어린 격려를 해주는 이는 많았지만 자금 지원은 없었다.

희망을 포기해가던 그때, 소다회 재벌인 57세의 기업가 에르네스트 솔베이가 2만5000프랑을 지원하겠다고 했다. 과학의 발전을 위해 많은 재산을 기부해온 벨기에 최대 부호였다. 아드리앵의 대담함이 그를 감동시켰고, 아마 자수성가한 자신의 모습을 떠올리게 한 모양이었다. 솔베이가 자금 지원을 약속하면서 갑자기 벨기에의 남극 탐사는 헛된 꿈이 아닌 것처럼 보였다. 솔베이의 뒤를 따라 다른 후원자들도 자금 지원을 약속했다. 대담한 아드리앵은 일단 그 자금으로 가장 큰 비용을 차지하는 배부터 구입했다.

처음에는 특수 함선을 맞춤형으로 제작하려고 했지만, 예산보다 많은 비용이 든다는 것을 알게 되었다. 이에 극지방에서 건재함을 이미 증명한 선박을 구입하거나 임대하는 쪽으로 결정했다. 벨기에의 조선소에는 그런 선박이 없었던 터라 스코틀랜드와 노르웨이에 가서 빙하의 압력을 견딜 수 있도록 특별히 보강 작업을 한 선박을 찾았다. 1895년 3월, 선박 중개인의 초청을 받은 아드리앵은 3개월간 그린란드 해안에서 고래와 물범을 사냥하러 증기로 움직이는 노르웨이산 돛대 세 개짜리 범선 카스토르호를 타고 떠났다. 이 배는 불과 2년 전 이미 남극 주변을 간 적이 있고, 당시 판매용으로 나와 있었다. 이날 항해의 목적은 항해에 대한 감각을 익힐 겸 극지 항해에 대해 많이 알 기회를 갖는 것이었다. 이전까지 그는 바다에서 시간을 보내면서도 빙하에 대해서는 몰랐기 때문이다.

당시 북극해는 사냥 시즌이었고, 아드리앵은 청백돌고래의 가죽을 벗기는 일과 수천 마리의 새끼 물범을 잔인하게 때리는 광경을 보면서 거부감을 느꼈다. 다른 많은 물범 사냥꾼은 바다를 순찰하고 있었고, 아드리앵은 카스토르호를 마음에 두고 있었지만 다른 후보 선박도 살펴보았다. 노르웨이와 그린란드 중간 지점에 있는 북극해 화산지대인 얀 마위엔섬에서 그는 파트리아라고 불리는 11년 된 소형 범선에 주목했다. 파트리아의 외형은 카스토르호보다는 수수했다. 100피트 길이에 무게는 244톤으로, 노르웨이 포경선치고는 왜소했다. 하지만 얼마나 민첩하게, 무리 없이 얼음을 헤쳐나갈 수 있는지, 얼마나 강력하게 빙산을 밀치고 나아가며 총빙 끝으로 얼마나 강하게 미끄러져 올라갈 수 있는지, 자신의 무게로 얼음을 얼마나 잘 으스러뜨릴 수 있는지를 보며 감탄을 금치 못했다. 아드리앵은 그 배에 푹 빠졌지만, 가격을 묻자 판매용이 아니라고 했다. 사실 그게 문제가 아니라, 솔베이와 다른 후원자들의 후원에도 불구하고 쥐고 있는 돈 자체가 턱없이 부족하다는 게 문제였다.

아드리앵은 아무 배도 사지 못한 채 1895년 8월 벨기에로 돌아왔다. 그의 원대한 프로젝트는 그렇게 실패하는 듯했다. 아드리앵이 계획을 처음 발표한 지 1년이나 지났음에도 벨기에 남극 탐사는 여전히 그의 잉크와 종이 위에 존재할 뿐, 실제 실행된 건 아무것도 없었다. 추가 후원자도 기대하기 어려웠다. 그렇다고 이제 와서 벨기에 사람들에게 자신의 대담한 의지를 알렸던 그 열정을 포기하고 솔베이의 지원을 거절한다는 건 참을 수 없는 굴욕이 될 터였다.

왕궁과 정부에 아무리 호소해도 답이 없자, 아드리앵은 사람들에게 직접 호소하기로 했다. 벨기에 왕립 지리학회는 1896년 1월부터 아드리앵이 직접 탐사에 필요한 자금을 조달받기 위한 전국 후원 캠페인을 할 수 있도록 도왔다. 그러자 크고 작은 금액의 기부금이 들어왔다. 어떤 교사는 1프랑을, 우편배달부는 3프랑을, 상원의원은 1000프랑을 후원했다. 지리학회와 레오니 오스테릿과 같은 후원자들은 연주회, 강연, 자전거 경기, 열기구 탑승 등 전국적으로 여러 행사를 기획했다.

그렇게 2500명의 벨기에 시민이 후원금을 보내왔다. 1896년 5월까지 모인 후원금은 11만 5000프랑이었다. 이제 아드리앵의 계획이 구체화되기 시작하자, 그제야 정부도 금고를 열었다. 6월에 상원과 하원에서 10만 프랑을 대출해주기로 승인한 것이다. 원정 계획은 새로운 국면을 맞았고, 아드리앵은 흥분도 됐지만 걱정도 됐다. 이 후원금은 단순히 그의 남극 탐사의 꿈을 보조해주는 돈이 아니라 그 이상이었다. 오랫동안 그의 마음속에만 있었던 탐사는 이제 그 영광을 함께 누리기를 갈망하는 벨기에 사람들 마음속에 깃든 것이었다. 여기까지 해내긴 했지만, 이 과정에서 국가적 차원의 공감이 이루어지는 바람에 이제 그는 영락없이 갚아내야 할 운명에 처한 것이다. 이 무게감은 그의 앞날의 여정에서 그를 계속 따라다닐 것이며, 그의 생각에 스며들어 그의 빛나는 야망을 어쩌면 실패와 수치의 두려움으로 가려버릴 수도 있었다.

　그때부터 아드리앵은 탐사가 완전히 자신만의 것은 아니라고 생각하게 되었다. 지리학회(과학적 목적을 추구하는 집단)와 자금 후원자(돈이 잘 쓰이기를 원하는 사람들), 그리고 영광을 원하는 대중(죽음에 맞서는 영웅을 보고 싶어하는 사람들), 그의 가문(이름을 더럽히지 않기를 기대하는 사람들)의 서로 다른 기대에 모조리 부응하는 건 어쩌면 애초에 불가능한 게임을 시작한 것일지도 몰랐다.

　아드리앵은 드디어 배를 살 수 있게 되었다. 중개인(노르웨이 출신의 산네피오르 주재 벨기에 영사관 책임자였던 요한 브라이드)을 통해서 작년에 퇴짜 맞았던 배 파트리아호를 두고 협상했다. 능숙한 협상가였던 브라이드는 7만 프랑에 살 수 있게 중재해주었다. 1896년 여름, 아드리앵은 배를 받기 위해 노르웨이의 산네피오르를 방문했다. 그는 발로 갑판을 느끼고 손으로 뱃전을 쓸며 걸었다. 자신의 배라고 부를 수 있는 것을 드디어 소유하게 되었는데, 그가 어린 시절 만들었던 모형 선박 이후로 처음이었다. 7월 5일, 그는 배의 이름을 '벨지카Belgica'라고 지어주었다.

　그는 남극 대륙으로 바로 떠나고 싶었지만, 준비가 안 된 상황이었다. 남극의 혹한기를 피해야 해서 출항을 1년간 미룰 수밖에 없었다.

　아드리앵은 몇 달간 산네피오르에 머물면서 이번 여정을 위해 벨지카호의 몇 군데를 고쳤다. 그러는 동안 노르웨이 말도 배울 수 있었다. 선체는 빙하가 엄청난 기세로 밀어닥칠 것에 대비해 현존하는 가장 튼튼한 목재인 열대 품종 그린하트로 덧댔다. 라르스 크리스텐센이라는 조선 전문가(브라이드 영사관 책임자의 장인어른)와 함께 작업하면서 아드리앵은 선체 내부의 단열을 강화하고 배좀벌레조개가 들어오지 않도록 펠트와 우드 층을 추가했다. 크리스텐센은 엔진을 교체해주었고, 배가 얼음 사이에 끼었을 경우 뒤로 빠질 수 있도록 새 강철 프로펠러도 추가로 달았다. 또 선미루 갑판도 확장했고, 장교들을 위한 사관실도 만들었으며, 사진을 인화할 암실도 마련했다. 마지막으로 아드리앵이 유럽 전역에서 공수해온 첨단 과학 도구를 들여놓을 갑판 위 실험실도 만들었다. 크리스텐센이 개보수를 모두 마쳤을 때, 벨지카호는 기존의 끈적거리는 녹청과 기름에 전 냄새를 벗어던지고 유람선과 같은 반짝이는 모습이 되었다.

　이제 배를 얻었으니 배에 함께 탈 과학자와 선원들을 모아야 했다. 여기서 아드리앵은 출항 후에도 오래도록 자신을 괴롭힐 문제에 봉착했는데, 그의 마음에선 실제보다 훨씬 더 큰 문제로 부각되었다. 그는 대외강경론을 견지하는 벨기에 언론에 대해 죽음보다 불명예를 더 두려워하는 거의 병적인 두려움에 사로잡혔다. 자랑스러운 벨기에인이 아닌 선원과 과학자로 배를 채우는 건 야만적이라고 비난받을 수도 있기 때문이었다. 하지만 벨기에인만으로 채우는 건 사실상 실현 불가능한 요구였다. 게다가 벨기에 해군이나 해상 문화가 부실하다는 걸 고려하면, 벨기에인만으로 충분히 능력 있는 선원을 채울 가능성은 별로 없을 거라고 생각하며 애초부터 희망을 품지 않았다. 또 그의 탐사는 위험할 뿐 아니라 영리 목적도 아니었다. 모험을 추구하는 벨기에인들은 그런 탐사에 참여하기보단 차라리 콩고에서 재산을 불리는 걸 훨씬 더 선호할 것이었다. 벨기에에 좋은 과학자가 부족한 건 아니었지만, 아주 훌륭한 과학자들은 찾기 힘든 상황이었다. 원정 계획이 처음 발표된 직후 몇몇 저명한 벨기에 학자로부터 열렬한 지지를 받았으나, 출항이 자꾸 미뤄지자 하나둘 발을 뺐다. 계속되는 지연에 과학자들은 좌절했는데 그들이 걱정하고 두려워하는 것은 열악한 자금 사정과 지리멸렬한 진행이었다.

아드리앵을 외면하지 않은 유일한 사람은 그의 가장 오랜 벗이자 작년에 고래잡이 여정을 함께한 에밀 단코였다. 이들은 둘 다 엄격한 군인 아버지 밑에서 내성적인 성격으로 자라 서로에게 끌렸다. 아드리앵이 해군에 들어갔을 때, 단코는 육군에 입대해 포병 중위로 진급했다. 건강한 체구에 각진 턱을 한 그의 잘생긴 외모는 남극 여행가처럼 보이긴 했지만, 과학자도 아니고 선원도 아니었다. 하지만 그는 부족한 점을 열정으로 보완하고자 했다. 그의 어머니는 그가 어릴 때 돌아가셨다. 그러다 부유하고 엄격하던 아버지마저 돌아가신 뒤 상당한 유산을 상속받은 그는 벨기에 바깥의 세상을 보고 싶다는 간절한 열망을 갖게 되었다. 아드리앵에게 이보다 더 좋은 협력자는 없을 것이다. 게다가 단코는 돈도 받지 않겠다고 했고, 오히려 원정대에 수천 프랑을 기부하겠다고 했다. 임무가 공식화되자마자 레오폴드 2세 국왕 역시 특별 군사 발령을 내주었다. 그는 어린 시절 친구인 아드리앵을 "나의 사령관님mon commandant"이라 불러주었고, 프랑스어로 편한 사이에 쓰는 대명사인 "너tu" 대신 더 예의를 갖춘 "그대vous"로 높여주었다.

하지만 두 사람만으로 명단을 채울 순 없었다. 이대로라면 외국인이라도 모집하거나, 아니면 자격 없는 벨기에 사람이라도 받거나, 항해를 취소하는 것까진 아니더라도 더 미루는 수밖에 없었다. 그래서 그는 벨기에의 애국심을 더 이상 신경 쓰지 않겠다고 결심했다. 준비되지 않은 벨기에인으로 대충 채웠다가는 탐사를 망치고 말 것이며, 과학자 없이는 과학적 임무를 하지도 못할 것이기 때문이었다. 이렇게 벨기에의 남극 탐사는 결국 국제적인 팀원으로 이루어졌다.

아드리앵의 배에 두 번째로 합류한 사람은 벨기에 리에주대학 소속의, 훌륭하지만 가난하던 폴란드 출신 화학자이자 지질학자 헨리크 아르츠토프스키였다. 아르츠토프스키는 웃음기 없는 표정에, 주름 없이 빳빳한 정장을 입고, 풍성한 턱수염이 있으며, 엄청난 양의 저서를 낸 바 있어 그런 점들이 더 나이 들어 보이게 만들었지만, 실제 그는 겨우 스물셋이었다. 하지만 출항 몇 달 전, 그는 엄밀히 말해 아직 졸업장을 따지 못한 상태라고 고백했다. "아직 학위를 딴 건 아니라는 사실을 말씀드려야 할 것 같아서요"라고 아드리앵에게 서신을 보냈다. "저는 지

금 학위 과정과 독립된 공부를 하고 있고, 개인적으로 설정한 목표에
도 아직 도달하지 못했습니다." 하지만 아드리앵은 선택지가 그리 많
지 않아 까다롭게 굴 수 없었다. 그렇게 아르츠토프스키가 참여하게
되었다. 벨지카호가 그의 졸업장이 되어줄 것이었다.

그보다는 동물학자를 찾는 데 더 오랜 시간이 걸렸다. 27세의 에밀
라코비차*는 부유한 루마니아 집안에서 태어나 파리 소르본대학을
졸업했다. 거기서 한 원양성 생물체, 그중에서도 바다 벌레에 관한 그
의 뛰어난 연구는 소르본대학 교수들에게 큰 감명을 주었다. 아르츠
토프스키가 라코비차를 추천했는데, 둘은 달라도 너무 달랐다. 각자의
성격은 자기 전공 분야와 똑같았다. 지질학자는 건조하고 뻣뻣하지만
날카로운 반면, 동물학자는 따뜻하고 씩씩했다. 물론 무엇보다 아드리
앵의 마음이 끌린 건 라코비차가 무급으로 참여하겠다고 제안했기 때
문일 수도 있다.

이후 일반 선원들을 영입했다. 아드리앵이 일 년 내내 고르고 고른
벨기에인 선원들은 정예 요원과는 거리가 멀었다. 그중에는 해군 정비
사 조제프 뒤비비에도 있었는데, 같은 부대 상사 장교가 추천서를 써
줬다. 하지만 추천서는 거의 경고에 가까웠다. "전반적으로 볼 때, 뒤비
비에가 벨지카호와 같은 매우 단순한 엔진을 어떻게 다뤄야 할지 알게
될 수도 있지만, 보장은 못 합니다." 하지만 아드리앵은 뒤비비에를 고
용했다.

---

* 프랑스어로 본인의 이름을 적었을 때의 스펠링은 Emile Racovitza이고, 루마니아어로 쓰면
Emil Racoviţă이다.

다른 벨기에인 지원자 중에는 루이 미쇼트도 있었다. 28세의 그는 프랑스 외인부대와 함께 아프리카에서 5년간 근무하다가 돌아온 지 얼마 안 된 터였다. 아프리카에서 한 현지인에게 손가락을 물어뜯겨 엄지 하나가 없었다. "제가 어렸을 때, 몇 가지 사소한 실수를 저질렀습니다. 제 부친은 지금도 계속 그 실수를 언급하시죠. 하지만 만약 제가 중위님과 함께할 수 있다면, 중위님, 아마 그런 실수쯤이야 사라져버릴 거라고 생각합니다. 그리고 중위님, 중위님도 제게 이런 선행을 베푸신다면, 중위님의 영광 또한 더 빛날 거라고 생각합니다." 미쇼트는 아드리앵에게 이러한 서신을 보내면서 남극 탐사를 위해 필요한 자질로 본인의 펜싱 기술을 언급하기도 했다. 아드리앵은 미쇼트도 고용했다.

하지만 믿을 만한 사람, 즉 빙하와 극한의 날씨를 헤치고 항해할 수 있는 사람이 필요했다. 해운업이 번창하고 광활한 해안선을 가지고 있는 노르웨이, 바이킹족의 전통과 바다 신화를 보유한 노르웨이야말로 그런 재원을 찾기에 적격이었다. 그렇더라도 선박을 다뤄본 경험이 있는 노르웨이인을 찾는 건 힘들었다. 벨지카호와 함께 산네피오르에 머무르는 동안 아드리앵은 열정적인 노르웨이인을 몇 명 고용했는데, 그중에는 아마추어인 십대도 있었고, 이미 북극 탐사에 참여한 적이 있는 베테랑도 있었다.

1896년 7월 말, 아드리앵은 관심을 끄는 서신 한 통을 받았다. 거기엔 이렇게 쓰여 있었다.

아드리앵 드 제를라슈 중위님께

중위님이 남극 탐사를 내년으로 미루었다는 소식을 들었습니다만, 혹시 남극 탐사 대원들 중 제가 합류할 수 있는 빈자리가 아직 남았는지 여쭙고 싶습니다. 그렇다면 기쁜 마음으로 선원으로 합류하고 싶습니다.

저는 24세이고, 1894년에 슈퇴크센 선장님이 이끄는 '막달레나'호에 승선해서 빙하 바다를 항해한 적이 있으며, 올해는 에벤센 선장님의 '야손호'를 탔습니다.

저는 학교를 졸업한 후 바칼로레아 학사 학위를 받았으며, 항해술 시험을 통과했습니다. 제가 얼마나 건장한지 알 수 있는 부분일 겁니다. 마지막으로 저는 스키를 잘 타고, 높은 산에서 고난도의 스키 여행을 한 적도 있습니다.

중위님께서 회신을 주신다면 정말 감사하겠습니다.

로알 아문센 드림

아드리앵은 로알 아문센을 직접 만나고 싶을 만큼 흥미를 느꼈다. 그렇게 직접 만난 아문센은 어렸을 때 읽었던 탐험 소설을 찢고 나온 사람 같았다. 182센티미터가 넘는 키에, 90킬로그램 이상의 건장한 근육질에다가 날카로운 매의 얼굴을 한 아문센은 현대의 바이킹족처럼 보였다. 아드리앵은 특히 아문센이 말한 크로스컨트리 숲과 들판을 달리는 경주스키 기술에 깊은 인상을 받았다. 스키는 원래 스칸디나비아 내륙 지역에서 처음 시작되어 바깥으로 퍼져나갔다. 아드리앵이 남극을 탐사하려면 분명 스키를 잘 타는 사람도 필요할 것이었다. 아문센은 자신을 더 어필하기 위해 단코나 라코비차처럼 무급으로 참여하겠다고 제안했다. 그는 오로지 경험을 쌓는 데에만 관심이 있어 보였다.

아문센의 지원서를 아드리앵에게 넘겨준 사람이 바로 브라이드 영사관 책임자였다. 한쪽 귀퉁이에 브라이드가 열정적으로 휘갈겨 쓴 메모가 있었다. "친구여, 이 청년을 데려가게나!" 이렇게 보석을 발견하게 되었다. 물론 아드리앵이 당시 사람을 까다롭게 뽑지 않기도 했고, 아문센 역시 당시에는 그저 그런 대원으로 지낼지 알 수 없는 상황이었다. 아문센은 일반 선원 자리에 지원했지만, 아드리앵은 그를 일등항해사*로 지명했다. 일등항해사는 해상 관례상 벨지카호의 지휘권을 인수받을 수 있었다. 벨기에 선박에서 노르웨이 사람이 지휘권을 쥔다는 건 이상적인 조치가 아니었다. 에밀 단코는 그렇게 하면 오히려 지휘권이 두 나라로 나뉘고, 충성도 또한 나뉘어 폭동을 일으킬 우려가 있다고 조언하기도 했다.

벨기에 남극 탐사대에서 벨기에인이 절반밖에 되지 않는다는 사실을 언론이 알게 되는 건 시간문제였다. 아드리앵이 조직한 팀은 역사

---

* 역사가들은 아문센을 일등항해사라고 부를지, 이등항해사라고 부를지 의견 합의를 보지 못했다. 공식 직함은 중위로 기록돼 있지만, 프랑스와 벨기에의 해군 내 직급 자체가 영미권 국가의 직급과 정확히 일치하지 않는다. 아문센은 일등항해사가 하는 전형적인 임무들을 수행했고, 아문센보다 높은 중위 직급이나 동일한 직급의 동료도 없었기 때문에 이 책에서는 아문센 본인이 말한 것처럼 일등항해사로 처리했다.

상 최초의, 제대로 된 국제적 과학 원정대가 될 수 있었지만, 그건 아드리앵이 원하던 바가 아니었다. 그는 궁리 끝에 일부 선원에게 벨기에 시민권을 취득하도록 하는 간단한 방법을 찾아냈다. 하지만 아르츠토 프스키가 자신은 언젠가 폴란드로 다시 귀국할 계획이며, 러시아 차르 정권하에서 정부 허가 없이 외국 시민권을 취득하는 사람은 노역형을 받는다고 말해 포기했다.

1897년 6월, 벨지카호가 출항하기 불과 두 달 전에 아드리앵은 해결책을 찾았다. 몇 명 되지 않던 벨기에 출신 인재 가운데 한 명을 확보한 것이다. 28세의 조르주 르콩트는 왕립 군사학교 시절 단코의 동급생이기도 했는데, 졸업 후 벨기에 해군에서 중위로 근무하다가 프랑스 군대에 들어갔다. 천체 항해의 전문가로 알려진 르콩트가 아드리앵 사령관 다음 순위인 벨지카호 선장으로 임명되면서 아문센은 한 단계 밀렸다.* 한 벨기에 기사에서는 르콩트를 두고 "다람쥐와 같은 민첩함을 가진 자"라고 짧게 묘사하기도 했다. 르콩트는 아드리앵의 타고난 침착함과 대조되는 완고한 리더 스타일이었다.

6월 말, 벨지카호는 산네피오르에서 출항해 르콩트가 합류하기로 한 네덜란드의 플리싱언으로 향했다. 6월 28일, 선장이 배에 타기도 전에 배는 네덜란드 항구도시인 덴헬데르 어귀에 있는 모래톱에 좌초

---

* 직급 관련 명칭이 혼동될 수 있다. 드 제를라슈 중위는 원정대의 리더이자 배의 리더였다. 즉, 원정의 목적과 실질적 경로를 전부 이끄는 벨지카호의 함장이었다. 그러나 르콩트는 선장 직함을 달고는 있는데, 프랑스 해군에서 말하는 '함선 중위ship's lieutenant' 직급과 벨기에 군대에서 부르는 '선장-사령관captain-commandant' 사이 어딘가에 있는 직급이므로, 결과적으로 선장이라고 부르게 된 것이다.

되었다. 르콩트는 도대체 자기가 무슨 일에 휘말렸는지 의문을 품었다. 해도에 정확히 나와 있는 유럽의 바다도 제대로 항해하지 못하는데, 과연 미지의 영역인 남극의 위험을 어떻게 감당한다는 걸까? 그는 나중에 이렇게 썼다. "나로서는 너무나 어이가 없었다. 아직 경험이 부족하고 일부는 훈련조차 받지 않은 데다 심지어 위험한 선원들도 있는 배가 과연 항해 가능할 것인가." 하지만 아드리앵에 대한 믿음이 없었다면 그는 아마 그런 질문조차 하지 않았을 것이다. 오히려 아드리앵의 가장 훌륭한 수비수가 되어주고자 했던 사람이었다.

정부를 설득해 안트베르펜 항구에서 돈을 받고 일반 시민들에게 벨지카호의 투어를 제공함으로써 아드리앵은 결국 30만 프랑의 예산을 확보했다. 하지만 마지막 날까지 필요한 물품은 계속해서 바뀌었다. 아드리앵은 젊고 충동적인 안트베르펜 현지인인 얀 반 미를로를 고용했다. 미를로는 병역을 피하려고 지원했으며, 항해 경험이 있다고 거짓말을 했다(실제로는 제빵사인 아버지를 돕기 위해 세발자전거를 타고 빵을 배달하는 일밖에 해본 적이 없었다). 또한 덩치 크고 신경질적인 프랑스인 요리사 알베르 르모니에도 고용했다. 르모니에는 술을 좋아하고 누구든 눈에 띄면 욕을 퍼부어대는 버릇이 있었다.

그러던 어느 날, 규율 문제가 대두되었다. 몇몇 벨기에 선원이 오랜 기간 허락도 받지 않고 배를 떠나 있었던 것이다. 코엔이라는 부장교는 아예 자취를 감춰버렸다. 수석 정비사 앙리 소머즈는 안트베르펜을 헤집으면서 이틀 동안 술에 취해 돌아다녔다. 르콩트는 더 이상 두고 볼 수 없어 아드리앵에게 보고했다. 그는 이렇게 썼다. "소머즈는 (제복을 입은 채로) 공개적인 장소에서 술에 취한 채 문제에 휘말리며 원정대의 평판을 망치고 있습니다." 르콩트는 아드리앵에게 소머즈를 해고할 것을 권고했다. 소머즈는 해고되었고, 벨지카호의 엔진은 비전문가인 뒤비비에의 손에 맡겨졌다.

상황도 복잡한 데다 운마저 따라주지 않아, 아드리앵은 외과 의사를 구하는 데 특히 어려움을 겪었다. 첫 번째 후보자였던 아르투르 타캥은 벨기에 왕립 지리학회의 사무총장이 추천했는데, 아드리앵은 지리학회를 위한 트로이 목마가 되거나 원정대를 좌지우지할까봐 걱정되었다. 아드리앵이 갈등을 싫어한 탓에, 이번엔 그의 아버지가 나서서 수고를 덜어주었다. 아버지 오귀스트 드 제를라슈 대령은 자신이 지닌 영향력을 발휘해 타캥의 과거 잘못을 언급하며 법적 조치를 취하겠다고 위협함으로써 축출해주었다.*

아드리앵이 의과대학을 갓 졸업한 쥘 푸플리에라는 젊은 벨기에 의사를 뽑기 전, 몇 명의 다른 의사도 후보로 꼽혔다. 하지만 출항 하루 전인 8월 15일, 푸플리에의 형이 아드리앵에게 서신을 보내, 동생은 아픈 여동생을 돌봐야 해서 긴 여행을 갈 수 없다고 말했다.

아드리앵은 이상적이지 못한 팀을 꾸린 상태에서 의사마저 없이 지구상에서 가장 위험한 지역으로 가는 게 얼마나 어리석은 일인지 알고

---

* 아드리앵의 아버지는 타캥이 콩고에서 벨기에로 향하는 배에서 의사로서의 의무를 게을리했다고 주장했다. 의사임에도 불구하고 여행 내내 자기 방에만 틀어박혀 있느라 그사이 4명이나 사망했다고 했다. 그 주장을 뒷받침하기 위해 아드리앵의 아버지는 수십 명의 선원을 인터뷰했고, 그중 6명은 당시 타캥이 더 많은 일을 할 수도 있었음에도 하지 않았다는 증언서를 서명과 함께 제출했다. 물론 타캥 본인은 당시 식중독에 걸려서 그랬다고 변명했다.

있었다. 하지만 지금 떠나지 않는다면, 아마 영원히 떠나지 못할 것 같았다. 8월 16일, 환호성과 음악이 울려퍼지는 가운데 펄럭이는 벨기에 국기를 바라보며 아드리앵 드 제를라슈는 어떻게든 잘될 것이라고 생각했다.

가족들이 탄 요트가 시야에서 사라지자, 아드리앵은 망대에서 내려왔다. 아드리앵은 완전한 자유를 느꼈다. "지난 3년간 나를 괴롭혔던, 감사할 수만은 없는 의무감으로부터 드디어 자유로워졌으며, 청탁, 타협, 끝없이 필요한 자원들을 찾아나서던 여정으로부터 풀려났다. (…) 이 출항은 구원이자 탈출이며 (…) 영원한 희망이다."

벨지카호는 네덜란드의 셸드강 어귀에 있는 항구도시 플리싱언에 정박해 밤을 보냈다. 지는 해가 선장의 방을 비추자 드 제를라슈는 책상에 앉아 생각을 고요히 잠재우려고 노력했다(방에는 극지를 찍은 사진이 걸려 있었고, 침대 위에는 아버지 사진이 있었다). 개인적으로 품고 있던 극지 탐험의 꿈을 애국 사업으로 만드는 과정 중 남극의 얼음 위에서 마주할 위험만큼이나 위협적인 현실의 압력에 자신을 내맡겼다. 이 탐사의 성공이 벨기에의 세계적 명성을 가져올 것이라는 유혹과 동시에 혹여 문제라도 생기면 전부 자신이 책임져야 한다는 것도 인지하고 있었다.

출항 바로 이튿날 일이 발생했다. 벨지카호가 외해로 나아갔을 때 선원이 증기 엔진을 가동시키자마자 뒤비비에가 관리하는데도 불구하고 냉각기가 과열돼 고장 나버렸다. 드 제를라슈는 수리를 위해 북해 연안을 따라서 오스텐드에 정박할 수밖에 없었다.

하지만 그는 오스텐드에 정박해 있다는 사실이 알려지지 않기를 바랐다. 그래서 닻을 내리는 데로는 최악의 장소를 골랐다. 하필 그곳은 마침 레오폴드 국왕의 요트인 클레멘타인호의 정박 장소 바로 옆이었다. 둘의 불가피한 만남은 결국 현실이 되었는데, 레오폴드 국왕이 벨지카호 선원들 앞에 나타나 벨지카호를 알아보지 못한 척하며 말을 건네는 매우 당혹스러운 상황 속에서 이루어졌다.

레오폴드 국왕은 승선해도 될지 물었다. 국왕의 승선은 남극 탐사에 아무런 도움을 주지 않은 정부를 향한 분노가 남아 있는 드 제를라슈에게 어색한 순간이었다. 향후 드 제를라슈는 "왕은 우리에게 다소 진부한 질문을 한 후 행운을 빌어줬다"라고 레오니 오스테릿에게 털어놓았다. "예의를 갖춰주시긴 했지만, 그뿐이었소. 높은 사람들로부터 지지를 받지 않은 덕에 성공했다고 말씀하셨지 뭐요. 마치 우리에게 일부러 관심을 안 줌으로써 도와줬다는 듯이 말했단 말이오!!!"

게다가 엔진 고장이 불길한 징조라고 생각한 선원 세 명이 오스텐드에서 원정을 포기했다. 숙련된 노르웨이 출신 선원 두 명(목수와 갑판장)은 벨기에 출신 선원들이 자신들의 지시를 받길 거부한다고 불평하다가 역시 그만둬버렸고, 정비공 한 명은 아프다는 핑계를 대며 어디론가 사라져 돌아오지 않았다. 절망에 빠진 드 제를라슈는 공공장소에서 술에 취해 해고되었던 엔지니어 앙리 소머즈를 다시 고용했다. 그는 자신의 자비로움이 나쁜 선례를 만들 수도 있으리라는 점을 알았지만, 냉각기가 고장 나자 뒤비비에 한 명만 유일한 정비공으로 두기에는 몹시 불안했다.

드 제를라슈가 새 대원을 찾기 위해 안트베르펜으로 돌아온 것은 "거의 기밀"이었다. 거기서 떠나버린 두 명의 노르웨이 출신 선원의 자리를 그들보다 훨씬 더 경험이 많은 다른 노르웨이인인 엥겔브레트 크누센과 루드비그 얄마르 요한센으로 채웠다. 하지만 벨기에 선원들의 명령 불복종 문제는 심해지기만 했다. 드 제를라슈는 그중에서도 경력이 많으면서 제멋대로인 벨기에인 선원 3명, 프란스 돔, 모리스 바제, 얀 반 담 그룹을 경계했다. 속으론 이들을 해고하고 싶었지만, 뒷감당이 두려웠다. 이들을 해고한다면 출항 시의 선원 수도 줄고, 외국인 비율이 더 늘어날 것이기 때문이다. 이들은 애초부터 파벌을 형성해 드 제를라슈의 행동에 제약을 주었다. 드 제를라슈는 자신이 같은 나라 사람에게 더 엄격하다는 비난을 받기 싫어 아무런 처벌 없이 넘어갔다.

오스텐드에 머무르는 동안 드 제를라슈는 안토니 도브로볼스키라는 젊은 학생이자 과학자를 추가로 고용했다. 아르츠토프스키의 지인이면서 같은 폴란드 출신인 도브로볼스키는 차르 정권에서 3년형을 선고받은 적 있는 강경한 폴란드 분리주의자였다. 최근에 벨기에로 망명해서 배고픔을 "공기 같은 것들"로 채울 정도로 가난하게 생활하고 있었다. 벨지카호에서 무보수로 일하면서 힘든 허드렛일도 열심히 하겠다는 그의 제안은 드 제를라슈가 처한 상황에 딱이었다.

비록 도브로볼스키가 자신의 직급과 재워주고 먹여주는 것에 만족하긴 했지만, 개인적으로는 원정대, 선원들, 지도자에 대해 심한 의심을 품고 있었다. 그는 일기에 이렇게 썼다. "나는 왠지 벨지카호(이것부터가 구조적으로 결함이 있고)뿐 아니라 포즈는 잘 취할지 몰라도 결코 마법사처럼 보이지 않는 사령관(드 제를라슈)도 신뢰가 가지 않았다. 일단 지켜보자. (그에 대한) 불만이란 건 애초부터 갑판원들 사이에서 많이 들리는 거니까."

이제 외과 의사만 구하면 됐다. 벨지카호가 오스텐드를 떠나기 며칠 전, 드 제를라슈는 벨기에 출신 의사를 고용하기 위해 최후의 방법으로 기차를 타고 겐트를 방문했다. 하지만 결국 구하지 못하고 돌아왔다.

외국인 외과 의사 지원자는 있었지만, 드 제를라슈는 외국인을 고용했다는 언론의 비난을 받을 게 두려워 전혀 고려하지 않았다. 하지만 이제 벨기에인 의사를 찾지 못했으니, 외국인이라도 고용하느냐 아니면 의사 없이 출항하느냐의 기로에 놓였다. 결국 그는 몇 주 전 받아놓고 거들떠보지도 않은, 뉴욕 브루클린에서 온 전보를 다시 꺼내 보았다.

제가 귀하의 탐사에 참여할 수 있다면
북극에서 필요한 장비와
에스키모견 몇 마리를 데려가겠소. 회신 주십시오.

의사 쿡

제2장
금과 다이아몬드

8월 19일 습한 저녁, 웨스턴유니언 유니폼을 입은 전신 배달부가 칙칙 소리 내는 전차 사이를 누비며 자전거를 타고 브루클린 거리를 달렸다. 그는 전보를 배달하기 위해 고급 주택가인 부시윅 687번가로 달려갔다.

의사 프레더릭 앨버트 쿡은 마지막 환자까지 본 후 저녁 식사를 준비하고 있었다. 환자를 확보하기 위해 다년간 열심히 일한 결과로 32세의 의사는 마침내 성공을 누리고 있었다. 마을에선 눈부신 백마가 끄는 스포티한 이륜마차를 타고 왕진을 다니는 것으로 유명했다. 쿡은 유명한 북극 탐험에 외과의로 참여해 명성을 얻었다. 북극 탐험 덕분에 그는 성실한 의사라는 신망을 얻었고, 환자들은 그런 그에게 정기 검진을 받는다는 것에 흥분했다.

쿡은 환자들과 소통을 잘하고, 환자들의 신뢰와 호감을 얻는 데 뛰어났다. 하지만 오히려 그런 능력 때문에 이미 많은 사랑을 받았던 그는 현재에 만족할 수 없었다. 그의 마음은 수천 마일 멀리, 남극 대륙의 빙하 위를 부유했다. 그는 마음속 환상을 절대 멈출 수 없는 남극과 그곳에 있는 빙하, 극지의 한여름 밤 태양에 대해 쓴 기사를 오려두었다. 그리고 기사를 루랜 씨의 만성 기침이나 그린 부인의 비만과 잦은 복부 팽만증 등의 메모가 적힌 진료 노트 사이에 끼워두고 있었다. 쿡은 마치 자석에 끌리듯 극지로 계속 마음이 끌렸다. 모험과 영광을 향한 그의 끝없는 갈증이 의사로서의 편안하고 정적인 생활에 만족할 수 없게, 그를 끊임없이 괴롭혔다.

앞문에서 노크하는 소리가 들렸다. 쿡이 문을 열자, 웨스턴유니언 복장을 한 전신 배달부 소년이 그의 비밀스런 꿈의 세계로 가는 티켓을 건네주었다.

쿡이 어린 시절의 극심한 가난에서 벗어날 수 있었던 것은 활동적인 성격 덕분이었다. 그의 어린 시절은 아메리칸드림 신화의 한 예이기도 했다. 쿡은 미국 남북전쟁이 끝나고 두 달 뒤 펜실베이니아에서 델라웨어강을 건너면 나오는 뉴욕주의 시골에서 태어났다. 아버지는 독일에서 온 이민자로, 이름은 테오도르 A. 코흐이고, 전쟁 중 외과의로 복무했다. 아버지의 성은 쿡이 미국에서 태어나면서 미국식으로 바꿔 물려받았다. 쿡은 집에서는 부모님과 독일어로 대화했다. 그러다 1870년 아버지가 폐암으로 사망한 후, 어머니 마그달레나는 아버지가 진료해주던 환자들로부터 남은 외상 진료비를 받아 한동안은 다섯 자녀를 키울 수 있었다. 하지만 그것도 곧 바닥났다. 쿡은 "식량이 부족하고, 교육은 엄격"했다고 묘사했다. 식탁에는 먹을 것이 없는 날이 많았고, 아주 가끔씩만 나오는 마멋 요리는 단연 별미였다.

어머니는 일거리를 찾기 위해 아이들을 데리고 강 하류로 이사했고, 나중에는 브루클린으로 옮겨가 봉제 공장에서 일했다. 가족은 윌리엄스버그에 있는 사우스 퍼스트 스트리트에 위치한 낡은 오두막에서 살았다. 윌리엄스버그는 습하고 이스트강을 따라 산업단지가 형성돼 있는 곳으로, 근처의 제당 공장에서는 역겨울 정도로 들척지근한 냄새가 풍겼다. 그곳으로 이사 온 직후에 쿡의 남동생인 어거스트는 성홍열로 죽고 말았다.

쿡은 열두 살이 되자 일을 구해 돈을 벌기 시작했다. 두드러진 코에 이목구비가 큼직큼직한 그는 처음엔 유리 공장의 불길 속에서 힘들게 일했고, 그다음에는 가로등 불을 켜는 일을 했다. 그와 남동생 윌리엄은 나중에 맨해튼의 풀턴 마트의 과일과 야채 가게에서 함께 일하기도 했다. 새벽 2시부터 정오까지 힘들게 일하면서도 학교 공부 또한 열심히 했다.

쿡은 기억도 잘 나지 않는 아버지를 따라 의과대학에 가야겠다고 결심했다. 그럴 형편이 못 됐지만 그는 단념하지 않았다. 설리번 카운티의 거친 소년들 사이에서 맨발로 뛰어다니며 보낸 어린 시절은 그를 강인하게 만들었고, 적은 돈으로도 살아남는 법을 배우게 해줬기 때문이다. 브루클린에서 청소년기를 보내며 그는 이것저것 안 해본 일이 없었다. 어릴 때부터 그는 문제 해결 능력과 일을 만들어내는 능력이 있었고, 계속해서 그 능력을 발휘하며 살았다. 없는 돈을 쪼개 작은 중고 프린터기를 한 대 산 뒤 지역 상인들을 위한 포스터, 전단지, 광고지, 연하장을 만들어 팔았다. 이 사업이 잘되자, 프린터기를 팔고 새로운 사업을 시작했다. 형제들과 함께 우유 배달도 했다. 심지어 우유 배달로 회사까지 세웠고, 그들의 회사 '쿡 브로스 밀크 앤 크림 컴퍼니'는 록어웨이 해변까지 빠르게 우유 배달을 확장했다. 쿡은 경쟁에서 이기는 독창적인 방법들을 생각해내곤 했다. 일례로 1888년에는 강한 눈보라가 동부 해안을 덮쳐 뉴욕 시내 교통을 마비시켰는데, 이때 쿡과 그의 형제들은 썰매를 말에 연결해 도시 전체를 가로질러 석탄 배달을 했고, 엄청난 돈을 벌어들일 수 있었다.

쿡은 1887년 컬럼비아대학 의과대학에 외과 전공으로 입학했다. 그러다 컬럼비아대학이 의과대학 캠퍼스를 맨해튼 시내로 이전하자, 그는 뉴욕대학 의과대학으로 옮겼다. 덕분에 학교 가는 거리가 짧아져, 밤에는 브루클린에서 우유 배달을 하고, 낮에는 공부를 했다. 잠은 거의 자지 못했다.

하지만 그렇게 바쁜 와중에도 윌리엄스버그에 있는 감리교 교회의 금주축제 때 만난 젊은 속기사 리비 포브스와 연애를 했다. 둘은 1889년 봄에 결혼했고, 그해 가을에는 아내가 아이를 임신했다. 그러자 쿡은 자신의 미래가 분명히 보였다. 그는 9개월 내에 의대를 졸업하고 아버지가 될 것이며, 우유 사업을 정리하고 회사를 매각할 것이다. 죽어라 앞만 보고 달리던 삶의 속도는 느려졌고, 쿡의 가족들은 아직은 중

산층에 도달하지 못한 채로 일상에 적응해야 할지도 모른다. 또는 적어도 쿡 자신이 스스로 원했던 일상에는 도달하지 못할 수도 있었다. 그의 인생에서 이전까지는 정착하는 것이 행복을 가져다줄 거라고 느낀 적이 없었다. 그걸 알 기회조차 없었던 것이다.

하지만 그가 이 안락한 삶에 도달하자마자, 운명이 그 기회를 다시 앗아갔다. 아내 리비는 1890년 여름 여자아이를 출산했지만, 세상에 나온 지 몇 시간 만에 아이는 합병증으로 사망했다. 게다가 리비마저 일주일 후 복막염으로 아이의 뒤를 따랐다. 쿡은 그녀에게 의사고시 합격 소식을 전해주고 싶었지만, 이미 늦었다.

슬픔에 잠긴 쿡은 강 건너로 이사가 맨해튼에 병원을 개원했다. 겨우 스물다섯의 나이에 산전수전 다 겪었지만 그의 앳된 얼굴에는 그런 흔적이 엿보이지 않았다. 남자들이 우울한 시기를 보낼 때 흔히 하듯이 수염을 길렀지만, 남들 눈에는 그저 젊은 의사들이 노련해 보이기 위해 수염을 기른 것 같았다. 일에 매달려 위안을 얻고자 했던 그의 희망과 일부러 기른 수염에도 불구하고 병원에는 파리만 날렸다.

앞만 보고 달리던 그의 인생에서 10여 년 만에 처음으로 아무런 할 일이 없었다. 진료실에 멍하니 앉아 있자니 도시생활의 외로움과 쓸쓸함만 커졌다. 뉴욕에서는 살아본 적이 없던 그는 나중에 "눈이 내려 녹으면 질척거리는 감탕이 되고 여름엔 갑갑하며 덥고 땀이 많이 났다"고 회상했다. 그는 뉴욕보다 훨씬 더 덥고 훨씬 더 추운 극지방에 대한 책을 읽으며 허망한 시간들을 보냈다. 특히 1850년대 북극 빙하 사이에 갇힌 배에서 혹독한 겨울을 살아남은, 허세 가득한 미국인 의사 엘리샤 켄트 케인과 벨기에 국왕 레오폴드 2세의 명을 받아 아프리카 중부의 많은 지역을 탐험한 웨일스 출신의 미국인 모험가 헨리 모턴 스탠리와 같은 사람들의 이야기에 푹 빠지곤 했다.

스탠리의 항해와 몇몇 유명한 극지 탐험은 그가 열정적으로 탐독했던 『뉴욕 헤럴드』지에 실린 내용이었다. 그의 마음에는 먼 곳으로 여행을 떠나고 싶은 열망이 가득 차올랐다. 그는 "생각하고 계획하는 시간을 보내면 보낼수록 미지의 세상으로 나가 실용적인 모험을 하는 인생을 살고 싶다는 열망이 커졌다"고 기록했다.

1891년 초봄에 그는 필라델피아에서 발간된 한 신문 기사를 보게 되었다. 그의 극지 탐험 열정에 불을 지핀 기사였다. 로버트 E. 피어리라는 이름의 해군 엔지니어가 그린란드의 북쪽 한계선을 정하기 위해 북극권 탐험을 계획하고 있으며, 여기에 참여할 자원봉사자를 찾는다는 내용이었다. 기사를 읽자마자 그는 행동을 개시했다. 신청서를 보내고 몇 주 후 그는 필라델피아에서 피어리를 만났다. 그때까지 그는 뉴욕을 벗어난 적이 없었고, 의사로서의 경력은 극지 탐험의 혹독하고 거의 전투적인 조건을 버틸 거라는 믿음을 주지 못했다. 그러나 그는 피어리가 무슨 말을 듣고 싶어하는지 알고 있었고, 자신의 방식대로 그 탐험을 간절히 원한다는 사실을 어필했다. 피어리는 쿡의 열정과 두려움 없는 모습을 높이 샀다. 브루클린으로 되돌아오는 길에, 쿡은 원정대의 외과 의사이자 민족지학자로 참여해달라는 연락을 받았다.

피어리가 이끄는 원정대는 쿡 말고도 엔지니어와 나머지 네 명의 참가자로 구성돼 있었다. 그중 한 명은 피어리의 아내인 조지핀으로, 초

기 극지 탐험에 참여한 몇 안 되는 여성 중 한 사람이었다. '카이트'라
고 이름 붙인 오래된 증기선을 타고 항해를 떠난 그들은 7월 초 북위
76도에 있는 그린란드 서북부 멜빌만에 도달했다. 쿡은 배에서 내리기
도 전에 북극의 무자비함을 느꼈다. 7월 11일 카이트 선이 해안 주변 부
빙에 부딪히자, 갑판 어딘가에서 소름끼치는 비명이 들렸다. 배의 조
종키가 얼음덩어리에 걸려, 철로 된 키 손잡이가 피어리의 오른쪽 다
리를 치고 그대로 갑판 바닥으로 내리꽂혔다. 쿡은 피어리의 부러진
다리뼈를 바로 맞춰서 부목을 대고 깁스를 한 뒤 목발 두 개를 만들어
주었다. 다른 대원들은 쿡의 신묘한 대처능력에 대해 자주 이야기하곤
했다. 그 배에서 유일하게 미국인이 아니었던 젊은 노르웨이인 탐험가
아이빈드 아스트룹은 이렇게 회상했다. "닥터 쿡, 그 사람은 의외의 재
료로도 실용적인 뭔가를 잘 만들어내는 재능을 타고났다."

탐험대는 매코믹만의 바위 위에 임시 거처를 지었다. 피어리의 다리
가 낫는 데 걸리는 6개월의 시간 동안 쿡은 주변 지역에서 날고기, 썰
매 개, 모피, 부츠, 기타 생필품을 구하기 위해 이누이트족들과 의사소
통을 했다. 그들의 언어를 하지는 못했지만, 손짓, 몸짓과 타고난 카리
스마 덕분에 현지인들과 충분히 소통 가능했다.

탐험대에서 민족지학자 역할도 겸했던 쿡은 옷을 입지 않은 이누이
트족 남녀 한 쌍을 피어리의 카메라에 담았고, 초기 인류학의 전형적
인 방식을 따라 신체 치수를 쟀다. 하지만 그의 호기심은 갈수록 더 강
해졌다.

이누이트족은 쿡을 앙가콕에스키모들의 무당이나 샤먼으로 여겼다. 쿡은

당시를 이렇게 회상했다. "종종 약간의 외과적 수술을 해주거나 약물 처치를 해줄 수 있었는데, 그것 때문에 에스키모인들이 나에게 초자연적인 힘이 있다고 믿는 것 같았다." 그 덕인지 쿡이 현지인들의 의식을 가까이서 관찰할 수 있게도 해줬다. 그러면서 쿡은 그들 사이에 섞여 함께 순록 고기를 먹기도 하고 그들의 이야기를 듣기도 했다. 몇 달씩 해가 뜨지 않은 어둠의 시간들이 얼마나 힘든지, 그러다 태양이 떠올랐을 때 열정이 어떻게 다시 불타오르는지를 들었다. 쿡은 이누이트족의 정령 숭배 신앙을 이해하게 되었다. 그들은 빛에 신성한 힘이 서려 있고, 사람들의 영혼은 그림자에 있으며, 계절에 따라 태양이 사라지면 일종의 영혼 소멸이 일어난다고 믿었다. 들으면 들을수록 민속 문화 이상의 것으로 생각되는 것 같았다.*

　그러던 1892년 2월의 어느 날 밤, 쿡은 인간의 죽음에 대해 생각하는 방식을 완전히 뒤바꾸는 사건을 겪었다. 오랫동안 추운 겨울에 잠겨 떠오르지 않던 태양이 다시 떠오르던 날, 태양을 보러 높은 고원에 올랐다가 쿡과 아스트룹, 피어리(이때쯤엔 다리가 나았다)는 휘몰아치는 눈보라를 피해 급히 들보를 대어 만든 이글루 안으로 대피했다. 그 안에서 셋은 순록 가죽으로 된 침낭 안에 들어가 생각보다 편히 잠들었다. 이튿날 아침 눈을 떠보니, 이누이트 방식의 돔형 대신 들보로 평평

---

* 쿡이 생각하는 이누이트 신앙이 정확한 것은 아니다. 당시에는 인류학이 아직 학문 분야로 확고하게 자리 잡지 않았고, 따라서 인류학과 관련해 제대로 된 교육을 받았다고 할 수 없는 상태였다. 게다가 이누이트족의 언어를 거의 이해하지 못했다. 다만 이누이트족과 직접 함께한 경험에 기반해 도출한 생각이라는 점에서 가치 있다고 볼 수 있다.

하게 세워져 있던 지붕은 강풍에 다 무너져버렸고, 세 사람은 온통 눈속에 파묻혀 있었다.

쿡과 피어리는 겨우 빠져나올 수 있었다. 둘은 허둥지둥 머리끝부터 발끝까지 눈에 뒤덮인 아스트룹 주변의 눈 더미를 마구 긁어냈다. 일단 손으로 아스트룹이 숨 쉴 구멍을 파낸 후, 그다음부턴 삽으로 퍼냈다. 아스트룹이 빠져나오자 세 사람은 귀청이 떨어져나갈 것 같은 강풍을 피해 무너진 이글루 벽으로 일단 몸을 숨겼다. 하지만 여전히 속옷 차림이었고, 신발과 모피 옷은 몇 피트 아래 눈 속에 묻혀 있었다. 은신할 데도 없이 축축한 침낭을 뒤집어쓴 채 그들은 폭풍우가 지나가기만 기다렸다. 그들은 하루 종일 빠져나가지도 못하게 시시각각 매섭게 몰아치는 비바람을 맞으며 버텼다.

피어리, 쿡, 아스트룹은 눈이 우박으로 바뀌고 얼음비로 변하는 동안 계속 잠들었다 깼다를 반복했다. 피어리는 동사하지 않도록 중간중간 계속 몸을 움직이라고 했다. 얼마 후 먹구름 사이로 달빛이 비치며 눈은 그쳤지만, 바람은 고원을 가로질러 계속 불어왔다. 온도는 뚝 떨어졌다. 쿡은 점차 사지가 마비되는 것이 느껴졌으며, 통제할 수 없을 정도로 덜덜 떨리기 시작하는 걸 느꼈다. 침낭은 이미 얼음덩어리가 되어 있었다. 더 이상 움직일 수도 없었고, 움직여봤자 더 춥기만 할 뿐이었다. 피어리는 마치 무덤처럼 구덩이를 파고, 쿡의 몸을 굴려 그 구덩이 안에 들어가게 한 후, 본인은 구덩이 가장자리를 따라 누워서 바람을 막아주었다. 쿡은 두려웠는지 아니면 정신이 나가 있었는지, 충격에 말을 잃었는지 어쨌든지, 그 당시 피어리 옆에 마비된 채 누워 있던 때의 감정을 따로 기록하진 않았다. 하지만 그의 말에 따르면, 그 탐험이 처음이자 마지막 탐험이 될 것 같다는 생각을 했다. 마침내 폭풍우가 그치고 사지에 감각이 서서히 돌아오자, 쿡은 자신이 극지에서 운 좋게 살아남았다는 걸 깨달았다. 이는 얼음과 눈의 어마어마한 위력을 만나는 것과 죽음을 마주한다는 것이 극지 탐험에서 얼마나 일반적인 일인지 깨닫는 인상 깊은 사건이 되었다.

피어리 원정대 탐험은 탐험가로서 겪은 일종의 견습이었다. 쿡은 혹한의 북극 겨울을 견디고 살아남았다. 거기서 대원들로부터 스키와 사격을 배웠고, 혼자서 도끼로 얼음과 눈을 찍으며 절벽을 오르내리는 방법을 익혔다. 무엇보다 이누이트족과 함께 지내는 시간 동안 개 썰매 타기, 이글루 짓기, 가죽 무두질하기 등 실생활에서 쓰일 만한 실용적인 기술을 배운 것과 거대한 대자연의 힘 앞에서 인간이 얼마나 보잘것없는지 겸손함을 배운 것도 훌륭한 수업이었다.

"극지의 현지인과 잠시 함께 지내면서 우리는 문명화된 지식보다 앞서 있는 원시 부족의 유용한 지혜를 배웠다. 북극에서 살려면, 하루빨리 야생의 생활을 배워야 한다"고 쿡은 기록했다.

피어리는 "아주 작은 불쾌감조차 전혀 표현하지 않은 점"을 높이 사 외과 의사로서, 그리고 다음 북극 탐험 원정대의 부지휘관으로서 참여해주기를 청했다. 쿡은 처음에는 제안을 수락했지만, 얼마 후 원정대에서 수집한 결과를 출판하는 것은 지휘관의 특권이라는 관례를 들먹이며 쿡이 수집한 이누이트족에 관한 사실을 과학 저널에 싣는 걸 거절하자 함께하지 않기로 했다. 다른 탐험가의 그림자로 남기는 싫었기 때문이다. 둘은 그렇게 원만하게 헤어졌다.

브루클린으로 돌아와 다시 병원 업무를 보면서 쿡은 신문에 자신의 이름을 올리는 게 병원에 큰 도움이 된다는 걸 알게 됐다. 하지만 루틀리지가에서 환자를 볼 때조차 그의 머릿속은 온통 극지의 풍경으로 가득 차 있었다. 그린란드는 그를 바꿔놓았다. 그는 미국에서 가장 큰 대도시를 작아 보이게 만드는 광활한 백색 풍경을 떠올리며 차가운 북극 공기를 가슴 가득 다시 마셔보기를 갈망했다. 어쩌면 그걸 생각나게 하는 가장 강렬한 건 역설적이게도 죽음의 감각이었는지 모른다. 그에게는 선택의 여지가 없었다. 아무래도 빙하로 돌아가야만 할 것 같았다.

쿡은 자신만의 남극 원정대를 계획했다. 그 이유 중 하나는 북극에서 피어리 탐험대와 경쟁 구도에 서고 싶지 않았고, 또 다른 이유는 드 제를라슈가 남극을 노렸던 것과 같이 아직 거의 탐험되지 않은 남극에서의 기회를 잡고 싶었기 때문이다.

쿡은 이누이트들의 이동 방식과 복장을 접목하면 남극 탐험에서도 성공적일 거라고 믿었다. 그는 계획을 공식 발표하기 전에 썰매 개와 모피 옷을 얻고 '북극 산악 현지인'에 관한 연구를 마치기 위해 다시 이누이트들의 거주지로 가보기로 했다. 남극 여정에 필요한 자금을 모으기 위해 소수의 유료 고객을 위한 그린란드행 크루즈 프로그램을 기획했다. 이 프로그램은 예일대학의 한 부유한 예술대학 교수가 후원했다. 그 교수의 아들이 예일대학에서 쿡이 남극 탐험에 관해 했던 강연을 듣고 극지 탐험에 매료돼 북쪽의 불모지대를 방문하고 싶어했기 때문이다.

1893년 여름, 쿡은 제타라고 불리는 약 23미터 길이의 스쿠너 범선의 일종를 빌려 수리했고, 부유한 고객들을 태워 래브라도와 그린란드 서쪽으로 향했다. 10월 초쯤엔 열두 마리의 그린란드 현지 개, 동물 가죽 몇 트렁크, 그리고 이누이트의 여러 부족 가운데 비교적 외부와의 교류가 있는 곳에 살던 칼라카타크와 미코크라는 십대 현지인 두 명을(쿡은 각각 클래라와 윌리라고 불렀다) 데리고 브루클린으로 돌아왔다. 쿡은 16세의 아름다운 소녀 칼라카타크가 래브라도의 리골레트의 무역 전초기지에서 훌륭한 전통 춤을 추는 것을 보았고, 분명 미국에 데려오면 큰 주목을 받을 거라고 생각했다. 그는 소녀의 아버지를 설득해, 칼라카타크와 남동생 미코크를 뉴욕에 데려갔다가 이듬해 봄에 되돌려 보내겠다고 약속했다. 두 아이에게는 대도시를 경험해볼 기회였고, 쿡은 순회강연에서 아이들을 살아 있는 증거물처럼 세상에 내보일 수 있었다.

이 아이들은 맨해튼 55번가에 있는 쿡의 어머니가 새로 이사한 집 뒤뜰에 설치해둔 텐트에서 머물렀다. 쿡이 아이들을 양쪽에 데리고 헉헉대는 허스키 한 무리를 앞세워 시내를 지날 때마다 군중이 몰려들었다. 그는 웨스트체스터 케널 클럽 쇼에 허스키를 참가시켰다가 상을 세 번이나 수상하기도 했다. 하지만 여름이 고비였다. 뉴욕의 여름 더위에 허스키 몇 마리가 죽었고, 쿡은 살아 있는 허스키를 전부 설리번 카운티에 있는 형의 농장으로 보내 거기서 짝짓기를 하게 했다. 칼라카타크와 미코크 역시 여름을 싫어했고, 둘 다 아이스크림을 먹기 싫

어했다. 그러다 겨울이 되자 아이들은 추위를 호소했다. 쿡은 그들이
이글루 만드는 것을 도와주었다.

쿡은 남극 프로젝트 자금 조달에 도움이 되는 강의도 하고 다녔다.
그리고 과거 피어리, 스탠리, P. T. 바넘, 마크 트웨인, 그리고 젊은 시
절의 윈스턴 처칠(처칠은 나중에 "격 떨어지는 양키 수준"이라며 해고했
지만)의 여행을 관리한 경력이 있는 화려한 기획자 J. B. 폰드를 고용
했다. 쿡은 대중의 상상력을 자극할 수 있는 예리한 감각을 타고난 쇼
맨이었다. "닥터 쿡은 대중의 관심을 끄는 데 재주가 있었죠." 쿡이 4
주간 강연을 하고 해리 후디니가 그즈음 정기적으로 공연을 하던 곳인
맨해튼 다임 박물관의 소유주가 회상했다. 인류학 내용 위주의 강연으
로 구성된 쿡의 북극 프레젠테이션(하루에 최대 아홉 번까지 했다고 한
다)은 겉보기엔 그렇지 않았지만, 사실상 버펄로 빌의 와일드 웨스트
쇼나 바넘의 사이드 쇼인 수염 난 여성 쇼 못지않게 힘든 공연이었다.
왜냐하면 북극에서나 입는 모피를 차려입고 정신없이 모험을 이야기
했기 때문이다. 무대 위로 칼라카타크와 미코크를 올라오게 해서 옆에
세워둔 채, 당시 몇 달씩 지속되던 겨울밤의 고통과 북부 그린란드 이
누이트들의 생소한 관습에 대해 설명했다. (사실 북극권 훨씬 아래에 있
는 상대적으로 서구화된 무역 전초기지에서 온 칼라카타크와 미코크와는
그다지 관련성이 없었지만, 폰드와 쿡에게는 아무래도 상관없었다.)

강연이 끝나갈 때쯤에는 자신의 남극 탐사에 대한 웅장한 비전을 소
개했다. 쿡이 원하던 탐사는 아드리앵 드 제를라슈의 계획과 꽤 비슷
했고, 접근 방식도 유사했다. 1894년에는 쿡도 미국 지리학회에 제안

서를 보내, 북극은 많이 탐사된 반면 "남극 지방은 그동안 외면당했고, 알려진 바가 거의 없다"고 주장했다. 또 벨기에의 드 제를라슈(이때만 해도 쿡은 아드리앵의 존재를 몰랐다)와 마찬가지로 "특히 빙하뿐인 바다를 떠다니기 좋은" 증기 포경선을 타고 과학적 탐사를 수행하겠다는 방향 설정까지 비슷하게 제시했다.

드 제를라슈의 계획과 다른 점은, 처음에는 대륙에서 겨울을 보내며 개썰매를 타고 가능한 한 멀리 남쪽으로 가서 이듬해 여름에는 지리상 남쪽 극지까지 가보겠다는 야망이었다. 쿡과 아드리앵의 계획에는 또 다른 근본적인 차이도 있었다. 쿡은 이전에 극지 겨울의 혹독함을 경험했기 때문에 오랫동안 사람의 영혼을 서서히 죽게 하는 어둠의 파괴력에 대비해, 자격을 제대로 갖춘 적합한 대원들을 준비할 필요성을 깨닫고 있었다. 그는 제안서에서 "태양빛이 사라지면 현장 탐사는 즉시 중단해야 하고, 그 상황에 대비해 사전에 체계적으로 정신적 · 육체적 훈련을 해야 한다"고 적기도 했다.

쿡은 탐사에 필요한 비용으로 드 제를라슈가 잡은 예산보다 약간 적은 5만 달러를 예상했다. 그는 "이 돈은 개인 후원 및 과학학회의 후원과 도움을 통해 모일 것"이라고 썼다. "그중 많은 부분은 이미 후원이 약속되어 있고, 나머지 가운데 일부는 강의를 통해 충당할 것"이라고도 썼다.

그러나 실제로 개인 기부자는 거의 없었다. 그럼에도 불구하고 궁극적으로 성공하리라는 확신을 갖고 있던 쿡은 '미국의 공식 남극 탐사 사무소. 프레더릭 A. 쿡 박사 사령관'이라고 적힌 문구류를 주문하기까지 했다. 강의로는 직원 고용이나 장비 구입은 고사하고 배를 구입할 만큼의 돈도 충당하지 못했지만, 남극 탐험에 필요한 경비 5만 달러 가까이가 모이기를 기대하며 두 번째 그린란드행을 꾸리는 데 필요한 홍보와 관심 끌기 효과는 낼 수 있었다.

이 두 번째 그린란드행을 위해 쿡은 북극곰을 사냥하고 이누이트에 대해 배우며 그린란드의 자연과학을 배울 수 있는 프로그램의 참가자를 구한다는 광고를 냈다. 티켓은 1인당 500달러였다. 그린란드행 티켓은 순식간에 52장이 팔렸고, 대부분은 명문대 학생과 교수들이 구입한 것이었다. 이 여행을 통해 1893년 시카고에서 열린 세계 컬럼비아 박람회에서 공개된 이래로 미국에서 계속 거주하고 있던 래브라도 출신의 이누이트족 몇 명을 포함해, 자신이 데려왔던 칼라카타크와 미코크를 집으로 데려다줄 수 있게 되었다.

모인 인원을 전부 수용하기 위해 '미란다'라는 67미터 길이의 철제 증기선을 대여했다. 이 증기선은 이미 암석이나 다른 선박과의 충돌 이력이 많아 평이 좋지 않은 저주받은 배라는 소문까지 나돌았지만 쿡은 개의치 않았다. 하지만 1894년 7월 17일, 뉴펀들랜드 해안에서 아침 식사를 하고 있던 승객들은 뭔가 폭발하는 것처럼 쇠붙이가 날카롭게 부딪치는 소리와 뒤이어 금속이 갈리는 소리를 들었다. 미란다호가 거대한 빙산에 부딪힌 것이다. 우측에 있는 갑판과 충격 흡수재에 거대한 얼음덩어리가 떨어졌다. 게다가 그로부터 3주 후 래브라도해를 건너서 그린란드로 향하던 미란다호는 또다시 암초에 부딪혀 사람들을 공포에 질리게 만들었다. 한 선원이 쿡에게 와서 "혹시 배가 침몰하는 건 아니지요?"라고 묻기도 했다.

이때의 파손은 첫 번째 충돌 때보다 훨씬 더 심각했다. 미란다호엔 물이 차올랐고, 더 이상 승객들을 태우고 나아갈 수 없었다. 피어리가 감탄해 마지않았던 대범함을 지닌 쿡은 주요 항구까지 미란다호를 예인해줄 배를 찾기 바라며 오히려 그린란드 해안에서 100마일을 가는 동안 파티를 열었다. 쿡과 함께한 이누이트 가이드 한 명이 매사추세츠주 글로스터에서 나온 낚시용 스쿠너 리겔호를 발견했다. 리겔호의 선장은 미국인들을 돕기 위해 조업을 중단하는 대신 4000달러와 미란다호에서 교환 가능한 모든 걸 교환한다는 조건을 내걸었다. 쿡은 조건을 받아들일 수밖에 없었다. 결국 그 프로그램은 그가 원하던 수익은 고사하고 더 많은 비용을 들이게 만들었으며, 남극에 도달하려는 목표에서도 멀어지게 했다. 쿡과 일행은 계속해서 핼리팩스로 갔고, 거기서 미란다호의 자매선인 포샤호에 탔는데, 곧 불운한 운명을 맞게 된다. 9월 10일 아침, 매사추세츠주 커티헝크 라이트 앞바다에서 포샤호가 도라 M. 프렌치라는 스쿠너에 충돌해 둘로 쪼개졌다. 스쿠너에 타고 있던 선원 세 명이 헝클어진 돛줄에 붙들렸고, 스쿠너와 함께 바다로 가라앉았다.

쿡은 돌아오자마자 브루클린 자택의 기자들과 만난 자리에서 여행의 실패를 과소평가했다. 늘 자기 홍보에 열을 올렸던 그는 심지어 그것을 성공으로 돌리려고 노력하기도 했다. "아주 유쾌했고, 모험이 가득한 데다, 상황은 역동적이었으며, 위험천만함을 감수했죠. 참가자 중 단 한 명도 불만을 제기하지 않았소." 쿡은 노바스코샤에서 빙산과 충돌한 이후 끊임없이 쏟아지는 불평을 견뎌내며 입만 열면 거짓말을 늘어놓았다. 개인적으로 쿡을 비난하는 사람은 거의 없었지만, 미란다호의 재앙은 쿡에게 달라붙어 그의 명성을 훼손시키고 남극 탐사를 위한 기금 마련도 더디게 만들었다.

그는 자신의 극지 계획을 더 열심히 대중에게 알리고 다녔다. 자포자기하는 심정으로 경비를 절반으로 낮추기도 했다. 애초에 예상했던 비용 5만 달러는 2만5000달러가 되었다. 자신의 흥행주인 배우 J. B. 폰드의 영향력을 본떠 쿡은 제안의 각본을 바넘(19세기 미국의 쇼맨) 수준으로 끌어올리기도 했다. 그리고 1840년대 후반의 캘리포니아 부흥기에 견주기 위해 남극 지방의 골드러시 가능성을 암시했다. 『뉴욕 타임스』는 "남극 대륙에는 아프리카만큼 금과 다이아몬드가 매장돼 있을 것"이라는 쿡의 말을 보도하기도 했다. 쿡은 원정에서 어쩌면 새로운 문명까지 발견할 수도 있을 거라고 말했다. 그는 1893년 남극 반도의 끝까지 포경 원정을 나간 노르웨이 출신의 선장 칼 안톤 라르센이 쓴 일기의 신비에 싸인 도입부를 그 근거로 내세웠다. 라르센은 1893년 기록에서 "모래와 시멘트로 만든 공과 기둥을 발견했는데, 우리는 50여 개를 모았고 사람 손으로 만든 것처럼 보였다"고 주장했다. 라르센이 가지고 왔다고 주장한 샘플이 화재로 소실되었다는 말은 회의론자들에게는 좋은 소식이었겠지만, 쿡은 일단 라르센의 말을 믿었다.

쿡은 말끝을 올리는 특유의 경쾌한 목소리로 주장했다. "이게 바로 남극에 사람들이 살고 있다는 증거입니다. 남극 해안에 사람이 거주하는 건 결코 불가능하지 않으며, 자유롭게 바다에서 먹고 입을 것을 얻는 원시인 부족을 발견하는 일은 결코 불가능하지 않다고 생각합니다."

쿡은 사람들의 이목을 끌고 흥미를 유발하는 데 확실히 재능이 있었다. 하지만 돈 있는 사람들의 지갑을 열게 하기엔 역부족이었다. 몇 달이 지나는 동안 쿡이 받은 유일한 제안은 시속 120마일로 얼음 위를 활공할 수 있는 새 모양의 탈것을 만들었다고 주장하는 한 브라질 발명가와 같은 괴짜들의 것이 전부였다.

그때까지 아무도 쿡의 계획에 투자하지 않았고, 시간이 갈수록 실행 가능성은 더 낮아졌다. 남극을 향한 그의 꿈은 서서히 식어갔고, 그에 따라 영혼도 함께 시들었다. 1897년 초반이 되자 쿡은 탐험에 드는 비용을 충당해줄 후원자를 찾는 데 필사적인 노력을 기울였다. 이번에도 쿡은 목표를 크게 잡았다. 세계 제일의 부자에게 바로 가면 될 것을 왜 보통의 부자들만 붙잡고 귀찮게 했을까? 쿡은 피츠버그 철강 재벌 기업 회장이자 국제사회에서 유명한 인물인 예순한 살의 앤드루 카네기를 찾아가기로 결심했다. 일단 미팅을 잡는 데까지는 성공했다.

카네기는 맨해튼 5번가와 39번가가 만나는 모퉁이에 위치한 유니언 리그 클럽에서 만났다. 카네기는 편히 앉아 루이 C. 티파니가 디자인한 스테인드글라스 창문을 통해 들어오는 알록달록한 빛의 향연에 기분이 좋아진 채, 앞에 앉아 있는 탐험가의 설명에 귀를 기울였다. 수염을 기른 그의 얼굴의 딱딱하고 찌푸린 표정이 점차 부드러워졌다. 평소 카네기가 냉철한 사업가라는 점을 감안하면, 이 정도 관심만으로도 쿡은 놀라운 일이라고 생각했다. 한때 무일푼으로 미국에 온 스코틀랜드 이민자인 카네기는 어쩌면 유럽 출신의 쿡으로부터 제한 없는 야망의 나라 미국이라는 공통점을 발견했는지도 모른다. 두 사람은 한 시간 동안 극지 탐험에 대해 열정적인 대화를 나눴고, 카네기는 자리에서 일어나 쿡과 악수를 나누며 "선생님, 선생님의 얼음 사업에 관심이 갑니다. 다만 수익성을 보여주십시오. 다음 주 월요일에 다시 만나시거나 아니면 서신을 주시죠"라고 말했다.

카네기가 남극 탐사의 수익성에 대해 물은 것은 분명 쿡이 말한 남극의 골드러시에 믿음이 가지 않아서였을 것이다. 두 번째 만남은 시가 연기가 가득한 호화로운 클럽 룸 안쪽에서 이루어졌고, 더 이상 사담은 나누지 않았다. 쿡 역시 이번 만남에서는 말주변이나 확신을 보여주는 것만으로는 충분하지 않을 것임을 알았다. 그래서 자신이 기획한 과학 탐사 프로그램과 구체적인 실익에 대해 자세한 설명을 준비했다. 그는 훗날 "이 사업의 유용성에 대해서만 신속하고 강력하게 어필했다"고 회상했다. 쿡의 말이 먹혀드는가 싶을 때 하필이면 클럽 동료 회원이 갑자기 카네기에게 다가와 "완벽하게 흘러가던 상황에 무례하게 끼어"들었다. 쿡이 다시 카네기의 관심을 돌리기는 했지만, 이미 김이 새버린 후였다.

카네기는 일어나서 쿡을 계단 근처로 안내하며 말했다.

"선생님, 극지보다 가까운 곳에서도 해야 할 일이 참으로 많습니다. 3마일 위쪽 지역에서 얻을 수 있는 건 얼음뿐입니다. 그 얼음을 가지고 올 방법을 찾아보세요."

쿡은 절망했다. 카네기가 첫 번째 미팅에서 '얼음 사업'에 관심을 표했을 때, 그건 말 그대로 '얼음'에만 관심이 있다는 뜻이었던 것이다.

즉, 냉장, 냉각이라는 목적을 위해 남극 지방의 빙하를 수확해오는 데에만 관심이 있었던 것이다.

카네기의 최종 결정은 미국을 대표하는 남극 탐사의 운명을 결정지었다. 좌절한 쿡은 재미는 없더라도 브루클린의 존경받는 외과의로서의 삶으로 조용히 돌아갔다. 두 눈으로 직접 남극 대륙을 볼 수 있는 행운은 물 건너갔고, 나중에 나이 들어 젊었을 때의 열정으로 극지 모험을 꿈꿨노라고 애틋하게 돌아볼 것이었다. 집엔 이미 세상을 떠난 아내의 어머니가 들어와 가사를 돌봤고, 아내의 두 교사 자매도 함께 살았다. 쿡은 그사이 어린 애나 포브스와 연애했고, 곧이어 약혼을 했다.

진료를 하면서도 쿡은 계속해서 남극 대륙에 대한 책과 기사를 모조리 찾아 읽기를 멈추지 않았다. 얼음 대륙에 대한 관심이 1895년 제6차 국제 지리 학술대회에서 긴급 탐사의 필요성이 제기된 이래 갑자기 늘어났기 때문이다. 그 후로 자신의 마음 깊은 곳에서 아직도 꿈꾸는 일에 많은 사람이 도전하고 있다는 사실을 알게 된 쿡은 속이 몹시 상했다. 그나마 하나같이 성과를 내지 못하는 걸 보고 남모를 위안을 받았다.

모두가 다 그랬다. 단 한 명만 빼고는. 1897년 8월 6일에 『뉴욕 선』지를 정독하던 쿡은 벨기에의 한 남극 탐사에 관한 작은 기사에서 눈을 떼지 못했다.

기사를 본 쿡의 마음은 질투와 흥분으로 끓어올랐다. 젊은 중위 아드리앵 드 제를라슈가 누군지는 모르겠지만 자신이 실패한 꿈을 현실로 만들었기 때문이다. 게다가 남극 원정의 임무가 과학적 탐사라는 사실에 쿡 자신도 전율을 느꼈다.

　이 기사에는 아드리앵이 외과의를 찾느라 어려움을 겪는다는 언급은 없었다. 아니 실제로 그는 추가 대원을 모집하고 있는 것도 아니었다. 하지만 쿡에게는 이런 게 중요하지 않았고 그저 다시없을 기회였다. 그것은 두 번째 기회를 주는 초대장이나 다름없었다. 물론 그는 지금까지 자신이 직접 탐험을 이끌 것으로 생각했지, 누군지도 모르고 관련 경험도 없는 지휘관 밑에 들어가서, 게다가 미국이 아닌 다른 나라에 영광이 돌아갈 원정대에 참가할 거라곤 상상조차 못 했다. 하지만 극지 탐험이라는 그의 진심을 뒷받침해줄 기회는 무척 드문 데다 결혼 생활을 시작하고 정착해버리면 어쩌면 두번 다시 오지 않을 터였다.

　그해 8월 6일, 쿡은 아드리앵 드 제를라슈에게 탐사에 참여하고 싶다는 전보를 보냈다. 참여에 필요한 비용도 지불하고, 그린란드의 개들도 데려가겠다고 제안했다.

　며칠 뒤 아드리앵으로부터 회신이 왔다. 안타깝게도 벨지카의 모든 자리가 차서 어렵다는 정중한 거절이었다.

　8월 19일 저녁, 누군가 현관문을 두드리는 순간까지 실망감에 빠져 있었다. 현관문을 열자 숨이 차 헉헉대는 웨스턴유니언 복장의 전신 배달부 소년이 쿡에게 오스텐드에서 온 한 통의 전보를 건넸다.

　몬테비데오에서 합류하십시오. 단 겨울에는 안 됩니다.
　-드 제를라슈 중위

좋은 소식 같았다. 그게 아니라면 왜 제를라슈가 그에게 다시 전보를 쳤겠는가. 프랑스어를 한마디도 할 줄 모르는 쿡은 전보에 적힌 프랑스어 역시 읽을 수 없었고, 그래서 확신할 수 없었다. 그날 자정쯤 쿡은 전보를 손에 들고 브루클린 다리를 건너 그 시간까지도 분주한 맨해튼 신문사로 갔다. 친구이자 신문사의 지리 섹션 편집자인 사이러스 애덤스에게 의논할 참이었다. 사이러스에게 전보를 보여주자, 사이러스는 콧수염을 만지며 "몬테비데오에서 합류할 수는 있지만 겨울에 합류할 수는 없다"는 메시지라고 번역해주었다.

신이 난 쿡은 무려 새벽 2시에 전보로 "그럼요. 참가할 준비가 되어 있습니다"[*]라고 보냈다. 벨지카호가 출발하기 직전에 쿡은 리우데자네이루에서 합류하라는 전보를 다시 받았다.

쿡은 여정을 준비하며 『뉴욕 월드』 기자를 만나 탐사에 대해 인터뷰했다. 쿡은 "지난 수년 동안 아드리앵 드 제를라슈 중위와 이 이야기를 나눴소" 하고 말했다. 물론 거짓말이었다. 둘의 연락은 불과 한 달 전에 처음 이루어졌다. 쿡은 벨지카호 승선 결정이 자신과 아드리앵 모두에게 좋은 결정인 것처럼 보이게 하고 싶었다. 그리고 다년간 자신과 자신의 계획을 홍보하고 파느라 진실을 과장하고 왜곡하는 데 도가 터 있었다.

---

[*] 쿡은 아드리앵이 중위이자 원정대 사령관이라는 걸 알고 있었기 때문에 전보에서도 그런 표현이 있었을 텐데 호칭이 빠져 있는 것은 의아하다. 아마 "예. 준비되어 있습니다, 사령관님"이라고 말한 것일 수도 있다. 이 전보는 아직 미스터리로 남아 있다.

9월 4일 토요일, 쿡은 리우데자네이루로 향하는 증기선 헤벨리우스호를 탈 것이라고 발표했다. 당일 아침 8시가 되자, 맨해튼의 풀턴가 부두에는 쿡을 배웅하기 위해 군중이 모였다. 그중엔 쿡의 어머니와 자매, 그리고 호기심 많은 뉴요커들이 섞여 있었다. 다들 남극과 북극을 모두 탐사한 최초의 미국인이 될 남자의 얼굴을 보기 위해 모였다. 하나같이 목을 빼고 쿡을 기다렸지만, 배의 출항 시간까지도 쿡은 도착하지 않았다. 기자들은 선장에게 출항을 조금만 늦춰달라고 사정했다. 선장 역시 스토리를 알고 있었기 때문에 미룰 수 있는 만큼 미뤘다. 하지만 몇 분 후, 더 이상은 기다릴 수 없다고 판단해 배는 떠났다.

헤벨리우스호가 자유의 여신상을 지나 항해하고 있을 때, 쿡이 승선 시간표를 검토해서 그달 말에 배를 타더라도 제시간에 벨지카호에 합류할 수 있다는 걸 인지했다는 소식이 전해졌다. 하지만 쿡에게도 사정이 있었다. 약혼자 애나가 갑자기 병에 걸렸고, 뉴욕의 대학병원 의사들은 원인을 모르겠다고 했다. 쿡은 결핵을 의심했다. 이미 아내를 떠나보낸 경험이 있었던 쿡은 아픈 애나를 혼자 둘 수 없어 병상을 지켰다. 몇 주 후엔 상태가 호전되는 것처럼 보였다. 애나는 쿡이 그토록 원하던 벨지카호에 타지 못하고 낙담하리라는 것을 알고 자신은 괜찮으니 떠나라고 재촉했다.

풀턴가 부두에서 9월 20일 시원한 날씨에 이슬비가 내리는 오후, 쿡은 통로를 걸어가 증기선 콜리지의 내부로 들어갔고, 그 뒤를 이어 썰매 두 개와 스키 한 쌍, 상비약 통, 설화, 책, 그린란드 모피, 텐트 장비가 든 트렁크 15개, 북극 장비, 10×15피트 크기의 실크 소재 미국 국기 하나를 포함해 장비와 짐이 끝없이 들어갔다. 개는 없었다.

　콜리지호는 부두를 떠나 뉴욕 항구를 빠져나가기 시작했다. 맨해튼이 점점 작아지는 걸 보며, 쿡은 도시생활에 대한 걱정도 점차 사라져가는 걸 느꼈다. 얼음 대륙으로 떠나는 출발 상황은 상상해왔던 것과는 달랐다. 드 제를라슈가 누군지는 물론이고 그의 계획이나 대원들에 대해 아는 게 거의 하나도 없었다. 하지만 길을 떠난 걸 후회하지는 않았다. 그는 나중에 이렇게 회상했다. "남극은 언제나 내 인생의 꿈이었다. 남극으로 향하는 그 길은 행복 그 이상이었다."

제3장
해신에게 기도를

벨지카호는 1897년 8월 23일 해가 저물 때 오스텐드에서 출항했다. 드 제를라슈 중위가 레오니 오스테릿에게 썼다. "이제 떠날 때가 되었습니다. 저는 드럼이나 트럼펫 같은 소리 없이 떠나고 싶습니다." 마침내 드 제를라슈는 벨기에인 13명, 외국인 10명, 고양이 두 마리(난센과 스베르드루프)와 함께 남극으로 떠났다.

벨지카호가 남극 대륙의 미지의 위험에 맞닥뜨리기 훨씬 전, 프랑스 해안에서 약간 떨어진 악명 높은 비스케이만의 폭풍우를 만났다. 거센 바람이 벨지카호를 남쪽으로 밀어냈다. 배가 거센 파도에 휩쓸려 요동칠 때, 드 제를라슈는 선실의 네모난 창을 통해 폭풍우를 몰고 오는 구름과 거칠게 뒤척이는 바다를 쳐다보았다. 몰아치는 파도를 진정시키기 위해 드 제를라슈는 19세기 후반에 흔히 사용하던 방법인, 기름 주머니 몇 개를 바다에 풀어 물을 진정시키는 방법을 썼다. 몇 쿼트면 이 정도로 넓은 지역에 기름 한 층을 덮기에는 충분했다. 분자 하나 두께에 불과한 실크와 같은 필름이 바다를 덮으며 바람이 파도를 일으키는 힘을 줄였다. 이론상으로는 강풍이 흰 포말을 휘젓지 않고 수면 위를 미끄러지듯 넘어가게 하는 것이다. 하지만 기름이 배 주변의 파도를 순간적으로 진정시키는 역할은 했어도 멀리서 밀려오는 거대한 파도를 막는 데에는 아무런 효과가 없었다.

또한 뱃멀미를 안 하는 사람이 거의 한 명도 없었다. 노르웨이 출신의 젊은 선원 칼 아우구스트 빙케는 당시 상황을 일기장에 생생하게 기록했다. "선장(르콩트)은 함교에 서서 조종간을 잡은 채로 구토했다. 과학자들은 해치에 기대 구토를 해대고, 엔지니어들은 엔진 룸에 앉은 채로, 갑판 선원들은 갑판 위에서 구토를 했다."

빙케는 그나마 뱃멀미에 익숙해져 있던 몇 안 되는 사람 중 한 명이었다. 동료 선원들이 뱃전에 널브러져 구토하는 동안 빙케는 모든 명령을 열심히 수행했으며, 위험을 무릅쓰고 흔들거리는 갑판 위를 가로질러 뛰어다니면서 삭구 장치를 잡고 매달렸다. 턱수염이 없고 동글동글한 이목구비를 가진 빙케는 줄무늬 선원 복장을 하고 벨지카호 모자를 쓰고 있으니 더 소년 같았다. 빙케는 순수한 탐험 정신으로 자원했고, 나이는 출항기 바로 전날 겨우 스무 살이 되었다. 빙케는 영리하고 호기심이 왕성했으며, 사람들이 좋아하는 근면 성실한 청년이었다. 하지만 탐험에 대해 완전히 헌신적인 모습을 보여주긴 했어도 일기장에는 원정대 지도자에 대한 좋지 않은 이야기와 오해가 쓰여 있었다.

8월 31일 빙케의 일기장에는 "르콩트 선장의 모습에 매우 실망했다"라고 쓰여 있었다. 이날은 여전히 벨지카호가 비스케이만에서 욕조 위의 장난감처럼 이리저리 휩쓸리고 있던 때였다.

고양이 '스베르드루프'는 갑판 위에서 그저 자기 할 일을 하고 있었다. 그런데 선장이 갑자기 멀미로 몸을 비틀거리며 고양이에게 다가갔다. 그러더니 화를 내며 고양이의 목을 움켜쥐고 바다로 던져 버렸다. 불쌍한 고양이는 바다에 빠져 헤엄치며 비명을 질렀다. 그걸 본 사람이라면 그를 절대 좋아하지 못할 행동이었다.

빙케는 드 제를라슈에 대해서도 있는 그대로 썼다. 빙케는 벨기에 사람은 모두 평등하며, 따라서 장교나 과학자나 특별대우를 하지 않겠다고 말한 드 제를라슈의 주장을 비웃었다. 그는 "평등하다는 드 제를라슈의 말은 사실과는 달랐다. 장교에게는 말을 걸 수도 없었고, 전반적으로 일반 선원과 선장, 장교들 사이에는 큰 거리감이 있었다"라고 썼다.

일부 선원의 경험 부족과 반항심도 처음부터 문제를 일으켰다. 9월 초에는 거의 재앙에 가까웠다. 서남풍을 뚫고 직진하던 벨지카호는 증기력에 의지해서만 항해했다. 중간 갑판 공기는 최상의 컨디션에도 숨이 턱턱 막혔다. 가스를 내뿜는 석탄이 천장에 있고 탱크에 물이 가득 차 있으며 용광로가 계속 타고 있는 여행 초반에, 공기는 참을 수 없을 정도였다. 결합 지점과 밸브에서 증기가 새어나와 벽을 따라 맺혔으며, 낮은 천장에서는 물방울이 떨어졌고, 선원들의 새까매진 얼굴에는 땀이 맺혔다. 거의 두 시간 동안 석탄을 퍼넣은 얀 반 미를로는 삽을 던진 후 주저앉아 울기도 했다.

동료 선원들이 반 미를로를 부축해 일으켜서 신선한 공기를 마시게 하려고 위층으로 데리고 갔다. 하지만 그가 벽에 걸린 권총을 집어들고 나온 걸 아무도 눈치채지 못했다. 갑판 위로 가자마자 그는 난간 위로 올라가 방아쇠에 손가락을 걸었다.

아문센은 반 미를로가 본인이나 다른 선원들을 향해 총을 쏘려는 것인지 아니면 그저 바다로 뛰어들려고 올라간 것인지 알 수 없었다. 하지만 상황이 급박한 탓에 일단 쓰러뜨린 후 손에서 권총을 빼앗았다. 둘은 갑판 위에서 엎치락뒤치락했다. 아문센은 그 배에서 몸집도 가장 크고 힘도 센 사람이었지만, 당시의 반 미를로는 아문센 말고도 다섯 명이나 더 달라붙어야 할 정도로 날뛰고 있었다.

반 미를로가 진정되고 나서는 쿡이 오기 전까지 루마니아 출신 동물학자인 에밀 라코비차가 대략적인 진찰을 했다. 라코비차는 반 미를로가 과로 때문에 정신적 긴장이 극에 달해 한바탕 광기를 부린 것이라고 진단했다.

놀랍게도 반 미를로는 며칠이 지나자 언제 그랬냐는 듯 맡은 업무로 돌아갔다. 하지만 다른 선원들은 그 일 이후로 드 제를라슈가 너무 검증 없이 사람을 모은 것은 아닌지 싶어 불안해하기 시작했다. 프로젝트를 서두를 수밖에 없어 어느 정도 타협을 해야 했고, 경험이 부족하거나 자격이 없는 선원들을 고용해야 했던 건 사실이다. 여행하는 동

안 남극의 정신적·육체적 도전에 대한 충분한 준비가 될 것이라 기대
했지만 이미 질서는 무너지고 있었다.

드 제를라슈는 선원들의 신뢰와 정서적 안정이 염려되었지만, 달리
할 수 있는 일이 거의 없었다. 그는 냉철하고 예민하며 지적이긴 했어
도, 부하 선원들에게 헌신하도록 영감을 주거나 의욕을 고취시키는 리
더 유형은 아니었다. 애초에 원칙주의자도 아니었고, 르콩트처럼 욱하
는 성격도 아니었다. 르콩트처럼 갑판이 더러워진다는 이유로 살아 있
는 고양이를 바다에 던져버리는 일은 상상도 할 수 없었다. 그리고 설
사 선원들을 규제하려는 마음이 들었다고 하더라도 그럴 수단도 거
의 없었다. 벨지카호에는 제대로 꾸려진 위원회도 없었고(형식적으로
는 안트베르펜 요트 클럽의 사람들이라고 볼 수 있지만), 군법회의에 회
부한다거나 범법자를 가둘 수도 없었다. 게다가 장교들 외에 대부분의
선원은 법적 구속력이 있는 계약서를 쓰지도 않았다. 결국 사령관이
할 수 있는 일이라고는 복종하지 않는 선원을 배에서 내리게 하는 것
뿐이었다. 하지만 남극 대륙으로 가는 길에 배를 정박시킬 수 있는 항
구는 거의 없었고, 있더라도 거리가 매우 멀었다. 더 큰 문제는, 그나마
배에서 내리게 하는 선택지 앞에서도 드 제를라슈가 벨기에인 선원을
해고할 경우 벨기에 언론이 어떤 반응을 보일지에 대해서만 집착했다
는 점이다.

결국 문제가 터졌다. 서로 언어도 문화도 다른 선원들을 관리하기란
결코 쉽지 않았다. 노르웨이인과 벨기에인, 네덜란드어가 모국어인 플
랑드르 지역 출신 벨기에인과 프랑스어가 모국어인 왈롱 지역 출신 벨

기에인이 대립하며 장교 선원 할 것 없이 배 전체가 출신으로 인한 분열이 일어났다. 게다가 호전적인 성격의 프랑스 요리사 르모니에와는 그 누구도 사이가 좋지 않았다. 이런 상황에서 질서를 정리하는 역할은 드 제를라슈 대신 훨씬 더 어리고 선원들과 함께 지내던 르콩트와 아문센이 맡았다. 이 둘은 서로 다른 체격만큼 리더십에서도 차이를 보였다. 키가 작고 다혈질인 르콩트는 욱하고 화를 잘 냈다. 키가 크고 풍채가 좋은 아문센은 당당하고 과묵했다. 그러나 르콩트는 바제-돔-반 담 그룹을 관리하고, 아문센은 노르웨이인들과 잘 지내려고 노력하면서 이 둘은 서로를 효과적으로 보완할 수 있었다.

벨지카호는 포르투갈의 마데이라섬에서 사흘간 기항한 후 9월 13일 닻을 올렸다. 이때 무역풍이 벨지카호를 계속 밀어냈다. 벨지카호에서는 석탄을 아끼기 위해 용광로 온도를 낮추고 돛을 최대한 크게 펼쳤다. 하지만 열대 지방으로 가까이 갈수록 더위를 견디기가 어려워졌다. 함교 위의 놋으로 된 모든 것 위에 범포를 씌워 화상을 입지 않도록 했다. 남극의 추위를 막으려고 설계했던 추가 단열벽 때문에 안으로 들어온 뜨거운 공기가 빠져나가기 힘들었다. 결국 갑판 아래의 온도는 130도에 달했다.* 선실에서는 도저히 잠을 잘 수가 없어 배 중앙 부분에 해먹을 걸었다.

바람에만 의존해 열대 바다를 가로질러 항해하는 건 꽤 멋진 일이었다. 어느 날 밤 빙케는 일기장에 이렇게 썼다. "쾌적하고 온화한 바람

---

* 모든 온도는 별도의 표기가 없으면 화씨임.

소리와 배 옆구리를 치는 파도 소리가 들려온다. 종종 돛이 나부끼는 소리를 듣고 올려다보면, 달빛 사이로 돛과 밧줄이 흔들리는데, 이보다 더 아름다운 광경은 본 적이 없다." 아마 해먹 위에서 살랑대는 바람을 맞으며 썼을 것으로 추정된다.

무역풍이 부는 가운데 달밤의 장관은 배와 배 주변을 호위하는 생물 발광 동물인 돌고래 떼가 푸르고 흰빛을 가르며 만드는 광경이었다. 빛이 번쩍 하는 건 돌고래와 큰 해파리가 충돌할 때였다. 이따금 날치가 뱃전 위로 날아올라 갑판에 떨어져 배에 남은 고양이 난센을 기쁘게 해주었다.

어느 날 저녁 식사가 끝난 후, 선원들은 시간을 보내기 위해 갑판에 모였다. 열여섯 살이었던 노르웨이 출신의 요한 코렌은 그 장면을 스케치북에 그렸다. 승강구 커버를 마치 댄스 무대처럼 사용해, 선원 두 명이 작은 크랭크 오르간에서 나오는 음악에 맞춰 경쾌한 춤을 췄고, 한 명은 아코디언을 연주하고 다른 한 명은 코넷을 연주했다. 나머지 선원들은 주변에 흩어져 앉아 담배를 피우거나 노래를 불렀다. 역동적인 벨기에 음악과 차분한 노르웨이 음악이 번갈아 들려왔다.

장교와 과학자들이 고물로 모였을 때 흐르는 아련한 멜로디는 아문센에게 고향을 생각나게 했다. 음악을 들으며 먼바다의 수평선을 바라보는 그의 덥수룩한 콧수염은 비행하는 갈매기처럼 바람에 흩날리고 있었을 것이다. 아문센은 아주 오랫동안 극지 탐험에 대한 환상을 품어왔기 때문에 아마 이번 원정은 그에게 운명 같았을 것이다.

　로알 아문센은 쿡처럼 아버지에 대해 잘 알진 못하지만 아버지가 걸었던 길을 따라 걷게 됐다. 그의 아버지 옌스 아문센은 함선을 소유했던 선주이자 선장이며 전쟁에서 이겼던 사람이다. 아버지는 로알 아문센의 곁을 거의 늘 떠나 있었고, 아문센이 열네 살일 때 바다에서 사망했다. 어린 아문센은 많은 이야기를 통해 아버지에 대해 알게 되었다. 일부 이야기는 과장되기도 했고, 일부 이야기는 사실이었다. 어떤 이야기에서는 아버지가 잔인한 도끼 공격에서 살아남았고, 300명의 중국인 노동자를 아바나로 수송하는 과정에서 일어난 폭동을 진압했다고도 했다. 엄격한 규율가였던 그의 아버지는 중국인들에게 그들의 지도자를 교수형에 처하라고 했다고도 했다. 그런 아버지의 이야기는 아들인 로알 아문센에게 신화적인 분위기를 풍겼다. 아들은 아버지를 따라 살고 싶었다. 평생 전설을 좇더라도 말이다.

　로알 아문센 역시 아드리앵 드 제를라슈처럼 극적인 이야기를 동경하며 성장했다. 아버지가 사망하고 1년 후, 로알 아문센은 19세기 초 영국인 탐험가인 존 프랭클린 경에게서 또 다른 영감을 받았다. 대머리에 용맹한 해군 장교였던 프랭클린은 잘못된 판단 때문에 캐나다의 북극 항해를 비극으로 이끈 것으로 널리 알려진 터라 그를 롤모델로 삼는 이는 별로 없었다. 그리고 그는 1819년부터 1822년까지 코퍼마인강을 걸어서 탐사하는 과정에서 팀원이 대부분 질병, 살인, 기아로 사망하자 "자기 장화를 먹은 사람"으로도 알려져 있었다. 프랭클린은 1840년대 중반에 영국 왕의 선박인 테러호와 에러버스호를 이끌어 서북쪽 항로로 항해를 시도했지만, 둘 다 해빙에 부딪혀 약 130명의 선원이 사망했다. 그래서인지 프랭클린의 이 두 탐험 모두에 인육을 먹는 일이 자행되었다는 소문이 떠돌았다. 하지만 이러한 고난이 바로 아문 센의 상상력을 자극했다. 아문센은 "희한하게도 프랭클린 경의 이야기 에서 가장 강하게 끌린 건 그와 그의 선원들이 겪었던 고통이다"라고 적었다. "그들과 같은 고통을 겪어보고자 하는 이해할 수 없는 야망이 내 안에서 끓어올랐다."

하지만 아문센에게 무엇보다 가장 큰 영향력을 준 사람은 노르웨이 출신 과학자이자 극지 탐험가 프리드쇼프 난센이었다. 아문센보다 열 한 살이 많았던 난센은 1888년에 스키를 타고 그린란드의 만년설을 건너, 전 세계 신문의 헤드라인을 장식했다. 키가 크고 금발에 남성스 러운 이마와 꿰뚫어보는 듯한 푸른 눈을 가진 그는 신화 속에나 등장 하는 고대 노르웨이인처럼 보였다. 그는 나폴레옹 시대부터 스웨덴 통 치 체제하에 있던 노르웨이가 공식 독립 국가로 인정되기 전까지 국가 적 영웅으로 칭송받았다. 열여섯 살의 아문센은 1889년 5월 30일 난 센의 귀국을 환영하기 위해 크리스티아나피오르*에 모인 수천의 인파 속에 섞여 있었다. 아문센은 이날을 "스칸디나비아 소년들의 기념일" 이었다고 회상했다. "절대 잊지 못할 것이다"라면서.

그로부터 4년 후, 그의 함선인 프람호가 3년 동안 얼음 속에 갇혔다 가 누구도 가본 적 없는 북극에 가까운 해류를 따라 소용돌이쳐 들어 가면서 승리를 거두었다. 그와 선원들은 북극에서 약 227마일 떨어진

---

* 현재 명칭은 오슬로피오르.

북위 86°13′6″까지 스키와 개썰매를 타고 질주해 최북단 원정 신기록을 세웠다. 하지만 다시 남쪽으로 내려간 그들은 프람호를 찾을 수 없었다. 날이 풀리면 남쪽으로 내려가기 위해 그들은 돌로 집을 지어 곰과 바다코끼리를 잡아먹으며 지냈다. 그러다가 그곳을 지나던 영국 원정대에 의해 구조되었다.

프랭클린 경과 난센의 이야기에서 영감을 받은 아문센은 어릴 때부터 품어왔던 집착에 가까운 확고한 야망인 극지 탐험가가 되기로 결심했다. 다만 과학적인 성과에는 드 제를라슈나 쿡보다 관심이 없었다. 극지 탐험이 가져다줄 영광에 주로 관심이 있었다. 아문센은 꿈을 이루기 위해 학업이나 낭만적 연애를 포함해 인생의 다른 모든 것을 희생해가며 육체적·정신적 훈련을 받았다. 추위에 익숙해지기 위해 겨울에도 방 창문을 연 채로 잠을 잤고, 크리스티아니아 주변 산에 자주 갔다.

1896년 1월에는 크로스컨트리 스키 연습도 할 겸, 지구력을 한계까지 끌어올리는 훈련을 하기 위해 동생 레온과 함께 크리스티아니아에서 서쪽으로 100마일쯤 떨어진 험준한 하당에르비다 고원을 넘는 데 도전했다. 어두컴컴한 겨울에 온통 눈으로 덮인 광활한 고원에서의 경험은 아문센이 갈망했던 위험천만한 극지를 체험해볼 수 있는 죽음의 경험이었다. 고원으로 떠난 지 11일 만에 두 형제는 심한 눈보라 속에서 길을 잃었다. 영하 10도 아래로 기온이 뚝 떨어졌고, 능선을 불어오는 바람 때문에 밤에는 나아갈 수 없었다. 비어 있는 양치기 오두막 같은 곳에서 눈을 피할 수 있을 거라고 생각해 텐트도 가져오지 않았다.

아문센은 빠른 판단을 해야 했다. 눈 속에 좁고 깊숙하게 구멍을 팠고, 그 안에 들어가 침낭을 턱까지 끌어올렸다.

　아문센 형제가 잠자는 동안 눈은 계속 내렸고, 결국 구덩이 입구는 눈으로 막혀버렸다. 기온은 더 떨어졌고, 아문센의 몸을 덮고 있던 눈은 딱딱한 얼음으로 변했다. 급히 만든 피난처가 관이 될 판이었다. 그는 "한밤중에 잠에서 깼다"고 회상했다. "몸에 쥐가 나서 본능적으로 자세를 바꾸려고 했다. 하지만 1인치도 움직일 수 없었다. 단단한 얼음 덩어리 안에서 얼어붙어 있었다. 필사적으로 버둥거렸지만, 아무 소용이 없었다. 동생에게 계속 소리쳤지만, 동생도 아무것도 들을 수 없었다."

　아문센은 공포에 질려 계속 소리 질렀지만, 눈 속에 파묻혀 아무 소리도 나오지 않았다. 공기가 점점 희박해졌고, 아문센은 남은 공기를 아끼려고 소리 지르는 것도 멈췄다. 관이 되어가는 얼음 속에서 숨을 헐떡이며 손으로 얼음벽을 긁었다. 동생 레온은 그 전에 깨어나 눈을 뚫고 나와, 아문센의 순록 가죽으로 된 침낭이 보일 때까지 얼음을 파헤쳤다. 아문센은 말 그대로 죽음의 문턱까지 갔다가 살아났다. 하당에르비다에서의 이 경험은 제대로 된 준비가 얼마나 중요한지 겸허히 깨닫는 사건이 되었다.

　그다음으로 아문센이 스스로 계획한 단계는 바로 언젠가 본인만의 탐사대를 이끌 수 있도록 바다에서 경험을 쌓는 것이었다. 이를 위해 북극에서 여름 캠페인을 하는 동안 물범잡이 막달레나와 제이슨의 대원으로 합류했다. 1896년 7월에 제이슨이 노르웨이 산네피오르 항구에 들어왔을 때, 아문센이 남극 탐사를 준비 중이던 벨지카호를 처음으로 목격했다. 그의 귀에 곧 드 제를라슈의 원정대에 합류할 사람을 찾고 있다는 소식이 들어갔고, 아문센은 극지 경험을 쌓을 기회로 보고 즉시 지원했다.

드 제를라슈는 그를 배의 일등항해사로 임명했는데, 그때까지 아문센이 어떤 책임 있는 자리에 있었던 적은 없으므로 일종의 도박이나 마찬가지였다. 그러나 아문센에게는 일등항해사 임명이 극지 탐험의 영광을 향해 거침없이 나아가는 수순을 밟는 셈이었다. 준비를 철저하게 하는 성격인 아문센은 임명된 그해부터 탐사가 시작되기 전까지 항해 기술을 배우기 위해 다른 상선에 올랐다. 그리고 벨기에인을 포함해 다양한 국적으로 이루어져 있는 선원들에게 명령을 내리는 데 문제가 없도록 코냐크에서 프랑스어를 배웠고, 안트베르펜에서 플랑드르어를 배웠다.

1897년 6월 18일, 아문센은 산네피오르로 돌아와 벨지카호에 올랐다. 그런데 정말 귀신같은 타이밍으로, 바로 이튿날 프리드쇼프 난센이 안트베르펜으로 출발하기 전에 벨지카호를 방문했다. 난센이 통로로 성큼성큼 걸어오자 갑판에 있던 사람들은 흥분했다. 그는 하얀 선원 모자를 비스듬히 쓰고 있었다. 6피트가 훨씬 넘는 키에, 풍채는 마치 영웅 같았고, 그의 뒤에서는 광채가 나는 것 같았다. 사진을 찍기 위해 포즈를 취한 후 난센은 "아드리앵 드 제를라슈에게 성공을 기원하며, 프리드쇼프 난센이"라고 쓰여 있는 본인의 사진을 남기고 벨지카호를 떠났다.

아문센에게 있어 난센이 남긴 이러한 축사는 마치 극지 탐험가들만 들어갈 수 있는 소수 정예 클럽에 입문한 듯한 느낌이 들게 했다. 아문센은 이미 자신이 난센의 후계자라도 된 것 같았다. 그러고는 벨지카호에 있던 고양이에게 그의 영웅의 이름을 붙여주었다. 암컷 고양이이긴 했지만 신경 쓰지 않았다.

남극으로 향하는 아문센의 경로는 방법론상 매우 세부적으로 구성되어 있었다. 단 한 가지, 그가 미처 대비하지 못한 것이 바로 열대 지방의 더위였다. 벨지카호가 적도 부근의 무풍대에 들어서면서 견딜 수 없는 더위가 시작됐다. 아문센은 남반구로 가본 적이 없는 열세 명의 선원 중 한 사람이었다. 10월 6일 적도를 지날 때, 엄숙한 적도제를 치를 계획이었다.

적도를 지날 때 치르는 적도제는 전 세계 해군과 상선에서 행해지는 오래된 관습이다. 부대나 나라마다 세부 사항이 다르지만 기본적인 내용은 동일하다. 고대 로마의 해신 넵투누스에게 심문을 받고 넵투누스를 위로하는 제다. 아문센처럼 직위가 높은 사람이라고 해서 면제받지는 못했다. 전통은 전통이니까. 몇 년 전 샌프란시스코로 가던 미국 선박에서 비슷한 적도제를 하는 걸 본 적 있는 드 제를라슈는 즐겁게 상황을 바라보았다.

아문센에겐 침례 의식이 처음이었다. 오전 10시에 넝마 같은 옷을 입은 채, 넵투누스 해신의 '심복' 두 명이 아문센을 선체 중앙으로 끌고 갔다. 그리고 그를 심문할 사람들이 갑판으로 쏟아져 나오는 것을 지켜봤다. 그날 밤 일기에서 그는 이 적도제에 대해 이렇게 묘사했다.

"'넵투누스' 해신으로 분장한 사나운 벨기에인 선원 모리스 발제가 자기 수행원(넵투누스의 아내, 목사, 이발사, 그리고 여러 나라 출신의 사람들)과 함께 나에게 다가왔다."

넵투누스의 코스튬은 긴 수염, 챙이 넓은 모자, 긴 지팡이 끝에 포크를 연결해 만든 삼지창으로 되어 있었다. 그리고 그 주변에는 잡다한 인종을 모아놓았다. 한 명은 흑인이었고, 다른 한 명은 터번을 쓰고 있었으며, 또 다른 한 명은 수염을 그려넣고 긴 줄을 연결해 머리를 땋고 총을 쥐고 마치 동화책에 나오는 해적 같은 중국인 선원의 모습이었다.

성질이 나쁜 프랑스인 요리사 르모니에는 하얀 요리사 복장을 한 채로 이발사 역할을 했다. 그는 그 역할이 마음에 들었던지, 나무로 만든 큰 면도칼 같은 걸 휘두르며 우뚝 서서 아문센을 내려다보았다. 넵투누스 역할을 한 선원은 그 옆에 서서 밀가루, 물, 라드_{돼지비계를 정제한 반고체의 기름}, 검댕을 한데 섞은 더럽고 검은 반죽을 묻힌 면도용 솔을 들고 있었다.

"네 이름은 무엇이냐?" 넵투누스가 아문센의 얼굴에 면도용 솔을 흔들어대며 물었다.

이런 적도제를 처음 보는 아문센은 대답을 하려고 했다. 하지만 입을 열자마자 넵투누스는 그 더러운 반죽을 입에 넣어버렸다. 입안에 반죽이 가득한 아문센은 넵투누스 역할을 한 선원이 일등항해사의 얼굴에 마구 거품을 내기 시작했을 때 항의할 수 없었다. 아문센은 일기에 "수염을 기를 수 없게 됐다는 건, 그걸 깨끗하게 하는 데 적어도 일주일은 걸린다는 말일 수도 있다"고 진지하게 썼다.

콧수염이 오물로 범벅이 된 채 아문센은 르모니에가 '면도기'로 뭘 하든 그저 내버려두고는 신성한 기름 부음의 의식을 받았다. 그건 다름 아닌, 바닷물 세 통을 얼굴에 붓는 것이었다. 고문에 가까운 의식이 끝난 후, 아문센은 세수를 하고 시가에 불을 붙여 물고는 느긋하게 앉아 "다른 사람들의 고통을 즐겼다". 의식을 처음 치른 사람들에게는 신임 사제가 그려진 익살맞은 가짜 졸업장이 수여되었다. 하지만 아문센은 그게 공식 증명서라도 되는 양 소중히 여겼다.

적도제가 끝나고 이어지는 축제는 이런 의식의 원래 목적인 결합과 결속을 위한 것이었다. 계급과 국적은 사라지고 없었다. 적어도 이날 저녁만큼은 벨지카호의 모든 사람이 한 가족이었다. 밤새도록 음악과 춤이 이어졌다. 아문센은 "밤 10시에 샴페인 터뜨리는 소리와 함께 우리는 적도를 건넜다"라고 썼다.

10월 22일 오후, 벨지카호의 뱃머리가 팡지아수카르를 지날 때 폭우가 내렸다. 억수 같은 비 때문에 구아나바라만 대부분과 드넓은 리우데자네이루 도시가 보이지 않았다. 사실 드 제를라슈는 벨기에 선박으로서는 몇 년 만에 처음으로 리우데자네이루에 정박하는 선박으로 만들고 싶었는데, 웅장한 입항은 이미 틀려버렸다. 하지만 벨지카호를 누군가 발견한 듯, 작은 증기선 하나가 다가왔다. 선원들은 그 증기선에 드 제를라슈가 리우데자네이루에서 만나기로 한 의사, 벨지카호에 타고 있던 그 누구보다 명성이 자자했지만 아무도 본 적 없는 그 의사를 태우고 있을 줄 알았다.

벨지카의 장교와 선원들은 유명하다는 쿡 박사를 만나기 위해 난간으로 달려갔다. 그리고 자기네끼리 미국인 의사처럼 보이는 사람을 골라댔다.

"키가 작고 뚱뚱하며 열정적으로 보이는 저 사람일 거요!"

"에이, 그럴 리가 없수다. 키가 크고 말랐을 거요!"

"저기 흰 수염을 덥수룩하게 기른 저 남자 아닌가?"

하지만 다 틀렸다. 작은 증기선은 벨기에 선원들에게 가족들이 보낸 편지 한 꾸러미를 실어다주긴 했지만, 쿡 박사는 거기 없었다. 물론 쿡 박사가 이미 2주 전 거기에 도착했고, 벨기에 장관인 반 텐 스테인 더 예하이 백작의 손님으로 페트로폴리스에서 40마일 떨어진 호화로운 산간 마을에 묵고 있다는 소식은 곧 듣게 되었다.

이튿날 아침 태양이 구아나바라만과 말발굽 모양의 원시적인 백사장, 그리고 그 너머에 있는 우거진 푸른 산을 비출 때, 벨지카호 선원들은 왜 리우데자네이루 항구가 세계에서 가장 아름다운 항구 중 하나로 알려져 있는지 이해할 수 있었다. 하지만 경관의 평온함은 일단 장교들이 뭍으로 올라와 리우데자네이루의 구불구불하고 북적대는 거리에서 길을 잃으면서 혼돈으로 변했다. 도시는 너무 복잡했다. 최신 유럽 패션의 옷을 입은 포르투갈 출신의 부유한 엘리트층과 가난한 아마존 원주민과 아프리카 노예의 후손들이 한데 섞여 있었다. 당시는 정치적 혼란과 폭동, 암살이 횡행하던 시대였다. 범죄도 많았고, 경찰들은 부패했다. 밤중에 부두를 걷던 벨지카호 선원 중 한 명은 경찰들에게 붙잡혀서 칼날 바닥으로 얻어맞고 싹 털리기도 했다.

황열병도 유행 중이었다. 쿡 박사가 더 예하이 백작과 함께 산에 머물기로 결정한 이유 중 하나이기도 했다. 벨지카호가 도착한 후, 어느 이른 아침에 쿡과 백작은 페트로폴리스에서 기차를 타고 산을 내려와 계곡을 건너 리우데자네이루의 가파르고 구불구불한 철로를 따라 구아나바라만에 도착했다. 그들은 증기 동력선을 타고 바다를 건너 벨지카호로 왔다. 이제 곧 그의 집이 될 벨지카호에 다가가면서 쿡은 우아하게 생긴 스쿠너, 날렵한 요트, 만을 가득 채운 웅장한 프리깃함1750~1850년경의 상중上中 두 갑판에 포를 장비한 목조 쾌속 범선 옆에서 볼품없어 보이는 모습에 크게 낙담했다. 그는 벨지카호를 두고 "몸집 큰 그레이하운드들 사이에 끼어 있는 작고, 어색하며, 볼품없는 불독" 같았다고 묘사했다.

벨지카호로 승선하는 사다리에 오를 때, 쿡은 비에 흠뻑 젖은 배의 갑판 쪽에서 증기가 올라오는 걸 볼 수 있었다. 통로에서 그를 맞이하기 위해 맨 앞에 선 사람은 선장 조르주 르콩트였다. 그가 환영 인사를 건넸다. 그들은 프랑스어로 말했는데, 수많은 분야에 대한 끝없는 호기심에도 불구하고 쿡은 영어와 약간의 그린란드 이누이트 말, 그리고 어릴 적에 배운 잘 기억나지 않는 독일어 말고는 아는 외국어가 없어 전혀 소통이 되지 않았다. 그다음으로 미국의 원양선에서 지내며 유창한 영어를 구사하게 된 몇 안 되는 사람 중 한 명이었던 드 제를라슈 사령관과 악수를 했다. 그 옆에는 단코와 아문센이 있었다. 환영 인사는 과학자 라코비차와 아르츠토프스키를 끝으로 마무리되었는데, 쿡은 그들의 언어가 독일어와 비슷하다고 생각했다.

쿡의 새로운 동료들 눈에는 그가 착실한 외과 의사라기보다는 오페레타에 나오는 등장인물로 보였을 것이다. 어쩌면 생각보다 큰 코에 놀랐을 수도 있다. 날씨에 비해 지나치게 따뜻해 보이는 그의 고급스러운 옷, 풍성한 수염, 환한 미국식 미소로 인해 보이는 입속 금이빨은 마치 부자가 된 알래스카의 투기꾼을 생각나게 했다. 빙케는 "쿡 박사는 실제 우리가 생각하던 양키의 모습이었고, 모피 코트를 입고 돌아다녔다"고 썼다.

하지만 곧 사람들의 생명이 쿡의 손에 맡겨질 것임을 생각한다면, 언어 장벽은 빨리 없애야 했다. 그래도 쿡에겐 사람을 끄는 힘이 있었고, 기본적으로 언어를 뛰어넘어 미국인들만이 가지고 있는 숨길 수 없는 밝음이 있었다. 로버트 피어리의 1891~1892년 그린란드 탐사에서 쿡이 맡은 역할은 전 세계 극지 탐험 애호가들 사이에서 유명해졌다. 그중에서도 노르웨이 사람들, 특히 아문센은 분명 아이빈드 아스트룹이 쓴 유명한 여행기에서 쿡에 대해 읽었을 것이다. 아문센은 아스트룹을 존경했기 때문에 쿡도 마찬가지로 존경했다. 아문센은 안트베르펜에서 벨지카호가 출항하는 날부터 이미 쿡과의 만남을 고대하고 있었다. 극지 여행에 대해 열심히 공부했던 아문센은 의사에게서도 배울 수 있는 모든 걸 배우고 싶었다.

세기말의 전환기, 브라질 정치의 혼란 속에서도 구아나바라만에 정박한 벨지카호의 소식은 전국적인 뉴스였다. 도시 전역에서 사람들이 몰렸고, 어디를 가든 취재진들이 쫓아다녔다. 선원들은 저녁 시간에 술을 마시며 즐기고, 낮에는 숙취로 쉬었다. (쿡은 특히 늦게까지 침대에 있었다. 청소년기에 뉴욕에서 불면증을 앓은 이후로는 낮에는 공부하고 밤에는 일을 하면서도 잠은 꼬박꼬박 챙겨 잤다.) 밤마다 여러 언어로 남극 탐사대원들을 위해 축배를 들며 술을 마시고 흥청대는 게 일이었다.

빙하를 향해 출항할 벨지카호 선원들의 마음을 울린 가장 감동적인 찬사는 브라질 역사 및 지리 연구소에서 있었던 엄숙한 리셉션에서 터져나왔다. 연구소를 대표하는 공식 연설자였던 알프레도 나시멘토 박사는 탐험가들의 용기에 대해서 길면서도 가슴이 웅장해지는 축사를 했다. 축사가 절정에 이르자 문학적인 표현과 함께 이렇게 말했다.

탐험가들이여! 환상적인 꿈과 상상력으로 가득한 쥘 베른은 유명한 해터러스를 북극에 있다고 설정하고, 남극에 검정과 금색 깃발을 꽂기 위해 노틸러스 잠수함에서 니모 선장을 남위 90도로 데리고 갔습니다. 자! 여러분, 과학의 발전은 이미 환상 속의 노틸러스호를 현실로 만들었고, 이 잠수함은 더 이상 상상 속 비현실적인 존재가 아닙니다. 이제 예언을 현실화하는 작업을 완성하십시오. 남극에서 실존하지 않는 검정 깃발을 뽑아내고, 그곳에 여러분의 훈장을 꽂으십시오. (…) 이곳에서 니모 선장 이름의 흔적을 지우고 (물론 니모 선장은 실존 인물이 아님), 아드리앵 드 제를라슈의 이름을 새깁시다!

벨지카호의 남극 탐험은 과학적 임무를 띠고 시작되었지만, 그 중심에는 사실 낭만적인 꿈이 있었다. 드 제를라슈는 지도 하단에 있는 텅 빈 공백이 자신의 영혼을 마치 진공청소기처럼 빨아들였기 때문에 이 탐사를 구상하게 되었다. 그 전까지 그 공백은 벨기에 과학자들이 여러 사실로 채우고자 했지만, 직접 보지 않은 상상이나 이론에 불과했다. 쥘 베른의 판타지가 과학에서 영감을 얻었듯이, 미지의 세계였던 남극에 대해 가지고 있던 사람들의 개념은 문학에서 영감을 얻은 것이었다.

19세기 동안 미지의 극지는 인기 소설가, 특히 베른이 상상력을 펼치는 비옥한 자원이 되었다. 드 제를라슈와 그의 선원들도 소년 시절에 베른의 소설을 읽고 열광했을 것이다. 1870년 베른은 『해저 2만리』를 출간했다. 남극은 『해저 2만리』의 노틸러스호가 자유롭게 항해할 수 있는 끝없는 얼음 바다와 빙하로 묘사되어 있었다. 1897년에 벨지카호가 항해를 시작했을 때, 남극에 대해 알려진 사실들은 그 소설이 발간될 때와 크게 다르지 않았다. 따라서 아무도 베른의 환상적인 묘사에 대해 무엇이 틀렸다고 반박할 수 없었다. 최남단에 있는 대륙은, 당시에는 얼음인지 대륙인지 명확하지 않았지만, 베른의 다른 작품에서 표현된 것처럼 신비 그 자체로 남아 있었다. 지구의 중심, 대양의 심연, 달의 표면과 같이 말이다.

드 제를라슈처럼(부분적으로는 드 제를라슈 때문에) 베른은 시대정신의 맥락에서 남극을 새로 인지했다. 1897년 1월부터 노인이 된 이 프랑스 작가는 『아이스 스핑크스Le sphinx des glaces』라는 연재소설에서 남극을 다시 소재로 썼다. 영어로 출판된 『빙원의 스핑크스

The Sphinx of the Ice Fields』(더 최근작인『남극의 신비An Antarctic Mystery』)
라는 이 이야기에는 테베고대 이집트의 수도에서 수수께끼를 내는 날개 달린
존재처럼 생긴 빙산이 나온다. 이 빙산이 엄청난 속도로 돌진하는 배
를 끌어들여 그 옆구리에 부딪히게 하는 이야기다. 드 제를라슈는 이
소설을 무척 좋아했고, 그때부터 가보지 않은 미지의 남극을 '스핑크
스'라고 불렀다.

　베른은 1838년에 출간된 에드거 앨런 포의 유명한 소설인『낸터킷
의 아서 고든 핌의 이야기』의 속편이자 오마주로『남극의 신비』를 썼
다. 해상 소설에 으레 나오는 죽음을 향한 여러 출발 이야기 중 이 이야
기는 포의 소설에도 종종 등장하는데, 그것은 신비로운 마지막 이미지
때문이기도 했다. 남극 대양을 가로지르며 몇 번의 죽을 고비를 넘기
고 살아남은 주인공과 그 동료들이 작은 배에 의존해 지구의 가장 아
래에 있는 미지의 바다를 향해 표류해나가는 이야기다. 마침내 남극에
도착해 보니, 바다 색은 우윳빛이었고, 배 위로 하얀 재가 비처럼 내렸
다. 그들은 보이지 않는 힘에 이끌려 "무시무시한 속도"로 빨려 들어가
기 시작했다. 그러다 그들 앞의 뿌연 안개 사이에서 숨이 멎을 정도로
커다란 어떤 형체가 보인다. 소설 속 핌은 "나는 그것을 광대한 폭포라
고 말하고 싶다" "소리 없이 바닷속으로 말려들어가며 저 멀리 천국의
성벽이 보이는 듯했고 (…) 아무런 소리도 나지 않았다"고 말했다. 소
설의 마지막 단락에서 핌은 이 대양의 기슭, 즉 지구 끝에 도착하며 이
렇게 말했다.

그리고 이제 우리는 우릴 받아들이겠다는 듯이 열린 폭포 속으로 빨려 들어갔다. 그러자 앞에 무언가에 덮여 있는 인간의 형체가 나타났다. 그 형체는 우리가 본 어떤 인간의 형체보다 더 컸다. 그리고 피부는 눈처럼 완전한 하얀색이었다.

책은 이 독백과 함께 거기서 끝난다.

유명한 프랑스 시인 샤를 보들레르가 번역하고 호화 양장으로 제본된 포의 소설집이 벨지카호에 고이 간직돼 있었다. 드 제를라슈의 여동생 루이제가 크리스마스에 벨지카호 과학자와 장교들에게 주라고 드 제를라슈에게 포의 전집을 선물해줬던 것이다. 특별히 수를 놓은 표지에는 미국인인 쿡 박사의 이니셜을 새겨주었다.* 전집 중에는 『병 속의 수기Ms. Found in a Bottle』도 있었는데, 주인공이 핌과 마찬가지로 남극으로 보트를 타고 표류하는 이야기다. 다만 여기서는 거대한 폭포가 아니라 바닥이 보이지 않는 소용돌이에 말려들어가는 것으로 끝난다.

사람의 정신을 쏙 빼놓는, 저항할 수 없이 악한 힘의 원천으로 묘사되는 북극과 남극의 이러한 개념은 새뮤얼 테일러 콜리지의 서사시 『옛 뱃사람의 노래』(1798) 이후 19세기 문학 전반에서 계속 사용되었다. 이 시는 선원이 알바트로스에게 닥치는 대로 총질을 해댄 후 남극 빙하에 무력하게 갇혀 저주받은 배에 대한 이야기다. 벨지카호가 출항

---

* 프랑스어판은 읽을 수 없을 거라서 따로 준비한 것이다.

할 즈음에는 극지 정복과 광기 사이의 문학적 연결 고리가 확고하게 자리 잡았다. 끔찍하지만, 탐험되지 않아 정복하고 싶다는 극지방에 대한 생각은 사람이 이해할 수 있는 범위를 넘어서는 미지의 모든 것을 오히려 완벽한 것으로 설정해두는 세팅이 되었다.

비록 은유적인 이야기일 뿐이지만, 벨지카호 선원들의 마음에는 큰 의미로 다가왔다. 과학자들의 일지와 탐험 기록이 포나 베른 같은 작가들에게서 영감을 받지 않았다고 할 수 없으며, 심지어 과학적인 글에도 직접 소설을 언급하기까지 하는 등 소설적인 요소가 많았다. 이들이 묘사한 사건들이 극지의 무서운 이야기와 맞아떨어지면서 더 사실처럼 자리 잡게 된 것도 있었다.

제4장
최후의 결전

그날 이른 오후, 브라질 고위 인사로 이루어진 대표단은 벨지카호에서 친절하게 악수를 나누고, 뱃전을 툭툭 치며, 라인을 잡기도 하면서 이리저리 돌아다니고 있었다. 그러던 중 벨기에인 정비공 출신 요제프 뒤비비에가 사고를 쳤다. 잔잔한 배 위에서, 마치 폭풍우가 치는 배에서 비틀거리는 것처럼 갑판 위를 비틀거리며 걸었다. 그는 술 냄새를 풍기며 브라질 해군 부사령관을 되풀이해 모욕했고, 벨지카호 선원들이 그곳에 머물며 쌓았던 좋은 이미지를 한순간에 추락시켜버렸다.

아문센은 뒤비비에를 장교로 고용한 르콩트에게 이 일을 보고했다. 하지만 정비공 뒤비비에는 선장에게 소리 지르며 브라질 대표단들을 밀치고는 비틀비틀 선원실로 향했다. 그는 아문센에게 고함을 질러대며 빌어먹을 노르웨이인이라고 욕했다. 술에 취해 사리분별이 안 되는 뒤비비에는 총기 걸이에 걸려 있던 두 자루의 리볼버 권총에 손을 뻗었다(바로 전달에 반 미를로 사건이 있었는데도 무슨 이유에서인지 잠겨 있지 않았다). 선원들이 뒤비비에와 몸싸움을 벌이는 걸 보며 브라질 사람들은 이들이 여기서도 이렇게 안 맞는데 도대체 남극에 가서는 어떻게 살아남을지 궁금했을 것이다. 당시 페트로폴리스에 있던 드 제를라슈는 이 사건에 대해 들었을 때 그냥 덮는 쪽을 택했다.

하지만 벨지카호의 규율 문제는 곧 드 제를라슈가 상상했던 것보다 더 큰 사안이 될 수도 있었다. 일주일 뒤 악명 높은 팜페로풍(남아메리카 팜파스 전역에서 찬 공기를 가지고 들어오는 서늘한 서남풍) 때문에 11월 11일 몬테비데오에 정박한 이후 선내 난동이 벌어지면서 잘 통제할 수 있을 거라던 그의 자신감은 부하들을 통제하는 것보다는 배를 모는 데에만 능하다는 걸 보여주게 되었다. 땅과 가까울수록 술에 가까워졌고, 결과적으로 정박 기간 내내 선원들의 행동을 더 무분별하게 만들었다. 알코올은 오랫동안 쌓여온 미움에 불을 붙였다. 맨 처음 갈등이 시작된 것은 노르웨이인이 추위에 익숙하고 냉철하기 때문에 다혈질인 벨기에인보다 남극에 더 적합하다고 주장하는 기사 때문이었다. 벨기에인 선원들은 그 기사를 보고 더 크게 화를 냈지만, 그럴수록 그 기사가 맞는다는 걸 증명하는 꼴이었다. 중립적인 입장이었던 도브로볼스키는 이렇게 회상했다. "그 기사가 난 후부터 선원들의 국적을 두고 벌어지는 갈등이 악화되기 시작했다."

그날 밤 벨기에인인 프란스 돔은 싸움을 악화시키고 있었다. "이 외국 놈들, 저주나 받아라 God verrrdamelt.* 벨기에인보다 나아 보이려고

기를 쓰는구나!"라며 건장한 플랑드르 출신 선원이 빈 통을 두들기면서 으르렁댔다. 벨기에인과 노르웨이인은 막상막하였는데, 돔은 술을 잔뜩 마신 채, 브이 자 모양의 선원실 벽을 따라 있던 침낭에서 잠을 청하던 중인 프랑스인 르모니에에게 분노의 화살을 돌렸다. 르모니에는 안 그래도 몇 달 동안 다른 동료 선원들에게 못되게 굴어 친한 동료가 거의 없는 상황이었는데, 그렇다 해도 그가 미움을 살 만한 행동이라고는 그날 밤 완두콩과 물로 실망스러운 식사를 준비한 것밖에 없었다. 물론 다른 감정이 여러 날 동안 쌓였겠지만.

돔은 누워 있는 르모니에의 침낭으로 뛰어들어 주먹을 날렸다.

"배에서 내려, 이 자식아." 그는 요리사에게 고함을 질렀다.

르모니에가 침낭에서 나와 똑바로 서자, 키가 커서 머리는 거의 천장에 닿으려고 했다.

돔은 선원들의 식수가 담겨 있던 94리터들이 냄비를 있는 힘껏 들어올려 르모니에에게 부어버렸고, 선원실 바닥엔 물이 흥건했다. 잠시 무슨 일인지 분간이 안 돼 정적이 흘렀다가, 이내 둘은 서로의 목을 움켜쥐고 바닥에 뒹굴며 몸싸움을 벌였다. 또 다른 벨기에인 선원 얀 반 담이 합세했다. 도브로볼스키는 "요리사에게 원한이 깊었던 반 담이 주먹으로 르모니에의 얼굴을 너무 세게 치는 바람에 그의 얼굴에선 피가 흘렀다"고 회상했다. 폴란드 출신의 과학자는 뒤엉킨 싸움을 말려보려고 했지만 튕겨나가고 말았다. 또 다른 두 선원도 둘을 떼어놓으

---

* 이 말은 네덜란드어를 할 줄 모르는 도브로볼스키가 돔이 한 '제길Goddamit'을 'r' 발음을 강조해 번역한 것이다. 실제 스펠링은 'godverdomme'이다.

려고 달려들었지만, 나중엔 그들도 르모니에를 두들겨 패고 있었다.

피를 철철 흘리며 요리사는 문을 열고 나와 갑판을 가로질러 사관실 쪽으로 나갔다. 물이 흥건한 선원실 안의 분위기는 공공의 적을 몰아내서인지 좀 나아졌다. 벨기에인들은 이튿날 아침 자신들의 행동에 대해 해명해야 한다는 것을 깨닫고 드 제를라슈에게 가서 저 요리사가 나가든 자신들이 나가든 둘 중 하나는 해야 할 것 같다고 보고하기로 결정했다. 르모니에에 대한 불만이 있는 데다 바제-돔-반 담 파벌과 군이 척을 지고 싶지 않았던 노르웨이인들은 이들의 의견에 동조했다.

"다들 곧 물을 닦아내고 뒤집힌 테이블을 바로 했으며, 안전을 위해 선창에 넣어두었던 병들을 땄다"고 빙케는 적었다. 그날의 술판은 새벽 3시까지 계속되었고, 벨기에인과 노르웨이인, 그리고 폴란드 과학자가 서로 팔짱을 끼고 노래하며, 각자의 국가를 번갈아 합창했다.

이튿날 아침, 르모니에의 얼굴을 보고 배 반대편에서 소란스러운 소리를 들은 르콩트는 무슨 일인지 알아보기로 했다. 새벽에 선원실로 들어간 그는 선원들이 깨끗이 제복을 입은 채 눈치를 보고 있는 걸 알아차렸다. 르콩트는 무슨 일이 있었는지 확인하기 위해 한 명씩 따로 자기 방으로 불렀다. 선원들은 하나같이 르모니에를 모함했고, 모두 똑같이 입을 맞춘 거짓말을 했다. 다들 르모니에가 먼저 싸움을 시작했다고 증언한 것이다. 뿐만 아니라 드 제를라슈를 비롯한 다른 장교들도 심하게 모욕했다고 말했다. 게다가 르모니에가 레오폴드 2세 국왕의 개인 요리사가 되는 것을 드 제를라슈가 막았다고 비난했다며 그래서 이 탐험을 방해할 계획이었다고까지 주장했다.

 다들 같은 말을 하는 걸 듣고 르콩트는 이제 르모니에를 내보내는 것 외에 방법이 없다는 걸 깨달았다. 이 소식을 드 제를라슈에게 전하자, 드 제를라슈는 남극 원정대가 점점 무질서해지는 걸 두려워했다. 그사이 르모니에를 대신할 스웨덴인 요리사를 고용했지만, 즉시 병에 걸려 하선해야 했다. 결국 르모니에를 두들겨 팬 반 담이 요리사로 고용되었다.

 드 제를라슈는 르콩트가 선원들의 질서를 정리해주어 기뻤다. 사실 드 제를라슈는 바다를 사랑하고 바람과 해류를 읽는 데 능숙해서 그 자리에 있는 것이지, 권력이 좋아서 그 자리에 있는 게 아니었기 때문이다. 때때로 명령을 내리기보다는 단순히 명령을 받기만 하면 되는 하급 선원 시절이 그립기도 했다.

 어느 날 그는 벨기에인과 함께 활기찬 몬테비데오 지역 시장에 가서 선원들에게 지겨운 통조림 대신 신선한 과일, 야채, 생선, 고기를 주기 위해 상인들과 흥정을 하고 다녔다. 시장 냄새와 상큼한 봄 내음을 마시며, 그는 마지막으로 시장에 간 날을 떠올렸다. 10년 전 샌프란시스코로 향하는 영국 범선 크레이기 번에서 선원으로 일할 때, 그날도 오늘처럼 따뜻했다. 이 배는 티에라델푸에고 앞바다에서 폭풍을 만나 크게 파손되었고, 부품을 사고 정비하기 위해 몬테비데오로 들어왔었다. 그사이 탈주하거나 해고되지 않은 몇 안 되는 선원 가운데 한 명이었던 드 제를라슈는 헐렁한 플란넬 셔츠와 바지를 입은 채 생필품을 구하러 선장과 함께 몬테비데오 시장에 왔었다. 그는 양손에 살아 있는, 파닥거리는 칠면조를 든 채 배로 돌아오며 맨발로 단단한 땅바닥의 감촉을 음미했다.

　기분 좋은 기억은 곧 우울한 기분으로 바뀌었다. 드 제를라슈는 "나는 [그날 이후로] 사령관이자 원정대 수장이 되었다. 하지만 그때보다 더 행복한가?"라고 썼다. "그땐 수동적으로 복종해야 했던 일상이 힘들었다. 그래도 나이가 고작 스무 살이었고, 근심 걱정이 없었으며, 미래에 대한 꿈과 확신이 있었다. 그때 꿈꾸던 미래는 지금 현실이 되었다. 하지만 꿈을 현실로 이루었다는 사실을 꿈만이 갖고 있는 황홀함에 비할 수 있을까! 나는 이제 나 자신 외에는 누구의 명령도 받을 필요가 없어졌지만, 여전히 나를 짓누르고 있는 모든 의무와 책임을 따라야만 한다. (…) 차라리 옛날이 훨씬 더 쉬웠다."

　그 당시 사령관을 가장 무겁게 짓누르던 걱정은 바로 믿을 수 없는 몇몇 선원, 자비 없을 남극은 말할 것도 없고, 곧 그 못지않은 위험지역 혼곶을 만나리라는 사실이었다. 르모니에를 내보냄으로써 그나마 분위기가 나아진 것 같다고 생각했지만, 여전히 언제 터질지 모르는 선원들, 특히 뒤비비에, 반 미를로, 돔, 바제, 반 담과 같은 선원들이 원정대의 명예를 훼손하거나 위협할 수 있었다.

　첫 알바트로스가 11월 17일 아르헨티나 연안에서 발견되었다. 그로부터 이틀 후, 선원들은 첫 번째 펭귄을 보았다. 몸집이 작고, 따뜻한 물에서 사는 마젤란 펭귄이었다. (이 펭귄은 가슴에 검은색과 흰색 무늬가 있고, 1520년에 세계 일주를 하던 포르투갈인 탐험가 페르디난드 마젤란이 발견해, 마젤란의 이름을 딴 종이다.) 벨지카호가 남아메리카 극단에 가까이 갈수록 날씨는 더 시원해졌다. 해도 길어져서, 수평선 아래로 해가 떨어져도 쪽빛 하늘에서 남십자성을 볼 수 있을 정도였다.

11월 27일, 벨지카호는 첫 번째 난관에 부딪혔다. 아주 차갑고 허리케인 같은 바람이 동북쪽에서 불어와 벨지카호를 덮친 후 서남쪽으로 돌아 나가며 벨지카호가 앞으로 나아가지 못하게 만들기 시작한 것이다. 바다는 마치 출렁이는 거대한 산맥 같았고, 선원들은 똑바로 서 있기도 힘들었다. 거대한 파도가 뱃전을 때리고, 주방과 실험실을 덮쳤다가 갑판 높이에 있는 배수구를 통해서 밖으로 빠져나갔다. 바람은 사람이 날아갈 정도로 매우 강력했고, 선원들의 비명이 묻힐 만큼 요란했다.

드 제를라슈는 책상에 붙어 앉아 벨기에의 부유층에게 원정대를 지원해달라고 간청하던 때처럼 큰 압박감이 몰려오는 걸 느꼈다. 지도자로서의 책임감에 점점 지쳐만 갔고, 통제가 필요해질수록 그는 자신감을 잃어갔다. 하지만 이제는 나서서 지도자임을 보여야 할 때였다.

드 제를라슈가 바다에 떨어뜨린 기름 주머니는 별 효과가 없었다. 이대로 해안을 따라 내려가는 건 더 이상 불가능한 터라 드 제를라슈는 동남쪽으로 하루를 가야 하는 포클랜드 제도로 항로를 결정했다. 그의 명령에 따라 갑판의 선원들은 온 힘을 다해 밧줄을 당겨 앞쪽에 있던 돛을 펼쳤다. 선원들은 몇 시간 동안 바람을 뚫고 힘겹게 앞으로 나아갔다. 그러던 중 갑자기 폭풍우가 멈췄다. 드 제를라슈는 "구름이 걷히

고 처음 모습을 보인 것은 다름 아닌 남십자성이었다. 미신을 믿지 않
는다고 하더라도, 이걸 좋은 징조라고 해석하지 않을 수 있을까?"라고
썼다.

파도에서 능숙하게 빠져나온 덕에 드 제를라슈는 선원들의 인정을
받았다. 다친 선원은 없었고, 무엇보다 다행인 건 함선의 상태였다. 벨
지카호는 명령에 따라 민첩하게 움직였으며, 돛이 여전히 튼튼했고,
물도 다 빠져나가 있었다. 결과적으로 벨지카호보다 더 멋진 선박을
놔두고 벨지카호를 선택한 드 제를라슈의 결정이 정말 그 배가 현저하
게 항해에 적합하고 옳았음을 스스로 입증한 것이다. 구아나바라만에
서 벨지카를 처음 봤을 때 탐탁지 않게 생각했던 쿡 박사도 마음이 바
뀌었다. 쿡은 "우리를 멀리 데려갈수록 이 배에 의지하게 되었다. 이미
아끼는 말처럼 우리 마음을 매료시켰다"라고 썼다.

벨지카호 선원들에게 아르헨티나에서 만난 폭풍우는 원정의 진정
한 시작을 알렸다. 구약성경 속 노아의 홍수처럼 그들은 이 폭풍우 후
에 적대감을 거두어들였다. 벨기에인과 노르웨이인은 특히 르모니에
가 나간 이후로 사이가 좋아졌고, 쿡 박사 역시 언어 문제에도 불구하
고 선원들과 유대감을 형성하고 있었다. 르콩트는 이렇게 썼다. "신기
했다. 쿡 박사와 나는 보디랭귀지로만 소통했는데도 금방 친밀해졌다.
게다가 쿡 박사도 뱃멀미 앞에선 장사가 없다는 걸 알고는 더 친해졌
다!"

벨지카호는 비르헤네스곶을 돌아 마젤란 해협으로 향했다. 마젤란
해협은 티에라델푸에고를 지나 대서양과 태평양을 연결하는 지점에

있었다. 12월 1일 오후, 벨지카호는 칠레의 푼타아레나스 항구에 정박했다. 항구에 배가 너무 많아 벨지카호가 정박한 것은 눈에 띄지도 않았을 것이다. 파나마 운하가 완성되기 전에는 어떤 바다에서 다른 대양으로 나가는 대부분의 배가 혼곶 앞바다에 수장되지 않으려면 마젤란 해협을 통과해야 했다. 결국 거의 모든 배는 푼타아레나스에 정박했다.

이 도시는 거친 과거를 보유하고 있었다. 교도소 식민지로 출발한 도시는 30년 안에 두 번이나 큰 폭동으로 파괴되어 거칠고 불안정한 정착지로 변해갔다. 하지만 황폐하기만 했던 초반에 비해 지난 20년 동안 가우초와 금 채굴업자, 푸에고 현지인과 현상금 사냥꾼들로 약 6000명이 거주하는 활기 넘치는 소도시로 변모했다. 미국 서부의 붐타운과 비슷한 무법적인 자유의 분위기가 지배적이었다. 푼타아레나스는 세계에서 가장 관대한 도시 중 하나가 되었다. 보아하니 한 집 건너 한 집이 술집 아니면 매춘 업소였다. 교회에서까지 성찬식 외의 시간에는 술을 대접했다. 빈 와인 병을 붙여 집을 지을 정도였다. "술은 푼타아레나스의 범죄와 쾌락의 원인이다"라고 쿡은 말했다.

큰 폭풍우를 만난 후 찾아온 평화는 술 때문에 금방 깨져버렸다. 르콩트 선장은 선원들의 반항과 술에 취한 무모함을 이렇게 기록했다.

12월 4일 토요일, [소머즈]와 [바제]는 만취 상태였다. 둘은 배 위에서 문제를 일으키고 서로를 욕하며 도발했다. 내가 개입하면 조용해졌다. 하지만 2분 후 다시 싸움이 시작되었다.

12월 5일 일요일, [소머즈]는 지나가는 아무나에게 주먹질을 할 정도로 취해 있었다. 자정이 되자 [톨레프센]이 술에 취해 배로 들어왔다. [미쇼트]와 D (…) 는 항구에 남아 있었다.

12월 6일 월요일, 사령관이 고무보트를 땅으로 내리고 있던 [바제]에게 선원들의 옷 두 상자를 배에 실으라고 지시했다. 하지만 [바제]는 자신이 무슨 항만 노동자인 줄 아느냐며 명령을 거부했다.

반 담, 돔, 바제 파벌을 따르던 선원 중 일부는 사령관을 시험하고 있었고, 시험 결과는 좋지 않았다. 더 성실한 선원 일부도 그들의 영향을 받았다. 불복종은 일주일 내내 지속되었고, 처벌을 받지 않으니 갈수록 더 빈번해지며 더 뻔뻔스러워졌다. 밤마다 마음대로 배를 떠나버렸고, 술을 마시고, 싸우고, 창녀들과 푼타아레나스를 돌아다녔다. 드 제를라슈는 처음부터 규율을 강요할 수 없어 속만 끓였다. 벨지카호의 역학관계는 더 이상 지휘의 계급에 의해 결정되지 않고, 더 원초적인 투쟁에 의해 결정되려 하고 있었다.

12월 9일 저녁, 얀 반 담은 드 제를라슈에게 가 육지에서 휴가를 보낼 수 있도록 임금을 선불로 달라고 요구했다. 거의 내놓으라는 식이었다. 사령관은 반 담에게 허락도 없이 배를 떠난 사실과 이미 전체 대원에게 지불해야 할 금액보다 더 많은 돈을 지출한 점을 부드럽게 지적하면서 거절했다. 이에 반 담은 당장 그만두겠다고 엄포를 놓았다.

그는 마치 자신이 우위에 있는 걸 알고 있는 듯, 의기양양한 눈빛으로 드 제를라슈를 쳐다봤다. 두 사람의 항해 경험의 차이는 얼굴에서도 드러났다. 드 제를라슈는 주로 책상머리에 앉아 장교 숙소에서만 보낸 게 금세 드러날 정도로 보드라운 피부를 가지고 있었다. 반면 스물일곱밖에 안 된 반 담은 드 제를라슈보다 10년은 더 늙어 보였다. 거칠고 햇볕에 그을린 얼굴은 다년간의 험난한 갑판생활의 노고를 말해주고 있었다. 몇 명 안 되는 숙련된 벨기에인(지금은 요리사도 겸하고 있는) 선원을 잃고 싶지 않았던 드 제를라슈는 그에게 휴가와 돈을 주어 보냈다.

드 제를라슈는 반 담을 달래보려고 했지만 오히려 그를 더 기고만장하게 만들 뿐이었다. 반 담은 벨기에인 4명과 노르웨이인 루드비그 얄마르 요한센까지 총 5명의 선원을 꼬드겨 시내에서 밤새도록 술판을 벌였다. 새벽이 되자 장교들이 이들을 데려올 작은 배를 보냈다. 반 담은 갑판장에게 돌아가고 싶지 않다고 말했다. 돔과 요한센을 포함한 다른 사람들도 반 담을 따랐다. 해양에서 벌어질 일들을 열심히 공부한 드 제를라슈는 카리스마 넘치는 선원이 배의 리더보다 더 많은 충성심을 받을 때 배에서 반란이 일어난다는 사실을 알고 있었다.

드 제를라슈, 르콩트, 아문센은 나머지 하루를 푼타아레나스에서 술 마시느라 뿔뿔이 흩어져 있는 선원들을 찾는 데 썼다. 돔은 배에 들어와 곧장 침낭으로 들어갔다. 반 담은 들어와서 가방을 꾸리기 시작했다. 그는 배를 떠나야겠다고 결심했다. 르콩트는 선원실에 들어가 어디가 아픈지 물었다. 돔은 아니라고 답했고, 그저 숙취가 심하고 하니 혼자 있고 싶다고 말했다. 반 담과 돔은 장교들에게 대놓고 무례하게 굴었다. 전날 밤 술에 취해 벨지카의 지도부와 담판을 짓기로 서로 약속했기 때문이다.

최후의 결전은 반 담이 자신의 벨지카호 유니폼을 포함해 원정대의 옷을 가방에 집어넣었을 때 터졌다. 술에 취하는 건 참아도 도둑질은 참을 수 없었던 드 제를라슈는 옷을 다시 꺼내라고 요구했다. 반 담은 모든 선원이 보는 앞에서 저속한 말로 사령관의 요청을 거절하고 모욕했다.

더 이상 물러설 수 없었다. 드 제를라슈는 이렇게 대놓고 하는 모욕 행위를 그냥 두었다가는 영원히 배의 통제권을 잃을 수 있겠다고 생각했다. 하지만 그는 불만이 있는 선원이 여럿이라는 점, 그리고 갑판 위에는 사용 가능한 권총이 많다는 걸 알고 있었다. 충돌이 발생하면 반 담과 돔 편에 설 사람이 정확히 몇 명인지 모르는 상태로 반 담을 꺾으려는 도박을 하기에는 지나치게 위험하다는 걸 알았다. 폭동이 벌어지면 자기와 르콩트, 아문센은 부상을 당하거나 심하면 죽을 수도 있다고 생각했다. 이전에 자신을 존경하게 하는 데 실패한 것처럼, 지금도 그럴 수 없었다. 이제 도움을 요청하는 수밖에 없었다.

드 제를라슈는 르콩트에게 메인 돛대에 칠레 해군과 푼타아레나스 항만 당국에 즉각적인 도움을 요청하는 빨간 깃발을 걸라고 지시했다. 그와는 달리, 그들은 문제 있는 선원을 통제할 힘이 있었기 때문이다. 시간이 지날수록 갑판 위의 긴장감은 점점 고조되어가는데, 칠레 사람들은 오지 않았다. 해가 지기 시작했다. 어두워져서 사람들이 깃발을 보지 못할 수 있기에 드 제를라슈는 더 이상 기다릴 수 없다고 생각했

다. 그는 배에 반항적인 벨기에인을 진압하기 위해 르콩트와 아문센을
남겨둔 채, 자신은 보트를 내려서 인근에 있는 칠레 군함으로 노를 저
어 갔다.

해질녘 소형 보트 하나가 다가왔다. 보트가 벨지카호 옆으로 다가오
자 두 장교는 불안한 기운을 감지했다. 바제였다. 그는 허가받지 않고
배를 떠나 엉망으로 취한 채 잘못을 뉘우치지도 않고 싸우고 싶어 몸
이 근질근질했던 것이다. 선수루에서 만난 돔과 반 담, 그리고 배를 떠
나 있는 드 제를라슈, 이런 상황에서 르콩트와 아문센은 혹시 폭동이
라도 일어나면 수적으로 밀릴 것이었다. 르콩트는 바제까지 합류하지
않도록 하기 위해 그를 선미루 갑판으로 끌고 가서 꼼짝 말고 있으라
고 명령했다. 르콩트는 바제와 선수루 사이를 번갈아 바라보면서 손은
주머니 속의 리볼버 권총 방아쇠를 불안한 듯 만지고 있었다. 그는 "처
음 움직이는 사람의 머리통을 날려버려야겠다"고 결심했다. 아문센은
함교 옆에 서서 선장을 도울 준비를 하고 있었다. 숨 막히는 긴장감 속
에서 몇 분이 흘렀다. 르콩트와 아문센은 드 제를라슈가 왜 이렇게 오
래 걸리는지 궁금했다.

자정이 되자, 사령관과 함께 칠레군을 태운 배가 벨지카호로 다가왔
다. 군인 두 명이 배에서 내려 선수루 밖에서 경비를 섰다. 배 안에서
반 담과 바제는 르콩트가 지켜보는 가운데 짐을 꾸렸다. 르콩트는 갑
판 위에서 무장한 칠레군과 함께 방심하고 있었을 것이다. 왜냐하면
자기가 미처 알아차리기도 전에 반 담이 총을 든 채로 드 제를라슈의
선실로 걸어가기 시작했기 때문이다. 선장이 그 모습을 보고 잡기 위

해 뒤따라 뛰었다.

몇 분 후 반 담은 사령관과 대면했다. 사령관은 칠레군과 함께 배에 돌아오면 총격전을 치르지 않게 될 거라고 확신하고 있었다. 반 담은 더 심한 모욕과 위협을 퍼부었다. 그는 선상에서 있었던 모든 일을 기록했다는 자신의 일기장을 들고, 드 제를라슈가 죽이겠다고 위협해 두려웠노라는 말과 함께 벨기에에서 이를 출판하겠다고 말했다. 그러는 동안 르콩트는 반 담 뒤에서 방아쇠를 당길 만반의 준비를 한 채 모든 움직임을 주시하고 있었다.

반 담이 말을 끝내자, 그와 바제는 항만 당국의 보트로 끌려갔다. 그들이 드 제를라슈 앞을 마지막으로 지나갈 때, 사령관은 이해할 수 없는 행동을 했다. 그들 각각의 손에 1파운드씩 쥐여준 것이다. 그는 그게 용서의 제스처였다고 주장하지만, 사실상 침묵을 사는 행위였다.

새벽 1시 15분이 되어서야 상황은 진정되었다. 이튿날 돔은 배를 떠날지 머물지 선택해야 했다. 그는 배를 떠나기로 했고, 1파운드를 보수로 받고 떠났다.* 드 제를라슈는 배에 해만 끼치고 무능했던 정비공 뒤비비에를 내보냄으로써 마무리했다.

12월 10일에 선원 네 명이 해고되었는데, 공교롭게도 모두 벨기에인이었다. 이제 벨지카호에 남은 선원은 문제의 불씨였던 벨기에인보다

---

* 하지만 이 돈은 돔을 위로하기엔 역부족이었다. 몇 달 후 돔은 벨기에로 돌아가 브뤼셀 신문과의 인터뷰에서 드 제를라슈가 푼타아레나스에 있는 벨기에인 선원을 전부 해고했다고 발표했다. 돔의 순전히 악의에 의한 거짓 발표는 언론에 대해 드 제를라슈가 가지고 있던 집착을 아무 소용 없는 것으로 만들어버렸다.

외국인이 더 많아졌다. 반 담이 해고되면서 벨지카호는 요리사 없이 출항했다. 드 제를라슈는 다른 선원에게 부엌일을 맡겼다. 물론 의미 있는 업무였지만, 루이 미쇼트는 요리를 잘 못했기 때문에 남극에 갔을 때 건강을 책임질 수 있을지 의문이었다.

　선원은 줄었지만, 배의 무게는 다른 것으로 채워졌다. 푼타아레나스에 정박하는 동안 벨지카호는 마르타라는 석탄 선박에서 석탄을 받아 옮겼다. 선원들은 며칠 동안 마르타호의 선창에서 벨지카호로 석탄 100톤을 옮겼다. 그 바람에 저녁 무렵이 되면 옷과 피부가 석탄 가루로 검어져 눈 흰자위에서 빛이 나는 것 같았다.

　선원들이 잠을 자고 있는데, 갑자기 희미한 소리가 정적을 뚫고 들려왔다. 마르타호 갑판 위에 웬 그림자들이 휙 지나갔다. 그 그림자들은 재빠른 움직임으로 계류 라인 위로 올라갔고 뱃전을 따라 총총거리며 달려갔다. 그들 중 하나는 배 사이 틈으로 사라졌다. 그러더니 이어서 다른 하나가 따라갔다. 그리고 또 다른 하나가 따라간다······.

제5장
"싸우기도 전에 패배"

벨지카호는 12월 14일 총 19명의 선원을 태우고 남미 끝단에 있는 거대한 섬들의 미로 속으로 들어갔다. 몇몇 선원의 탈주와 해고가 오히려 가장 위험한 지역에 진입할 때 가장 신뢰할 수 있는 사람들과 함께 하도록 해주었다는 이점으로 작용했다.

하지만 드 제를라슈에겐 더 큰 걱정거리가 있었다. 푼타아레나스에서 동남쪽으로 155마일 떨어진 우수아이아로 가는 길은 여정이 길고 위험해 알바트로스가 가는 길보다 험했다. 안트베르펜에서 나오며 지연된 시간까지 있어서 더 늦어질 우려가 있었다. 겨울이 오기 전 벨지카호가 그레이엄랜드를 돌아 남극 대륙 너머에 있는 빅토리아랜드에 도착하려면 시간이 없었다. 빅토리아랜드에 도착하지 못한다면 전체 계획을 다시 세워야 했다.

　과학적 탐사까지 하자면 일정이 훨씬 더 늦어질 수 있었다. 박물학자 라코비차와 지질학자 아르츠토프스키에게 티에라델푸에고 남부의 연구할 거리 천지인 섬은 거부할 수 없는 곳이었다. 모든 조수潮水 웅덩이, 모든 바위 표면에서 연구 성과를 낼 발견을 할 수 있을 터였다. 드 제를라슈는 과학적 탐구의 목적도 포함해서 프로젝트를 꾸렸기 때문에 이들의 호기심을 충족시켜줄 의무가 있다고 생각했다. 물론 라코비차가 켈프해초의 일종나 희귀종 거미를 관찰하기 위해 24시간이 필요하다고 요청했을 때, 그리고 아르츠토프스키가 퇴석 깊이 들어가 돌을 채집하고 생각에 잠겨 시간을 보내고 있을 때, 드 제를라슈가 적잖이 짜증이 났으리라는 걸 상상하기란 그리 어렵지 않다.

　드 제를라슈는 지연된 일정에 신경이 쓰였지만, 덕분에 과학자들은 각자가 원하는 걸 탐구할 기회를 얻었다. 학자들이 탐구하는 동안 아문센은 프리드쇼프 난센과 옌스 아문센처럼 자신의 소명을 추구하며 예비 전문가로서의 기술을 연마했다. 그는 가까이 있는 설산 정상을 오르거나, 말잔등보다 폭이 좁은, 현기증 날 만한 산등성이를 가로질러 걷거나, 또는 산골짜기에 있는 차가운 물속에서 수영하는 등 매일 자신만의 도전 과제를 설정해 움직였다. 오르막이 힘들수록, 장애물이 많을수록 훈련을 더 즐겼다. 자신이 도전하고 성공하는 걸 옆에서 지켜보는 사람들 눈에 자기가 어떻게 보일지 상상하는 걸 즐겼고, 자기 자신을 "살금살금 움직이는 퓨마"라고 묘사하거나 입센의 희곡『페르귄트』에 등장하는 피카레스크 영웅에 빗대어 설명하기도 했다. 그는 춥고, 젖은 채, 피곤하고, 아프고, 진흙투성이가 되거나, 열상을 입은 채로 벨지카호에 들어갈 때 그 어느 때보다 행복해했다.

　의사 쿡은 티에라델푸에고에서 토착 부족인 알라칼루프, 야칸(자신들은 야마나 Yámana라고 부름), 오나(자신들은 셀크남Selk'nam이라고 부름) 연구에 시간을 쓰고 싶어했다. 그린란드에서 그랬듯, 이번에도 토착민들은 지형 연구만큼이나 쿡을 매료시키는 대상이었다. 그는 인류학을 전공하진 않았지만(당시엔 인류학이란 학문이 초창기였던 탓에 제대로 배운 사람은 거의 없었지만), 과거 이누이트족과 함께 보낸 시간이 원시 부족에 대한 깊은 관심을 갖게 해주었고, 벨지카 원정대의 민족지학자로 참여할 자격도 갖게 해주었다. 그는 위험하다는 경고를 듣고도 푸에고 의식을 가까이서 관찰하고 싶어했다. 1830년대 초에 왕립 해군 군함 비글호를 타고 이곳을 방문했던 찰스 다윈은 원주민을 두고 "미개한 야만인으로 살고 있는 식인종"으로 묘사했다. 오나족은 유럽인들의 정착촌을 주기적으로 습격한 키가 8피트나 되는 전사들로 알려져 있다. 하지만 쿡이 티에라델푸에고에 도착한 후, 그가 교류한 유일한 원주민은 백인 목장 경영인들의 대량학살을 피해 푼타아레나스 근처 기독교 선교사들과 함께 지내며 꽤 서구화된 사람들이었다. 쿡은 전통 그대로의 푸에고 현지인 캠프는 거의 남아 있지 않지만, 우수아이아의 외부 야생에서는 찾아볼 수 있을 거라는 말을 들었다.

　비글 해협을 따라 동쪽으로 내려가던 벨지카호는 12월 21일 칠흑같이 어두운 밤중에 우수아이아에 도착했다. 해도에 표시돼 있는 등대는 아무 데도 없었다. 선원들은 한 치 앞도 보이지 않는 상황에서 항해했다. 아침이 되어서야 그들이 닻을 내린 바위투성이 해안에 배가 얼마나 위험할 정도로 바짝 다가갔는지 보았다.

아르헨티나 티에라델푸에고주의 주도 우수아이아는 도시라고 부르기 어려운 곳이었다. 20채도 안 되는 건축물, 그리고 목조로 지어진 예배당밖에 없었다. 드 제를라슈는 해안으로 노를 저어 갔다. 그는 아르헨티나 장교가 원정대를 위해 기증했다는 무료 석탄을 얻기 위해 지방정부 관저로 갔다. 사령관이 굳이 이곳까지 온 유일한 이유였다. 하지만 지방 총독은 자리를 비웠고, 관저에는 선물이 들어온 기록이 없다고 했다. 그렇더라도 지구에서 가장 멀리 떨어져 있는 곳에서는 호의를 베풀기 좋아하고 거절은 드물었다. 담당 장교는 벨지카호가 서쪽으로 약 한 시간 거리에 있는 라파타이아만의 저장소에서 40톤의 석탄을 가져갈 수 있도록 해주었다. 배는 존 로런스라는 영국인이 활동 중인 선교 캠프에 살고 있는 야칸 가족을 연구하기 위한 쿡과 아르츠토프스키만 남겨두고 바로 떠났다.

벨지카호는 노르웨이인들이 고향에 있는 피오르를 떠올리게 하는 그림 같은 라파타이아만에서 며칠간 석탄 적재 작업을 했다. 아르츠토프스키는 크리스마스에 두 명의 현지인 가이드와 함께 우수아이아에서 배까지 하이킹으로 이동했다. 저녁을 먹는 동안 배에서 망을 보던 선원이 연기를 봤다. 아르츠토프스키와 가이드가 벨지카호에 그들의 위치를 알리기 위해 해변에서 불을 피운 것이었다. 하지만 불이 꺼지지 않고 곧 풀숲과 나무로 번졌다. 드 제를라슈는 도끼와 양동이를 들려 사람들을 해변으로 보냈다. 그와 아문센은 배에 남아 잔잔한 물을 가로지르며 타오르는 불길을 향해 보트가 가는 걸 보았다. 불타는 하늘이 물에 반사되어 물에서도 불길이 번쩍이는 것 같았다.

다행히 그날 저녁에는 바람이 불지 않았다. 하지만 선원들이 불을 끄는 데에는 거의 한 시간이 걸렸다. 이들이 연기 냄새를 풍기며 다시 갑판 위로 올라왔을 땐, 배가 많이 바뀐 걸 알게 되었다.

화재는 드 제를라슈와 아문센이 배에 크리스마스 장식을 하기 위해 동료들을 밖으로 내보내기에 좋은 구실이었다. 상갑판 중앙에 나무를 놓고 방에는 형형색색의 깃발을 걸어두고, 각 선실에는 따뜻한 겨울옷과 퍼즐, 고급 담배 등의 선물(대부분 레오니 오스테릿이 기증한 것)을 놓았다. 그걸 본 선원들은 마치 어린아이 같았다. 장교와 과학자들에게도 선물을 주었다. 목도리, 이름이 새겨진 책, "행운은 용감한 자에게 온다Audaces fortuna juvat"라고 새겨진 은도장 등이었다.

데운 럼주를 내오고, 음악을 연주하고, 애국심을 담은 건배가 오갔으며, 장교, 선원, 벨기에인, 노르웨인인 할 것 없이 하나가 된, 전례 없이 화기애애한 분위기가 만들어졌다. 드 제를라슈는 이날 저녁의 마지막 축배를 들며 곧 함께 직면할 어려움에 대해 이렇게 말했다. "여러분, 우리의 수는 많지 않습니다. 그치만 종종 버티기 어려운 일을 해야 할 때가 있을 겁니다. 전 여러분이 각자의 몫을 해낼 거라고 믿습니다. 나한테 와서 '힘들다'고 말하지 마십시오. 여러분은 절대 쓰러지지 않습니다. 물론 '아플 때'는 예외죠. 그땐 쉬게 해주겠습니다."

드 제를라슈는 선원들에게 벨지카호 실험실 입구 위에 회반죽으로 적어넣은 벨기에의 국시인 "단결이 힘이다Unity makes strength"를 상기시켰다. 마지막 말과 함께 건배 소리가 울려퍼졌다. 평소답지 않은 사령관의 감동적인 연설이었다. 사령관은 푼타아레나스에서 문제를 일으키던 선원들을 정리한 이후로 더욱 자신감을 얻었다.

자정이 조금 지나 다들 각자의 선실로 들어갔다. 일부는 온화한 바다 공기를 느끼며 잠들기 위해 창을 열어두었다. 해안에서는 별이 가득한 밤하늘에 수천 개의 불꽃을 올려보냈다.

12월 30일, 벨지카호는 쿡을 데리러 우수아이아에 도착했다. 그는 함께 지냈던 선교사 존 로런스와 배에 올랐고, 존 로런스는 자신을 하버턴에 내려달라고 부탁했다. 하버턴은 부유한 영국인 선교사였다가 지금은 대규모 목장 경영인인 토머스 브리지스가 소유하고 있는 에스탄시아 지역의 이름으로, 로런스가 방문하겠다고 약속한 곳이었다. 비글 해협에서 동쪽 아래쪽으로 35마일을 가면 대서양으로 가는 길이 나온다. 드 제를라슈는 이곳에서 호의를 거절하는 일은 좀처럼 드물다는 걸 배웠던 터라 이 요청 역시 물리칠 수 없었다.

1898년 새해 첫날, 10시가 약간 넘자 해가 졌다. 곧 너무 깜깜해져 암초를 알아볼 수 없었다. 드 제를라슈의 규칙대로라면 배가 티에라델푸에고 해역에 들어선 이후, 선원들에게 아직 밤이 밝을 때 닻을 내리고 정박하라고 명했었다. 하지만 하버턴까지는 몇 마일밖에 남지 않았기 때문에 닻을 내리지 않고, 불완전하며 기술적으로 부족하다고 알려져 있는 나침반과 해도에만 의존한 채 항해를 이어갔다. 당직 장교가 톨레프센을 보내 해협의 수심을 재라고 지시했다. 28미터, 충분한 간격이었다. 해가 떨어질 때쯤 톨레프센은 눈을 가늘게 뜨고 배 밑의 해초밭을 바라보았다. 그러고는 측연선을 한 번 더 바닷속으로 떨어뜨렸다. "7미터!" 그가 깜짝 놀라 소리 질렀다.

　몇 초 후, "6미터!" 조타수가 키를 마구 돌렸고, 기계공은 엔진을 풀가동했지만, 배는 추진력 때문에 앞으로 미끄러져 나가 뭔가에 충돌하며 멈췄다. 갑판 위 사람들은 비틀거리며 무슨 일이 일어나고 있는지 보기 위해 이물 쪽으로 달려나갔다. 벨지카호는 좌초했다.

　선체를 흔들어 빠져나오기 위해 드 제를라슈는 수석 기계공인 앙리 소머즈에게 엔진의 파워를 전진력과 후진력으로 번갈아 조정해 앞뒤로 동력을 공급하라고 지시했다. 하지만 효과는 없었다. 측심한 결과, 벨지카호는 수면 아래 4미터 깊이에 있는 돔 모양의 바위에 걸린 것으로 확인되었다. 게다가 해협의 해류가 강해 벨지카호는 암초에 단단히 끼어버리고 말았다. 드 제를라슈는 운만 따라준다면 곧 밀물이 벨지카호를 들어올려줄 거라고 생각했다.

　배를 좀더 가볍게 하기 위해 소형 보트와 포경선을 모두 바다로 띄웠다. 쿡, 르콩트, 아르츠토프스키를 비롯한 다른 선원 두 명이 조류를 보기 위해 홍합이 다닥다닥 붙어 있는 해안으로 노를 저어 나갔다. 차가운 미풍이 불어와 바다의 매끄러운 표면에 잔물결이 일렁였다. 이른 아침이 되자 썰물이 왔다. 이후 만조가 왔다 갔지만 배는 요지부동이었다. 수위가 점점 낮아지면서 벨지카호는 차츰 우측으로 기울기 시작했다. 수위가 너무 낮아지면 배가 뒤집혀 바로잡기는 어려울 것이다. 한쪽으로 완전히 기울면 갑판에 물이 들어올 것이고, 그러면 완전히 끝장나는 것이다.

　드 제를라슈는 심장이 멎는 듯했다. 만일 사고를 당해 탐사가 끝나버린다고 해도, 이보다는 훨씬 더 영광스러운 광경일 거라고 상상했다. 수많은 빙산 사이 우뚝 솟은 흰 절벽에 충돌하는, 세상의 종말이 온 듯한 바다를 상상했다. 그는 선원들에게 선체를 지지하는 지지대 역할을 하는 난간과 우측 아래의 암석 사이에 스페어 야드를 (돛이 고정되어 있는 가로 기둥, 돛대에 수직으로) 받치라고 지시했다.

그들은 배를 다시 수직으로 세워보려고 했다. 선원들은 소형 보트 두 대에 각각 닻을 놓은 후, 항구에서 최대한 멀리 노를 저어간 후 바닷물 속에 닻을 떨어뜨렸다. 그리고 갑판으로 돌아가면, 닻의 케이블이 감겨져 있을 거고(하나는 대형 윈치에, 다른 하나는 증기 동력 윈치에), 결과적으로 벨지카호를 똑바로 세워 밀어올릴 수 있을 것이다. 선원들은 온 힘을 다해 윈치를 돌렸고, 증기 동력 윈치의 피스톤이 움직이면서 케이블은 팽팽해졌다. 하지만 244톤의 대형 선박은 꿈쩍도 하지 않았다. 벨지카호 위를 맴도는 갈매기들의 울음소리는 마치 배가 처한 곤경을 비웃는 것 같았다.

동이 트기 직전, 하버턴 목장 경영인의 아들인 23세의 루카스 브리지스는 해안가에 있던 집에서 창밖을 내다보고 있었다. 그런데 반 마일쯤 떨어진 곳에 웬 범선 하나가 기울어져 있고, 돛대는 매우 부자연스러운 각도가 되어 있었다. 배를 다시 끌어올리려고 애쓰는 사람들을 보며 브리지스는 작은 배를 타고 나가 벨지카호 쪽으로 열심히 노를 저었다. 그가 다가오자, 갑판에 있던 선원 한 명이 미국식 영어로 그에게 소리쳤다. "아주 똑똑해 보이는 차림이었고, 매력적인 분이었다." 브리지스가 회상했다. "나이는 서른쯤 돼 보였다. 보통 키보다 약간 작고 날씬했다. 그는 자신을 외과 의사이자 인류학자인 프레더릭 A. 쿡이라고 소개했다."

브리지스는 저녁에 밀물이 들어오면 벨지카호가 빠져나갈 수 있도록 도와주겠다고 제안했다. 그는 쿡과 함께 자신이 타고 온 배를 타고 노를 저어 해안가로 돌아왔고, 몇 시간 후 목장에서 일하고 있던 푸에고 현지인 20여 명과 함께 바닥이 평평한 바지선을 타고 돌아왔다. 그러고는 몇 시간 동안 현지인과 벨지카호 선원들은 약 30톤의 석탄과 화물을 브리지스가 타고 온 바지선으로 옮겼다. 옮기는 것 역시 위험한 작업이었다. 이제는 바람까지 세차게 불어 해협을 휘젓고 있었기 때문이다. 물이 벨지카호와 바지선 위로 쏟아지기 시작했다.

"갑작스러운 폭풍이 높은 산에서 서북쪽으로 해협을 따라 몰아쳤을 때, 배에 실려 있는 화물은 보트 두세 개 정도의 적재량에 불과했고, 바다가 요동쳐 배끼리의 통신은 불가능해졌다." 브리지스 및 푸에고 현지인들과 함께 해안에서부터 노를 저어온 쿡이 이렇게 기록했다. 이제부터는 벨지카호의 몫이었다. 쿡은 강력한 파도가 배를 들어올렸다가 다시 바위 위로 내리치는 광경을 속수무책으로 바라볼 수밖에 없었다.

갑판 위에서는 선체에 타격이 가해질 때마다 공포에 떨었다. 조류가 다시 밀려들자, 드 제를라슈는 증기, 인력, 풍력 등 자신의 힘으로 할 수 있는 모든 방법을 활용했다. 귀한 내부 담수를 비워 선체를 더 가볍게 만들기까지 했다. 이렇게 모든 방법을 동원했는데도 여전히 배의 용골을 바위에서 풀어내기에는 충분하지 않았다. 만조가 한 번 더 왔다 갔다. 벨지카호는 위로 다시 한번 솟아올랐지만 또다시 밑으로 곤두박질 쳤는데, 이번에는 순식간에 항구 쪽으로 기울었다. 선원들은 모든 스페어 야드를 재빨리 모아 바위와 배 사이를 받쳤다. 그리고 벨지카호가 나무 버팀대에 부딪혀 끽끽 소리를 내다 조용해지는 것을 걱정스럽게 바라보았다.

몇 분 후 선원들은 공포에 질려 있었고, 기둥이 갑자기 흔들리며 부러지는 소리가 났다. 벨지카호는 굉음을 내며 암초에 부딪혔다. 선원과 물건들, 그리고 묶어놓지 않은 모든 것이 가파르게 경사진 갑판 위를 미끄러져 떨어졌다. 책들은 책장에서 모조리 빠져 날아갔고, 벽에 걸린 사진들은 기울어져 있었다. 파도는 양쪽에서 날아와 선체를 때렸다. 하늘이 열리고 폭우가 쏟아지기 시작했다. 공기는 바닷속처럼 축축했다. 곧이어 선실로 물이 들어왔고, 크레바스와 문틈을 통해 벨지카호 내부까지 흘러내려갔다.

이때 드 제를라슈가 배를 잃는 것보다 더 두려워하는 일이 생겼다. 소형 보트와 포경선은 이미 해안 쪽으로 가버렸고, 바다는 여전히 격렬하게 요동쳐 인명 구조도 힘들 것 같았다. 수영을 잘하는 사람조차 이렇게까지 격한 파도 속에서는 살아남기 힘든데, 수영을 전혀 못 하는 사람도 몇 명 있었다.

드 제를라슈는 르콩트와 아문센을 자기 선실로 불렀다. 그들은 손에 잡히는 고정된 물건이나 줄을 붙잡고 비스듬히 기울어진 채 바닷물이 가득한 갑판을 가로질러 걸어갔다. 드 제를라슈는 축축하고 음산해진 자신의 선실에서 그들에게 벨지카호가 결국 좌초될 운명인지 물었고,

탈출을 시도해야 할지 아니면 장비를 배 밖으로 던지고 더 노력해봐야 할지 물었다. 하지만 그들이 대답도 하기 전에 드 제를라슈의 신기할 정도로 차분했던 태도는 무너져 내렸다. 그가 눈물을 흘렸다. 벨기에의 남극 탐사가 본격적으로 시작되기도 전에 끝날 거라고 생각한 것이었다. "싸우기도 전에 패배군." 선실에 모인 세 사람 사이에 흐르는 침묵은 선실 밖에서 나는 바람 소리, 선체가 바위에 부딪히는 소리 등이 마치 장례식 조종弔鐘 소리처럼 들리며 더 무거워졌다. 벨지카호는 패배한 게 확실했다.

그들은 폭풍 속을 뚫고 다시 갑판으로 기어 올라갔다. 르콩트는 아르츠토프스키에게 원정대가 갖고 있는 가장 큰 벨기에 국기를 가져오라고 엄숙히 지시했다. 그 국기는 벨지카호가 리오와 몬테비데오 항구에 들어갈 때 자랑스럽게 휘날리던 것이었다. 벨지카호가 완전히 좌초된다면, 그 국기를 단 채 좌초될 것이었다. 아르츠토프스키는 국기를 단코에게 건네주었고, 단코는 메인 마스트 위로 국기를 올렸다. 단코의 얼굴에는 눈물과 빗물이 범벅 되어 흘러내렸다.

검정, 노랑, 빨강으로 된 벨기에 국기가 깃대 위로 올라가는 걸 지켜보며 드 제를라슈는 사관실로 들어가 집으로 돌아갔을 때 신문에 실릴 헤드라인을 상상했다. 그가 겪을 수 있는 치욕과 불명예와 악몽들 가운데 그것은 최악이었다. 남극에 대한 열정으로 세계의 관심을 끄는 데 성공한 그였다. 하지만 고작 남아메리카 남극단마저 지나가지 못한다면, 영원히 조국과 가족에 대한 수치로 기억될 것이었다.

더 이상 잃을 것도 없던 그는 마지막으로 한 번 더 살려보겠다며 일어섰다. 그는 앞 돛대의 가운데 돛을 올리고, 모든 선원을 갑판 위로 보내 권양기로 닻을 끌어당기게 했다. 선체를 통째로 들어올리겠다는 것이었다. "우리는 미친 사람들처럼 잡아당겼다." 아문센이 적었다. 함교와 엔진실의 전신 연락 장치인 제어 보드를 사용해서 드 제를라슈는 엔지니어에게 최대 압력을 넣으라고 지시했다. 엔지니어들은 용광로를 보충했고, 물탱크를 팔팔 끓게 한 후, 증기가 빠져나가지 못하도록 밸브를 잠갔다. 이런 조치는 자칫 엔진을 망가뜨릴 수 있었으나, 어차피 비글 해협 바닥에 가라앉으면 엔진은 쓸모없어질 것이다.

조수가 더 이상 올라갈 수 없고 증기 동력의 압력이 한계치에 달했을 때, 드 제를라슈는 소리 질렀다. "돛을 준비하고, 닻을 올려라. 전속력으로 전진하라!" 돛이 팽팽하게 펴지고, 윈치에 있는 사람들은 이를 악물고 포효하며, 엔진이 버틸 수 없을 정도의 속도로 피스톤이 프로펠러의 크랭크 축을 회전시켰고, 프로펠러는 그 어느 때보다 더 빠르게 회전하기 시작했다. 벨지카호는 잠시 위로 떠올랐다가 다시 아래로 곤두박질쳤다. 이제는 썰물이 진행되고 있었다. 배도 다시 곤두박질치기 전, 위로 짧게 튀어오르기를 반복했다. 드 제를라슈는 마지막으로 한 번 더 해보자고 소리쳤다.

그때 배가 갑자기 똑바로 섰다. 용골이 바위에서 튕겨져 나왔고, 배는 자유롭게 수면 위로 떠올랐다.

선원들은 의기양양하게 환성을 질렀다. 드 제를라슈는 함교 위에서 조용히 안도의 숨을 내쉬었다. 빙케는 드 제를라슈를 흘끗 쳐다보았다. "그는 기쁨의 눈물을 흘리며 가만히 선 채로 깊은 바다를 바라보았다.”

　무려 22시간 동안 고초를 겪은 것이었다. 쿡은 그들을 공격해댄 암초가 “벨지카호의 최초의 지리적 발견”이라고 묘사했다.

　벨지카를 다시 띄우는 데 며칠이 소요됐고, 이미 여러 가지로 일정이 지연된 터라 원정대가 남극에 도착하는 일정은 몇 주나 뒤로 미뤄졌다. 벨지카호를 도와준 에스탄시아 목장주의 아들인 루카스 브리지스는 쿡에게 “긴 머리에 가죽옷을 입고 얼굴에 페인트칠을 한, 진정한 숲의 전사인 오나족 사람 몇몇이 여기서 1마일도 채 안 되는 거리에서 야영 중”이라는 사실을 알리며, 쿡에게 그들을 만나고 싶은지 물었다. 쿡은 드디어 티에라델푸에고의 악명 높은 거인족을 연구하고 사진을 찍어 남길 기회가 생겨 감격했다.

　쿡은 그린란드에서 그랬던 것처럼 원주민들의 병을 치료해주면서 신임을 얻었다. 한 예로 임질로 고통받으며 눈에 고름이 잔뜩 찬 오나족 소년의 시력을 일시적으로 회복하게 해주었다. 브리지스는 오나족 사람들이 카메라를 싫어한다며 쿡에게 조심하라고 일렀고, 쿡은 미리 그들에게 다가가기 위해 사탕을 준비했다. 그날 쿡이 맞춤으로 제작해 간 자이스사 렌즈로 찍은 사진은 최초의 오나족 사진이 되었다. 사진 가운데에는 족장이 과나코안데스산맥의 야생 야마류 동물 가죽을 두르고 제왕처럼 당당히 포즈를 취하고 있으며, 임신한 나체의 한 여성은 싸울 듯한 눈빛으로 카메라를 응시하고 있다. 또 사냥꾼 한 명은 하늘을 향해 화살을 겨누고 있다. 이 사진들은 오랫동안 정체가 밝혀지지 않은 원시 부족의 귀중한 기록으로 남아 있으며, 사람들과 어울리는 쿡의 능력을 보여준다. 쿡은 그 사진을 뉴욕으로 들고 갔을 때의 파장을 상상할 수 있었다.

사라질 위기에 처한 푸에고 원시인들에 대한 또 다른 귀중한 자료가 있었으니, 바로 토머스 브리지스가 현지에서 30년 동안 살면서 수집한 3만 단어짜리 야칸어-영어 사전이었다. 벨지카호가 하버턴을 떠날 준비를 하고 있을 때, 쿡은 이 유일무이한 귀한 사전을 출판하기 위해 뉴욕으로 가져가주겠다고 제안했다. 하지만 벨지카호가 거의 가라앉을 뻔한 광경을 직접 목격한 브리지스는 탐사대가 남극에서 돌아온다면 평생의 과업인 사전을 넘기겠다고 결정했다.

남극으로 떠나기 전, 마지막으로 들러야 할 곳이 하나 있었다. 벨지카호에 있던 신선한 담수는 선박이 좌초될 위기에 배의 하중을 줄이기 위해 비글 해협에 전부 쏟아버렸다. 남극 대륙으로 가는 길에 들를 수 있는 가장 가까운 담수원은 사람이 거주하는 지구 최남단인 티에라델푸에고에서도 20마일 더 떨어진, 아르헨티나의 범죄자 식민지인 이슬라 데 로스 에스타도스(스태튼섬이라고도 부름)였다.

범죄자들은 이슬라 데 로스 에스타도스를 꽤 자유롭게 돌아다니고 있었다. 물론 바다로 탈출하는 건 상상도 할 수 없었다. 바위도 많고 위험한 해안은 물범, 펭귄, 바닷새들만 접근 가능했다. 절벽에서는 폭풍

우가 몰아치며 거대한 파도가 부딪혀 꼭대기까지 물을 퍼부을 것이었
다. 배가 들어오는 일도 드물었다. 1월 7일 벨지카호가 도착하기 전에
산 후안 드 살바만토 항구에 마지막으로 외국 선박이 정박한 게 18개
월 전이었다. 벨지카호가 닻을 내린 후 얼마 지나지 않아 두 남자가 벨
지카호를 맞이하러 노를 저어 나오는 것이 보였다. 도지사 페르난데즈
와 외과 의사 페란드 박사였다. 드 제를라슈는 그들을 사관실에 초대
했고, 손님을 맞이하기 위해 구석에 있던 작은 오르골로 샤를 구노의
「아베 마리아」를 틀었다. 섬세한 음악을 들은 페란드 박사가 갑자기 눈
물을 흘려 드 제를라슈는 놀랐다. 그가 음악을 마지막으로 들은 것은
그의 딸이 몇 달 전 부에노스아이레스를 떠나기 전 노래를 불러줬을
때였기 때문이다.

　그러던 어느 날 저녁, 아르헨티나 선원들이 벨지카호 탱크에 용수를
채우고 있을 때, 원정대는 문명사회의 외곽에 있는 외딴 전초기지의
상류사회와 함께하는 저녁 식사에 초대되었다. 페르난데즈와 페란드
를 포함해 중위 두 명, 보병대 대위 한 명, 대위의 아내가 함께했다. 보
병대 대위는 아주 특이한 경우로, 자기 사령관을 살해한 죄로 유죄 판
결을 받고 섬에서 평생을 보내야 하며, 그의 아내는 그와 함께하겠다
고 따라왔다. 저녁 식사는 세 코스로 되어 있었는데, 양고기, 양고기, 그
리고 양고기 코스였다. 이 지역의 잦은 조난 사고에서 얻은 가구처럼
잘 매치되지 않는 식기에 담겨 나왔다.

　벨지카호가 이 섬을 떠난 것은 1월 14일 아침 7시였다. 탐험대가 아
주 오랫동안 보지 못하게 될 '인간'인 페르난데즈와 그의 하인들이 배

웅을 하기 위해 해안가에 서 있었다. 배는 남쪽으로 향했고, 대서양과 태평양이 만나고 바람이 방해받지 않으며 지구 주위를 회전하는 혼곶 너머의 수많은 난파선이 수장된 위험한 바다로 미끄러지듯 나아갔다.

제6장
"길 위의 시체"

남극은 상상 속의 장소였다. 지구가 둥글다고 믿던 고대 그리스인들은 북반구에 알려져 있는 큰 대륙과 같이 남반구에도 분명 큰 대륙이 있을 거라고 예상했다. 발견되지는 않고 상상 속에만 존재하던 가상의 대륙은 수 세기에 걸쳐 다양한 이름을 갖게 되었다. 그중에는 테라 오스트랄리스 인코그니타 Terra Australis Incognita 라틴어로 '미지의 남쪽 땅'가 있다. 남극을 뜻하는 영어인 Antarctica는 북극을 뜻하는 영어인 Arctic의 '반대'라는 뜻으로 'Ant-'라는 접두사가 붙었으며, Arctica 자체는 '곰'을 뜻하는 그리스어 ἄαρκτος에서 왔다. 지구의 최북단 지역이 바로 큰곰자리Ursa Major와 작은곰자리Ursa Minor가 있는 곳이기 때문이다.*

---

* 북극성을 포함하는 북두칠성과 소북두성으로도 알려져 있다.

폴리네시아 전설에 따르면, 7세기에 있었던 위대한 항해가 위 테 랑기오라Ui-te-Rangiora라는 사람의 뼈를 더해 만든 카누를 타고 남쪽 멀리 여행을 떠났다고 한다. 그는 "얼어붙은 바다에서 솟은 자연 그대로의 바위"를 보았다고 하니, 아마도 빙하를 본 것일 테다. 이 이야기가 사실이라면 이 사람 이후에 다른 이가 남극의 차디찬 숨결을 느끼기까지 거의 1000년이 걸린 셈이다. 지도를 제작하는 이들이 맨 아래에 남극 대륙 대신 괴물 키메라를 채워넣던 시대에 지구를 일주한 사람이 있었다. 바로 영국의 사나포선 민간 소유이지만 교전국의 정부로부터 적선을 공격하고 나포할 권리를 인정받은 배을 이끈 프랜시스 드레이크였다. 드레이크는 미지의 남쪽 땅을 찾아내 영국 엘리자베스 여왕에게 고하는(그리고 가는 길에 약탈할 수 있는 스페인 보물도 전부 보관하는) 임무를 맡고, 1578년 티에라델푸에고에서 자신이 이끄는 세 척의 갤리언선 중 하나인 골든하인드호로 항해를 떠났다. 태평양으로 나왔을 때, 무시무시한 폭풍이 골든하인드호를 혼곶 남쪽에 있는 미지의 바다로 밀어냈다.

"바람은 마치 땅의 내장을 죄다 풀어헤치듯 불었다." 골든하인드호에 타고 있던 목사 프랜시스 플레처는 이렇게 기록했다. "또는 천국 아래에 있는 구름이 모두 모여 한 지점으로 온 힘을 쏟아내는 것 같았다." 사우스셰틀랜드제도와 혼곶을 나누는 500마일에 이르는 해역이 그렇게 드레이크 항로로 알려지게 되었다. 또 다른 65마일 길이의 항로에 이르는 브랜스필드 해협은 이 제도와 대륙에서 뻗어나간 덩굴손처럼 생긴 남극 땅 그레이엄랜드 사이에 위치해 있다.

벨지카호는 문명세계와 지구의 얼음 아래의 세계 사이를 조심스럽게 횡단하는 데 7일이 걸렸다. 처음에는 비교적 잔잔한 바다 위를 지났고, 플레처를 비롯한 수많은 항해자가 묘사했던 엄청난 폭풍우는 만나지 않았다. 드 제를라슈는 아르츠토프스키가 혼곶 남쪽에서 깊이 있는 자연의 소리를 녹음하기에 충분할 정도로 벨기카호를 안정적으로 운행시킬 수 있었다.

폴란드 과학자는 사우스셰틀랜드제도와 남극 반도를 융기하게 만드는 것으로 알려진 산이 안데스산맥의 연속이라는 가설을 시험했다. 안데스산맥은 남아메리카를 따라 아래쪽으로 마치 척추처럼 뻗어나가다가 동쪽으로 구부러져 이슬라 데 로스 에스타도르섬에서 끝나는 산맥이다. 아르츠토프스키는 증기 구동 측심기를 해저로 떨어뜨렸다가 다시 감아올리는 방식으로 수심 4040미터까지 측정했다.

아르츠토프스키는 이를 통해 자신의 가설이 틀렸다고 결론 내렸지만, 사실은 거의 맞는 가설이었다. 현대의 많은 지질학자는 실제로 안데스산맥과 남극 반도의 산맥Antarctandes으로 알려져 있는 일명 남극의 사슬이 한때는 연결되어 있었다고 믿기 때문이다. 파충류와 침엽수 화석이 온대 기후의 흔적으로 일부 남극 대륙에 남아 있기도 하다. 아르츠토프스키가 측정한 깊은 골짜기는 약 5000만 년 전에 드레이크 항로를 만든 판 이동으로 생긴 것이라 보고 있다.

이렇게 아르츠토프스키가 일하는 동안 일부 선원은 하늘을 나는 알바트로스를 보며 즐거운 시간을 보냈다. 다들 호기심이 많았다. 일부는 낚싯바늘에 미끼를 꿰어 공중으로 던지기도 했다. 새는 물에 닿기 전에 미끼를 낚아채려고 급히 내려오다가 배에 부딪혀 죽기도 했다.

그렇게 죽은 알바트로스의 길고 속이 비어 있는 날개 뼈는 선원들의 파이프가 되었다.

선원들은 콜리지의 모험정신을 잊은 게 분명했다. 하지만 벨지카호의 날씨 운은 금세 바뀌었다. 바로 이튿날, 성난 바다를 진정시키기 위한 기름 주머니가 필요해졌다.

1월 19일, 수평선에 희미한 빛이 어두운 하늘을 가르며 내려왔다. 이 빛은 지구의 만곡 저 너머에 있는 사우스셰틀랜드제도가 눈에 반사되어 나타나는 '대륙 반사 landblink'였다. 그날 오후, 배에 있던 모든 사람은 갑판 위로 달려가 몇 마일 떨어진 지점에 떠다니는 흰 점, 첫 번째 빙산을 보았다. 처음에 빙산을 봤을 땐 호기심이 일었지만, 호기심은 곧 두려움으로 바뀌었다. 20일 밤 안개가 짙어졌고, 벨지카호는 저속을 유지하며 어둠 속으로 나아갔다. 그러자 벨지카호의 돛대보다 약간 더 큰 기이한 흰색 덩어리들이 아무런 경고도 없이 하나씩 차례로 나타났다.

어느 날 아침 소머즈가 오작동하는 콘덴서를 수리하기 위해 엔진 압력을 약간 낮추자, 갑자기 멀리서 거대한 얼음이 충돌하며 우지끈하는 소리가 들렸다. 곧이어 안개 속에서 거대한 빙산이 나타났다. 르콩트가 피하려고 했지만 이미 너무 늦었다. 배의 용골이 빙산에 부딪히며 숨 막히는 균열을 만들어냈다. 찢어진 나뭇조각들이 위로 솟아올랐다.

그러나 이런 경고에도 불구하고 드 제를라슈는 그저 오랫동안 상상하던 목적지에 어서 도달하기만을 간절히 바라며 키를 잡고 앞도 보이지 않는 안개를 뚫고 힘차게 나아갔다. 추위와 위험이 오히려 심장을 뛰게 만드는 것 같았다. 그를 비난하던 사람들, 폭동을 일으키던 선원, 방해꾼, 돈을 빌린 귀족들은 머릿속에서 사라졌다. 목적지에서 상쾌하고 차가운 공기를 들이마실 날이 코앞에 있었고, 목적지에 도달하는 데 더는 방해할 것이 없을 듯싶었다.

그의 대담함은 아문센에게 깊은 인상을 주었을 뿐만 아니라 약간의 경외심마저 들게 했다. "사령관은 두려워하지 않았다……." 아문센은 1월 21일자 일기에 이렇게 썼다. "그의 대담함에 감탄하지 않을 수 없다. 그는 항상 우리보다 앞에 있었다. 나는 기쁜 마음으로 그의 뒤를 따라 내 의무를 다하려고 노력할 것이다."

칼 오귀스트 빙케는 1월 1일 정오 직전에 갑작스러운 강풍이 불어 바다가 요동칠 때 키를 잡았다. 펭귄들이 튀어오르며 배 안으로 들어왔다 나갔다 했다. 빙케는 배가 한쪽으로 흔들릴 때, 갑자기 솟아오를 때, 휘감길 때 모두 키를 지속적으로 잘 조정하며 안정된 상태로 유지시키면서 다가오는 빙산을 피하기 위해 최선을 다했다. 그로서는 처음 해보는 일이었다. 급사로 고용된 스무 살의 노르웨이 청년은 제멋대로 구는 벨기에인 네 명이 해고된 후 그만의 열정과 힘을 인정받아 푼타아레나스에서 선원으로 승격되었다.

빙케는 폭풍우의 리듬에 맞추는 데 이내 익숙해졌다. 바람이 "모든 걸 갈라버리고 가장 깊은 저음에서부터 가장 높은 고음까지 비명을 지르는 것만 같았다"고 기록했다. 그는 베토벤의 소나타를 떠올리게 하는 폭풍우 속에서 살아남았다. 선원과 장교 모두에게서 신임을 얻은 빙케는 리더의 믿음이 정당했음을 입증했다. 다만 자신의 민첩성을 과시하고 싶어서 몸조심하라는 아문센의 조언을 곧잘 무시하며 가장 위험해 보이는 작업에 자원하곤 했다.

그러나 이제 가장 어려운 상황이 닥쳐오는 중이었다. 빙산들이 사방에서 배를 공격하려 위협해오고 있었다. 눈까지 내리기 시작해 시야는 더욱 제한됐다. 거센 눈보라가 빙케의 노란 방수모와 방수 코트에 수평으로 내리꽂혔다.

거대한 파도가 벨지카호의 중심부를 덮쳤고, 열려 있던 주 승강구를 통해 화물창까지 범람했다. 빙케는 아문센의 목소리가 바람 소리를 가르며 함교에서 자신을 부르는 것을 들었다. 그는 벨기에인 선원 귀스타브가스통 뒤푸르에게 키를 넘긴 후, 사다리를 타고 내려왔다. 갑판에 흥건한 물은 무릎 높이까지 차올랐다. 석탄 덩어리가 배수구를 막아 바닷물이 빠져나가는 걸 막고 있었다. 배가 흔들리면서 갑판 한쪽에서 다른 쪽으로 물이 출렁거리며 이동했다. 난간 위로 떨어지는 파도와 합쳐지면서 배 안의 수면은 높아져만 갔다. 빙케는 기를 쓰고 몸의 중심을 잡으며 아문센 옆으로 달려갔다. 아문센은 빙케에게 동료 요한센이 배수구 중 하나를 뚫는 걸 도우라고 지시했다. 여러 명이 달려들어 잽싸게 나무쐐기를 박았지만 오히려 석탄 덩어리가 더 단단하게 구멍을 막도록 만들었다. 둘은 창의력을 발휘해야 했다.

요한센은 배 밖에서 석탄이 막고 있는 곳으로 가는 것밖에 방법이 없다고 했다. 그는 쇠로 된 장대를 찾아 나무쐐기를 두드려 석탄을 빼내도록 망치를 만들었다. 빙케는 뱃전에 누워 임시로 만든 작은 망치를 난간 위에서 붙잡고 있으면서 요한센이 배 옆구리에 기대어 쐐기에 망치질하는 동안 쐐기를 배수구에 맞춰주면 되었다.

빙케는 매끄러운 노란 방수 코트를 입은 채 물이 가득한 뱃전을 가로질러 눕고는 한 손으로 난간을 꽉 쥐었다. 빙케는 막대를, 요한센은 큰 망치를 들고 계속 휘둘렀지만, 석탄 덩어리는 꿈쩍도 하지 않았다. 요한센은 다른 방법이 더 없는지 생각해보려고 난간에서 한발 물러나 빙케에게 등을 돌리고 섰다.

그때 불과 몇 미터 떨어진 짙은 안개 속에서 빙산이 나타났다. 벨지카호가 빙산을 피하려고 우현으로 방향을 틀자, 돛이 바람을 막아서며 배가 앞으로 흔들렸다. 그와 동시에 다른 쪽에서 거대한 파도가 배를 덮쳤다. 요한센이 빙케 쪽으로 돌아섰을 때, 빙케는 사라지고 없었다.

요한센은 난간 위로 뛰어가 아래를 내려다보았다. 아무것도 없었다. 이어 배의 고물을 돌아보던 그는 끔찍한 광경을 목격했다. 빙케가 차가운 물속에서 허우적거리며 순식간에 파도 속으로 사라진 것이다.

요한센은 사관실로 달려가 문을 활짝 열고 목이 터져라 소리를 질렀다. "빙케 오버보드! 빙케 오버보드!"

요한센이 외치는 소리를 듣고 드 제를라슈와 르콩트는 갑판으로 달려나갔다.

"어서, 기름 주머니!" 드 제를라슈가 소리쳤다.

요한센은 급히 달려가 뒤푸르에게 배의 속도를 늦추기 위해 바람을 맞으라고 지시했지만, 키를 잡고 있던 뒤푸르는 의아한 표정을 짓고는 다시 빙산의 공격을 피하는 데 집중했다. 처음으로 벨지카호의 언어 장벽이 생사를 가르는 결과로 이어졌다. 요한센은 손짓 발짓을 하며 열심히 말했지만, 뒤푸르는 알아듣지 못했다. 그러는 사이 빙케는 배에서 계속 멀어질 뿐이었다.

잔잔한 바다에서도 이 정도 날씨라면 사람이 몇 분 만에 저체온증으로 죽을 수 있다. 폭풍우 속에서 익사할 위험이 높으면, 그만큼 죽기 전에 배에 다시 탈 시간은 훨씬 더 짧다고 봐야 했다.

드 제를라슈는 지체 없이 함교로 달려갔다. 그는 뒤푸르의 어깨를 밀치고 키를 잡아 조종하는 동시에 다가오는 빙산을 주시했다. 아문센은 기계공에게 엔진을 거꾸로 돌리라는 신호를 보냈다.

배의 속력을 측정하기 위해 배 뒤로 늘어뜨린 가늘고 긴 밧줄이 빙케 옆을 지나고 있었다. 빙케는 그 끝을 잡으려고 미친 듯이 헤엄쳐 손목에 감았다. 배가 바람을 정면으로 맞으며 그를 앞으로 잡아당겼다. 쿡은 갑판 끝을 잡고 파도를 맞으며 열심히 빙케가 잡은 줄을 감아올리기 시작했다. 파도 사이로 빙케를 끌어올리자, 빙케가 잡고 있는 밧줄은 마치 200파운드짜리 물고기가 도망치려고 펄떡이듯 빙케의 몸무게 때문에 펄떡거렸다. 쿡의 팔과 등이 후들거렸다. 밧줄이 손바닥 살을 파고들고 있었다. 하지만 이내 약간 느슨해졌다. 쿡은 빙케의 손에 힘이 빠지고 있다는 걸 느낄 수 있었다. 요한센이 쿡을 도왔다. 요한센이 다가왔을 때쯤 빙케는 간신히 물 위에 떠 있을 수 있게 되었다.

아문센은 르콩트와 드 제를라슈에게 구명정을 내리라고 소리쳤다. 아문센의 목소리는 폭풍우의 굉음을 뚫고 긴장한 듯 울렸다. 하지만 드 제를라슈는 폭풍우가 너무 강력해 한 명을 구하자고 네댓 명의 선

원이 죽을지도 모르는 상황을 굳이 만들고 싶지 않아 거부했다. 그러
자 르콩트는 자기가 뛰어들겠다며 나섰다. 그는 자기 허리에 재빨리
밧줄을 감고, 드 제를라슈에게 뛰어들도록 허락해달라고 요청했다.

　하지만 순간 드 제를라슈는 머뭇거렸다. 빙케를 포기하고 싶지도 않
았지만, 항해 전문가인 부사령관을 잃고 싶지도 않았기 때문이다. 그
러나 르콩트는 당혹스러운 침묵을 허락으로 받아들였다. 그는 뱃전으로
걸어가 배가 흔들림에 맞춰 뛰어들 시간을 잰 뒤 바다에 몸을 던졌다.

　바람 소리와 동료들의 고함은 르콩트가 바닷속으로 빠지자마자 잠
잠해졌다. 그는 오로지 바다가 소용돌이치는 소리만 들을 수 있었다.
입고 있던 옷과 장화 때문에 수면 위로 떠오르는 속도가 느려졌다. 바
다의 수온은 소금물의 빙점인 28.4도에 가까운 상황이었다. 그 온도에
서 인간의 몸은 차가움을 느낀다기보다 타는 듯한 통증을 느낀다.

　르콩트는 빙케 옆으로 다가가 숨을 헐떡였다. 젊은 빙케는 눈을 크
게 뜬 채 허공을 쳐다보고 있었다. 추위에 몸은 이미 마비되었지만, 코
로는 거칠게 숨을 내쉬며 바닷물을 연신 내뿜고 있었다. 르콩트는 빙
케를 팔로 안았다. 배 위에 있던 선원들이 그 둘을 다시 배에 올리려고
했다. 르콩트는 불과 몇 초 동안 물속에 있었는데도 이미 근육들이 경
직되고 있는 게 느껴졌다. 엄청난 파도가 르콩트와 빙케를 벨지카호의
뱃전까지 들어올렸다가, 다시 마치 교수대에 매달린 것처럼 밧줄이 팽
팽해질 때까지 떨어뜨렸다. 밧줄이 팽팽해질 때마다 빙케를 붙잡고 있
는 르콩트의 손에서는 힘이 풀렸다. 안 그래도 무거운 빙케는 옷이 물
에 젖어 더 무거워졌다. 밧줄은 이후로도 두세 번 더 그들을 풀었다 놨

다 했다.

르콩트는 무기력하게 매달릴 수밖에 없었다. 빙케의 손목에서 밧줄이 풀려버렸는데, 손목엔 깊은 멍 자국이 남아 있었다. 벨지카호는 파도가 칠 때마다 빙케가 갑판에 도달할 수 있을 정도로 넓게 미끄러져 갔다. 요한센은 난간 위로 몸을 기댔고, 단코와 아문센은 빙케의 왼손을 잡았다. 하지만 배가 하역구 쪽으로 울컥하며 기우는 순간 맥을 놓은 빙케의 체중은 감당할 수 없는 수준이 되었다. 축 늘어지고 축축한 빙케의 손을 잡고 있는 요한센의 손힘이 약해졌다. 벨지카호가 우현으로 돌며 파도에 부딪히자 요한센은 빙케의 손을 놓쳤다. 파도 위로 떨어진 빙케의 몸을 다른 파도가 덮치며 데려갔다.

빙케는 이제 똑바로 누운 채 물에 떠 있었다. 선원들은 마침내 빙케를 똑똑히 보았다. 이내 무서운 광경을 목격했다. 빙케는 더 이상 알아볼 수 없는 상태가 되었다. 얼굴은 검게 부어올라 있었고, 입에는 거품이 일고 있었다.

파도가 치며 빙케를 배에서 더 멀어지게 했고, 이제 그는 가라앉기 시작했다. 그의 동료들은 빙케가 쓰고 있던 모자의 노란색이 더 이상 보이지 않을 때까지 갑판에 서서 지켜보았다.

라코비차는 뱃멀미 때문에 연구실 바닥에 누워 있었다. 시험관과 비커가 덜거덕거리는 소리를 냈다. 이때 갑자기 문에 누군가 나타났고, 라코비차는 고개를 돌려 얼굴에 핏기가 사라진 채 덜덜 떠는 아르츠토프스키를 보았다.

"빙케가 죽었어!"

"죽었다고?" 라코비차는 자리에서 벌떡 일어나며 소리쳤다.

"그래. 익사야. 파도에 휩쓸렸다고!"

라코비차는 서둘러 사관실로 가 르콩트를 찾았다. 선장은 구조에 실패해 충격을 받아 쉬고 있었다. 반쯤 옷을 벗은 채 딜딜 떨며 주체할 수 없는 눈물을 흘리고 있었다. "라코, 어쩔 수 없었어. 내 손에서 미끄러졌어."

나중에 라코비차가 기록했듯, 선장은 "아이처럼" 달래고 옷을 입혀 줘야 했다.

하지만 갑판에선 슬퍼할 시간도 없었다. 폭풍우는 여전히 기세등등해 드 제를라슈가 배를 통제했다. 폭풍에서 일단 빠져나와야 했다. 벨지카호 이물 쪽에서 육지가 보이고 있었다. 그곳이 어딘지 알려주는 유일한 지도 두 장(하나는 영국 해군이 그렸고, 다른 하나는 몇 년 전 에두아르트 달만이라는 독일 포경선이 그린 것)을 참고해, 드 제를라슈는 그 육지가 사우스셰틀랜드제도의 최남단에 있는 로아일랜드라고 판단했다. 그는 폭풍우에서 빠져나오기 위해 그곳으로 방향을 틀었다. 고물에서 바람이 밀어주어 빙산 사이를 매끄럽게 빠져나와 섬으로 향했다.

배는 마침내 안정을 되찾았다.

그날 밤 벨지카호에는 숨 막힐 듯한 장막이 드리워졌다. 선실과 사관실에 있던 모든 사람은 속으로 빙케의 마지막 모습을 떠올렸다. 많은 사람에게 빙케의 죽음은 끔찍한 죽음에 대한 첫 경험이었다. 시체를 보는 게 처음이 아닌 의사조차 마지막 순간 빙케의 기괴하게 일그러진 얼굴을 보고 메스꺼움을 참을 수 없었다.

라코비차는 사고를 직접 보진 못했음에도 정신을 차리기 힘들었다. 잠을 이루지 못하던 그는 연구실로 가서 의자에 앉아 탐험대가 처한 갑작스런 비극적 전환에 대해 생각했다. "전력을 다해 여기까지 왔는데 이미 한 사람을 잃었다. 남은 18명 중 위험한 미지의 세계에 맞서 계속 싸워나갈 사람이 얼마나 될까? (…) 자연은 항상 빌려준 걸 돌려받기를 원하는데." 이런 질문을 한 사람은 라코비차뿐만이 아니었다.

드 제를라슈는 남극 대륙이 위험하며, 따라서 존중하고 두려워해야 한다는 생각을 갖고 있긴 했지만, 본토에 다다르기도 전에 벌써 한 사람을 잃었다. 그리고 자신이 구명정을 내리지 않기로 한 결정이 옳은 것이었는지 의구심이 들었다. 분명 자신을 비난할 빙케의 부모에게 어떻게 이 사실을 전해야 할지 막막했다. 벨지카호에 승선하지 않았더라면 그들의 아들은 아직까지 살아 있었을 테니 말이다.

쿡은 여전히 밧줄에서 빙케의 무게가 느껴지는 것 같았다. 빙케는 밧줄을 움켜쥐며 물속에서 몸부림치고 있었다. 하지만 쿡이 빙케를 벨지카호로 끌어올릴 때쯤엔 살아는 있었지만 아무런 반응이 없었다. 쿡이 빙케를 좀더 빨리 끌어올릴 수 있었더라면 어땠을까? 결과가 달라졌을까?

아문센은 빙케에게 배수구를 뚫으라고 명령한 사람이 바로 자신이라는 생각에 괴로워했다. 그는 그날 밤 일기에서 빙케를 기렸다. "우리는 그를 결코 잊지 않을 것이다. 빙케에겐 안타까운 습관이 있긴 했다.

항상 허리에 줄을 묶지 않은 채로 밖에 나가려 했다는 것이다. (…) 난
언제나 그를 다시 불러들이곤 했다"라고 썼다.

딱 한 번만 더 말렸더라면 어떻게 됐을까?

하지만 누구보다 빙케의 죽음으로 괴로워한 이는, 그를 구하기 위해
가장 많은 노력을 기울인 사람이었다. 르콩트는 자기 목숨을 걸고 차
갑고 거친 파도 속으로 뛰어든 사람이다. 빙케를 직접 두 팔에 끌어안
고 살리려 했다. 하지만 그런 영웅적인 노력마저 빙케를 살리기엔 역
부족이었다. 르콩트는 그를 더 꽉 붙잡지 못한 걸 후회했다. "나는 빙케
를 계속 쳐다봤다. 이미 생기가 없는 눈은 크게 부릅떠져 있었고, 그의
몸은 물에 영원히 씻기게 되었다"라고 기록했다.

제7장
해도에 없는 곳

1월 23일 오후 5시, 안개에 싸인 창문을 통해 수평선에 검은 점이 보였다. 이 검은 점은 선원들이 최초로 목격한 남극 대륙이었다. 몇 시간 후 안개가 걷히자 배 주위로 산악지대가 드러났다. 벨지카호는 그레이엄 랜드 서북쪽 해안에 있는 휴스만에 진입했다. 이곳은 탐험가들에게 마치 전설 속에나 있는 곳 같았다. 바다가 끝나는 지점에서는 마치 히말라야산맥 중턱까지 해수면이 올라온 듯, 눈이 내리고 있었다.

드 제를라슈에게 이 순간은 젊은 시절의 정점을 찍는 특별한 전율을 안겨주었다. 그의 눈앞에는 오랫동안 보고 싶어했던 꿈의 광경이 펼쳐졌다. 원정대를 꾸리고 자금을 마련하며 벨기에 언론과 반대론자들의 비난을 감내하고, 출항이 지연되는 비참한 시간을 견디고, 폭동과 난파를 아슬아슬하게 피하고, 이미 휘하에 있던 선원 한 명까지 잃었다.

하지만 이제 드디어 그의 소년 시절 환상이 실현되는 순간을 맞이했
다. 그의 이런 감정을 이해할 수 있는 유일한 사람은 아마 이곳에 오기
위해 몇 년을 기다린 쿡뿐이었을 것이다. 여러 번의 좌절에도 불구하
고 결국 남극 대륙에 올 수 있으리라는 희망을 버리지 않은 덕분이었
다. 마침내 영광의 순간이 왔다.

벨지카호는 빙케의 죽음에 조의를 표하기 위해 노르웨이와 벨기에
국기를 조기로 달고 수많은 빙산 사이를 조심스럽게 지나며 지도에도
없는 섬 몇 개를 지나쳐갔다. 증기 엔진의 칙칙거리는 소리는 유리와
같은 물을 가로질러 퍼져나갔다. 밤 9시 30분 한여름의 빛이 아직 머
물고 있을 때, 장교들은 첫 번째로 상륙할 섬을 하나 정했다. 그곳은 눈
에 띄지 않고, 해도에도 없으며, 대부분이 눈에 덮인 지름 350미터 정
도 되는 현무암 덩어리로 이루어진 섬으로, 해안으로 접근이 가능했
다. 드 제를라슈는 원정대가 처음으로 발견한 해도에 없는 곳에 자기
아버지 이름을 붙여 오귀스트섬이라고 명명했다.

드 제를라슈, 쿡, 아르츠토프스키, 라코비차, 단코는 보트를 타고 해
안으로 노를 저어 갔다. 도둑갈매기, 슴새, 펭귄 등 낯선 새들이 불협
화음을 내며 그들의 도착에 저항했다. "주변의 모든 것이 딴 세상 같았
다"고 쿡은 기록했다. "풍경, 생명체, 구름, 대기, 물, 모든 것이 신비로
웠다." 선원들은 한 시간가량 섬을 탐험했다. 아르츠토프스키는 암석
샘플을 채취했고, 라코비차는 이끼와 해초 표본을 수집했으며, 단코는
펭귄을 잡으려고 시도했다. 그때 황혼이 지고 밀물이 들어왔다. 쿡과
드 제를라슈는 보트가 바위에 충돌하지 않도록 하기 위해 보트로 돌아

가, 동료들이 육지에서 탐사를 계속하는 동안 노 주변에서 쉬었다. "우리는 배 안에서 흔들리며 안경을 쓰고 동료들의 움직임을 따라가려 했지만, 곧 어둠에 가려 보이지 않았다. 망치질하는 소리가 메아리쳐 아르츠토프스키를 찾을 수 있었고, 이쪽 바위에서 저쪽 바위로 그를 환영하는 듯한 펭귄들의 합창 소리로 라코비차를 찾을 수 있었다." 장교들은 자정 직전에 벨지카호로 돌아왔고, 단코는 살아서 버둥거리는 펭귄을 양 옆구리에 끼고 있었다.

이튿날인 1월 24일, 두 번째 미지의 섬에 상륙한 뒤 벨지카호는 그레이엄랜드를 통해 웨델해까지 동쪽으로 항해할 수 있는 수로를 찾다가 만의 해안가에 닿게 되었다. 수로가 보이지는 않았지만, 산줄기가 끊어졌다는 것은 곧 서남쪽으로 이어지는 긴 수로가 있을 가능성을 시사했다. 휴스만을 나타내고 있는 기존 지도는 그쪽 방향으로 육지를 표시하고 있었지만, 망대에서 본 광경은 시야에 들어오는 모든 곳이 해협임을 알려주었다. 지도는 분명 잘못되어 있었다. 벨지카호는 드 제를라슈가 모든 탐험가가 바라는 것, 즉 중요한 발견을 하게 될 가능성 앞에서 거의 꼬박 하루를 그곳에서 보냈다.

사흘간 그는 과학자들이 휴스만을 충분히 탐험하고 르콩트 선장이 섬의 윤곽을 그릴 수 있도록 해협에 들어가고 싶은 유혹을 물리쳤다. 선장은 25일째에 어쩌다 열린 구름의 틈 사이로 가지고 있던 황동 육분의로 수평선 위 태양의 고도를 표시하고 배의 위도를 고정할 수 있게 해줄 기회를 얻었다. 일반적으로 남극의 해안을 뒤덮고 있는 안개 때문에 몇 안 되는 해도가 그렇게 부정확하고 불완전한 것이었다. 태양이나 별은 고사하고 해안선을 보기도 어려운 날이 대부분이었기 때문이다.

26일에 아문센은 스키를 테스트하기 위해 해도에 정상적으로 그려져 있는 몇 안 되는 섬 중 하나인 투 허목 아일랜드Two Hummock Island 해석하면 두 개의 언덕이 있는 섬이다 상륙 대열에 합류했다. 그는 남극 대륙에서 자신이 처음으로 스키를 타고 있다는 확신을 가진 채, 행복에 겨워 섬의 대부분을 덮고 있는 얼음을 질주하며 멀뚱히 서 있는 펭귄들 옆을 미끄러지듯 지나갔다. 분명 사소한 성취였지만, 그의 인생에서 앞으로 성취하고자 하는 수많은 극지 기록을 시작하기 전 첫 번째 성취가 되었다.

안개가 낀 1월 27일 오후, 드 제를라슈는 드디어 며칠 동안 그를 불러왔던 매혹적인 서남쪽 해협 입구로 배를 돌렸다. 해도에 없는 첫 해협으로 가는 길을 기념하기 위해 드 제를라슈는 비록 자신과 부하들과 야생동물만이 볼 수 있다는 걸 알면서도 돛대에 벨기에 국기를 휘날리게 했다. 벨지카호와 가장 가까이 있는 배도 거기서 북쪽으로 수백 마일 떨어져 있었다.

혹은 그렇다고 생각한 것일 수도 있다. 그들이 해협을 항해할 때, 혹등고래가 좌현과 우현에서 물을 뿜고 있었고, 선원들은 길고 곧게 뻗은 물체가 앞에서 표류하고 있는 걸 보았다. 그것은 활대가 아직 붙어 있는 돛대였고, 소금기에 절어 색이 바래지도 않은 상태였다. 그런 돛대는 난파선의 흔적인데, 불안할 정도로 꽤 최근에 그렇게 된 것처럼 보였다. 근처에서 이렇게 된 것일까? 아니면 다른 곳에서 난파되어 여기까지 흘러온 것일까? 벨지카호의 일부 선원은 경고의 신호로 받아들였다. "이 또한 그저 활대나 돛대의 일부만을 남긴 채 영원히 사라질 벨지카호의 운명을 나타내는 것은 아닌가?"라고 르콩트는 기록했다.

하지만 벨지카호가 동화와 같은 빛을 내뿜는 해협으로 들어서면서 불길한 광경은 곧 잊혔다. 태양이 서쪽 산 너머로 지면서 여전히 산봉우리에 걸친 채 구름을 비추고 있었고, 어두운 계곡 위로 뻗어나가 검푸른 바다에 반사되는 황금빛 창공을 만들어냈다. 빙산은 르콩트가 관찰한 것과 같이 "불가사의한 환영"처럼 천천히 미끄러지듯 움직이고 있었다.

벨지카호 사람들은 이 숭고한 경치에 감탄한 최초의 인간들이었다. 수로를 따라 내려가며 배는 양쪽에 치솟은 5000피트 높이의 산 사이에 자리를 잡았다. 그들은 얼음 에덴동산의 거주민이 되었고, 그들이 만난 모든 섬, 해안, 곶, 그리고 알려지지 않은 생물종에 이름을 붙였다. 이들이 1인치씩 앞으로 나아갈 때마다 인류의 지식은 확장되었다.

남극의 여름은 기온이 거의 영하로 내려가지 않았고(물론 그 이상으로도 많이 오르지는 않았지만), 본격적인 밤도 없었다. 대신 바다를 가로질러 마치 자개처럼 반짝이는 희미한 빛이 있었다. "황혼과 새벽이 공존한다"고 드 제를라슈는 적었다. 물론 시간이 갈수록 어둠은 길어졌고, 지구가 자전할 때마다 조금씩 더 지속되었다.

지질학자 아르츠토프스키가 채취한 암석 조각은 이 지역이 화성암, 그중에서도 주로 화강암과 현무암으로 구성돼 있다는 걸 나타냈다. 수직에 가까운 암벽만을 제외하고 모두 흰색이었다. 마치 불로 제련된 후 얼음으로 조각된 듯한 모습이었다. 빙하의 풍경은 온대지역의 산맥처럼 강 사이에 흐르는 계곡과 같은 모습을 하고 있지 않았다. 그보다 는 눈이 차지할 수 있는 모든 곳을 얼음이 덮고 있었다. 대부분의 날에 눈이 내렸지만, 오랫동안 내리지는 않았고 함박눈도 드물었다. 하지만 여름이 되어도 녹지 않았고, 그렇게 수천 년씩 축적되었다. 눈이 몇 겹 씩 녹지 않고 쌓여 수백 피트의 두께가 되면, 느릿느릿하게 넓은 해양 쪽으로 흘러나가서 자기 무게로 가라앉거나 물 아래의 파도로 인해 약 해진다.*

얼음 협곡을 항해하면서 쿡은 북극에서 본 것에 비해 훨씬 더 극적인 이곳의 모습에 충격을 받았다. 원정대의 공식 사진가였던 그는 삼각대 를 갑판 위에 설치하고, 렌즈로 이 모든 새로운 경이로움을 담고자 했 다. "배가 빠르게 움직이면서 새로운 세계의 파노라마를 담았으며, 카 메라의 소리는 마치 주식 시세 표시기의 탭처럼 규칙적이고 연속적이 었다"라고 쿡은 기록했다. 쿡의 사진은 남극 대륙에서 찍은 최초의 사 진일 것이다. 사람의 육안으로도 거의 흑백으로밖에 보이지 않는 남극 의 광경을 쿡의 사진들은 잘 담아냈다.

쿡이 가장 관심을 갖고 있던 주제 중 하나는 무한한 다양성을 가진 빙산이었다. 모두 기원은 같았다. 빙하 덩어리가 떨어져나와 바다와 충 돌했을 때(빙하가 마치 출산을 하듯 크고 격렬한 과정이다), 바다가 부서 지기 시작하면서 각기 다른 여정에 오른다. 담수 얼음보다 약간 따뜻 한.것에서부터 약간 더 차가운 것까지, 다양한 온도 스펙트럼에서 바

---

* 남극 대륙의 다른 지역에서는 만년설 두께가 1마일을 넘었다.

다가 빙산의 뾰족한 부분을 매끄럽게 하고, 오목하게 만들기도 하며, 예쁜 각을 만들어내기도 했다. 또한 큰 부분을 깎아내 빙산의 무게중심을 이동시키고, 거대한 무게의 빙산을 수면 위로 나오게 하거나 방향을 바꾸게 할 수 있었다. 이전에 수면 위로 올라온 부분을 깎아내기도 했다. 수면으로 올라오는 기포는 마치 고대 그리스 신전 기둥에 홈이 파인 것처럼 측면을 따라 수직의 홈을 남겼다. 빙산이 물속에서 회전하면서 공기는 새로운 방향으로 나가며 복잡한 패턴을 만들어냈다.

빙산이 물속에 오래 있을수록 모양은 더 또렷해졌다. 수면 위로 200피트 넘게 솟아올라 있는 거대한 빙산도 있었고, 이보다 더 큰 것도 있었다. 이렇게 큰 빙산들은 마치 아케이드가 있는 궁전과 닮아 있었다. 바다가 깊은 동굴을 조각하고, 때때로 터널과 주랑을 만들며 직선으로 빙산을 뚫기도 했다. 비교적 작은 얼음덩어리들은 상상 속 생물처럼 보였다. 그걸 바라보는 선원들은 마치 구름을 보고 이런저런 모양을 상상해내는 아이 같았다. "나는 아르츠토프스키가 저기 이집트 스핑크스가 있다고 하는 말을 들었다. 라코비차는 북극곰이 있다고 했고, 어떤 사람은 '움직이는데요!'라고 소리치기도 했다. 그 말에 얼음덩어리는 동물이 되었고, 선원들은 살아 있는 곰이 아니라는 걸 믿기 싫어했다." 쿡의 기록이다.

바람이 불지 않는 날이면 빙산은 위협적이기는커녕 끝없이 매혹적이었다. 물론 아름다움은 위험과 비례했다. 버목bummock으로 알려진, 물아랫부분이 수면 훨씬 아래에서 강한 해류를 만들어 수면이나 바람과는 다른, 전혀 예측할 수 없는 방향으로 움직이게 되기 때문이다.* 날씨가 좋은 날엔 멋진 조각작품들로 보일 수 있지만, 폭풍우나 안개 속에서는 죽음의 덫이 되었다.

쿡이 촬영한 선명한 흑백 사진은 눈 덮인 산의 뚜렷한 대조를 기록하기에 적합했지만, 바위에 있는 황색, 적색, 주황색 이끼처럼 오묘한 색상들의 조합과 빙산 아래에 보이는 활력 넘치는 청록색은 담아내지 못했다. 그리고 얼음에 반사되고 크레바스에서 뿜어져 나오는 다채로운 푸른색의 매혹적인 스펙트럼도 담지 못했다. 이런 색깔들은 빙산에 형성된 깊은 동굴에서 특히 놀라워, 선원들이 그 안에 들어가고 싶게 만들었다.

쿡도 기회가 있을 때마다 해변으로 나갔다. 원정대에서 가장 민첩한 그는 노 젓는 뱃머리에 서서 줄을 잡고 가장 먼저 미끄러운 바위 위로 뛰어내렸다. 그는 바로 카메라를 들고 절벽까지 가 수로를 따라 장엄하게 서 있는 벨지카호의 멋진 모습을 찍었다. 이때 찍은 사진들은 이들이 들은 소리에 대해 쿡이 "경외심을 불러일으키고 이상하게 흥미를 끄는 가마우지들의 기이한 소리, 갈매기들이 내지르는 날카로운 소리, 펭귄의 가아-가아- 하는 소리, 갑작스럽고 예상치 못한 고래의 물 분출, 물범과 펭귄들이 튀는 소리, 바위 위의 어린 동물들이 내는 아기 울음 같은 소리 등이 났다"고 설명한 것과는 달리, 매우 고요한 풍경의 느낌을 주었다.

---

* 평균적으로 빙산 질량의 8분의 7이 수면 아래에 있다. 수면 위 200피트 높이로 올라온 빙산이라면 그 아랫부분은 1400피트나 된다.

남극 대륙에 발을 디딘 최초의 박물학자인 라코비차는 과학 탐사를 할 수 있다면 자기 생명이 위험해지는 건 신경 쓰지 않았다. 2월 1일 오후, 나중에 커버빌섬으로 명명한 곳에서 그는 현기증 나는 암벽 기슭에 서 있었다. 망원경을 통해 절벽 높은 곳에서 자라는 풀 몇 포기를 보았다. 마치 사막에서 야자수를 발견한 것과 같았다. 남아메리카를 떠난 이래로 그가 본 유일한 식물은 해초, 이끼뿐이었다. 그는 위험한 등반, 그리고 산을 탄 경험의 부족에도 불구하고 그 풀의 표본을 수집하기로 마음먹었다. 소총과 가방을 내려놓고 등반을 시작했으며, 손으로 바위의 튀어나온 부분을 잡고 얼음도끼를 틈새에 끼워 손잡이를 잡고 몸을 끌어올렸다. 오르막은 가팔랐지만, 그는 이미 아드레날린에 지배당한 터였다. 목표한 곳에 점점 가까워지자, 자갈 해변 위를 나는 큰 갈색 갈매기처럼 생긴 도둑갈매기 두 마리가 갑자기 그에게 달려들어 쪼고 날개로 마구 때려 어지럽게 만들기 시작했다. 라코비차가 근처에서 본 둥지에서 솜털 같은 머리를 삐죽 내밀고 있는 두 마리 새끼를 보호하려는 듯했다. 한 번만 잘못 움직여도 죽음의 추락으로 이어질 수 있는 무서운 순간이었다. 왼손으로는 바위를 잡고 오른손으로는 얼음도끼를 거칠게 휘두르면서, 꽤 오랫동안 새들과 싸우며 그가 찾던 풀 한 다발을 낚아채는 데 성공했다.

그에게는 세계에서 가장 남쪽에서 꽃을 피우는 식물, 남극좀새풀 De-schampsia antarctica의 채집이야말로 고생할 만한 가치가 있었다. 이 식물은 특히 척박한 땅에서 자라며, 추위와 바람을 잘 견디고 적은 양의 흙으로 살아갈 수 있는 드문 풀이다. 남극은 불친절하고 자비 없는 땅이었지만, 그렇다고 불모지는 아니었다. 생명은 질기다.

라코비차는 현미경으로 지구상에서 가장 극한의 조건(심지어 나중에 우주에서도 발견됨)에서 생존하는, 통통하고 다리가 여덟 개인 완보류 동물과 같은 미생물을 아주 많이 발견했다. 이끼로 뒤덮인 암석에서 진드기를 채집했고, 남극에서만 사는 검은색에 몸길이 5밀리미터의 날지 못하는 작은 곤충을 발견하기도 했다. 그는 이 동물에게 탐험대의 이름을 따 벨지카 안타르크티카Belgica antarctica 우리말 이름은 남극깔따구라고 명명했다. 남극 대륙의 유일한 토종 곤충인 이 생물은 유충 시기를 최대 2년까지 보낸 후, 번식할 수 있을 만큼 긴 성체가 되면 여름에 밖으로 나와 고작 며칠 살고 죽었다. 날개가 없는 쪽으로 진화했다는 것은 곧 이 대륙을 휩쓰는 바람의 냉혹함을 보여주는 증거였다.

라코비차가 관찰한 바와 같이 남극의 모든 동물은 직간접적으로 바다에 의존하는 생태계 속에서 살고 있었다. 새는 크릴새우와 조개류를 먹고 살았다. 도둑갈매기와 같은 일부 동물은 펭귄의 알과 새끼들을 먹었다. 남극의 자이언트풀마갈매기와 같은 다른 동물들은 썩은 고기를 게걸스럽게 먹고 있어서, 종종 썩은 고기 주변에 잔뜩 몰려 있다가 라코비차가 시체를 조사하려고 다가가면 서로 도망가느라 바빴다. 하지만 동물학자인 라코비차가 배운 것처럼 이 자이언트풀마갈매기는 특히 방어 메커니즘이 발달되어 있었다. "이 동물들이 만약 뱃속에 든 것을 내뿜는다면 당신의 몸은 부패한 물질로 범벅이 될 것이다. 냄새는 오래 지속되고 끔찍하며 (…) 바다제비류 동물의 내용물을 비슷하게 표현할 말을 찾느라 애를 먹을 것이다"라고 그는 기록했다.

선원들이 이곳에서 들이마시게 될 거라고 기대했던 맑은 공기 대신, 바람은 종종 물범 무리의 자극적인 냄새부터 라코비차가 겪은 희귀한 경험(완전히 직방으로 맞았으므로)이었던 고래의 썩은 내 나는 숨결까지, 별로 좋지 않은 냄새를 싣고 왔다. 라코비차는 혹등고래가 숨을 쉬기 위해 수면 위로 떠오를 때, 무슨 수를 써서라도 반드시 사진을 찍고 싶었다.

어느 날 그는 물속에 있던 고래가 벨지카호의 측면을 향해 미끄러져 오는 것을 발견하고, 결정적인 순간을 포착하기 위해 카메라를 들고 선교로 달려갔다. 그는 고래의 움직임을 완벽히 예상했다. 고래는 바로 그의 아래쪽에 나타나서 분출구를 통해 물을 내뿜었고, 그 순간 라코비차는 고래의 수염에 걸려 죽은 수많은 작은 동물의 썩은 내 나는 물 세례를 받았다.[*] "그 순간 냄새가 너무 역겨워서 부끄럽지만 셔터를 누르는 것도 잊었다"고 라코비차는 기록했다.

펭귄 무리에서 나는 썩은 해산물 악취가 가장 심했다. 핏빛으로 물든 눈밭에 바닷새들의 배설물로 뒤덮인 이 서식지는 수백 야드 떨어진 곳에서도 특유의 역한 냄새와 서식 동물들의 울음소리로 금방 알아차릴 수 있었다. 선원들이 만난 모든 생물 가운데 펭귄만큼 재미있는 생물도 없었다. 뤼미에르 형제가 불과 2년 전 브뤼셀에서 발표한 영화 속 사람들의 뒤뚱거리는 걸음걸이를 연상시키는 우스꽝스러운 뒤뚱거림과 그들의 복삽한 사회를 보는 재미가 쏠쏠했다. 고립된 상태에서 진

---

[*] 어쩌면 라코비차의 추측일 수 있다. 일부 생물학자는 혹등고래의 악취가 폐박테리아 때문이라고 확신한다.

화한 남극 펭귄은 사람을 무서워하지 않아, 라코비차는 가까이 다가가서 관찰할 수 있었다. 활발한 성격에 종종 재미있기도 한 작가인 이 루마니아인 동물학자는 해협을 지배하고 있는 두 펭귄 종인 턱끈펭귄과 젠투펭귄을 의인화된 용어로 생생하게 묘사하고 싶은 충동을 참을 수 없었다. 턱끈펭귄은 "가는 검정 선이 마치 보병의 수염처럼 흰 턱을 따라 감아올려져 있다. 이 때문에 호전적인 분위기를 풍기는데, 이는 펭귄의 성격과도 잘 맞아떨어진다". 턱끈펭귄은 영토의 작은 부분을 놓고도 다툼을 벌이는 편이다. 이들의 싸움은 "멀리서 자기 생선이 더 신선하다고 외쳐대는 두 생선 장수" 같았다. 젠투펭귄은 그보다는 더 친근하고 협조적이며 컬러풀했다. 라코비차는 주황색 부리와 발, 흰색 왕관 같은 장식이 있는 검은 머리를 가진 젠투펭귄을 두고 "턱끈펭귄보다 좀더 크고 더 호화로운 옷을 입었다"고 묘사했다.

이들의 몸집이나 짝짓기 패턴은 비슷했지만, 성격이 많이 달랐기 때문에 라코비차는 이들 각각의 사회를 당시 서구세계에서 충돌하던 두 정치 이데올로기에 빗댔다(이 주제는 벨지카호 장교와 선원들 사이에서 열띤 토론 주제가 되었다). 턱끈펭귄은 "엄격한 개인주의자이자 지속적으로 (…) 자기 재산을 지키기 위해 싸운다". 이에 반해 "착하고 정직한 젠투펭귄은 동지들에 대항해 방어하는 것 없이 땅을 공유하고 함께 아이들을 키움으로써 육아 업무도 간소화하는 영리한 공산주의자"라고 했다. 선원들은 젠투펭귄에 푹 빠져서, 애완용으로 세 마리를 갑판 위로 데려왔다. 두 마리는 배에 오자마자 죽었다. 나머지 한 마리는 편안한 듯 자유롭게 갑판을 돌아다녔다. 선원들은 애완용 펭귄을 점점 더 좋아하게 되었다. 이들은 펭귄을 애지중지하며 그에게 베베라는 이름을 붙여주었다.

라코비차가 맡은 임무는 단순한 관찰 이상이었다. 그는 식물학 및 동물학에서 배운 모든 종의 몇몇 표본을 벨기에로 가져가 여러 박물관에 선보일 예정이었다. 하지만 그건 곧 과학이라는 이름으로 이 흰 낙원을 손상시키며 계속해서 동식물을 죽여야 한다는 것을 의미하기도 했다. 바닷새와 펭귄은 사냥총이나 곤봉을 이용한 정확한 타격, 재빨리 목 비틀기 등으로 고통 없이 죽일 수 있었지만, 표범물범이나 웨델물범과 같이 지방층이 두꺼운 큰 사냥감을 죽이려면 더 치명적인 탄약이 필요했다. 라코비차는 이러한 활동을 효율적으로 수행하긴 했지만, 폭력의 섬뜩함이 종종 그를 불안하게 했다. 어느 날 옆으로 느긋하게 서 있는 암컷 표범무늬바다표범을 발견한 그는 일기에 이렇게 썼다. "나는 그 동물의 귀 뒤에서 할로 포인트 탄환이 장착된 총을 쏘았고, 총알은 동물의 눈 위로 관통했다. 동물은 그 자리에서 죽긴 했지만 두 구멍에서 피가 5분 동안 쉬지 않고 뿜어나왔다. 그 출혈량은 정말 끔찍했다."

아직 따뜻한 시체를 가지고 몇 가지 현장 분석을 실시한 후 라코비차와 그의 조수인 요한 코렌은 보존시킬 준비를 했다. 척추동물은 살과 내장을 발라내고 뼈에서 조직을 긁어낸 후 라벨을 붙인다. 사체에 태아가 있다면, 자궁에서 꺼내 알코올 병에 넣는다. 일부 가죽은 건조시키고, 해충으로부터 보호하기 위해 비소 처리를 해서 유럽으로 가지고 간다. 유충이나 미생물과 같이 작은 표본은 슬라이드에 보관한다. 라코비차는 3주 동안 400종이 넘는 식물, 동물, 곰팡이, 조류, 규조류 표본을 수집했는데, 그중 110개는 학계에 알려지지 않은 것이었다. 그의 연구실은 거의 작은 박물관이 되어 있었다. 그의 유일한 후회는 고래를 잡지 못한 것이었다.

에밀 단코의 작업은 그보다는 덜 실체적인 것이었다. 그 지역에 대한 지구물리학적 조사를 실시하는 책임을 맡았는데, 그 지역의 지구 자기장과 중력장의 변화를 측정하는 일이었다. 이 데이터가 잘 확보되면 향후 항해사들에게 도움이 될 것이었다.* 또한 지구 자기를 더 잘 이해할 수 있다는 순수 과학의 관점에서도 가치 있는 일이었다. 하지만 단코는 과학자가 아니었다. 드 제를라슈는 자격 때문이 아니라 그와의 우정, 충성심, 그리고 자기편에 신뢰할 수 있는 사람을 두고 싶다는 마음으로, 나아가 어쩌면 약간의 동정심도 더해서 그를 고용한 것이었다. 그런 단코는 자기 역할을 찾기 위해 열심이었다. 그는 남극 탐험에서 유용성이 크게 없는 포병 중위였다. 드 제를라슈는 처음에 단코에게 기상학을 맡겼지만, 여러 기관에서 기상학을 배운 후 그는 기상학이 너무 어렵다고 생각하고는 다른 분야를 맡게 해달라고 요청했다. 이후 드 제를라슈가 제안한 지구물리학을 받아들여 유럽 전역의 최고의 지구물리학 전문가들과 몇 달 동안 공부했지만, 기술적인 면이 부족했다. 그는 노이마이어 자력계와 같은 기기를 능숙하게 작동하는

---

* 19세기 내내 지리학자들은 전 세계 자기 변화에 대한 정보를 담은 해도를 만들 수 있다면, 항상은 아니지만 맑은 하늘일 때 요구되는 천체 항법의 필요성은 줄일 수 있을 거라고 확신했다. 영국 왕립 지리학회의 전 회장 마이클 페일린은 이 프로젝트를 두고 "19세기의 GPS"라고 말하기도 했다.

방법은 익혔지만 측정된 현상에 대한 이해가 부족했다. 판독에 영향을 미칠 수 있는 외부 요인과 같이, 그가 모르는 것을 알기에는 충분하지 못했다. 게다가 복잡한 계산을 잘하지도 못했다. 단코는 원정대가 그를 위해 구입한 비싼 도구나 관련 표준에 대한 중요한 세부 사항을 잘 기억할 수 없었다. 그 때문에 그의 작업 중 많은 부분이 수행 불가능해졌다.

르콩트 선장은 단코와 대조적으로 모든 면에서 엄격한 과학자였다. 항해사로서 그는 벨지카호의 시간적, 공간적 위치를 잃지 않도록 하는 임무를 띠고 있었다. 이런 일을 하려면 삼각법과 천문학을 꿰뚫고 있어야 했는데, 르콩트는 두 가지 모두에서 훌륭했다. 스물여덟 살이던 그는 수학 교사 아버지로부터 숫자에 대한 애착과 소질을 물려받아, 천체 항법에 대해 매우 뛰어난 책을 썼다. 구름이 육분의를 통해 태양, 달, 별 등을 볼 수 있을 만큼 충분히 길어지면 르콩트는 수평선 위로 고도를 측정했고, 거기서(천구도를 참고해) 배의 위도를 추론했다. 그리니치 표준시로 설정된 해양 크로노미터 덕분에 경도도 추정할 수 있었다. 이렇게 작성된 좌표를 가지고 르콩트는 주변 해안선의 해도를 만들었다.

하지만 남극 대륙의 조건은 그가 알던 항법 및 지도 제작법과는 다른 것 같았다. 날씨가 대부분 흐려서, 르콩트는 그나마 계류판을 보고 수로를 따라 5개 지점의 좌표를 결정할 수 있었다. 이 좌표 판독은 나중에 상당히 정확한 것으로 판명되었다. 하지만 차트의 나머지 부분을 채우기 위해 그는 다른 방법에도 의존해야 했다. 일명 데드 레코닝

dead reckoning으로 알려진 방법은 배의 좌표를 측정하고, 다양한 나침반 판독, 로컬 자기 변화, 마지막으로 측정되어 있는 위치로부터의 대략적인 속도를 기반으로 항해하는 것이다. 이 접근법을 개빙 구역에서 쓴다면 유용하지만, 해도상의 위치를 표시하기에는 정확도가 떨어졌다. 새로운 땅을 발견한 사람으로서 탐험가들은 더 정확한 방법을 시도할 의무가 있었다.

르콩트는 더 큰 리스크가 뒤따르더라도 더 나은 결과를 낳을 수 있는 대안 기술을 제안했다. 수로와 거기에 연결된 섬을 크게 내려다볼 수 있으려면 육지의 높은 지점까지 올라갈 몇 명의 선원이 필요했다. 거기서 세오돌라이트특히 천문학, 측지학, 항해 등에서 수평과 수직의 각도를 측정하는 데 사용하는 관측 기기로 측정하면, 아래에 보이는 여러 관심 지점에 대한 각도를 나타낼 수 있다. 측정하는 곳의 고도를 정확하게 알고 있다면, 시선이 삼각형의 빗변을 만들 것이고, 평면삼각법을 사용해 관심 지점의 거리를 더 정확히 측정할 수 있다. 이 방법을 시도하기 위해 드 제를라슈는 쿡, 아문센, 단코, 아르츠토프스키로 구성된 작은 그룹을 데리고 필요한 시야가 제공될 수 있는 봉우리로 오르기로 했다. 르콩트는 그들에게 세오돌라이트의 사용법을 가르쳐주었다.

폭풍이 치는 1월 30일 오후, 상륙 그룹은 수로의 서북쪽에 나 있는 두 개의 큰 섬 중 하나로 노를 저어 다가갔다. 르콩트 및 두 명의 선원인 톨레프센과 크누센은 호기심 많은 가마우지 떼가 앉아 있는 가파르고 매끈한 바위 기슭에서 하선했다. 큰 파도가 배를 흔들었고, 모든 작업을 더 어렵게 만들었다. 선원들은 음식과 캠핑 장비를 실은 썰매 두 개를 섬으로 나르고, 눈이 몇 피트 쌓인 40도의 경사면을 올랐다. 섬에 최대 8일까지 머무는 것으로 계획했지만, 혹시 몰라 식량은 15일 치를 준비했다. 아주 무거운 썰매를 허리에 밧줄로 묶은 선원들은 걸음마다 중력과 줄다리기를 했다. 아문센은 터벅터벅 걸으며 극지에서 성취하고자 했던 목록에 남극에서의 첫 번째 썰매여행을 더했다.

1100피트 높이에 올라가 평평한 지면에 도착하는 데 거의 4시간이 걸렸다. 호흡이 가쁘고 몸에서 김이 나는 상태로 눈이 내려 시야를 막기 전에 주변 광경을 보려고 멈춰 섰다. 이들은 눈 덮인 비탈길을 자유자재로 내려가며 내내 웃어댈 르콩트, 톨레프센, 크누센 팀에게 작별인사를 했다. 르콩트는 다음 며칠 동안 드 베를라슈가 없는 곳에서 벨지카호의 지휘권을 가지고 수로를 탐색하며 해도를 그릴 것이었다.

눈보라가 하루 종일 쌓이다가 더 거세졌다. 봉우리에서부터 차갑고 소용돌이치는 강풍이 불어 내려오면서 더 이상 등반하기는 힘들어졌다. 드 제를라슈는 밤을 지내기 위해 캠프를 설치하기로 했다. (이날을 남극에서 보낸 첫날 밤으로 아문센은 자기 머릿속에 기록했다.) 눈과 바람이 덮쳐올 때쯤 세 사람은 대피소를 세울 곳을 파서 만들었다. 견유포로 만든 천막을 씌웠고, 집 모양으로 벽 네 개에 지붕이 있는 모습이었다. 자연의 힘 때문에 힘들고 고된 작업이었다. "바람이 우리 위의 빙하에서 불어와 거의 서 있을 수가 없었다"라고 쿡은 적었다. "텐트를 지탱하는 데에만 두 사람이 필요했고, 여기까지 열심히 지고 온 것들이 몇 야드 밖 절벽으로 흩어져 떨어지는 걸 막기 위해 모두가 노력해야 했다."

이들은 이튿날 아침 9시에 캠프를 철거하고 배에서 봤던 봉우리를 향해 나아갔다. 폭풍우가 몰고 온 짙은 안개를 뚫고 올라가면서 곧 본 인들이 풍경을 가로질러 뻗어 있는 갈라진 틈 가장자리에 있다는 사실을 알게 되었다. 즉, 봉우리까지 가는 길이 막힌 것이다. 이들은 캠프를 다시 세우기 위해 평지로 후퇴했다. 하루를 허비했다. 등반은 아래에서 본 것처럼 직선거리가 아닐 터였다. 이들은 남극 대륙의 산이 바다만큼이나 위협적일 수 있다는 점을 빠르게 배우고 있었다.

이튿날 아침, 정상으로 향하는 다른 경로를 찾았다. 노르웨이에서 함께 스키를 배웠던 드 제를라슈와 단코는 눈에 빠지지 않기 위해 스키를 신기로 했다. 두 친구는 썰매 하나를 메고(오른쪽은 드 제를라슈, 왼쪽은 단코) 힘들게 평원을 가로질러 질주했다. 서로 걸음을 맞추기 위해 시야 가장자리로 계속 옆 사람을 신경 쓰고 있었다. 두 사람이 탄 나무 스키가 갓 내린 눈가루 위를 차분하게 달리는 소리가 들렸다. 그러다 갑자기 단코가 사라졌다. 눈으로 덮여 있던 크레바스에 빠진 것이었다. 드 제를라슈는 반사적으로 단코에게 팔을 뻗었다. 그는 자기 몸이 아래로 훅 당겨지는 걸 느꼈다. "그의 큰 스키가 절벽의 단층 벽에 걸리지 않았더라면 아마 그의 뒤를 따라 심연의 바닥으로 추락했을 것"이라고 사령관은 적었다. 단코가 빠져나올 수 있게 도운 후, 그들은 배의 갑판에서 볼 땐 균일하고 하얗기만 했던 면이 실제로는 수백 피트 깊이의 갈라진 틈과 균열로 가득하다는 사실을 알게 되었다. 더 높은 곳에 간다면 주변을 더 정확히 표시할 수 있겠지만, 드 제를라슈는 나아가는 게 불가능하다고 생각했다. 좌절한 채로 선원들은 다시 출발했다.

이후 며칠 동안 드 제를라슈와 단코는 해발 약 1000피트 지점의 눈이 쌓이지 않은 가파른 노두인 낮은 절벽에 세오돌라이트를 세팅했다. 첫째 날 그들은 구름 속에 있는 자신들을 발견했고, 눈에 보이는 수로 아래의 광경이 너무 흐릿하고 빠르게 변해서 세오돌라이트를 판독할 수 없었다. 둘째 날 안개가 걷히면서 왼쪽부터 오른쪽으로 뻗은 산이 있는 수로의 모습이 완전히 드러났다. 바다는 저수지처럼 고요하고, 커다란 빙산이 작은 반점처럼 보였다. 쿡은 "이 하얀 세상에 처음 들어온 이후에 본 그 어떤 것보다 아름다운 파노라마였다"고 적었다. 하지만 드 제를라슈와 단코가 성공한 몇 안 되는 측정마저 거의 쓸모는 없었다. 아래에 있는 먼 섬들이 육지에서 눈에 띌 만큼 충분히 높이 올라가지 않은 것이다. 그래도 그들은 동쪽으로 반도를 통과해 갈 만한 길이 없다는 건 알 수 있었다.

쿡과 아문센은 사령관처럼 쉽게 단념하지 않았다. 그들은 여기까지 올라왔고, 남극 산을 또 언제 오를 수 있을지 알지 못했다. 2월 4일, 그들은 과학이나 해도 제작이라는 목적을 달성하기 위함이 아니라, 순수하게 도전 정신을 충족시키기 위해(거기에 세오돌라이트를 가져갈 뿐이다) 더 높은 봉우리 쪽으로 다시 도전하기로 했다.

아문센의 머리 위 60피트 높이에서 쿡은 남극의 여름 하늘을 바라보며, 부드럽고 신중하게 산 중턱에 도끼를 휘둘렀다. 수직에 가까운 얼음벽에 매달려 있던 아문센은 그를 지나쳐 비처럼 쏟아지는 얼음 조각들을 쳐다보았다. 아래로 고개를 돌리자, 등반을 시작한 이후로 애써 생각하지 않으려 했던 것들이 눈에 보였다. 쿡이 그들을 위해 잘라낸 지그재그 모양의 발 디딜 곳들의 경로를 본 것이다. 얼음벽의 바닥까지는 150피트나 되었고, 그 아래 크레바스 밑으로는 또다시 100피트 이상이 이어졌다. 얼음 표면은 청록색으로 반짝이다가, 균열이 깊어질수록 어둠으로 바뀌었다. 그는 바닥은 볼 수 없었다. 아문센은 쿡과 연결되어 있는 밧줄을 허리에 팽팽하게 감았다. 반복되는 도끼 소리와 호흡에만 집중했다. 그의 금발 콧수염에는 눈이 묻어 있었다. 영하의 기온과 그를 방해하는 바람에도 그는 춥지 않았다. 오히려 불편할 정도로 더웠고, 쿡의 가벼운 물범 가죽 아노락 등산이나 스키에 쓰이는 방풍·방설을 위한 후드가 달린 상의과 바지가 부러웠다.

벨지카호가 바다에 있을 때 아문센은 극지에 관한 쿡의 전문성을 알게 되었고, 기회가 있을 때마다 그의 접근 방식을 배우려 했다. 아문센은 쿡이 그린란드에서 얻은 침착하고 체계적인 방법, 즉 물범 가죽 옷과 같은 기술을 존경했다. 쿡의 움직임은 마치 수술을 하는 것처럼 정확하고 자신감 넘쳤다. 먼저 절벽 쪽을 수직으로 찍은 뒤, 도끼날이 눈에 박히자마자 위쪽으로 쐐기를 박아 틈을 넓힘으로써 도끼가 박혀 빠지지 않는 사태를 방지했다. 그러고는 각자의 부츠에 묶어 매단 설화가 들어갈 만큼 충분한 너비로 발 디딜 곳을 만들었다. 오래된 목재 테니스 라켓처럼 생긴 거추장스러운 이 설화는 평평하게 펼쳐진 눈 위에서였다면 체중을 넓게 분산시키는 데 도움이 되었을 것이다. 하지만 등반에는 이상적이지 않았다. 발 디딜 곳에서 튀어나와 있고, 매끄러운 나무 소재여서 고정 기능도 없었다.

밧줄도 그다지 안심할 수 없었다. 아문센은 쿡보다 훨씬 더 무거웠다. 아문센이 미끄러지거나 발을 딛고 있던 눈이 무너지면 아마 둘 다 추락하고 말 것이었다. 만약 쿡이 발을 헛디뎌 떨어지면 밧줄에 가해지는 갑작스러운 힘 때문에 분명 아문센도 함께 끌려가 얼음 같은 협곡 사이로 둘 다 추락할 것이었다.

파도의 꼭대기처럼 절벽 가장자리를 위태롭게 지나가는 튀어나온 얼음덩어리에도 위험이 도사리고 있었고, 언제라도 이들을 덮칠 수 있었다. 이들은 남극에 온 지 2주도 채 되지 않았지만, 주변 환경이 얼마나 빨리 변하고 침식될 수 있는지, 특히 한여름에 얼음들이 얼마나 살아 있는 것처럼 움직이는지 경험했다.

쿡은 방금 만든 발판에 발을 디뎠다. 아문센이 그를 따라갔다.

이들은 절벽 가장자리를 기어 올라갔고, 광활한 평원에 도달했다. 숨을 몰아쉬면서, 둘은 마치 눈을 뚫고 지나가는 선사시대 열두 괴물의 검은 등뼈처럼 생긴 산등성이를 바라보았다. 아문센은 남극 대륙에서 아직도 가장 높은 곳은 아니라고 혼잣말을 했다. 그 위치에서 쿡은 마치 먹이를 기다리는 입처럼 아래에서 입을 쫙 벌리고 있는 크레바스 위로 아치형 다리같이 보이는 부분을 발견했다. 하지만 거기까지 가려면 방금 올라온 것과 같은 절벽 아래로 내려갈 수밖에 없었다. 다시 한번 쿡이 앞장섰다. 그 말은, 이제 아문센 위에서 밧줄을 잡아줄 사람이 없다는 걸 뜻했다. 하지만 쿡은 새로 깎아내고 강도를 테스트해가며 발판을 만들어서 아문센의 하강을 도왔다. 아까보다 훨씬 더 쉬워졌다.

잠시 후 이들은 쿡이 위에서 발견한 다리까지 도달했고, 가까이서 보니 자연이 만든 경이로운 광경이었다. 완전히 눈으로만 만들어져 있는 다리로, 마치 보이지 않는 손이 지은 것처럼 허공을 가로지르고 있었다.

이 눈 교량은 남극의 신기한 특징 가운데 하나였다. 바람이 건축가가 되어 크레바스 가장자리에 눈을 날라다 쌓았다. 조금씩 조금씩 노두에 달라붙으면서 마치 처마 장식처럼 바뀌었고, 자체 무게로 인해 부서지지 않으면서 그 위까지 계속 쌓일 수 있었다. 보기엔 아름다워도 굉장히 위험한 곳이었다. 얼마나 견고한지 알 수 없기 때문에 옛날 사냥꾼들이 엘크나 호랑이를 잡기 위해 느슨한 막대기와 나뭇잎으로 덮어두는 구덩이처럼 위험한 것이었다. 그래서 수많은 극지 탐험가를 죽음으로 내몰았다.

쿡은 아문센에게 눈으로만 되어 있는 다리가 무너질 경우를 대비해 그가 쿡의 체중을 지탱할 수 있게 앉을 자리와 발판을 만들라고 지시했다. 그는 자기 무게를 지탱할 수 있는지 테스트하는 건 가능했지만, 그러려면 방법은 오직 하나 직접 디뎌보는 것뿐이었다. 그는 인간 설화처럼 몸을 가능한 한 넓게 벌리기 위해 맨 위의 얇은 얼음 표면에 누웠다. 그는 허리에 감은 밧줄의 긴장감을 느끼며 기어서 건너갔다.

이제 아문센 차례였다. 일등항해사는 의사보다 30파운드가량 더 무거웠다. 쿡은 건널 수 있었지만, 그의 무게로 다리가 약해져 있을 수 있었다. 이들을 묶은 밧줄은 땅과 수평이 되어 있었다. 적어도 추락은 막을 수 있을 것이었다.

아문센이 빠르게 건너려고 한다면 한 지점에 특히 많은 압력이 가해지거나, 얼음에서 미끄러져 한쪽으로 떨어질 위험이 있었다. 반면에 그가 크레바스에 매달려 있을수록 다리에는 부담이 더해졌다. 그래서 바람에 날리는 눈 속을 곁눈질하며, 다리에만 온 신경을 집중해 최대한 유연하게 기어갔다. 다리를 건넜다.

드디어 둘은 며칠 동안 건너지 못했던 크레바스를 건넜다. 그리고 가장 가까이 있는 봉우리를 계속 올라갔다. 방금 겪은 것에 비하면 은혜로울 정도로 쉬운 일이었다. 하지만 그들이 사람의 손길이 닿은 적 없는 풍경을 바라보고 있을 때, 짙은 안개가 끼기 시작했다. 앞으로 몇 시간 동안 밤은 오지 않을 것이고, 오더라도 길지는 않을 터였지만, 안개로 인해 더 높은 정상으로 계속 등반하기란 불가능했다. 쿡은 앞이 수십 피트 이상 보이지 않게 되기 전에 위에서 보이는 배로 가는 경로를 지도에 그렸다. 그 길은 지금까지 그들이 왔던 여정보다 훨씬 더 위험했다.

아문센은 소리 없이 내리는 눈 속을 뚫고 안개로 한 치 앞도 보이지 않는 계곡으로 걸어가면서, 앞서 길을 터주고 있는 밧줄에서 눈을 떼지 않았다. 쿡의 발소리가 들리지 않을 때나 안개에서 그를 알아볼 수 없을 때에도 혼자가 아니라고 확신했다. 그러다 갑자기 밧줄에 손이라도 달린 것처럼 아문센을 아주 강하게 앞으로 끌어당겼다. 그는 비틀비틀하며 미끄러지듯 걸어가다가 본능적으로 온 힘을 다해 뒤로 물러났다. 몇 피트 앞에서 쿡이 눈 아래로 떨어진 것이었다. 부츠를 얼음 속에 파묻고, 아문센은 근육질의 몸집을 최대한 활용해 쿡의 체중으로 인해 둘 다 죽음의 크레바스 심연으로 추락하지 않도록 밧줄을 잡아당 겼다.

쿡의 발은 공중에서 흔들리고 있었다. 아문센의 도움으로 그는 발을 딛고 수염에 묻은 눈을 털어냈다. 탐험가 경력에서 두 번째로 죽음을 모면한 것이었다.

긴장된 웃음을 주고받은 후 두 사람은 계속 나아갔지만 전처럼 자신 만만하지는 않았다. 이제 둘은 엄청난 위험을 안고 있는 풍경을 바라 보았다. 그들이 위에서 본 부드럽고 흰 눈은 사흘 전 단코를 거의 죽일 뻔했던 것과 유사한 크레바스의 망으로 되어 있음이 분명했다. 이 섬 에서 한 걸음 한 걸음은 믿음으로만 디뎌야 하는 것이었다.

둘은 조심스럽게 눈 위로 움직였다. 몇 분 후 아문센이 밑으로 떨어 졌다. 그는 속이 뒤틀리는 것처럼 욕지기가 치밀어 올랐지만, 곧 아드 레날린으로 바뀌었다. 밧줄이 팽팽해졌다. 그리고 방금 생긴 구멍을 통해 쏟아져 나온 빛이 점차 사라지는 그의 밑의 어둠을 응시했다. 그 의 목숨은 이제 쿡에게 달려 있었다.

쿡은 버텼고, 아문센은 스스로 밧줄을 잡고 땅으로 올라왔다.

이들은 출발한 지 8시간 만에 캠프로 돌아왔다.

아마 이 시련을 겪은 후 아문센과 쿡의 마음에 생긴 통찰력은 그 어 느 때보다 컸을 것이다. 그들은 두 번이나 목숨을 잃을 뻔했고, 스릴을 추구하는 것 이상의 모험의 근거를 찾았을 것이다. 하지만 얼음과 눈 이 그들을 죽게 할 수 있는 수많은 사건에 위축되기보다는 오히려 활 력을 얻었다. 그리고 쿡에 대한 아문센의 존경은 더 깊어졌다. "이 사람이 행동하는 실용적이면서도 차분한 방식이 흥미롭다. 앞으로 이런 멋진 여정이 더 많기를 바란다"고 그날 밤 일기에 적었다.

가혹한 밤이 찾아왔을 때 이들은 드 제를라슈, 단코, 아르츠토프스키가 있는 캠프에 합류했다. 비바람이 텐트의 크고 평평한 벽 부분을 가차 없이 공격했다. 기름을 먹인 실크 천은 늘어나고 헐거워졌다. 안전핀으로 고정해보려다가 오히려 찢어지기만 했다. 대피소는 곧 더 이상 아무것도 막아주지 못했다. 남은 거라도 보호하기 위해 이들은 그나마 온전한 천조각으로 서둘러 작은 천막을 만든 후, 눈으로 벽을 쌓고 그 안에 장비들을 넣었다. 원래 크기에서도 축축하던 것이 견딜 수 없을 정도가 되었다. 바짝 웅크려 앉은 다섯 사람이 내뿜는 숨결이 응축되어 벽에는 물이 맺히고, 머리 위로 물방울이 떨어졌으며, 침낭도 흠뻑 젖었다. 천을 뚫고 비가 흩뿌려졌다. 바닥에 쌓인 눈은 진창으로 변했고, 텐트는 점점 가라앉았다. 이튿날 이른 아침, 이들이 만들었던 눈 벽은 비에 다 녹아내렸고, 바람은 더 거세졌다.

그날 밤 잠을 제대로 잔 사람은 아무도 없었다. 쿡과 아문센은 둘만이 했던 탐험과 새로운 우정으로 활력을 얻은 상태였다. 특히 통풍이 잘되고 바람에 대한 저항력이 적은 텐트를 설계함으로써 극지 장비를 더 완벽하게 만들기 위한 이야기를 나눴다. 둘의 목적이 같았기 때문에 뜻이 통했다. 두 사람 다 벨지카호 이후에 자신만의 원정대를 이끌겠다는 야망을 품고 있던 터라 모든 경험을 중요한 준비 과정으로 여겼다.

다섯 사람은 이튿날 캠프 주변이 웅덩이로 변한 걸 발견했다. 폭풍우는 잠시 잦아들었고, 다행히 저 멀리 벨지카호가 보였다. 그들은 배로 돌아갈 준비가 되었다는 신호를 보내기 위해 작은 깃발을 꽂아두었던 주변 바위로 올라갔다.

르콩트가 벨지카호를 끌고 그날 오후 5시 브라반트 해안에 도착했다. 노를 저어 배로 돌아오면서 다섯 사람은 지난 며칠을 회상했다. 드 제를라슈는 결과에 실망했다. 세오돌라이트 측정 결과가 만족스럽지 못했고, 해도를 그리는 데 거의 기여하지 못했기 때문이다. 반면 아문센은 흥분 상태였다. 쿡과 함께 힘든 등반을 이겨내고 거의 기능을 잃어버린 텐트에서 보낸 힘겨운 마지막 밤 동안 얻은 교훈들이 머릿속을 가득 채웠다. 배에 오르자마자 그는 일기장에 모든 걸 기록하기 위해 서둘러 자기 선실로 갔다. 그는 바람의 정면 공격을 막아줄 원뿔형 텐트에 대한 쿡의 아이디어(쿡은 늘 아이디어가 풍부했다)를 기록했다. 그리고 쿡이 자신을 위해 디자인해준, 몸을 따뜻하게 할뿐더러 더 중요하게는 건조함을 유지하기 위해 얼굴 주위를 감싸는 후드가 달린 침낭을 스케치했다. 다른 교훈 중에는 이런 것들도 있었다. "가벼운 옷을 입되, 울 소재를 입어라. 항상 가장 가벼운 것들로 사용해라. 성냥을 담을 크고 작은 방수 상자가 있어야 한다. 스노고글은 필수다."

아문센은 쿡의 실용성과 극지 경험에 늘 감탄했으며, 그와 함께한 시간을 일종의 견습 기간으로 생각했다. 자기 아이디어를 잘 수용해주는 사람을 만나 기뻤던 쿡은 그런 아문센의 마음을 느끼고 있었다. 낭떠러지에서 그들을 연결한 밧줄은 더 이상 없지만, 그날 아문센과 쿡 사이에 형성된 유대감은 깨지지 않을 것이었다.

제8장

"남쪽으로!"

"서둘러, 아르츠토프스키!"

2월 10일 아침, 폴란드인 지질학자는 암석 샘플을 채집하기 위해 빙퇴석 위를 달렸고, 곧 안개 속으로 사라졌다. 노 젓는 배를 타고 해안가 바위 옆에서 기다리던 드 제를라슈는 벨지카호로 돌아갈 시간이 10분밖에 남지 않았다고 소리쳤다.

사령관은 아르츠토프스키와 빙퇴석의 관계보다 더 중요한 것이 걱정되어 조급해졌다. 그는 원정대가 그레이엄랜드 끝에 있는 수로에서 많은 시간을 보내는 것을 걱정하기 시작했다. 애초의 계획대로라면 지금쯤 배는 대륙 반대편에 있는, 남자극으로 추정되는 지점인 빅토리아랜드에 수백 마일은 더 가까워졌어야 했다. 하지만 남극권에서 아직 먼 북쪽에 있었고, 위도는 남위 약 66°30′이었다.

시간은 계속 가고 있었다. 불과 3주 전 원정대가 남극 대륙에 상륙한 이래로 밤은 몇 시간 정도 있었지만, 이제는 완전히 없어졌다. 곧 큰 추위가 올 것이고, 뚫고 나가기 힘든 해빙 덩어리로 수면을 얼어붙게 만들어, 경로에 있는 모든 걸 막고 모든 배가 충분히 갇힐 만큼 불행해질 것이다. 얼음이 장악하기 전에 벨지카호가 남극권에 도달할 수 없다면(물론 남극권은 이미 1세기 전에 제임스 쿡 선장이 지나간 적이 있어서 아무도 가보지 못한 곳은 아니지만) 드 제를라슈는 벨기에로 돌아갔을 때 언론의 뭇매를 맞을 게 뻔했다. 영광을 가져갈 기회를 허무하게 날려버릴 수도 있겠다는 두려움이 그를 덮쳤고, 하루하루 빨리 더 빨리 나아가야 한다는 갈증을 느꼈다. 하지만 과학적 소임을 소홀히 한다면, 그에 대한 비판도 있을 것임을 알았다. 그런 까닭에 아르츠토프스키가 "주변 풍경과 모양이 다른 붉은 암석 산"을 관찰하고 조사하겠다고 요청했을 때, 그 전에도 몇 번씩 그랬던 것처럼 망설였지만, 결국 지질학자를 데리고 해변으로 직접 노를 저어 그의 일정에 맞출 수밖에 없었다.

현재 파라다이스만으로 알려진 해안에 상륙해 원정대의 열여덟 번째 상륙을 기록했다. 그리고 2월 12일 아침, 원정대는 훗날 레너드곶이라는 이름으로 불릴 곳도 지나갔다. 그곳은 바다에서 곧장 솟아오른 듯한 검은 현무암이 탑처럼 우뚝 솟아 있고, 몹시 가팔라 눈은 쌓여 있지 않았다. 르콩트의 눈에는 수로의 남쪽 끝에 솟아 있는 그 바위가 '대성당의 첨탑'처럼 보였다. 르콩트, 라코비차, 아르츠토프스키, 단코, 쿡은 그곳의 기슭에 노를 저어 갔고, 스무 번째 상륙이었다. 이는 이전의 남극 대륙 탐험의 상륙 기록을 모두 합친 것보다 더 많은 횟수였다.

벨지카호가 곶을 돌자, 곧 좁고 구불구불한 협곡 입구에 도착했다. 암벽에 둘러싸인 구불구불한 협곡 때문에 배는 왜소해 보이고 갑판에는 그림자가 드리워졌다. 무슨 수를 써서라도 전진하려던 드 제를라슈는 시야가 흐리고 황혼도 시작된 데다 어스름이 내리는 가운데 깊이를 알 수 없는데도 불구하고 절벽 사이를 지나가기로 결정했다. 사령관은 이전에 폭동을 일으킨 선원들과 대치할 때에는 소심했지만, 바다의 위험에 맞설 때는 대담했다. 그런 행동은 그가 빙산으로 뒤덮인 브랜스필드 해협을 지났을 때와 같이 모든 게 잘 끝나면 용기였다고 할 수 있지만, 비글 해협의 얕은 지역에서 어둑한 빛 사이를 항해했을 때처럼 반대의 경우라면 무모함이었다.

배는 어두운 협곡 안으로 들어갔고, 선체는 보이지 않는 바위를 넘어 미끄러져 나아갔다. 선원들은 해안과 바다를 구별하기가 어려워졌다. 미지의 해협으로 멀리 나가는 것 자체가 미친 짓이었지만, 밤이 깊도록 거기에 머무르는 것도 미친 짓이었다. 벨지카호가 협곡을 빠져나올 때, 선원들은 갑판이 흔들리는 소리와 주변 바위에 부서져 철썩이는 파도 소리로 드디어 밖으로 나왔다는 걸 알았다.

위험한 협곡을 성공적으로 통과하는 순간은 벨지카호의 꿈같은 새로운 발견 시간의 끝을 알리는 쏠쏠하고도 기쁜 순간이었다. 배는 밤에 닻을 내렸고, 해가 뜨고 안개가 걷히자 지평선 너머에 놀랍고도 새로운 풍경이 펼쳐졌다. 수백 개의 빙산이 끝도 없이 널리 퍼져 있는 해빙 사이를 부유하고 있었다. "빙산, 해빙, 배가 한 덩어리가 되어 이 남태평양의 거대한 움직임에 함께하고 있었다." 쿡은 적었다.

드 제를라슈는 남극의 해도가 비어 있는 곳까지 남쪽으로 밀고 나가는 데 필사적으로 매달렸다. 하지만 광대한 빙원이 개빙 구역으로 가는 길목을 막았다. 벨지카호는 가장자리를 따라 항해하며 리드lead를 찾기 위해 노력했지만, 얼음들이 배를 더 멀리 밀어낼 뿐이었다.

운 좋게 바람이 벨지카호를 남쪽으로 몰아주면서, 견고한 벨지카호는 유빙의 테두리를 지나며 수면에 배가 지나간 길고 검은 흔적을 남겼다. 과학자들이 더 이상 상륙해야 한다는 말이 없자, 드 제를라슈는 기다렸다는 듯 속도를 내어 배는 빠르게 전진했다.

아문센은 2월 13일 저녁, 안개가 걷히고 벨지카호가 갑자기 암초, 암석, 얼음으로 덮인 작은 섬들로 둘러싸였을 때 당직을 서고 있었다. 해수면은 올라오고 돌풍이 불기 시작했으며, 강한 해류가 배 주위에서 소용돌이쳤다. 파도가 주변 암석에 부딪혀 얼음덩어리가 공중으로 튀어올랐다. 갈매기와 펭귄은 마치 콜로세움의 관람석에서 경기장을 바라보듯 사방에서 내려다보고 있었다. 벨지카호는 갇혔다. 일등항해사임에도 불구하고 아문센은 아직 선원이고 초보였다. 게다가 생각할 시간이라도 있다면 이 상황에서 벗어날 방법을 찾을 수 있었겠지만, 상황이 너무 빨리 변해버렸다. 거의 모든 방향에 치명적인 장애물들이 놓여 있었고, 물은 지나치게 깊어서 닻을 내리기 어려운 데다 바람과 해류가 몹시 강력해 배가 제자리에 가만히 있을 수도 없었다.

드 제를라슈는 차분하게 통제했다. 탈출 경로를 찾기 위해 마치 오케스트라의 지휘자가 든 지휘봉처럼 바람에 거칠게 흔들리는 메인 돛대의 꼭대기까지 밧줄을 타고 올라갔다.

"우현으로!" 그가 소리쳤다. 조타수는 길고 평평한 암초를 피하기 위해 미친 듯이 키를 돌렸다. 암초는 피했지만, 암초에서 배의 전장보다 조금 더 떨어져 있는 작은 섬으로 향하게 됐다.

"앞으로!" 드 제를라슈는 위에서 소리쳤다. 아문센은 지휘관이 암초와 섬 사이를 통과하려 한다는 걸 알았다. 수로가 너무 좁아서 마치 방금 지나온 협곡 통로는 거대한 강처럼 보였다. 아문센은 조타수에게 배를 가능한 한 섬에 가깝게 붙이라고 지시했다. 경사가 가팔라서 섬 주변은 암초가 있는 지대보다는 수심이 더 깊을 것이기 때문이었다. 하지만 그럴 거라는 확신은 없었다. 조류에 휩쓸리거나 파도를 맞고 바위에 충돌하는 걸 피하기 위해 드 제를라슈는 엔지니어에게 증기를 강제로 내뿜으라고 지시했다. "엔지니어는 전에 한 번도 해본 적 없는 방식으로 엔진을 가동했다"고 쿡은 적었다.

벨지카호는 바위에서 6미터 떨어져 항해했다. 물은 배가 지날 수 있을 만큼 충분히 깊지 않았다. 밤이 시작되었지만, 아문센은 암초가 아래로 뻗어 있는 모습을 분명히 볼 수 있었다. 그는 곧 대포 소리를 내며 좌현과 우현에 들이치는 거대한 파도의 물보라를 느꼈다. 그리고 가까스로 수많은 좁은 곳을 통과해야만 벨지카호의 시간이 올 것이라고 확신했다.

이 길 끝에는 양쪽으로 하나씩 100피트 높이의 빙산이 있었다. 아문센은 이곳을 일종의 "이 위험한 곳을 통과할 때 지나야 할 개선문"이라고 불렀다. 벨지카호가 빙산 사이로 질주하면서 아문센은 그저 그의 사령관과 그의 권위를 믿을 수밖에 없었다. 나중에 그는 일기에 "내 생각은 달랐기 때문에 차분하고 냉정하게 상황을 지켜볼 수밖에 없었다"라고 적었다. "속으로는 신에게 기도했다. 당신만이 우리를 구할 수 있을 거라고." 놀랍게도 벨지카호가 바위 사이를 미끄러지듯 흠집 하나 없이 통과해 아문센은 매우 놀랐다.

벨지카호는 벨링스하우젠해로 향하는 서남 방향으로 항해를 이어갔다. 배가 협곡을 지난 이후로 밤하늘이 맑지 않아 르콩트는 현재 좌표를 정확히 알 수 없었지만, 2월 15일 저녁에 남극권을 횡단할 거라고 추측했다.* 상황을 기념하기 위해 벨기에 국기를 게양했다. 드 제를라슈에게는 안도의 순간이었다. 아직 영광을 안은 것은 아니지만, 패배해서 집으로 돌아가는 상황은 피할 수 있었기 때문이다.

하지만 남쪽으로 더 항해할수록 집에 돌아가지 못할 위험도 커졌다. 배가 지나갈 때 배 안에서 울리는 소리로 식별할 해빙이 두꺼워졌다는 걸 알 수 있었다. 표류하는 부빙이 나무 선체에 둔탁하게 부딪히는 소리가 난 후에는 우툴두툴한 얼음 면이 천천히 닿으며 지나가는 소리가 들렸고, 이어서 얼음이 자갈처럼 갈리는 소리가 들렸다. 선체 주변의 바다가 얼어붙는 소리는 갑판 위의 몇몇 선원, 특히 과학자들에게는 경고음처럼 들렸다. 매일같이 덫에 빠질 가능성이 더 커졌다.

남극권은 고사하고 사우스세틀랜드제도의 남쪽에서 겨울을 난 사람

---

* 남극권은 태양이 적어도 일 년에 한 번 이상 24시간 동안 계속해서 하늘에 머무르는 위도를 나타낸다(반대로 하루 종일 지평선 아래에 있기도 함).

은 아직 아무도 없었다. 해빙에서 겨울을 날 때의 위험은 불 보듯 뻔했다. 드 제를라슈는 얼음에 갇힌 원정대가 맞닥뜨릴 운명에 대해 잘 알고 있었다. 극지의 역사를 탐독한 그는 얼음을 벗어나는 것보다 거기에 갇히는 게 훨씬 더 쉽다는 것도 알고 있었다. 1840년대의 프랭클린 원정대도 그랬다. 테러호와 에러버스호가 캐나다 북극권에서 갇힌 후, 배 안에 있던 모든 사람은 추위와 기아와 질병으로 죽었다.

드 제를라슈는 보아뱀이 먹이를 일단 삼킨 후 그 안에서 뼈를 으스러뜨리고 통째로 소화시키듯, 얼음이 배를 그렇게 파괴시킨다는 걸 알고 있었다. 1882년에 전 세계 언론이 또 다른 미국의 한 선박 USS 지넷호에 대한 특별한 이야기를 실었을 때, 십대 소년이던 그는 그 극적인 스토리에 빠져들었다. 1879년에 그들은 해군 장교 조지 W. 드 롱의 지휘하에 베링해협을 통과해 북극으로 향했다. 그들은 북극으로 바로 갈 수 있는 비교적 따뜻하고 개빙 구역인 직선거리가 있을 거라고 잘못된 가정을 하고 있었다. 그러던 지넷호는 북극에서 시베리아 북쪽으로 수백 마일 떨어진 지점에 갇혀버렸다. 배는 얼음에 갇혀 거의 2년 동안 북극해를 표류했다. 이 짧은 기간은 결코 자비롭지 않았다. 배 주변의 개빙 구역이 완충 작용을 해주었는데, 이는 이튿날 다시 압박이 시작되었을 때 해빙의 추진력을 더 모아줄 뿐이었다. 나중엔 얼음이 지넷호를 사방에서 압박해 으깼고, 수면 아래로 가라앉혀버렸다. 드 롱과 그의 부하들은 얼음 위로 대피했고, 그들의 배가 서서히, 고통스럽게, 좁은 구멍 속으로 가라앉는 걸 지켜보았다. 케이블은 끊어졌고, 줄은 느슨해졌으며, 선체는 바닷속으로 빨려들어가면서 수평 야드는 수직으로 부러졌다.

얼음이 다시 닫힌 후에는 지넷호가 방금 전까지 어디에 떠 있었는지 알려주는 페인트 조각과 파편들만 남았다. 이들은 반쯤 죽어가는 상태에서 시베리아 원주민 사냥꾼들이 먹을 것을 제공해주고 따뜻하게 해주며, 안전한 곳으로 안내해주는 것의 도움을 받아 3분의 1만 살아남았다.

드 제를라슈는 그런 스토리 때문에 남쪽으로 항해하는 자신의 용기가 꺾이지 않도록 노력했다. 얼음의 위험성이 이 극지 탐사를 탐나는 상품으로 만든 요인이기도 했기 때문이다.

벨지카호 주변의 유빙들은 시간이 흐를수록 바람, 해류, 기온에 따라 계속해서 모양새가 바뀌는 미로 같았다. 드 제를라슈는 길을 제대로 찾기 위해 정기적으로 망대 위에 올라가 온통 하얀 광야에서 리드와 클리어링, 그리고 검은빛 수로를 찾기 위해 열심히 관찰했다. 그레이엄랜드의 해안은 보이지 않았지만, 드 제를라슈는 동남쪽에서 지속적인 빙영을 보았다. 빙영은 고체의 해빙이 하늘 위의 구름을 반사한 탓에 수평선 위에서 보이는 유백색의 어른거림이다. 경험 많은 극지 탐험가에게 하늘은, 같은 이유는 아니라도, 천문학자만큼 유익할 수 있다. 사실 날씨가 흐릴수록 도움이 되었다. 그러면 바다의 이미지를 마치 거꾸로 된 지도와 같이 그대로 캔버스처럼 하늘에 그려낼 수 있기 때문이다. 빙영 외에도 '수공水空'이라고 해서 어두운 점이 보일 때가 있는데, 그건 곧 아래에 개빙 구역이 있음을 나타내는 표지였다.

하지만 남극에서는 하늘이 그리 쉽게 읽을 만한 장치가 되지 못했다.

2월 21일 기록에서 드 제를라슈는 그날 오후 지평선에서 놀라운 광경을 보았다고 적었다. 해빙 남쪽 가장자리에서 등대까지 갖춘 "바닷가 도시"와 같은 마을이 하나 보이는 것이었다. 하지만 그는 곧 그 도시가 기묘한 신기루에 불과하며, 등대는 굴절로 인해 길어진 "첨탑 모양의 얼음"이라는 걸 깨달았다. 이러한 광경은 균일하게 찬 공기층이 따뜻한 층 아래에 머물면서 멀리 있는 물체의 빛을 왜곡시키고 휘게 만들 때 발생하는 파타 모르가나Fata Morgana(특히 남쪽 해협에서 나타나는 신기루)로 알려져 있는 현상이다. 빙산은 오를 수 없을 정도로 가파른 봉우리가 있는 산맥처럼 보이기도 하고, 수평선 위로 완전히 떠 있는 것처럼 보이기도 하며, 에드거 앨런 포가 말한 천상의 폭포가 고체 형태로 되어 있는 것처럼 보이기도 한다. 이런 신기루는 총빙 구역이 마치 어둠의 마법에라도 걸린 듯, 이상하면서도 끊임없이 변해가기 때문에 신뢰할 수 없는 장소라고 느끼게 된다.

탁 트인 바다를 가로질러 펼쳐져 있는 얼음 풍경은 그들이 수로에서 경험했던 것과는 완전히 달랐다. 수로에서처럼 빙산이 이곳저곳 흩어져 있었지만, 주변 바다는 대부분 해빙으로 덮여 있었다. 빙산과 얼어붙은 바닷물 위에 있는 해빙을 제외하고 공통점은 거의 없었다. 빙산iceberg은 민물이 있는 육지에서 떨어져 나와 생기는 것이고, 해빙sea ice은 바닷물에서 생기는 것이다. 민물로 생긴 얼음은 단단하지만 부서지기 쉽다. 바닷물에서 생긴 얼음은 비교적 부드럽다. 빙산은 엄청난 크기가 될 수 있고, 해수면 위로 높이 솟아오를 수 있다. 해빙은 그에 비해서는 다소 평평한 모양을 유지할 수 있다. 빙산은 대부분 푸르스름한 색을 띠고 있다. 그리고 이곳에 있는 대부분의 해빙은 특히 수선 근처에서 노란빛을 띤다. 벨지카호의 학자들은 라코비차가 해빙 덩어리를 조사해 한여름 물속에서 밑면을 덮고 있는 광합성 미생물인 식물성 플랑크톤 때문에 황록색 빛을 띤다는 것을 알아내기 전까지는 다양한 색깔을 주장했다. 각각에 살고 있는 동물군도 달랐다. 젠투펭귄과 턱끈펭귄은 그레이엄랜드 해안에만 있었고, 이제는 다른 펭귄 종두 가지가 많이 보였다. 만화처럼 흰 눈과 작고 검은 머리를 가진 아델리펭귄과 키가 4피트에 달하는 위엄 있는 황제펭귄이다.

장교와 선원들은 드 제를라슈가 정확히 어디로 항해하고 있는지 궁금해하기 시작했다. 이들은 지도에서 비어 있는 곳을 향하고 있었다. 르콩트는 어쩌다 별을 보고 배의 위치를 확인할 수 있게 되면 매우 기뻐했다. 이곳은 바다인지 땅인지 알 수 없는 어지럽고 낯선 환경이었고, 해도에서 이들이 있는 곳의 좌표를 찍을 수 있다면, 비어 있는 해도의 위치에서나마 잠시 길을 잃은 느낌을 덜 받았기 때문이다. "하지만 우리는 마치 화성에라도 온 듯 절망적인 상태로 고립돼 있고, 백색뿐인 남극의 정적 속으로 점점 더 깊이 빠져들고 있다"고 쿡은 기록했다.

느리면서도 무정한 기록뿐인 이 시기에 드 제를라슈가 쓴 일지는 느리지만 가차 없이 줄인 연대기와도 같다. 2월 20일, 그는 "배가 몇 개의 거대한 '판들' 사이에 끼어 전진이 불가능하다"고 기록했다. 얼음은 벨지카호를 졸랐던 힘을 풀기 전까지 한두 시간 동안 묶어둘 것이다.

이렇게 되면 몇몇 선원은 얼음 위로 모험을 떠났지만, 얼음 상태가 견고하다는 보장은 없었다. 쿡은 "판들이 빽빽하게 채워져 있지만, 일부 지점에는 얼음 가루와 눈으로 덮인 부드러운 부분이 섞여 있어 함부로 돌아다니는 건 위험하다"고 적었다.

이런 부분은 자칫 겉으로는 견고해 보이고, 몇 발자국까지는 버틸 수 있을지 몰라도 성인 남성의 무게는 감당하지 못할 것이다. 수온이 30도 정도 되는 물에 빠지는 건 죽음으로 가는 지름길이었다. 머리가 물에 잠기면 순간적으로 폐에 물이 찰 수 있다. 빠지는 즉시 죽지 않는다고 하더라도 빠진 구멍의 얼음이 금세 물에 흘러가, 빠진 사람은 얼음 밑에서 겨우 얼음을 붙들고 모든 게 검게 변할 때까지 얼음 사이로 비치는 희미한 빛을 무력하게 바라볼 수밖에 없을 것이다.

2월 23일, 드 제를라슈는 쿡과 함께 단단한 얼음 위를 걷는 짧은 여행을 했다. 수영을 한 번도 배운 적 없는 사령관에게는 이 여행이 특히 위험했다. 처음에는 바닥을 일일이 살피며 불안정하게 걸어갔다. 걷는 시간이 길어질수록 발걸음에는 더 자신감이 붙었다. 하지만 자신들이 육지를 걷는 중이 아니라는 걸 잊을 때쯤 사령관은 눈 덮인 진창을 밟고 차가운 바닷물 속으로 곧장 떨어졌다. 쿡은 고양이처럼 민첩하게 드 제를라슈가 떨어지기 전에 코트 깃을 잡아챘다. "나 때문에 사령관의 코트 깃이 찢어지고 단추가 떨어져 나갔지만 어쨌든 영하 6도의 물에 목욕하지 않아도 되게 만들어서 그걸로 만족했다"라고 쿡은 적었다.*

위험천만한 환경에 갇히지 않기 위해 드 제를라슈는 넓은 얼음판 주

---

* 이 온도는 쿡이 기온을 쓴 것이거나 아니면 잘못 안 것이다. 해수는 섭씨 영하 2도, 화씨 28.4도에서 얼기 때문에 여기서 훨씬 더 차갑기는 어렵다.

변에 배를 띄운 채 리드가 열리면 조심스럽게 진입했다. 쿡이 리우데자네이루 항구에서 멋진 요트와 원양선 옆에서 그토록 어쭙잖고 품위 없다고 생각했던 벨지카호는 여기서 쿡에게 깊은 인상을 남겼다. 얼음이 선체에 닿으면 벨지카호는 나뭇조각이 긁히고 비틀거리면서도 잘 빠져나갔다. "배가 불평하고 신음하고 갈라지며 비틀거렸다. 그럼에도 계속해서 5피트 두께의 커다란 얼음판을 지났고, 지름이 200피트인 부빙을 옆으로 밀어냈다. 마치 살아 있는 것처럼 얼음으로 뒤덮인 바다를 휘젓고 나아갔다."

겨울이 닥쳐올 때, 드 제를라슈는 계속 전진하며 운명에 도전하고 있었다. 해가 점점 더 짧아지고 기온이 떨어지면서, 얼음 사이의 개빙 구역을 찾기는 더 힘들어졌다. 남극에서 하루빨리 벗어나야 한다는 생각이 그를 지치게 했다. 증기력까지 쓰면서도 벨지카호는 아직 제임스 쿡 선장이 1774년에 도달했던 남위 $71°10'$뿐 아니라, 그로부터 한 세기 후인 1842년 제임스 클라크 로스가 도달했던 최북단인 남위 $78°09'30''$에도 미치지 못했다. 이 두 기록은 각각 남극과 북극에서 세운 기록이다. 드 제를라슈는 이미 이전의 어떤 탐험가나 포경선보다 벨링스하우젠해에서 더 남쪽으로 항해했다. 하지만 최남단 또는 최북단 위도 기록의 영광을 대신할 순 없었다.

사령관은 수평선에 시선을 고정했다. 남쪽에 보이는 수공은 드 제를라슈에게 그곳에 도달하기 바라며 좀더 있으라고 손짓하면서 그쪽에 광활한 공터가 나올 것임을 암시했다.

하지만 시간이 갈수록 얼음은 벨지카호를 더 자주, 더 오랫동안 붙들고 있어서 배 안의 사람들을 고통스럽게 했다. 2월 23일 밤, 드 제를라슈는 장교와 과학자들에게 얼음에 갇힌 채 월동할 가능성에 대해 물었다. 쿡의 기록에 따르면 "모두가 안 된다고 했다". 물론 쿡은 오래전부터 남극 대륙에서 처음으로 겨울을 나는 원정대를 이끌고 싶어했지만, 결코 바다 주위를 목적 없이 표류하는 끝없이 펼쳐진 얼음에 갇힌 채 월동하는 것이 아니라, 대륙에서 보내는 월동을 생각한 것이었다. 쿡은 얼음에 갇히면 절대 좋은 일이 생기지 않을 거라고 생각했다. 하지만 극지의 겨울(그린란드에서 피어리의 원정대와 함께)을 견디고 살아남은 유일한 사람인 쿡은 그나마 겨울을 대비할 수 있는 유일한 사람이기도 했다.

가망이 없다는 생각에 겁이 난 과학자들은 아주 격하게 반대했다. 누구도 빙판에서 겨울을 나는 데 동의하지 않았다. 이들은 주로 수집한 데이터를 보존해야 한다는 이유를 들어 그렇게 주장했다. 벨지카호가 얼음 속에서 부서지기라도 하면, 아르츠토프스키와 라코비차가 모은 수집품과 데이터가 배와 함께 해저로 가라앉을 거라고 주장했다. 하지만 실제로 두려운 건 자신들이 잃을 목숨이었을 것이다. 그들은 드 제를라슈가 너무 무모하게 영광을 좇는다며 분노했다.

"안타깝게도 과학자들은 몹시 두려워했다." 아문센은 그날 저녁 일지에 기록했다. 아문센은 후퇴하지 않고 최대한 남쪽으로 밀고 나가보겠다는 드 제를라슈의 결의에 동의하는 몇 안 되는 사람 중 한 명이었다. 그는 생각만으로 위축된 사람들, 특히 새로운 땅을 공부하고 싶어 했을 라코비차와 아르츠토프스키를 경멸했다. "그 사람들은 더 이상 얼음 속으로 항해하고 싶어하지 않았다. 대체 여기까지 왜 온 것인가?
미지의 영역을 발견하기 위함이 아니었던가? 얼음 가장자리에 가만히
서서 기다리기만 한다고 미지의 영역을 발견하겠는가?"

　얼음이 바깥쪽 가장자리를 넘어서까지 남아 있는 한, 그 안에서 겨
울을 보낼 것인지에 대한 드 제를라슈의 결정은 다분히 가정적이게 되
었다. 2월 28일 아침, 거센 폭풍우가 얼음 가장자리를 산산조각 냈다.
부빙들은 갈라졌고, 리드가 열리면서 벨지카호가 들어갈 수 있게 되어
드 제를라슈에게 남극 해빙의 깊숙한 곳을 갈 수 있는 일말의 기회가
생겼다.

　사령관은 결정해야 했다. 배는 위도 70도선을 막 통과했고, 새로 생
겨난 수로는 어쩌면 그에게 남극 항로를 개척하고 신기록을 세울 기회
를 줄지도 몰랐다. 하지만 이해 말쯤에 들어가버렸다가는 몇 시간이나
며칠이 아니라, 몇 달 또는 몇 년 동안 묶여 있을 게 거의 확실했다. 벨
지카호가 밀려오는 파도와 강풍에 흔들리는 동안 드 제를라슈는 선택
에 대해 곰곰이 생각해보았다.

　테러, 에러버스, 지넷호에 대한 스토리가 해빙 안으로 들어갈지 말지
를 결정하는 그의 마음을 무겁게 했다. 남극에서 난파되는 건 훨씬 더
심각한 일이다. 북극과 달리 그들을 구출해줄 배는 없을 것이다. 혹시
벨지카의 위치가 알려지는 기적 같은 일이 일어난다 해도, 거기서 가
장 가까이 있는 배는 분명 수백 마일 떨어져 있을 것이었다. 거기서부
터 오는 사람들은 드레이크 해협을 가로지르는 여정에서 살아남지 못

할 것이었다. 그리고 드 제를라슈는 빅토리아랜드에서 월동할 사람 수
로 네 명만 계획해두었기 때문에 원정대에는 극한의 추위에 대비한 옷
이 딱 네 벌밖에 없었다. 제대로 된 옷 없이 해빙을 가로질렀다가 갇혀
버린다면 수많은 사람이 죽을 것이었다.

　사실 부하들의 안전은 그 순간 드 제를라슈의 최우선 고려 사항이 아
니었다. 사령관은 아문센처럼 시련 자체를 즐기는 사람이 아니었고,
상황을 명료하게 이해하는 데 익숙한 사람도 아니었다. 영광에는 위험
이 따르며, 그는 위험과 고통이 불가분의 관계임을 알고 있었다. 얼음
에 갇힌 배들의 암울한 이야기뿐 아니라 그는 목숨 걸고 승리를 거둔
선장들의 행복한 결말을 더 많이 떠올렸을 것이다. 1841년 1월 5일, 프
랭클린이 에러버스와 테러호를 캐나다 북극으로 이끌기 몇 년 전, 제
임스 클라크 로스는 비슷한 위도의 남극으로 원정대를 이끌었다. 그
배는 나흘간 134마일이나 되는 얼음덩어리를 뚫고 반대편 개빙 구역
으로 빠져나왔으며, 로스는 마침내 빅토리아랜드를 발견했다. 드 제를
라슈가 여기서 과거 60년 전 로스가 했던 시도를 두려워했다면 세상
은 어떻게 바뀌었을까?

　벨지카호는 파도, 바람, 얼음과 싸우며 명령을 기다리고 있었다. 거
세지는 폭풍우에 얼음 가장자리가 갈라지자 너무 위험해져서 가만히
머물러 있을 수 없었다. 드 제를라슈는 얼음 깊숙이 전진해 파도를 피
하거나 넓은 바다로 후퇴해 폭풍우가 몰아치는 빙원과 빙산을 피해야
했다. 더는 결정을 미룰 수 없었다. 원정대는 이보다 덜 위험한 상황에
서 이미 사람 한 명을 잃었다.

하지만 드 제를라슈가 얼음을 벗어나든 남아 있든, 그 이면에는 영광의 기회가 사라질지 모른다는 걱정이 있었다. 초반부터 끊임없는 지연으로 계획이 이미 여러 번 변경되었고, 이 사실은 사령관을 불편하게 했다. 그가 처음 구상했던 2년을 훨씬 넘어 3년이 걸릴 것이었다. 특히 남아메리카에서 탈주와 해고가 이어지면서 지연되었고, 티에라델푸에고에 대한 과학자들의 끝없는 호기심, 비글 해협의 난파선 근처에서 끌었던 시간, 담수 저장고를 다시 채우기 위해 예정에 없던 이슬라 데 로스 에스타도스로의 우회 등 많은 일이 있었는데, 이제는 또 겨울 해빙이 빅토리아랜드에 도달하는 걸 막고 있는 것이다. 추가로 1년이 더 든다면 문제는 또 있었다. 원정대가 준비한 30만 프랑의 예산은 2년 동안의 경비로도 빠듯했다. 실제로 금고에 남아 있는 건 1만 6000프랑뿐이었다. 드 제를라슈가 기금을 모으는 데 걸린 시간을 고려한다면, 남아메리카에서 단 한 번의 겨울만 보내면서 추가 1년에 필요한 자금을 모을 수 있을 것 같지도 않았다. 후원가나 벨기에 정부가 준 자금으로 주요 목표를 하나도 달성하지 못한 채 추가 지원을 해달라고 설득하는 것 역시 어려운 일이었다. 칠레나 아르헨티나에서는 더더욱 불가능했다. 또한 선원을 모으고 유지하며 훈련시키는 데 어려움을 겪었던 드 제를라슈는 선원 중 일부가 분명 벨지카호가 처음으로 정박하는 곳에서 재출항을 기다리지 않고 다른 배를 탈 거라고 예상할 수 있었다.

하지만 사령관의 눈앞에서 모든 게 부서지고 있었다. 원정을 계속할 돈이나 인력이 없다면 그는 원정을 끝내야 하고, 그건 국가적·개인적·가문적 굴욕이었다. 학자들이야 수로에서 벨지카호의 과학적 임무를 다했다고 생각할지 모르지만, 암석이나 이끼, 날지 못하는 곤충 같은 것은 국가의 영광이나 대리 모험에 목마른 벨기에 대중을 만족시키기에는 충분하지 않았다. 벨지카호가 남미로 후퇴한다면 언론의 반응은 잔인해질 것이고, 탐험을 지원한 소수의 재력가에게도 영향을 미칠 것이었다.

위험한 요소가 많지만, 오히려 그 때문에 얼음에 갇히는 편이 문제 해결의 방법이 될 수 있었다. 더 이상 돈이 들지 않을 것이고, 선원도 잃지 않을 것이다. 적어도 탈주는 없을 것이다. 그리고 성공한다면 극적인 스토리가 될 것이다. 벨지카호 원정대가 남자극점에 도달하지 못한다고 하더라도, 적어도 남극권에서 처음으로 겨울을 난 사람들이라는 기록(같은 해가 아니더라도)을 세울 수는 있을 것이다. 위험 요소는 방해물이 아니라 오히려 유혹이 되었다. 스토리가 더 극적일수록 더 많은 사람이 알고 싶어하고 더 많은 출판사가 독점 계약을 하기 위해 더 많은 돈을 지불하려 할 것이다.

이런 요소까지 드 제를라슈가 고려했다고 해서 다른 탐험가들보다 냉정한 건 아니었다. 어차피 원정대 지도자들은 귀국 후 회고록을 출판하는 것이 관례였기 때문이다. 출판은 그들이 돈을 버는 주된 방법이었고, 후원자들에게 빚을 갚는 방법이었으며, 이후의 탐험을 위한 자금을 모으는 방법이었다. 쉽게 접근할 만한 자원이 없는 상태에서 극지 탐험가들이 불모의 얼음 땅에서 겪은 일은 이야기가 되었다. 그리고 가장 잘 팔리는 스토리는 사실 모든 게 순조롭게 진행되는 이야

기가 아니었다.* 드 제를라슈는 부하들을 얼음 속에 갇히게 하는 것이
고통을 초래하리라는 걸 알았지만, 어쩌면 그 고통이 미래의 수익, 재
정적인 것, 그리고 그 밖의 다른 것을 위한 착수금이 되어줄 수 있다는
것도 생각해야 했다.

　　해수면 상승으로 유빙들이 서로 부딪치면서 벨지카호 측면에 충돌
했다. 눈은 돛대 꼭대기까지 몰아쳤다. 사령관은 배의 흔들리는 움직
임에 맞춰 갑판을 가로질러 걸어갔다. 함교 사다리를 올랐고, 거기서
르콩트 선장을 찾았다. 그는 선장을 한쪽으로 데려가 조타수가 둘의
대화를 듣지 못하게 한 후, 자신의 의도를 설명했다. 두 사람의 말소리
는 바람 소리에 묻혔다. 사령관이 말을 마치자, 선장은 미소를 지었다.
둘은 중대한 결정에 대한 책임을 함께 나눠 진다는 확신과 뜻으로 격
렬한 악수를 나눴다.

　　르콩트는 조타수에게 몸을 돌려 "남쪽으로!"라고 외쳤다.

　　돛에 시속 60마일의 바람을 받아 벨지카호는 얼음을 돌아 돌진했다.

---

* 모험 이야기의 내러티브는 언제나 피에 굶주린 형태였다. 사실상 아무도 고통받지 않았던 원정
대 이야기보다는 오히려 잘못돼버린 원정에 더 관심을 갖는 경향이 있었다. 1841년 제임스 클라
크 로스의 엄청났던 빅토리아랜드 항해가 제대로 관심을 받기까지 몇 년이 걸렸던 이유 중 하나
이기도 하다. 탐험에서 돌아온 로스는 그의 원정을 옹호했던 영국 해군 저널인 『가제트』 지에 자
신의 발견에 대한 내용을 제출했다. 하지만 "아무도 피 흘리지 않은 걸 보면 한낱 별난 상상에 불
과해 『가제트』에 실리면 안 된다"는 해군 본부 시절 로스의 동료였던 한 사람의 말 때문에 거절당
했다. 드 제를라슈는 이 이야기를 명시적으로 인용하지는 않았지만, 그와 같은 탐험가들이 왜 그
렇게 많은 위험을 감수했는지, 그리고 왜 그렇게 현란하고 비과학적인 문제로 글을 쓰는 경향이
있는지 이해하는 데 도움이 된다.

진눈깨비가 휘몰아치며 선원들의 얼굴을 정면으로 때렸다. 시야가 좋지 않았고, 배는 너무 빨리 움직여서 빙산을 피하거나 빙원 반대편 제방에 커다랗게 충돌하는 걸 피하려면 종종 전략적인 조종이 필요했다. 물론 어떤 때는 격하게 충돌하는 것도 필요했다. 얼음벽이 리드와 얼음판으로 가는 길을 막으면, 드 제를라슈는 기관실에 동력을 더 높이라고 지시해서 충돌해버렸다. 밤이 되자 벨지카호는 남쪽으로 방향을 잡았고, 얼음이 목재 선체를 더 자주 때리는 소리가 들렸다.

"우리는 다른 세계로 들어가는 것 같다"고 드 제를라슈는 적었다. "마치 스칸디나비아 신화 속 영웅들 같았다. 끔찍한 신들이 우리를 초자연적인 시련 속으로 밀어넣는 것 같았다."

드 제를라슈와 르콩트만이 돌아갈 수 없다는 걸 알고 있었다. 다른 사람들은 단지 폭풍우를 피하기 위해 잠시 얼음 속으로 들어가는 거라고 생각했다. 빽빽한 얼음 아래서 움직이는 파도의 힘이 분산되기까지는 몇 마일만 가면 되었다. 하지만 얼음 속으로 들어온 지 24시간 안에 벨지카호는 거의 80해리를 전진해 남위 71°31′에 도달해버렸다. 이 지역에서 가장 남쪽으로 간 기록이자, 이전 기록인 쿡 선장의 남위 71°10′보다 20마일 이상 더 간 거리였다. 아무도 드 제를라슈가 모든 사람의 뜻과는 반대로 원정대가 갇히는 한이 있더라도 남쪽으로 항해하기로 결정했을 거라고 생각지 못했다.

3월 1일 아침이 되자 폭풍은 그쳤고, 전방에서 맑은 하늘이 드러났다. 벨지카호는 이 구역을 어렵게 통과했다. 배를 여기까지 멀리 올 수 있게 한 개빙 구역의 수로가 뒤에 있었다. 오후에 바람이 불었을 때 나타난 작은 얼음판은 출구가 없었다. 배는 3월 2일 몇 마일 앞으로 더 나아가기 위해 기를 썼다. 이후 며칠간은 날씨가 춥고 고요했으며, 새로 생긴 얼음들이 부빙들 사이의 공간을 메우면서 (식물 플랑크톤이 번식하며) 깊은 황토색으로 자리 잡았다.

남쪽으로 더 나아가지 못하자, 드 제를라슈는 북쪽의 넓은 바다로 돌아가려고 몇 번씩 시도했지만 이미 늦었다. 얼음은 뚫을 수 없었다. 그는 부질없는 짓이라는 걸 분명히 알았다. 얼음 속에서 겨울을 나는 것에 대해 한 번 더 생각했더라면, 적어도 폭풍우가 끝난 직후, 얼음이 아직 움직이고 있을 때 되돌아갈 시간은 있었다.

3월 5일 오후에 쓴 드 제를라슈의 기록 초반부는 시적이면서 간결했다. "모든 돛을 펼쳤다. 배는 움직이지 않는다." 벨지카호는 이번에는 영원히 꼼짝할 수 없게 되었다.

제2부

하지만 우리는 아직도 이 '흰색' 마법을 풀지 못했고, 왜 흰색이 인간의 영혼에 그처럼 강력한 호소력을 갖는 것인지도 아직 알아내지 못했다. (…) 하얀 은하수의 심연을 쳐다보고 있을 때, 우주의 무정한 공허함과 광막함을 넌지시 보여주어 무서운 절멸감으로 우리 등을 찌르는 것은 그 색깔의 막연한 불확정성이 아닐까? 흰색은 본질적으로 색깔이라기보다 눈에 보이는 색깔이 없는 상태인 동시에 모든 색깔이 응집된 상태가 아닐까? 넓은 설경이 아무것도 없는 공백이지만 그렇게 의미로 가득 차 있는 것은 이런 이유에서일까? 무색이면서도 모든 색깔이 함축된 무신론 같아서 우리를 움츠러들게 하는 것일까?

허먼 멜빌, **『모비딕』** 김석희 옮김, 작가정신, 2011 참조

제9장

얼음에 간히다

3월 6일 오후, 하늘이 다시 맑아지고 태양이 단단한 얼음 위를 비출 때 벨지카호는 작은 오아시스가 몇 개 흩어져 있는 하얀 사하라 사막에 갇혀 있었다. 드 제를라슈는 기록에서 얼음덩어리를 "아무리 강한 함선이라도 절대 통과할 수 없는 거대한 얼음 평야"로 묘사했다. 휘몰아쳐 쌓인 눈이 튀어나온 곳들을 부드럽게 만들었고, 모든 빙구hummock를 둥그렇게 깎아내고, 모래 언덕처럼 생긴 작은 언덕을 형성하는 능선에 압력을 가했다. 바람은 마치 사막에서 모래 파도를 일으키듯, 눈 위에서 물결치는 파도를 그렸다. 곳곳에 흩어져 있는 빙산들은 벨지카호처럼 단단히 갇혀서 멀리 보이는 바위와 암석을 닮아 있었다. 이는 라코비차의 말에 따르면 "육지의 패러디"였고, 완전히 물로만 이루어진 영원한 움직임 속의 광경이었다.

해빙이 얼마나 큰지 알 수는 없었다. 한계를 알아보려면 배에서 내려 멀리까지 여행해야 하지만, 그랬다가는 벨지카호로 되돌아오지 못할 수도 있었다. 그리고 육지까지 얼마나 떨어져 있는지도 알 수 없다. 르콩트는 일주일 전에 그레이엄랜드의 해안이 동쪽으로 약 400마일 떨어진 곳에 있다고 추정했다. 하지만 배는 그 후로 남쪽으로 100마일 넘게 표류했다. 게다가 그곳의 남극 지도는 공백 상태였고, 남쪽에 땅이 더 있는지조차 확인되지 않았다.

저녁 식사 후에는 거의 모든 선원이 새 주변 환경을 탐사하기 위해 일부는 스키를 타고, 또 일부는 신발만 신고 얼음 위로 나갔다. 이들이 배에서 내렸을 때에는 더 이상 목재의 삐걱거림, 엔진 소리, 배 안에 갇힌 선원들의 소란스러운 소리, 선체에 얼음이 부딪히는 소리, 바람이 부는 소리, 파도가 출렁이는 소리가 들리지 않았다. 그저 발을 내디딜 때마다 나는 바스락거리는 소리를 제외하고는 얼음 자체의 소리만 들렸다. "인간의 신음과 비슷한 울음소리가 들렸다. 새로 얼음이 만들어지며 내는 소리, 즉 아이가 첫말을 배울 때와 비슷하다"고 르콩트는 기록했다.

얼음에 단단히 박혀 있는 배를 보고 선원들은 그날, 아니면 적어도 그다음 날쯤에는 그게 사고가 아니었다는 걸 알게 되었다. 그들은 원정대의 원래 계획에 없던 결정이 중간에 내려졌다는 사실을 알고 나서 두려움에 휩싸였다.

쿡은 의사로서, 그리고 몇 달 동안 극지 경험을 해본 유일한 사람으로서 놀랄 수밖에 없었다. 그는 드 제를라슈에게 겨울을 얼음 속에서

나야 하는 위험을 무릅쓰지는 말라고 간청했었다. 쿡이 북극에서 피어리와 함께 거의 죽을 뻔했던 그 겨울조차 지금부터 벨지카호 선원들이 맞닥뜨릴 일에 비하면 새 발의 피였다. 적어도 피어리 원정대는 한순간에 피난처가 부서지거나 산산조각 날 위험이 전혀 없는, 단단한 암석에서 편안한 텐트를 설치할 수 있었기 때문이다. 벨지카호에서의 겨울은 그보다 훨씬 더 위험할 게 뻔했다.

쿡이 드 제를라슈의 결정에 매우 비판적이었다고 한다면, 과학자들은 한술 더 떠 드 제를라슈가 배신했다고 노골적으로 비난했다. 화가 난 아르츠토프스키는 벨지카호가 유럽에서 떠나기 전 분명 사령관이 배 안에서 겨울을 보내지는 않을 거라고 명시적으로 확언했음을 상기시키며, 다른 사람들 의견도 듣지 않고 그런 결정을 독단적으로 내릴 권리는 없다고 주장했다.

아르츠토프스키의 이러한 비난에 대다수 선원이 동의했다. "우리 중 대부분은 장교들을 비판했고, 겨울이 다가오는 시점에 사령관이 얼음 속으로 들어간 것에 대해 비난을 퍼부었다"고 쿡은 기록했다. 선원들은 아직까지는 탈출할 기회가 있다는 것에만 희망을 걸었다. 드 제를라슈와 르콩트는 갑판 위의 분노를 진정시키려면 어느 정도 부인할 필요가 있다고 생각했고, 그들이 자신의 선의를 믿게 만들려면 할 수 있는 모든 걸 해야겠다고 생각했다.

벨지카호가 갇힌 지 며칠 후, 드 제를라슈는 장교와 선원들에게 사기를 북돋울 만한 소식을 가지고 설득했다. 르콩트의 천체 관측에 따르면 이틀 전에 남위 71°19′에 도달했고, 이제는 위도 71°18′에 도달했다

는 것이었다. 이는 해빙이 북쪽으로 표류 중이라는 뜻이었다. 운이 좋
다면, 벨지카호를 해빙의 가장자리 쪽으로 밀어내 해양으로 풀어줄 수
도 있다는 것이다. 사람들은 안도의 한숨을 내쉬었다. 아직은 가까스
로 재앙을 피할 수 있을지도 모른다.

그 직후 드 제를라슈와 르콩트는 아문센을 따로 불러서 일등항해사
에게 그들이 방금 선원들에게 말한 좌표는 거짓이며 "상황을 진정시키
기 위해 꾸며낸 말"이라고 했다. 사실 르콩트가 확인한 건 남위 71°26′
이었고, 이는 벨지카호가 하루 3마일의 속도로 서남쪽으로 표류하고
있다는 뜻이었다. 아문센은 비밀을 지켰지만, 일기에는 부정직함에 대
해 기록해두었다. "현재로서는 사령관, 르콩트, 그리고 나만 알고 있다.
사령관은 다른 사람들이 이곳에서 월동하는 것을 두려워해 아직 말하
고 싶어하지 않는다."

엔진실에서 불을 계속해서 때고 배가 북쪽으로 표류 중인 척함으로
써 드 제를라슈는 사람들이 북쪽으로 탈출로가 열릴 경우를 대비 중이
라고 확신하게 만들었다. 물론 이것 역시 속임수였다. 드 제를라슈와
르콩트가 엔진을 계속 작동시킨 것은 그저 반대 방향으로 가기를 희망
해서였다. 어두운 수공이 남쪽 수평선 위로 어렴풋이 나타났고, 그건
곧 그쪽에 광활한 해양이 나올 거라는 뜻이었다. 무슨 수를 써서라도
남쪽으로 더 나아가기 위해 드 제를라슈는 월동에 대해 점점 더 비판
의 소리가 높아지는 사람들로부터 르콩트와 함께 배의 방향을 속이려
고 노력했다. 르콩트는 농담조로 나침반을 조작해 "조타수가 실제로는
남쪽으로 항해 중인데 본인은 북쪽으로 항해 중이라고 믿게 만들자"고

제안하기도 했다.

하지만 모두가 실망하는 순간은 오고야 말았다. 3월 8일, 수평선에서 수공의 모습이 사라지고 얼음이 단단히 죄어오면서 펑 하고 터지는 소리가 울려퍼졌다. 이제는 남쪽으로든 북쪽으로든 움직일 수 없게 되었다.

사람들은 자신이 처한 곤경을 받아들이는 데 일주일이 걸렸다. 그동안 얼음은 마치 살아 있는 유기체의 심장처럼 이완과 수축을 반복했지만, 탈출이 가능할 만큼의 틈이 생기지는 않았다. 드 제를라슈는 원래부터 북쪽으로 돌아갈 생각이 전혀 없었고 어떻게 보면 의도적으로 벨지카호를 얼음 속에 갇히게 두었을 거라고 확신하며 공황상태에 빠져 분노하는 선원들의 비판을 참아야만 했다.

르콩트는 그런 비판에 대해 자신과 사령관을 열심히 변호했다. "사령관과 내가 북쪽으로 가려던 시도가 실패한 후 다분히 기뻤던 건 맞지만, 북쪽으로 가려고 했던 건 사실이오."

하지만 벨지카호가 얼음에 갇히리라는 징조를 드 제를라슈와 르콩트가 완전히 무시하기는 어려웠을 것이다. 배가 얼음에 갇힌 첫날로부터 한 달 전 데려와, 갑판에서 사랑을 듬뿍 받던 젠투펭귄 베베가 먹기를 거부했다. 선원들이 애정으로 보살폈지만, 이튿날 밤 "심한 경련"을 일으키며 죽었다.

선원들이 원망과 좌절에만 빠져 시간을 허비하기엔 할 일이 아주 많았다. 3월과 4월에 급격히 짧아진 일조 시간 때문에 선원들은 벨지카호에서의 겨울을 준비해야 했다. 돛은 접어서 보관하고, 얼음의 압력 으로부터 프로펠러를 보호하기 위해 물 밖으로 꺼내고, 엔진의 불은 꺼두어야 했다. 가장 시급한 작업 중 하나는 배 주위에 큰 눈덩이를 쌓아 추위에 대비하는 것이다. 뱃전까지 눈을 쌓아두면 외부 온도가 급격히 떨어지더라도 벨지카호 내부는 50도의 쾌적함을 유지하게 된다. 3월 중순, 외부 온도는 영하 5도였다. 장비의 밧줄 주위에 얼음이 얼어붙어 마치 은색 거미줄처럼 반짝였다.

현재 위도에서 르콩트의 계산에 따르면, 5월 중순에는 태양이 완전히 질 것이고, 이후 거의 3개월 동안 밤이 지속된다. 기온은 앞으로 몇 주 동안 더 떨어지겠지만, 이 남위에서 월동한 사람은 아직 없기 때문에 어느 정도까지 떨어질지는 아무도 몰랐다. 원정대가 할 수 있는 일은 그저 최악의 상황에 대비해두는 것뿐이었다.

3월 16일 아침, 드 제를라슈와 르콩트, 그리고 장교 3명과 쥘 멜라에르는 보급품과 장비를 재정리하러 화물창으로 내려갔다. 작은 나무판자에 초를 켜서 가지고 가야 했다. 희미한 불빛이 종종 찍찍거리는 소리와 함께 기어가는 쥐들의 그림자를 비추었다. 배 중앙에 있는 2층 화물창에는 통조림 캔 수천 개, 와인 수백 병, 그리고 여러 복잡한 과학 도구들, 벤젠 저장고, 동물 박제에 쓸 알코올 병, 건축 자재, 기타 화물이 들어 있는 상자들이 높이 쌓여 있었다.

화물창의 물건들은 남쪽으로 항해하는 동안 폭풍과 충돌을 겪으며 이리저리 움직여 정리하는 데만 며칠이 걸렸다. 엔진실은 화물창과 배 뒤쪽에 있는 두 번째 보조 창고 사이에 있었다. 드 제를라슈, 멜라에르,

르콩트를 비롯한 몇몇 선원은 촛불을 켜놓고 창고에서 일했는데, 매우 위험한 일이었다. 게다가 드 제를라슈가 보험 삼아 실어둔 반 톤 정도의 뇌약이 이미 여기저기 흩어져 있었고, 소총탄과 작살탄 카트리지가 파손되어 일부는 찢겨 화약 가루가 바닥으로 흘러나와 있었기 때문이다. 불꽃만 살짝 튀어도 순식간에 큰 화재로 이어질 수 있는 데다 대피할 곳이 없어, 일단 배 옆에 있는 얼음에 구멍을 뚫어 여차하면 물에 들어갈 수 있도록 했고, 매일 일을 하면서 이곳을 열어두었다.

돛도 내려 얼음과 눈에 둘러싸여 있는 벨지카호는 더 이상 함선의 기능을 하지 않은 채 18명의 사람이 지내는 집이 되었다. "우리는 더 이상 항해사가 아닌, 형을 선고받은 수감자들"이라고 드 제를라슈는 적었다. 선원들의 숙소는 원정대가 안트베르펜에서 출항했을 때에 비해 더 편안했다. 아늑한 브이 자 모양의 선수루 벽을 따라 늘어선 침상에서 자야 하는 선원이 줄었기 때문이다. 배 앞의 갑판 아래에 있는 선실은 중앙 테이블에 빛이 들어오는 개구부로, 이곳에서는 요한센의 멋진 아코디언 연주와 반 미를로의 형편없는 코넷 연주 소리가 자주 들려 활기찼다. 고물 쪽 갑판 아래 오른쪽에는 주방이 있고 왼쪽에는 창고가 있었다. 그 너머에는 선원들이 일주일에 한 번씩 목욕하는 욕실이 있었다.

갑판의 중앙 아래에는 아르츠토프스키와 라코비차의 실험실이 각각 왼쪽과 오른쪽에서 서로를 마주 보고 있었으며, 그 안에는 섬세한 유리 기구와 여러 도구가 있었고, 비좁은 공간을 환히 비출 수 있는 대형 창문이 나 있었다. 선원들은 3월이 되자, 원래는 빅토리아랜드에서 월동하기로 계획되었던 4명을 위한 텐트를 짓기로 했던 나무, 돛천, 방수포를 사용해 실험실과 고물에 있는 장교 선실 사이 갑판 위에 대피소를 세웠다. 얼음 위로 망치질 소리가 들렸다. 이곳은 선원들이 아웃도어 장비를 말리는 후크와 선반 역할도 하고 대장간에서 만든 제품을 갖다놓는 곳으로도 쓰였다. 그리고 잠시 필요 없어진 엔진실에서 가져온 보일러를 두고 눈을 녹여 식수로 만드는 데 쓰기도 했다. 불은 계속 때야 해서 석탄을 절약하기 위해 쿡과 보조 정비공인 막스 반 리젤베르게는 연탄과 물범 지방 덩어리를 조합하는 시스템을 구축했다. 이 시스템은 배 안에 매캐한 냄새가 가득 차게 했지만, 사람들은 곧 익숙해졌다.

갑판에서 장교들의 선실로 가는 문은 두 개가 있었다. 우측 문은 배에서 가장 크고 가장 편안하게 꾸며져 있는 드 제를라슈의 선실로 통하고 그 안에는 카펫이 깔려 있으며, 구석에 깔끔하게 쌓여 있는 책, 직사각형 창 옆에 있는 큰 책상, 작업 공간과 침실을 마치 스위트룸처럼 분리하는 커튼이 있다.

좌측에 있는 문은 배의 가장 뒤쪽 끝에 있는 사관실로 통하는 복도와 연결돼 있다. 그 복도를 따라 중간에 두 개의 선실이 있었다. 하나는 서로 금방 사이가 나빠진 아문센과 멜라에르가 함께 썼다. (일등항해사인 노르웨이인 아문센이 삼등항해사인 벨기에인 멜라에르보다 서열이 높다는 사실 때문에 어차피 둘의 동거는 조화로울 수 없었을 것이다.) 그 옆에 있는 선실은 르콩트의 것이었다. 선장의 선실에는 과학 도구, 지도, 참고 서적, 정리된 해도들로 가득 차서 가구가 들어갈 곳이 없었다. 르콩트는 글을 쓸 책상이 필요하면 침대에 판지 한 장을 놓고 그 위에서 썼다. 또 의자 대신 천장에 매달아둔 그네에 앉곤 했다.

　복도 끝에 있는 사관실은 벨지카호에서 가장 유쾌한 곳이었다. 장교와 과학자들은 대부분의 여가 시간을 사관실 중앙에 있는 큰 직사각형 탁자 주변에 모여 논쟁하고, 웃고, 뭔가를 읽고, 코엘로폰 Coelophone 가 _{비올리가 만든 탁상형 크랭크 작동식 리드오르간}으로 각자 좋아하는 음악을 들으며 보냈다. 벽에는 벨기에 도시를 찍은 컬러 사진과 1896년 프람호를 타고 크리스티아니아로 돌아온 프리드쇼프 난센의 영광스러운 사진이 걸려 있었다. 좌측 캐비닛에는 빨간색 닻과 '벨지카'라고 쓰인 맞춤형 식기와 냅킨 세트가 있었다. (장교와 과학자들은 그들 중 첫 번째로 결혼하는 사람에게 이걸 몰아주자고 약속했다.) 긴 의자가 검정 벽을 따라 놓여 있고, 그 옆에는 총걸이가 있으며, 그 아래에는 원정대의 작은 도서관인 책장이 있었다. 그 안에는 극지 이야기, 학술 저널, 유명 잡지, 소설 등이 있었다. 하지만 감리교 신자인 쿡의 말대로 "성경은 한 권뿐이었고(은밀하게 보관된), 기도문은 없었다". 종교적인 책이 없는 건 의도한 바였다. 쿡은 "벨기에인들은 로마 가톨릭 교도다. 다른 사람들은 개신교도다. 하지만 '종교적 갈등은 없었다'"라고 썼다. 드 제를라슈는 종교적인 부분을 통합하겠다고 했지만, 사실상 종교를 아예 없앤 거나 마찬가지였다.

　사관실 오른쪽에는 과학자들 선실로 통하는 문이 있었다. 선실은 길고 좁았으며, 배의 측면을 따라 이층 침대 두 개가 있었다. 쿡과 아르츠토프스키는 작은 쪽을 썼다. 라코비차와 단코는 침대를 10센티미터씩

늘여야 했다. 네 사람은 좁은 공간을 비집고 들어가야 했다. 이층 침대
와 벽 사이의 공간은 비좁았고, 마치 영안실과 같은 침대에 앉으면 머
리가 닿았다. (머리를 박지 않기 위해 쿡은 이불, 베개, 매트리스를 차례로
하나씩 없애다가 결국 나무 침대 위에 순록 가죽으로 된 침낭을 놓고 그 안
에서 자는 걸 선호했다.) 재미있게도 선실에는 조그마한 싱크대가 두 개
있었고, 이들이 시험관에서 뽑은 담수 한 병이 있었다. 선실 안은 두 개
의 작은 현창으로 희미하게 빛이 들어왔다. 두 창 가운데 하나만 열 수
있었기에 천장은 촛불 때문에 그을려 검어졌다. 환기가 잘 안 되는데
도 단코는 계속해서 파이프 담배를 피웠고, 쿡은 목욕과 세탁을 싫어
해 선실 내에는 악취가 쌓여갔다.

　　과학자들의 선실과 드 제를라슈의 개인 화장실 사이엔 벽이 있었다.
이 화장실과 드 제를라슈의 선실 사이에는 암실이 있어서, 그곳에서
쿡은 여가 시간의 대부분을 사진을 현상하는 데 보냈다.

　　쿡은 남는 시간에는 의사가 아닌 인류학자로서 선원들의 행동을 관
찰했다. 이누이트족, 더 최근에는 푸에고 현지인에 대한 그의 경험이
인간에 대한 깊은 호기심을 갖게 했다. 벨지카호에서 그가 연구할 수
있는 유일한 사람은 그의 동료들이었다. 그는 특히 극도의 고립, 추위,
스트레스, 공포에 대해 인간이 신체적·정신적으로 어떻게 반응하는
지를 기록하고 싶어했다. "난파, 기아, 극한의 추위로 인한 궁극적인 죽
음은 언제나 우리 앞에 있다"고 쿡은 기록했다. 장교와 선원을 포함해
배에 있는 모든 사람의 안전에 관심을 가졌던 그는 곧 원정대에서 가
장 인기 있는 동료가 되었다.

벨지카호 주변은 하나의 작은 마을 같았다. 쿡, 아문센, 르콩트는 천문학과 기상학 연구를 위한 관측소를 두 개 지었다. 관측소 지붕은 물결 모양의 금속판으로 만들었다. 단코와 그의 조수인 뒤푸르는 자기磁氣를 측정하기 위해 배에서 금속으로 된 물건이 기기의 측정에 영향을 미치거나 결과를 왜곡시키지 않을 정도로 충분히 멀리까지 떨어졌다.

처음에 이 작은 마을은 사람들이 일과 일상에서 위안을 찾으며 끊임없이 오가는 활동으로 북적거렸다. 과학자들은 배와 관측소 사이를 오갔다. 선원들은 아침부터 밤까지 식수를 녹이기 위해 눈덩이를 잘라냈다. 시간이 지나면서 배 주변의 눈이 석탄 가루, 동물 사체, 기타 폐기물로 오염되어, 선원들은 갈수록 벨지카호에서 점점 더 먼 곳까지 나가야 했다.

과학자들은 상황을 최대한 활용하면서 하루도 빠짐없이 관찰하려고 했다. 선원들의 도움을 받아 얼음에 구멍을 파서 그 위에 텐트를 치고, 세 개의 막대를 세운 후, 거기에 도르래를 고정시켜 낚싯줄을 드리울 수 있었다. 라코비차는 얼음 아래 깊은 물에서 플랑크톤, 규조류, 크릴새우, 특이한 물고기 등 다양한 해양생물을 채집했다. 그중 일부는 학계에 알려지지 않은 것이었고, 추후에 원정대원들의 이름을 따서 '라코비차 글라시알리스Racovitzia glacialis, 제를라슈 오스트랄리스Gerlachea australis, 네마토누루스 르콩트Nematonurus lecointei' 등의 이름이 붙여지기도 했다. 낚시를 성공적으로 마치면 라코비차는 이어서 며칠 동안 자기가 채집한 것들을 분류하고 보존하는 작업을 하느라 바빴다.

아문센과 함께 라코비차는 심해 빙어 낚시 도구를 다양한 디자인으로 만들어보곤 했다. 아문센에게는 특히 이때가 배움의 시간이었다. 그는 남극을 가서 볼 뿐 아니라 극지 탐험이라는 점에서 모든 면을 익히고 배우기 위한 목적으로 벨지카호에 승선했다. 그가 원했던 대로 나중에 자기만의 원정대를 꾸리려면 동물학, 기상학, 해양학, 자기학, 천문학에 대해 기술적인 이해를 하고 있거나, 적어도 이 각각의 분야에서 데이터를 수집하는 방법을 배워야 했다. 벨지카호의 과학자들 옆에서 함께 공부하면서는 야망보다 호기심이 더 발동하기도 했다. 그는 크리스티아니아의 교실에서는 평범한 학생이었지만, 이 부빙 대학에서는 탁월한 학생이었다.

한편 아르츠토프스키는 정기적으로 수심을 측정했고, 그 결과 배가 해빙의 가장자리 위에서 표류하고 있으며, 남극 대륙은 하나의 거대한 대륙으로 되어 있다는 결론을 내렸다. 그는 얼음 위에서 월동하는 것을 크게 반대했지만, 이제는 오히려 대륙의 모양처럼 신비로운 얼음과 긴 남극의 밤을 연구할 유일한 기회가 될 수도 있겠다고 생각했다.

폴란드인 조수인 도브로볼스키(선수루에서 선원들과 함께 지냄)와 함께 그는 시간대별로 기상을 측정해 수온, 기온, 기압, 강설량, 풍향에 대해 자세히, 지속적으로 기록했다. 도브로볼스키는 구름이 형성되는 것을 연구하기 위해 고개를 치켜들고 하늘을 바라보며 많은 시간을 보냈다.

매일 밤 그와 아르츠토프스키는 구름이 사라진 후에 남극광을 보기를 희망했다. 북극광은 북극 탐험가나 현지인들이 기록한 바 있지만, 남극광은 그 정도로 높은 위도에서는 거의 관찰되지 않았다. 특히 쌍

등이 현상은 그 당시에는 잘 알려져 있지 않았다. 19세기 후반에 널리 퍼진 이론으로는, 극지의 밤하늘에 잔물결과 같은 발광 시트가 있는데 그것이 바로 대기 중의 전기 축적에 의해 발생된다.

월초에 반짝이는 희미한 불빛이 몇 번 나타났다. 하지만 벨지카호가 얼음에 갇히고 일주일쯤 지난 3월 14일, 구름이 없는 밤에 남극광이 남쪽에서 환하게 빛났다. 선원들은 다른 세상의 광경에 경외심을 품은 채 갈수록 강해지고 물결치는 빛줄기에 감탄하며 몇 시간을 보냈다. 이런 현상을 책에서만 읽었던 아르츠토프스키와 도브로볼스키는 손에 메모지를 든 채 오로라를 자세히 관찰했다.

쿡은 혼자만의 시간도 가질 겸 추위에 대한 신체 저항력을 시험해보기 위해 배에서 약 50야드 떨어진 얼음 위로 가서 오로라를 보기로 했다. 영하 4도에도 불구하고 그는 그 정도 거리가 "새로운 매력을 더 잘 보이게 할 것"이라고 생각했다. 그는 자정쯤 혼자 걸어가다가 마음에 드는 곳을 발견했다. 그는 옷을 벗고 재빨리 순록 가죽으로 만든 침낭에 들어갔고, 후드로 얼굴 주위를 단단히 감쌌다. 일단 적당히 편안한 눈 위로 가서 누운 후 하늘을 바라보았다. "처음에는 이빨이 덜덜 떨렸고, 몸의 모든 근육이 떨렸다. 하지만 몇 분 지나자 증상이 다 사라졌고, 마치 냉수욕을 하고 난 기분이었다"고 쿡은 훗날 기록했다.

쿡은 오로라를 두고 이렇게 묘사했다. "남쪽 하늘에 커튼처럼 드리워져 있는 레이스 장식 같다. 마치 전기 불꽃이 천을 비춰주는 것처럼 곳곳이 어두워졌다 밝아졌다 했다. 커튼은 이 빛의 파도에 대한 반응으로 움직이는 듯했고, 이는 마치 바람이 이전의 주름을 없애고 새로

운 주름을 만들어내는 것 같았다. 이 모든 것이 그 장면을 새로운 흥미
로움과 진귀한 영광의 순간으로 만들었다."

바람과 빛의 파도에 대한 쿡의 다소 시적인 이 같은 묘사는 당시 대
부분의 과학 이론에서 묘사한 것보다 희한하게도 더 정확한 설명이었
다. 이러한 현상은 실제로 태양풍, 즉 태양에서 강렬하게 방출되는 하
전 입자의 흐름으로 인한 것이다. 빠르게 움직이는 플라즈마는 태양
활동이 고조된 기간에 우주를 떠돌다가 지구 자기장을 따라 양극으로
가서 지구 자기권에 강하게 충돌한다. 이 입자가 지구 상층부 대기권
에서 산소 및 질소 원자와 충돌할 때, 원자가 흔들리면서 우리가 적색,
녹색, 보라색, 백색 등으로 인식하게 되는 방사선을 방출하는 것이다.

눈으로 휩싸인 침낭 안에 누워 빛의 춤을 바라보며, 쿡은 이런저런
생각에 잠겼다. 아마 그는 이때 1891~1892년 피어리와 함께한 그린란
드 북극 원정대에서 이 매혹적인 광경을 보았던 시간을 회상했을 것이
다. 당시에 멋진 북극광이 뜬 밤에 그는 십수sipsu라는 이누이트족의 한
노인과 함께 바위투성이 해변을 따라 걷다가 오로라의 발생 원인이 무
엇인 것 같냐고 물었다.

쿡의 질문에 십수가 대답했다. "이 어두운 빛은 지구 너머로 사라져
간 이누이트족 사람들의 것이오. 그들이 우리에게 말을 거는 것이죠.
당신 생각은 어떻소?" 그로부터 6년 후인 지금, 세상의 반대편 끝에서
쿡은 자신이 겪은 죽음에 대해 생각했을 것이다. 혹시 죽은 아내와 아
이가 이 유령과 같은 흔적 뒤에 있는 것일까? 아니면 빙케일까?

새벽 2시쯤 르콩트 선장은 갑판에서 망원경으로 하늘을 보고 있었

는데, 이제 다시 희미해져가고 있는 오로라가 아닌 목성 쪽이었다. 앞으로 30분 안에 그는 목성의 제1위성인 이오를 관찰하려고 했다. 17세기 초에 갈릴레오가 처음 발견한 이래로 네 개의 목성 위성은 갈릴레이 위성이라고 알려졌고, 오랫동안 일종의 천구 시계와 같은 역할을 했다. 덕분에 일식 시기가 아주 정확히 예측되어, 항해사가 크로노미터를 통해 배의 경도 위치를 알 수 있었다. (크로노미터의 주기적인 조정은 필수였다. 천문 관측에서 단 몇 초의 오차는 지리상 수 마일 거리의 차이로 이어질 수 있었기 때문이다.) 망원경을 그처럼 미세한 목표물에 조준하는 것은 배가 바다에 흔들리고 있을 때는 불가능했다. 하지만 얼음에 고정된 벨지카 위에서는 육지에서처럼 안정적이었다. 르콩트는 접안렌즈를 통해 작은 흰색 점이 대리석 무늬의 거대한 목성 표면으로 다가가는 걸 포착했다. 그러곤 그 점이 목성 뒤로 사라지자마자 도브로볼스키를 불렀다. 도브로볼스키는 크로노미터가 있는 창가에 앉아 선장의 신호를 기다리고 있었다.

르콩트는 사지가 마비되는 걸 느꼈다. 잠시 목성에서 눈을 떼고, 몸을 덥히기 위해 갑판으로 들어왔다. 그가 입김을 내뿜으며 얼음 위를 바라보고 있을 때, 배에서 50야드쯤 떨어진 곳에서 어둡고 길쭉한 형체가 눈에 들어왔다. 모험심 강한 물범이군 하고 그는 생각했다. 르콩트에게는 사냥꾼 기질이 있었다. 그는 사관실로 달려가 소총을 들고 나와 장전한 후 어깨에 멜 준비를 했다.

쿡은 잠을 잘 수 없었다. 그가 옆으로 돌아눕자 빙하의 바람이 얼굴

로 불어와 수염이 서리로 뒤덮였다. 땀이 얼어붙어 머리와 목이 후드
에 달라붙었다. 주변이 몽땅 단단하게 얼어붙었고, 살짝만 움직여도
마치 총에 맞은 듯 아팠다. 바람을 피하려고 몸을 돌리면 누군가 머리
카락을 잡아당기는 느낌이었다. 머리 주변으로 얼음이 들어차더라도
일단 등을 댄 채 아무 움직임 없이 가만히만 있으면 꽤 편안했다. 바로
위에 있는 남십자성을 바라보며 밤하늘에 정신을 빼앗긴 그는 자신을
응시하며 소총을 겨누고 있는 선장의 모습은 볼 수 없었다.

르콩트는 방아쇠를 당기기 전에 일식부터 확인해야겠다고 생각했
다. 어차피 물범은 서두르는 기색이 없었고, 달은 곧 목성의 그림자 쪽
으로 들어가버릴 것이었다. 그는 총을 내려놓고 위성이 사라지는 걸
보기 위해 망원경을 집어들었다. 선장은 도브로볼스키에게 다시 크로
노미터를 설정하라고 외쳤고, 관찰은 성공적이었다. 그는 매우 기뻐하
면서 다시 "몇 분 전처럼 평화로워졌다". 그는 소총을 내려놓고 선원
에게 총 보관대에 다시 갖다놓으라고 지시했다. "나는 조용히 극지 오
로라의 마지막 흔적을 계속 관찰하면서, 이따금 움직이지 않는 물범을
바라보았다."

몇 시간 후 쿡은 호기심 많은 펭귄들이 머리 주위에 있는 얼음을 쪼
아 먹는 바람에 잠에서 깼다. 그가 움직이자 펭귄들은 울면서 뿔뿔이
흩어졌다. 쿡은 침낭과 후드를 벗느라 머리카락을 몇 가닥 뽑힌 채 옷
을 입고 배로 돌아왔다. 그때 르콩트는 자기가 의사를 총으로 쏘려고
가까이 다가갔다는 걸 알게 됐고, 쿡은 자기가 침낭, 그것도 동물 가죽

으로 된 침낭 안에 들어가 있다가 하마터면 살해당할 뻔했다는 걸 알
게 되었다.

　얼음에서 새로 리드가 열릴 때마다 장교와 승무원들은 물범과 펭귄
을 사냥했다. 물범 사냥은 총알을 여러 발 사용해야 하는 고약한 일이
었다. 특히 펭귄을 죽이는 것도 어려웠는데, 이는 펭귄들이 사랑스러
운 인간처럼 보였기 때문만은 아니다. "어느 날 우리 중 네 명이 한 마
리의 [펭귄]을 쫓는 일이 있었다. 용감무쌍한, 그야말로 영웅적인 펭귄
이었다"라고 르콩트는 회상했다. "사냥은 한 시간 넘게 계속됐고, 불쌍
한 펭귄이 마침내 쓰러졌을 때 곤봉으로 마구 때리고 리볼버 세 발, 소
총 두 발을 쏘았는데도 살아 있었다. 우리도 지쳤다." 반 미를로는 나중
에 힘이 덜 드는 방법을 알아내기도 했다. 뱃머리에서 마치 『피리 부는
사나이』의 남극 버전처럼 코넷을 연주하는 것이었다. 동료 무리를 벗
어나 호른 소리를 따라 온 아델펭귄은 벨지카호까지 다가왔다가 무자
비한 기습을 당해 죽고 말았다. "펭귄은 아무래도 음악을 아는 동물 같
다"고 아문센은 적었다.
　배에 있던 사람들 가운데 물범이나 펭귄 고기를 먹을 배짱이 있는 사
람은 별로 없어, 이때의 사냥은 거의 운동이었다. 하지만 사냥 덕분에
신체 운동을 할 수 있었을지언정, 계속되는 살상은 선원들의 정신을
피폐하게 만들고 있었다. 숨통을 끊어놓으려고 기를 쓰는 잔혹함에 괴
로워하는 사람들은 그것이 헛된 일이 아니라고 스스로를 위안했다. 사
냥 결과는 라코비차의 연구 자료로 쓰이기도 했다.

"학살이 끝날 때마다 앞치마를 두르고 손에 칼을 든 라코비차의 모습을 봐야 한다. 아직 따뜻한 동물 사체의 내장을 꺼내고 위와 창자, 그 안에 남은 음식 찌꺼기까지 살피고 있었다!" 르콩트가 기록했다. "그가 배 속의 새끼를 발견하고 얼마나 기뻐하던지! 마치 값비싼 보물인 양 바로 꺼내갔다."

동물의 지방층과 가죽은 벗겼고, 내장 기관은 갈매기들 먹이로 주었으며, 기름기 없는 살 부분은 토막 내어 눈으로 덮어두었다. 남쪽 가을의 평균 기온이 약 15도였기 때문에 얼음은 아이스팩 역할을 했다.

3월 말, 바람이 끝도 없이 불었다. "우리는 끝없는 돌풍에 몹시 지쳤다." 쿡이 기록했다. 3월 말까지 며칠 동안 르콩트는 적었다. "가는 눈발이 끊임없이 흩날리고 돌풍이 거세게 몰아쳐 눈가루가 옷 속, 관측실의 아주 작은 구석구석, 선실 문과 창문의 좁은 틈새까지 온갖 곳에 침투했다."

선원들이 벨지카호 보온을 위해 주변에 쌓아둔 눈 더미에 새로 침전이 생겼다. 곧 거대한 흰 언덕이 배를 덮쳤다. 구름이 드디어 걷히고 나서 주변 얼음은 더 이상 알아볼 수 없었다. "지난 폭풍우와 함께 눈보라가 몰아쳐 주변 지형이 많이 바뀌었다"고 쿡은 기록했다. "배에 눈이 많이 쌓여 내리기도 어려웠다. 오래된 얼음 언덕은 작고 둥근 둔덕으로 변했으며, 배 안의 좁은 틈새마다 새로운 눈과 얼음으로 들어차 있었고, 목재 근처에 있는 빙원은 전체적으로 하나의 균일한 덩어리처럼 보였다. 모든 것이 조용하고 움직임이 없었으며, 죽음의 하얀 침묵으로 덮여 있었다."

야외 작업에 지친 선원이 많아지면서 배를 들락거리는 빈도는 줄었다. 드 제를라슈는 선원들이 다시 한번 요동하고 분개하는 건 아닌지 걱정하기 시작했다. 반면 쿡은 움직이지 않는 것이 신체와 정신에 미칠 유해한 영향을 염려했다. 그는 정기적으로 스키를 타고 얼음을 가로질러 근처 빙산에 갔다가 배로 돌아왔다. 하지만 드 제를라슈는 확고한 규칙을 세웠다. 벨지카호의 돛대를 시야에서 놓쳐 배로 돌아오지 못하는 상황을 방지하기 위해 선원들은 벨지카호로부터 몇 마일 이상 벗어날 수 없었다. 얼음이 끊임없이 이동하고 있던 터라 틈이 갑자기 벌어질 수 있고, 작고 막힌 공간에 유빙이 부서져 표류하게 될 수도 있었다. '랜드마크'는 믿을 수 없었다. 나가는 길목에 있는 둔덕은 눈이나 안개로 가려지거나 얼음의 압력으로 인해 나갔다 돌아오는 사이에 변형될 수 있기 때문이었다. 이동 범위가 제한된 것은 선원들에게 매일같이 반복되는 단조로움과 얽매임의 압박감을 더 악화시킬 뿐이었다. 선원들은 매일 같은 테이블에서 같은 얼굴을 보고, 같은 노래를 코엘로폰으로 듣고, 같은 작업을 반복하고, 같은 빙원을 내다보기 때문이다.

과학자들이 연구해서 얻은 지적인 자극 덕분에 몹시 우울한 상태였다가 그나마 중립적인 상태가 되었지만, 날이 추워지면서 그마저 어려워졌다. 단열이 잘 되지 않는 천문대에서 몇 시간씩 꼼짝 않고 있던 르콩트와 단코는 동상에 걸리는 것 같았고, 추위로 인해 생기는 몇 가지 증세를 느꼈다. 어느 날 배로 돌아온 단코는 쿡이 묘사한 것과 같이 "발이 꽁꽁 얼었고, 접안렌즈의 금속 부분은 얼어 눈 주변의 살갗이 벗겨졌다". 르콩트도 그런 식으로 속눈썹 몇 개가 빠지자 육분의의 금속 부분을 플란넬로 덮었다.

추위는 과학자들의 작업을 방해했고, 하루하루 지날수록 그들이 이동할 수 있는 범위를 더 좁게 만들었다. 르콩트가 제작한 인공 수은 베드(수평선이 가려져 잘 보이지 않을 때에도 육분의 측정을 가능하게 하는 장치)는 종종 얼어서 굳었는데, 온도가 37도 밑으로 떨어졌다는 얘기였다. 육분의와 망원경처럼 회전 부품이 들어가는 도구들은 윤활유가 뻑뻑하고 굳어서 고장 났다. 또한 눈보라가 틈새란 틈새에는 전부 침투해들어와, 모발 습도계(주변 습도를 측정하기 위해 사람의 머리카락 또는 경우에 따라 말총의 수분 정도를 측정하는 습도계)와 같이 비교적 민감한 일부 장비를 못쓰게 만들었다. 르콩트가 시간을 기준으로 사용했던 해양 크로노미터도 너무 섬세해 배에서 관측소로 옮기는 과정이나 천문대 안의 혹한을 견디지 못했다. 이 문제를 해결하기 위해 쿡, 아문센, 그리고 노르웨이인인 톨레프센과 요한센은 벨지카호 대피소와 르콩트의 관측소 사이에 전신선을 설치했다. 르콩트가 관찰하고 나면 도브로볼스키가 크로노미터 옆에 앉아 천문대에 시간을 신호로 알렸다. 작은 배터리로 연결한 이 시스템은 생각보다 잘 작동했고, 역사상 최남단에서 사용된 전기 통신이라는 작은 기록도 세웠다.

하지만 추위로 인한 치명적인 결과는 선원들을 배 안에 있게 만든 것이었다. 추위가 극심하다 해도 더 따뜻한 온도보다 여러모로 좋았다. 선원들이 가장 좋아하는 온도는 공기 중의 수분이 모두 언 영하 15도 정도였다. 온도가 조금만 더 올라도 옷과 침구에 습기가 찼고, 오히려 체감 온도는 더 낮아졌다. "우리는 습기를 제거하기 위해 (…) 가능한 모든 방법을 다 시도했다." 쿡은 기록했다. "하지만 별로 성공적이지는 못했다." 선원들이 손을 침대 밑으로 집어넣자 바닥에 고드름이 떨어졌다. "매트리스를 들어내면 못이란 못은 죄다 얼음에 싸여 있었다."

이런 불편함 때문에 추위, 바람, 숨 막히는 단조로움에 대한 불만이 더 늘어났다. 점점 어두워지는 가을날을 지내며, 선원들은 임무를 소홀히 하기 시작했다. 일부는 작업 시간에 잠을 잤고, 일부는 드 제를라슈의 크리스마스 발표인 "여러분은 피곤해지면 안 됩니다. 여러분이 '아프다면' 그때 쉬게 해줄 것입니다"라는 말을 들먹이며 일하기를 완강히 거부했다. 선원들은 이제 몸이 아픈 건지 피곤한 건지 분간할 수 없었다.

드 제를라슈는 또 폭동이 일어날까봐 긴장했다. 이번에는 제멋대로인 선원들을 배에서 쫓아내버리거나 1파운드만 주고 나가라고 할 수도 없었다. 그렇다고 그들의 불만을 해결하기 위해 할 수 있는 일은 거의 없었다. 그는 르콩트와 아문센에게 대부분의 징계 처리를 맡겼는데, 점점 불안이 커지자 이에 대처하기 위해 쿡에게도 맡겼다.

그건 현명한 결정이었다. 쿡은 사령관이 바람과 해류를 읽을 수 있는 것처럼, 사람들을 능숙하게 다루는 재능이 있었다. 그가 상대의 말에 귀 기울일 때 보면, 매력적인 회색빛 눈동자가 공감을 불러일으켰다. 일부 다른 장교와 과학자들은 갑판의 선원들을 무시하는 경향이 있었던 반면, 쿡은 선원들에 대한 진심 어린 존경, 그리고 미국의 평등

주의에 기반한 동료 의식과 함께 궁핍했던 자신의 젊은 시절을 떠올렸다. "고등교육을 받은 사람일수록 뇌 용량과 뇌 사용량이 일반 노동자의 것을 훨씬 더 웃돈다고 믿는 경향이 있었다. 하지만 벨지카호를 관찰한 결과 결코 사실이 아니라는 것이 증명되었다. (…) 매일 눈덩이를 자르거나 벽돌을 옮기는 일반 노동자의 뇌 활동은 전문가만큼이거나 어쩌면 전문가보다 더 많았다." 쿡은 기록했다.

그는 배에 탄 모든 사람의 애정과 감사를 받았고, 그래서 그들에게 보호자와 같은 애정을 베풀어야 한다고 느꼈다. 의사는 동료들이 우울증에 빠지지 않도록 도와야겠다고 결심했으며, 이들의 정신 상태를 유지하고 집중할 수 있도록 해야겠다고 생각했다. 3월 말, 쿡은 불만이 커지는 원인을 찾기 위해 벨지카호의 모든 선원을 각각 긴 시간 동안 면담했다. 그는 배를 돌아다니며 선원과 장교들에게 "고향에서 가장 그리운 것이 무엇입니까?" "꿈에 가장 자주 나타나는 사람이나 물건은 무엇입니까?"와 같은 질문을 했고, 그들이 한 대답을 노트에 부지런히 기록했다.

쿡은 설문조사로 인해 동료들로부터 더욱 환심을 샀고, 그의 진실된 염려는 동료들을 안심할 수 있게 해주었다. 면담 과정에서 두 가지 주요 불만 사항이 드러났다. 하나는 여성 동료의 부재였다. 그의 보고서에 나타난 절박함은 쿡이 결코 감정이 메마른 관찰자가 아니었다는 걸 보여준다. "우리는 어머니, 누이, 그리고 다른 사람들의 누이들로부터 편지 한 장 받지 못하고 있는데, 아름다운 여성과 함께하길 바라는 게 이상한가?"라고 그는 적었다. 성적 좌절은 배 전체의 고통이었다. 장교들과 그런 문제에 대해 솔직하게 말하지 않을 선원들도 쿡에게는 털어놓았다. 쿡은 이렇게 적었다. "두세 사람이 외롭고 어두운 구석에서 눈물 흘리며 그들의 마음속에 있는 소녀들과 함께하는 몇 분 동안이 훨씬 더 즐거울 것 같다고 말하기도 했다."

더 시급한 또 다른 불만 요인은 바로 선원들이 계속해서 먹고 있는 통조림 음식이었다. 19세기 후반의 통조림 기준으로 품질이 나쁜 것은 아니었으나, 몇 달 동안 계속해서 먹는다면 아무 맛도 느껴지지 않을 게 뻔했다. 선원들의 접시에 매일 밤 올라오는 부드러우며 무색의 물컹한 덩어리는 통조림 라벨에 그려져 있는 음식과는 별로 닮아 있지 않았다. 특히 쾨트볼러는 산네피오르에 벨지카호가 정박했을 때 노르웨이에서 드 제를라슈가 구매한 폭신한 미트볼이었는데 이 음식이 원정대 식단의 많은 부분을 차지했고, 불만이 가장 많이 제기되었다.

선원들이 "배를 채울 수 있는 음식다운 것을 원한다"고 쿡은 적었다. "비프스테이크, 채소, 과일 등 신선한 음식을 가장 먹고 싶어한다." 다양성을 최대한 주기 위해 음식을 한 항목씩 골라 넣은 드 제를라슈도 "이름만 다양해진 것 같다"고 인정할 수밖에 없었다. 선원들은 식욕을 돋우지 못하는 음식을 선택한 사령관뿐 아니라 그걸로 부지런히 음식을 만드는 루이 미쇼트에게도 책임이 있다고 비난했다. 미쇼트는 두 명의 요리사가 남아메리카에서 해고된 후 과감하게 주방 일을 맡았었다. (반 미를로는 중간에 잠시 역할을 대신했을 뿐이다.)

미쇼트는 분명 지원서에 자기가 보유한 기술이 펜싱과 정확한 사격 및 요리라고 적었는데, 이 프랑스 전직 외인부대원을 스토브 앞에 데려다두니 아무것도 하지 못했다. 르콩트는 "그는 거의 모든 요리를 같은 방식으로 준비했다. 그저 간을 맞추느라 물을 더 넣거나 덜 넣을 뿐이다"라고 불평했다. 더 나쁜 점은, 드 제를라슈가 "미쇼트는 (요리에) 꽤 열정이 있다"고 인정한 것이다. 그는 특히 자기가 만든 '타르트'(이스트를 넣지 않고 반죽을 했으며 잼 한 통을 다 썼다)를 자랑스러워했고, 동료들이 씹는 모습을 열심히 바라보고 있었다. "그가 만든 수프는 '미스터리'했고, '방부 처리된 고기'는 도저히 목구멍으로 넘어가지 않았다"고 쿡은 적었다. 미쇼트는 맛을 다양하게 하기 위해 종종 통조림을 섞어, 정체를 알 수 없는 스튜를 만들곤 했다. 젊은 선원 시절 부엌에서 일한 적이 있는 드 제를라슈는 미쇼트에게 호의적이었다. "불쌍한 미쇼트! 그는 열의가 넘쳐서 요리에 소질이 없어도 눈감아줄 수밖에 없었다"라고 그는 적었다.

선원들은 저녁마다 접시에 담긴 음식을 두고 농담했지만, 음식에 대한 일상적인 혐오감은 곧 심각한 위기로 변했다. 얼음 위에서의 생활은 나아질 거라 기대할 수 없었다. 그건 식사 시간도 마찬가지였다. 오히려 식사 시간이 꺼려졌다. 교도소 음식 같은 걸 먹는 것은 선원들이 저녁마다 자신들이 갇혀 있다는 사실을 떠올리게 했고, 사기 저하에 엄청난 영향을 미쳤다.

신선하고, 섬유질이 있고, 씹을 거리가 있는 음식을 갈망하던 몇몇 선원은 비축해두었던 펭귄 고기를 먹기로 결심했다. 라코비차가 잘라두었던 펭귄 고기를 해동해 미쇼트에게 맡겼다. 이들이 펭귄을 먹은 최초의 탐험가는 아니며, 이전에 먹은 사람들은 후기가 다양했다. 16

세기 후반 티에라델푸에고에서 프랜시스 드레이크와 그의 부하들이 마젤란펭귄을 처음으로 먹었는데, 그들은 "매우 훌륭하고 건강에 좋은 음식"이라고 평했다. 1841년에는 제임스 클라크 로스가 빅토리아랜드에서 황제펭귄을 먹었는데, 그들은 "고기가 거무칙칙하고, 비린 맛이 났다"고 기록했다. 이후에는 펭귄 고기를 식단에 추가하지 않았다.

미쇼트의 미숙한 손에는 고기를 다루는 일 역시 힘들었을 것이다. 생선 같기도 새 같기도 한 맛에, 고기 비린내가 강하게 났을 것이다. "피와 간유를 곁들인, 냄비에 구운 소고기와 코를 찌르는 대구, 그리고 북아메리카산 들오리댕기흰죽지 오리를 상상하면 어떤 맛일지 가늠이 될 것이다"라고 쿡은 적었다. 여기에 새에서 나는 끈질긴 구아노_{인조 질소 비료} 냄새까지 상상하면 그림이 완성된다. 벨지카호 선원 대부분이 펭귄 고기 한 조각을 먹고는 다시는 먹지 않겠다고 맹세했다. 쿡에 따르면, 선원들이 비위 상하는 고기를 오히려 자기가 고심해서 고른 통조림을 대신해 먹는 걸 모욕적이라 여긴 드 제를라슈는 펭귄 고기에 손도 대지 않았다. 사령관의 충실한 벗인 단코는 그걸 먹느니 차라리 죽는 게 낫겠다고 했다.

오로지 한 명만이 간신히 죽지 못해 사는 게 아니라 스스로 온전히 즐기고 있었다. 로알 아문센에게 얼음에서의 궁핍함은 고통이 아니라 즐거움의 원천이었다. "음식은 모든 면에서 최고였다"고 그는 자기 일기에 적었다. 노르웨이인으로서 그는 쾨트볼러도 잘 먹었고, 동료 장교들에게 쾨트볼러가 고양이 고기로 만들어졌으며, 그 안에는 아마 고양이의 머리카락, 이빨, 뼈가 갈려 있을 거라고 농담하며 맛있게 먹기도 했다. 또한 금요일마다 제공되기는 했지만 내기에서 졌을 때에나 먹는, 쾨트볼러보다 더 욕을 먹는 생선볼인 '피스케볼러fiskeboller'도 좋아했다. 아문센은 펭귄 고기에 대해서도 "원하기만 한다면 가장 맛있는 스테이크"가 될 수 있다고 말했다. 그는 올레오마가린을 두른 팬에 커틀릿을 간단히 굽기만 하면 된다고 권하기도 했다. 그는 아마 고기도 맛있게 즐겼겠지만, 고기를 마지못해 씹어 먹는 선원들의 찡그린 표정을 보는 것도 즐겼을 것이다. 아문센은 청소년 시절부터 그가 만난 운명의 탐험가 존 프랭클린에 대한 존경심을 품고, 고통을 고통으로 느끼지 않으며 오히려 성취와 동일시했다. 그런 그에게 맛없는 음식은 하찮은 것에 지나지 않았다.

여성 동료가 없는 것도 아문센에게는 별로 힘들지 않았다. 어쩌면 그는 벨지카호에 오르기 전 낭만적인 경험을 많이 못 했을 수도 있다.* 그는 지리적인 정복에 비하면 성적인 정복에는 별로 흥미가 없었다. 극지에 대한 야망을 성취하는 데 도움이 되지 않는 활동은 거의 하지도 않았다. 극지에서 보내는 매 순간이 그를 목표에 더 가까워지게 했다.

"봄이 오면 2인용 카약과 썰매를 끌고 남쪽으로 가보는 것이 나의 가장 큰 바람이다"라고 아문센은 4월 초에 적었다. (그는 2인용 카약에 함께 탈 사람이 누구였으면 하는지는 쓰지 않았지만, 브라반트섬 절벽에서의 경험 후에는 분명 쿡을 선호했을 것이다. 쿡이 원하지 않는 것이 아니라

---

* 아문센에 대해 전기를 쓴 작가들 중 한 명인 토르 보만라르센은 아문센이 안트베르펜에 있을 때 머물렀던 집주인 여자와 눈이 맞았다고 주장하기도 했다. 하지만 이에 대한 증거는 제시하지 않았다.

면 말이다.) 백일몽에 가까웠던 그의 계획은 6주 동안 남쪽으로 여행하며, 썰매를 끌고 얼음판 위로 식량을 싣고 전진하다가 물 때문에 앞으로 나아갈 수 없게 되면 카약으로 옮겨 타고 벨지카호로 돌아오는 것이다. 자기 계획의 대담함을 강조하면서 그는 "그런 모험을 할 땐, 다시 배로 돌아오지 못할 수도 있다는 각오를 해야 한다"는 말도 덧붙였다.

그런 깨달음은 아문센을 더 대담하게 만들 뿐이었다. 같은 일기에서 그는 계획을 수정했다. "글쎄, 그렇게 되면 계절이 허락하는 한 계속 서남쪽으로 전진하면 되겠다. 겨울이 다가오면 우리도 적절한 빙하 위에 최대한 가능한 방식으로 터를 잡을 것이기 때문이다. (…) 일단 캠프를 세우고 나면 겨울을 나기 위한 식량으로 펭귄과 물범을 잡아 비축할 것이다. 그리고 이듬해 봄 육지가 나올 때까지 다시 한번 서남쪽으로 가볼 것이다. 만일 우리가 찾은 육지가 사우스빅토리아랜드라면, 거기서 카약을 타고 좀더 북쪽으로 항해해, 북쪽 제도에서 호주 쪽으로 가려고 할 것이다. 물론 몇 년이 걸리겠지만, 분명 가능할 거라고 믿어 의심치 않는다."

카약을 타고 빅토리아랜드에서 호주까지 가는 것은 거의 자살 행위나 다름없고, 빙산에서 캠핑하는 것은 경솔한 짓이지만, 그는 신경 쓰지 않았다. 자기 선실에서 초를 켜고 미친 듯이 계획을 휘갈기던 아문센은 그 어느 때보다 자신만의 전설을 쓰는 데 집중하고 있었다. 몇 주 후 근처에 있던 빙산이 갑자기 엄청난 소리를 내며 옆으로 뒤집혔을 때, 아문센은 이렇게 적었다. "내 계획이 이렇게 영향을 받는 빙산에서 겨울을 보내게 두지는 않을 것이다."

아문센의 사기는 선실을 함께 쓰고 있는 무뚝뚝한 삼등항해사 쥘 멜라에르가 자신을 선원들이 있는 선수루로 옮겨달라고 요청했을 때 더 높아졌다. 그는 "우리는 사이가 좋지 않으니, 나도 그러기를 바란다"고 기록했다. 멜라에르가 선실에서 나간 덕에 노르웨이의 일등항해사는 자기만의 1인실을 갖게 되었고, 사관실의 분위기도 상당히 개선되었다. "그는 고물에 있는 사람들과 별로 좋은 관계를 맺지 못했다. 이제 고물 쪽에 있는 사람은 일곱 명이다. 여기 있는 여섯 명보다 더 친절하고 밝은 사람들을 보지 못했다. 이곳이 좋다"고 아문센은 적었다. 이 부분을 쓰고, 아문센은 잠시 숨을 골랐다. 고통은 성취와 같고, 즐거움은 나태함으로 이어지기 때문이다. 그는 이렇게 덧붙였다. "너무 좋아서 걱정이다."

아문센은 자신의 높은 사기가 분명 배의 다른 사람들보다 뛰어난 점이라고 확신할 수 있었다. 앞으로 몇 주간 어떤 일을 겪을지 거의 아는 바가 없었는데도 말이다. 그래도 두 가지는 확실했다. 더 추워지고, 더 어두워질 것이다.

제10장
마지막 일몰

시간이 지나도 쿡이 촛불에 그을린 현창에서 바라보는 풍경은 변할 기미가 없었다. 배와 비슷한 거리에 떨어져 있는 빙산은 마치 옆 동네 교회 첨탑처럼 안정적이고 또렷했다. 하지만 실제로 그렇지는 않았다. 지대가 전체적으로 하루 몇 마일 정도 불규칙한 속도로 계속 움직이고 있었기 때문이다. 벨지카호는 더 이상 동력으로 항해하지는 않았지만, 통제 불가능한 상태로 얼음과 함께 바다를 표류하고 있었다. "우리가 어디서 표류하고 있는지 알 수 없었고, 멀리 보이는 수평선, 셀 수 없이 많은 유빙과 빙산이 우리와 같은 속도로 함께 움직이고 있기 때문에 우리가 얼마나 움직이고 있는지 알 길이 없다"라고 쿡은 기록했다. 쿡은 선원들이 두려움과 광기에 얽매이거나 빠져들지는 않을지 점점 걱정되기 시작했다.

얼음들은 덩어리째 움직이는 데다 모양과 단단한 정도도 계속해서 바뀌었다. 유빙은 마치 육지처럼 보였지만 물처럼 움직였다. 다만 물보다는 느렸다. 시간이 지나며 유빙의 위치를 미묘하게 변화시키는 건 바다를 관통하는 바람과 해류였다. 하지만 일관성이 없었다. 바람과 해류가 반대 방향에서 올 때, 마치 고문이라도 하듯 얼음을 잡아 비틀었기 때문이다. 수면 아래 해류는 표면에 떠 있는 얼음보다 깊이 잠긴 빙산에 더 큰 영향을 주었고, 얼음을 아무렇게나 갈아내는, 부피가 큰 질량을 밀어내기도 했다.

일반적으로 두께가 몇 피트 되는 해빙들은 바람의 영향을 더 쉽게 받아, 벨지카호의 거의 모든 면을 스쳐 지나갔다. 쿡은 "아침마다 우리가 늘 하는 첫 질문은 '바람은 어떻습니까?'였다"라고 기록했다. 약한 미풍만 불어도 얼음이 배를 더 꽉 쥐게 하거나 전체적으로 움직이게 만들 수 있기 때문이다. 폭풍이 오면, 얼음에 균열이 생기면서 가늘고 거대한 크레바스를 그물처럼 만들어 평평하게 이어지는 곳이 줄어들고 그 사이로 배는 결코 지나갈 수 없다. 그렇다고 바람이 불지 않으면 얼음이 이완되면서 오래된 균열이 갑자기 터질 수 있었다. 반대로, 어느 방향에서든 바람이 일정한 시간 동안 불면 유빙들을 한데 모으고 잘게 부서져 있는 얼음 장애물들이 크레바스로 솟구칠 정도로 밀린다. 이러한 압력은 마치 자체적인 생명이라도 가진 듯 빠르고 격렬하게 진행되며, 그 진행은 얼음끼리 부딪치고 갈릴 때 나는 낮고 불길한 소리부터 높고 찢어지는 소리로 알 수 있었다. 그렇게 생성된 얼음 둔덕은 몇 시간 만에 이층집 높이가 되었다. 이처럼 거대한 얼음벽은 공기의 움직임만으로 생성되었다. 벨지카호의 목재 부분이 삐걱거리는 소리를 낼 때마다 선원들은 몸을 부르르 떨었고, 목숨이 곧 바람의 흐름에 달렸다는 사실을 떠올리게 되었다.

끊임없이 날카로운 소리를 내는 남극의 강풍은 마치 선원들의 피난처를 없애버리며 걷고 있는 그 배를 산산조각 내버리겠다고 위협하는 것 같았다. 쿡은 "지구의 극지방은 단연코 인간이 살 수 없는 곳이다. 이곳은 마치 지구가 우주를 지날 때 화난 영혼들이 발차기를 하는 곳인 것 같다"고 썼다. 무자비한 바람이 벨지카호 선원들의 운명을 쥐고 쫓아오는 것 같았다. 그러다 앞에 장애물이 별로 없을 때에는 앞으로 나가는 속도가 너무 빠른 나머지 선원들은 며칠 동안 밖에 나오지 못하고 배에 갇혀 있어야 했다.

바람과 해류 외에도 유빙의 모양을 바꾸고 선원들이 그에 대해 기존에 갖고 있던 인식을 극적으로 바꿨던 세 번째 요소가 있었다. 바로 빛이다. 드물게 날이 맑을 땐, 텅 빈 흰색 캔버스에 다채로운 색이 터져나왔다. 비록 짧지만 그 기쁨은 화려한 묘사가 나오게 만들었다.

"마치 다이아몬드 가루가 뿌려진 듯, 하얀 광야가 맑은 태양 아래서 반짝였다"고 드 제를라슈는 기록했다. "빙산과 빙구는 은빛으로 빛나는 볕을 과시하며, 그 뒤로 하늘에서 떨어진 것처럼 보일 만큼 순수한 푸른색 투명한 그림자를 드리운다. 해협은 마치 청금석을 따라 올라가는 듯하며, 해안에 갓 만들어진 얼음은 청록색 물감에 물든 것 같다. 저녁이 될수록 그림자는 미묘하게 연분홍과 연자주색으로 바뀌며, 빙산마다 마치 그 뒤를 지나는 요정들이 얇은 거즈로 베일을 만들어 걸어둔 것 같다. 수평선은 서서히 분홍색으로 물들다가, 노랑과 주황으로 물들고, 마침내 무수한 별이 반짝이는 짙푸른 하늘 속으로 태양이 사라지면 이후로 어두운 반짝임은 계속된다."

유빙은 빛의 놀이터였다. 태양빛은 낮은 각도로 지구를 비추었고, 대기를 지나며 구부러지고 비틀리다가, 차가운 공기에 닿으면 굴절되었다. 신기루, 안개 속의 흰 무지개, 지평선 근처의 작은 무지개, 환월_{달의} ^{좌우에 생기는 두 개의 점광원으로, 가짜 달을 말함}을 비롯한 다른 빛들이 만들어내는 속임수는 상당히 자주 나타나, 선원들은 이제 자기 눈을 믿지 않는 버릇이 생겼다. 바람이 불지 않는 날엔 얼음 결정이 공기 중에 천천히 떠다니며 프리즘을 형성해 빛을 굴절시킴으로써 마치 하늘에 여러 개의 태양이 떠 있는 것처럼 보이게 만들었다. 가장 장엄한 환상으로 알려진 환월은 태양 주위에 네 개의 가짜 태양 모양으로 나타나기도 했다. 그리고 수직과 수평의 두 직선이 이 구체를 연결해, 중앙에서 교차하며 거대한 십자가 모양을 만들기도 했다. 이런 광경은 르콩트와 같이 과학적 사고 성향이 강한 사람마저 경외심을 갖게 만들었다. "마치 지구 외에 다른 어떤 존재가 있는 듯했다"고 르콩트는 기록했다. "이런 광경은 특정한 신이라기보다는 대단히 우월한 어떤 신적인 존재가 있다고 느끼게 한다."

남극의 빛은 그나마 태양이 없을 때 혼을 덜 빼놓는다. 흐리거나 안개가 끼면, 즉 맑지 않은 대부분의 날에는 단색으로 된 황무지에 불과했다. 하늘도 회색이고 얼음도 회색인 탓에 수평선의 경계가 흐려졌다. 날이 저물면 거리조차 측정하기 어려워졌다. 쿡은 윤곽선을 알 수 있게 하는 그림자마저 없어지면, "거의 다 흐릿해지거나 왜곡되었다"
고 기록했다. "10~20피트 높이의 거대한 빙구도 우리 코앞에 올 때까
지 관찰되지 않았다. 때로는 먼 거리에서 빙산과 같은 신기루가 생성
되기도 했다. 우리는 마치 스키를 타고 미끄러지듯 이 거대한 장애물
을, 실제로는 몇 인치에 불과한 장애물을 통과했다는 걸 한참 뒤에야
알아차리기도 했다."

진짜든 가짜든 빛은 선원들이 보는 윤곽을 좌지우지했고, 점점 흐려
졌다. 겨울이 다가오면서 밤이 길어지고 기온이 떨어져 벨지카호 주
변 환경에 그나마 있던 색과 다양성도 빠르게 사라져갔다. 빙원과 빈
공간도 다 얼어붙고, 해빙들은 일정한 형태 없이 무분별하게 퍼져 있
었다. 고래가 물을 뿜는 소리를 듣는 일도 더 뜸해졌고, 펭귄은 더 이상
보이지 않았으며, 얼음은 곧 너무 두꺼워져, 물범이 숨 쉴 구멍을 뚫거
나 어두운 물속에서 먹이를 찾아야 할 것이었다. 생명체들이 빛을 따
라 전부 어딘가로 나가는 것만 같았다.

드 제를라슈는 낮밤의 경계가 흐려지고 시간 감각에 혼란이 올 정도
로 사람들을 잠식하는 단조로움이 그들의 영혼에 미칠 위험을 예리하
게 파악하고 있었다. 그는 사전에 막기 위해, 선원들이 좋아할 만한 특
별한 날을 만들어주어야겠다고 생각했다. 생일, 기념일, 선원들의 조
국의 국경일 등 축하할 수 있는 모든 날을 특별한 날로 만들어, 허용치

안에서 음식을 아낌없이 제공했다. 쿡은 이렇게 기록했다. "일주일 중 하루도 특별한 날로 먹고 마시지 못하면, 그 주의 시간은 매우 느리게 갔다." (빙원생활에서 몇 안 되는 좋은 점 가운데 하나는 샴페인을 완벽하게 차갑게 만들 수 있다는 것이었다.) 선원들은 미쇼트가 기획한 야심찬 잔치까진 아니더라도 즐거움을 느끼고 싶어 이런 날을 간절히 기다리곤 했다.

단조로움을 타파해주는 또 다른 즐거운 일은 라코비차의 일일 만화 설명이었다. 동물학자였던 라코비차는 해부학 그림 실력에 더해 풍자와 외설에도 일가견 있는, 동유럽의 통렬한 풍자 만화가였다. 라코비차의 연필 드로잉은 외설적이고 천박할 때도 있지만, 벨지카호에서의 생활에 대한 필터링되지 않은 선원들 사이의 유머가 되었다.

라코비차의 만화는 일종의 연재 드라마, 즉 얼음 위의 오페라 극장을 만들어낸 것이었다. 그 주인공은 원정대의 지질학자이자 기상학자인 헨리크 아르츠토프스키였다. 라코비차는 그의 동료 과학자를 아르토초라는 이름의 멍청한 마술사로 그려냈고, 긴 수염과 오리궁둥이를 특징으로 했다. (예: 아르토초의 엉덩이는 바람이 불면 부풀고, 비가 내리면 처지며, 건조하면 움츠러들고, 폭풍우가 불면 아주 크게 부푸는 기압계 역할을 한다.) 26세인 아르츠토프스키는 실제로도 배에서 가장 진지한 성격이어서 라코비차의 표적이 되곤 했다.*

---

* 라코비차는 평소에도 아르츠토프스키에게 장난을 잘 쳤다. 한번은 저녁 식탁에 돼지기름 놓는 자리에 바셀린을 올려두고는 아르츠토프스키가 맹한 표정으로 바셀린을 잔뜩 발라 빵을 먹는 모습을 재미있어하며 구경하기도 했다.

　라코비차는 아르토초가 빌-어-먹-을이라고 쓰여 있는 장대한 북극
광을 근엄하게 관찰하는 모습, 그리고 정작 별 관심 없는 펭귄 무리에
게 거드름을 피우며 펭귄 한 마리가 오줌 싸고 있는 모습 같은 것을 그
렸다.

　아르토초와 이상한 노르웨이 미트볼 쾨트볼러에 관한 농담 말고도
라코비차가 만화에서 다루던 특이한 주제가 또 있었다. 바로 성적인
농담이었다. 일명 '미셸의 즐기기'라는 만화에서 단코가 자기 동네 배
수구에 누운 채 소변을 보는 여성의 치마 속을 올려다보는 걸 그렸다.
라코비차는 심지어 벨지카호에서의 생활을 "여자 없는 남극"이라고
부르며 실제 신문처럼 1면 기사를 만들기도 했다.

　놀랍게도 이런 외설과 성적인 농담에 가장 적응하기 힘들어한 사람
은 쿡이었다. 외로움 타는 미국인으로, 처음엔 저속한 농담을 좋아할
거라고 사람들은 생각했다. 하지만 르콩트는 그를 "지구가 만들어진
이래 가장 완고한 미국인"이라고 표현했다. 평범한 집에서 자란 쿡은
오래전부터 원해왔던 사교계에 들어가 더 잘 어우러지기 위해 고상함
을 몸에 익혔다. 게다가 벨기에인과 달리 과음도 하지 않고 언제나 분
별력을 잃지 않았다.

　쿡은 특히 역하고 외설적이면서 3개 국어가 섞인 말장난을 좋아하
는 동료 장교들과 어울리지 못했는데, 어쩌면 그들을 이해하지 못해서
였을 수도 있다. "뉴욕에선 그런 소릴 하지 말게나." 쿡은 조용히 타일
렀다. 하지만 정중한 사회와는 수천 마일 떨어진 이 고립된 배 위에서
그의 세련된 분위기를 계속 지키긴 힘들었다. 쿡은 저속하긴 할지언정

지속되는 우울함을 타파할 중요한 예방 수단이라는 걸 받아들이는 수밖에 없었다. 르콩트는 "덕분인지 쿡의 기분이 덜 우울해졌다"라고 적기도 했다. "그는 우리의 농담을 즐겼고, 오히려 나중엔 재미있어하다가 결국 우리의 우스꽝스러움에 함께했다." 얼마 지나지 않아, 쿡은 언어 장벽도 가볍게 뛰어넘더니 본인이 말장난을 하기에 이르렀다.

물론 쿡은 실제로는 할 수 없는 것에 자꾸 집착하는 게 건강에 좋지 않다고 여겨 자신의 건강한 성욕에도 불구하고, 사관실 탁자에서 끊임없이 여자와의 잠자리에 대해 이야기하는 건 자제했다. 어느 날엔 동료 장교와 과학자들에게 "자꾸 그러다가는 배 위에서 거세 콤플렉스와 같은 증상이 생길 수도 있다"고 경고했다. 그 말을 들은 사람들이 깜짝 놀라자, 쿡은 여자에 대한 모든 미련을 빨리 버릴수록 더 좋아질 거라고 말했다. "아문센과 나는 성 억제 단계를 통과했다"고 그는 덧붙였다. 극지 탐험에서의 수도승 같은 생활에 이미 완벽히 적응한 노르웨이인 일등항해사 아문센은 동조하는 척했다.

그러나 쿡이 단순히 남자들의 생각을 다른 쪽으로 돌리려고 한 것이었다면, 그 계획은 극적인 역효과를 가져왔다. 4월 7일, 신문 더미를 뒤지던 한 장교가 안트베르펜 후원자가 기증한 삽화 잡지 몇 권을 발견했다. 이 잡지에는 파리의 사교계 명사, 여배우, 카바레 연주자 등에 관한 이야기가 실려 있었다. 이는 아주 잘 꾸려진 미인대회를 조직하는 데 영감을 주어버렸다. "사진이 거의 500장에 가깝게 선택되었다"고 쿡은 기록했다. "사진은 전부 여성의 아름다움을 나타낼 수 있는 모든 종류의 포즈, 옷을 입고 있는 여성, 벗고 있는 여성, 해부학적인 여성의 일부 등이었다." 그리고 사진 속 여성들은 '결점 없는 캐릭터' '멋지고, 사람 같음' '예쁜 손(섬섬옥수)'과 같은 정숙한 기준에서부터 '입술(큐피드의 활)' '유연한 허리' '레 젬베(다리)'와 같은 선정적인 기준으로 분류되었다. 장교와 과학자들은 장장 사흘에 걸쳐 열띤 토론을 해댔다(선원들은 분류에는 참여할 수 없었다). 아르츠토프스키는 '얼음의 제왕 아르토초 1세'라는 조롱 섞인 타이틀을 달고 선발 과정에서 사회를 봤다.

　미인대회의 승자는 4월 10일 저녁 식사 후 발표되었다. 두 명의 최종 후보는 댄서이자 뮤즈인 클레오 드 메로드(화가 툴루즈 로트레크에 의해 불멸이 된)와 클래라 워드(미국 디트로이트 출신의 상속녀로, 벨기에 왕자와 결혼했다가 무일푼의 헝가리인 바이올리니스트와 사랑에 빠져 떠남)였다. 거센 논쟁이 일어났다. 워드 편이었던 르콩트는 쿡이 마지막 표를 가지고 있어서 쿡이 워드에게 투표하도록 열심히 설득했다. "쿡은 완전히 어리둥절해했다"고 르콩트는 적었다. "우리가 무슨 소릴 하는지 하나도 이해하지 못했다. 하지만 나에겐 굉장히 유리했다. 다른 사람들에게도 매수되지 않았으니까! 게다가 쿡은 원래 그 편이었던 듯, 열심히 이 말만 외쳐댔다. '209번, 클래라, 1등!'" 평화로운 중간자 역할을 하던 드 제를라슈는 샴페인을 터뜨렸고, 사람들은 "모든 미녀를 위하여!"라고 소리치며 힘차게 건배했다.

　르콩트는 비틀거리며 코엘로폰으로 가서 벨기에 국가 롤을 삽입하고 크랭크를 시작했다. 알아들을 수 없는 이상한 노래가 나오자 취해서 롤을 거꾸로 넣은 걸 알아차렸다. 세상 밑바닥에서 벌이는 이 축제에 어울리는 마무리로, 거꾸로 재생된 벨기에 국가 「브라반트 행진곡」

이 어둡고 황량한 해빙을 가로질러 울려퍼지자 사관실에서는 웃음이
터졌다.

그것은 마지막으로 행복한 저녁이었다.

낮은 벨기에의 겨울만큼 짧아졌지만, 위도 때문에 매일 최대 25분씩
빛이 완전히 차단되어 더 짧았다. 2주간은 밤이 세 시간 넘게 길어지기
도 했다. 드 제를라슈는 어둠이 길어질수록 배 위의 질서가 무너지지
나 않을지 두려워했다. 그래서 해가 잘 뜨지 않는 날이 길어질수록 빛
보다는 시계를 기준으로 엄격히 일과를 규제했다. 일과는 아침 8시에
시작되어 점심 식사와 운동을 위한 휴식 시간을 포함해 오후 5시까지
계속되었다. 그러다 5시 반에 저녁 식사를 하고, 이후에는 카드놀이,
옷 수선, 독서 등의 여가 시간을 가졌다. 달이 밝은 날엔 유빙 위로 건
너가 선원들과 저녁 산책을 하기도 했다.

일요일과 공휴일에는 선원들에게 럼주 한 병과 보르도 와인 150밀
리리터씩을 주었다. 드 제를라슈가 숙소 청결 상태에 만족한 날은 아
침에 포트와인 한 잔씩도 주었다. 푼타아레나스에서 있었던 술에 의한
폭동을 미연에 방지하기 위해 장교들의 특권으로 마시는 술 외에 음주
는 일체 금지되었다.

드 제를라슈는 당시 유럽을 장악하고 있던 사회주의 운동에서 영감
을 받아 하루 8시간 노동을 정해두었다. 하지만 벨지카호에서는 과로
가 문제가 아니었다. 제를라슈로서는 얼음 사이에 갇힌 상태에서 선원
들이 하루 8시간씩이나 할 수 있는 일을 찾아내는 것이 오히려 더 걱정

이었다. 주요 임무는 얼음이 배를 놓아줄 때까지 일단 생존하는 것이었다. 종종 과학자들을 도와주는 것 외에는 주로 눈덩이를 모아서 담수를 만들어 갑판을 깨끗이 청소하는 일을 했다. 그나마 사냥이 흥미로운 유일한 일과였는데, 갈수록 야생동물이 나타나지 않으면서 사냥 활동도 거의 중단되었다.

드 제를라슈가 기울인 최선의 노력에도 불구하고 4월 말까지 배 전체, 특히 선원실에서 지루함이 시작되었다. 몇몇 선원은 공식 명령이 없는 한, 다른 일과를 하지 않거나 일주일에 한 번씩 젖은 해면으로 몸을 씻는 일도 하지 않았다. 또 몇몇은 적어도 하루에 한 번은 운동을 해야 한다는 쿡의 권고에도 불구하고 배에서 내리지조차 않았다. 폭동이 일어날 기미가 감돌았다. 선원들의 자포자기는 술집이나 매춘 업소로 탈주하거나 금 채굴 현장에서 도박하는 푼타아레나스에서보다 더 나쁜 현상이었다.

선원들에게 매일 배급되는 저급한 통조림 음식이 불만을 부채질했다. 선원과 장교들은 식품 품질이 나빠지는 게 결국 일이 잘못되어가는 것 아니냐고 드 제를라슈를 비난하다가 맛없는 음식 자체 때문에 미쇼트를 번갈아가며 비난했다. 쿡은 "메뉴 선정을 계속 비난하고 있으며, 저장된 음식은 풍자의 소재로 쓰이고 있다"고 적었다. "모두가 음식 메뉴 선택과 준비를 욕하고 있다. 물론 그중엔 건설적인 비판도 있지만, 대부분은 익숙한 편안함을 벗어난 채 고립되어 절망을 느낄 때 나타나는 자연스러운 반응이다." 하지만 이 불만은 갈수록 무시할 수 없는 수준이 되었고, 문제는 점점 더 심각해졌다. 음식은 더 먹을 수 없을 정도가 되어 선원들이 항의하는 것도 문제였지만, 부족해지기까지 했다. 쿡은 선원들 사이에 커져가는 분노를 "식량 폭동"이라고 묘사했다.

불만이 너무 거세져서 르콩트는 5월 2일 저녁 식사 후에 드 제를라슈를 따로 만나 선원들의 불만 사항을 전달하고 그들의 말에도 일리가 있다고 말했다. 그리고 불만을 묵살하는 것은 현명하지 못하다고도 말했다. 물론 르콩트는 선원들 앞에선 드 제를라슈의 결정에 의문을 제기하지 않았다. 하지만 자신도 맛없는 죽 같은 걸 억지로 먹어야 했던 터라 그의 말투는 약간 전투적이었다. 르콩트는 겨울을 날 수 있을 만큼 식량이 충분한지 물었다.

"충분히 있소." 드 제를라슈가 대답했다. "하지만 나중에 우리가 돌아가면, '언론'들이 뭐라고 하겠소? 그런 상황에서 너무 잘 먹었다고 비난하지 않겠소?"

르콩트는 자기 귀를 의심했다. 그의 사령관은 부하들의 복지보다 고향에서의 자기 명성에 더 관심이 있는 듯했다. 거의 집착에 가까웠다. 드 제를라슈는 언론에서 자신이 벨지카호에 좋은 음식을 너무 많이 가져가서는 부하들을 비애국적으로 배불리 먹였다고 비난할 것에 집착했다. 지금 여기는 벨기에가 아니라 1만 마일이나 멀리 떨어진 곳의 떠도는 유빙 사이이며 목숨 걸고 버티는 중이라는 사실을 잊은 듯 보였다.

드 제를라슈의 냉정한 말을 듣고 르콩트는 욱해서 언론, 특히 "남극에 대한 언론" 좀 그만 신경 쓸 수 없냐고 목소리를 높였다. 그러고는

"온대지역에서 떠드는 쓰레기 같은 말들에 대한 걱정은 집어치우고" 선원들에게 충분한 음식을 제공하라고 주장했다.

결국 드 제를라슈는 르콩트의 조언대로 일일 배급량을 늘렸다. 그리고 한 가지 메뉴만 너무 자주 제공되지 않도록 메뉴를 순환시켰다. 하지만 선원들은 양이 충분해졌는데도 만족하지 못했다. "우리는 몹시 지쳤다"고 쿡은 기록했다. "깡통에서 나온 모든 걸 경멸했다." 아무리 메뉴를 바꿔도 통조림의 물컹물컹한 식감을 견디는 걸 보상해줄 수는 없었다. 우설, 송아지 고기 스튜, 양고기 파테, 토끼 고기 스튜는 질감이나 맛에서 거의 구별이 불가능했다. 마리네이드에 절인 청어마저 밍밍했다. 야채는 전부 녹회색이었고 늘 시들어빠진 상태였다.

"위는 천연 섬유질이나 질기거나 거친 음식을 필요로 한다"고 쿡은 관찰했다. 그는 이대로 몇 달 후면 인체가 통조림에서 영양분을 얻는 것 자체를 멈추리라고 생각했다. "어쩌면 자갈이나 모래가 들어 있는 걸 먹는 게 나았을 수도 있다. 이로 씹는 식감을 얼마나 갈망했던지!"

쿡은 더 이상 호기심 많은 인류학자가 아닌, 의사의 관점에서 관찰하기 시작했다. 5월 초 배에서 나타난 전반적인 소화불량을 보고 놀란 쿡은 장교실과 선실 모두에서 정기 건강 검진을 실시해 체중과 체온, 심장 박동 수를 재고 입과 눈을 검사했다. 몇 달 동안 갇힌 상태에서 활동이 없어 맥박은 불규칙했고, 선원들은 "약간의 영양 부족 상태로 불면증에 시달렸다. 하지만 류머티즘, 신경통, 그리고 그다지 치명적이지 않은 몇몇 외상과 가벼운 발작 외에 큰 병은 없었다"고 쿡은 기록했다.

쿡은 웬만해서는 약을 주지 않았다. 한 선원에게는 "뉴욕에서 만난

내 정식 환자였다면 돈을 벌어야 하니 아마 약을 줬을 것"이라고 말했다. "하지만 여기선 굳이 약을 먹을 필요가 없소. 약 없이도 나을 정도요!"라고 하면서.

처음에는 불안 증상이 주로 심리적으로만 생겼고, 신체에까지 나타나진 않았다. 가까운 시일 내에 빠져나갈 가망이 보이지 않는 상황에서 배 전체의 분위기는 지루함, 불안, 불쾌감 정도였다. 가을 동안 일어난 몇몇 사건은 일시적으로 선원들의 마음을 약하게 만들었고, 상황의 위태로움을 피부로 느끼게 했다. 어느 날은 선실의 스토브 배관 뒤쪽의 목재 부분에 불이 붙었다. 다른 선원들이 물과 펌프를 찾기 위해 미친 듯이 갑판을 뒤지고 다니는 동안 아문센은 침착하게 스토브를 빼내서 눈으로 불을 껐다.

5월 중순, 단단해서 깨지지 않을 것 같던 해빙 더미로 벨지카호를 몰아넣었던 북풍이 계속 불어, 해빙을 조각내며 위도 71°35′ 남쪽으로 벨지카호를 더 밀어냈다. 선원들의 발아래 얼음 더미에 균열이 생겼다. 이는 눈에 보일 때도 충분히 치명적이었지만, 곧 눈이 그것들을 덮어 쿡과 아문센이 브라반트섬에서 간신히 살아나온 것과 같은 죽음의 함정이 될 수도 있었다. "이런 폭풍우 속에서 해빙을 헤치고 나가는 건 현명하지 않았다"고 쿡은 기록했다. "지금처럼 부드럽게 표류하면서도 이미 몇 차례나 눈을 덮어썼고, 치명적인 사고는 쉽게 발생할 수 있었다."

얼음은 갈라지면서뿐 아니라 안으로 합쳐지면서도 죽음으로 몰 수 있었다. 말하자면 매복하고 기다리고 있는 포식자와도 같았고, 갑작스러운 공격은 몇 주 전부터 먹이를 평화롭다고 착각하게 만든다. 5월 13일의 고요한 밤, 망을 보던 선원들은 해빙 위를 내다보다가 놀라운 광경을 목격했다. 르콩트가 얼음 위에 만들어둔 작은 관측소 막사가 새로 열린 빙하의 균열 사이로 빠른 속도로 빨려들어가 눈앞에서 다시 균열이 합쳐지면서 그 사이로 막사를 집어삼키는 믿을 수 없는 광경으로, 르콩트는 동료들에게 소리 지르며 갑판으로 달려나갔다. 나무판자가 하나씩 갈라지기 시작했다. 불과 몇 초 만에 관측 막사는 물론이고 그 안에 설치해둔 소중한 기구들이 깊은 얼음 속으로 사라지려 하고 있었다.

르콩트, 쿡, 아문센은 얼음 위로 뛰어내려 무너지고 있는 막사로 달려갔다. 바닥은 이미 무너졌고, 르콩트의 장비 일부는 물속에 사라지고 없었다. 세 사람이 달려들어 밧줄을 묶고, 있는 힘껏 끌어당겼지만, 막사는 몹시 무거웠고 얼음이 막사 양옆을 단단히 찍어 누르고 있었다. 발이 크레바스 쪽으로 미끄러지고 있었다. 곧 선원 9명이 와서 힘을 보탰다. 그 덕에 그들은 "시간 내에" 막사를 구조하는 데 성공했다.

선원들은 르콩트의 장비 중 일부와 관측 막사를 다시 짓기에 충분한 건축 자재를 건질 수 있었다. 하지만 얼음은 벨지카호와도 가까이 있었다. 막사에 일어난 일이 배에 일어나는 건 시간문제임을 선원들은 깨달았다. 실제로 지넷호를 비롯해 얼음에 갇힌 수많은 배가 어떻게 얼음 속으로 사라졌는지 그들은 알고 있었다.

촛불 없이 글자를 읽을 수 있는 시간을 기준으로 할 때, 몇 주 동안 어둠은 더 길어져갔다. 해가 지기 전까지 밝은 시간은 한 시간 이내로 줄어들었다. "지금 정오는 한 달 전의 새벽녘과 저물녘보다 밝지 않다"고 쿡은 적었다.

르콩트의 계산상 배가 현재 북쪽이나 남쪽으로 너무 멀리 표류하지 않았다고 가정하면 태양은 5월 16일쯤 수평선 아래로 완전히 떨어진 후 70일 동안 떠오르지 않을 것이었다. 그나마 굴절, 즉 대기 중에 빛이 휘어지는 현상을 통해 이튿날까지는 마지막으로 환한 햇빛을 볼 수 있을 거라고 예측했다.

선원들은 두려운 마음으로 5월 17일을 기다렸다. 애국심이 강했던 아문센과 다른 노르웨이인 선원들은 그나마 그날이 1814년 노르웨이 헌법 제정일이라는 점을 약간의 위안으로 삼았다(비록 같은 해에 일어난 전쟁 이후에 스웨덴 점령지가 됐지만). 하지만 얼음 위, 세상 끝에서 태양의 움직임은 인류의 역사, 정치, 전쟁이라는 동떨어진 스토리보다 더 중요했다. 국경일을 축하하기 위해 점심시간에 배에서 아무리 샴페인을 터뜨린다 해도 애도의 날이 될 것이었다.

대망의 그날 아침, 지평선은 짙은 안개에 덮여 있었고, 태양은 자기 장례식에 나타나주지 않을 작정인 듯했다. 그런데 아침 식사 직전, 르콩트가 사관실에 갑자기 뛰어들어 햇빛과는 전혀 다른 훨씬 더 낯선 종류의 빛을 목격했다고 말했다. 몇 시간 후로 예정돼 있던, 북쪽의 덧없는 마지막 일출 대신, 서쪽에서 마치 누군가 메시지를 보내는 듯 푸른빛이 깜박였다고 말했다. 그러고는 동료 장교들을 눈 덮인 함교로 불러 직접 보게 했다. 처음엔 아무것도 보지 못한 동료들이 시력이 떨어졌다거나 상상력이 지나치게 풍부한 것 아니냐고 했다. "우리는 그가 너무 일찍 일어나서 그렇다고 비난했다"고 쿡은 썼다. 몸을 움츠리고 발을 구르며 다시 안으로 들어가려던 그때, 다들 그 빛을 보았다. 빛이 횃불처럼 깜박이며 다시 나타난 것이다. 흥분한 장교들은 맥박이 빨라졌다. 이 대륙에 우리만 있는 게 아닐 수도 있다!

"곧 모든 선원이 갑판 위로 나왔고, 모두가 빛이 우리 쪽으로 오고 있다고 생각하는 것 같았다"고 쿡은 썼다. "사람일까? 혹시 남극에 알려지지 않은 어떤 종족이 살고 있었던 건 아닐까?" 쿡이 브루클린에서 몇 년 전 "고립된 부족"을 발견할지도 모르겠다고 사람들에게 설명했더라면, 엄청난 업적이 되는 순간이 아닐까? 이 빛이 5년 전 라슨 선장이 시모어섬에서 만난, 모래와 시멘트로 된 불가사의한 영역을 창조한 사람이 보내오는 신호는 아닐까? 정체를 알아내기 위해 누군가는 배에서 내려 다가가봐야 했다.

외교적으로 만나야 할 때나 혹은 더 적대적인 대치 상황에 직면할 때, 선원들은 원정대 사령관이나 벨지카호 선장이 아닌, 그들 중 가장 타고난 지도자에게 눈을 돌렸다. "가장 크고, 가장 강하고, 가장 용감하고, 그리고 갑작스러운 비상사태에 대체로 가장 침착했던 아문센은 아노락을 걸쳐 입고 스키를 타고 빙원의 음침한 어둠을 빠르게 넘어 빛으로 향했다"고 쿡은 기록했다.

얼마 후 장교와 선원들은 횃불을 들고 배 쪽으로 성큼성큼 다가오는 아문센을 보았다. 아문센은 쭈뼛쭈뼛 배에 올라타며 그 빛이 빙산의 눈에 반사된 것이며, 광원은 생물발광하는 해조류의 표면이었다고 보고했다. 처음에 즐거움과 안도감을 주며 환영받던 빛은 사람들 마음 속에서 실망감이 되었다. 그들의 기대감은 마치 초자연적인 어떤 것이 앞으로 맞이할 수밖에 없는 몇 달 동안의 깊은 밤이라는 운명에서 자신들을 구해주기를 바라는 소망이었다. 하지만 그럴 존재가 없다는 걸 확인하자 고립감은 더 깊어질 뿐이었다.

10시가 되자 안개가 갑자기 걷히며 마지막 해가 올라오려고 했다. 정오가 다가오자 쿡, 아문센, 드 제를라슈는 쿡이 "새날을 알리는 마지막 신호"라고 부르는 광경을 보기 위해 한파 이후 다시 한번 닫힌 얼음 위로 스키를 타고 갔다. 이들의 눈에는 크림색 빛이 밤에 밀려 뒤로 물러나고 있는 북쪽 수평선이 보였다. 그 뒤에는 주황색 너울이 보였다. "정확히 정오가 되자 태양의 절반이 얼음 위로 올라왔다." 쿡은 기록했다. "금색에, 열기 없고, 광선도 없고, 슬픈, 둔한 선으로 된 반원이었다. 그러고는 몇 초 후 다시 가라앉았고, 사라진 자리엔 아무런 색깔도 남지 않았으며 (…) 긴 어둠의 시간이 시작됐다. 우리는 다시 배로 돌아갔고, 오후에는 한겨울을 날 계획을 세웠다."

남극의 밤은 균일한 검은색이 아니었다. 지구의 자전이 몇 시간 동안 지속되는 황혼을 보여주었다. 아침마다 태양이 뜰 것 같았지만 아슬아슬하게 절대 뜨지 않았다. "우리는 이 창백한 새벽이 태양을 낳아줄 수 없으리라는 걸 느꼈다"고 드 제를라슈는 기록했다. "태양은 어둠에 맞서 승리하려는 노력을 포기했다. 인지할 수 없는 변화 속에서 황혼으로 바뀔 따름이었다."

태양이 사라지자 생명의 무리도 사라졌다. 거의 모든 탄소 기반 생명체는 태양의 힘을 받는 존재였다. 풀은 땅에서 유기물을 만드는 데 필요한 미네랄을 태양 에너지에서 흡수하고, 소가 그 풀을 먹으며, 인간이 그 소를 먹는다. 크릴새우는 식물성 플랑크톤을 먹고, 펭귄이 그 크릴새우를 먹으며, 표범물범이 그 펭귄을 먹고, 갈매기가 그 물범의 사체를 먹는다. 식물성 플랑크톤도 풀처럼 광합성을 해야 한다. 엽록소가 태양의 빛과 열을 받아 화학 에너지로 변환시킨다. 이것들이 바로 남극 먹이사슬의 최하단 기초를 이루며, 라코비차의 말처럼 "물에 떠다니는 거대한 대초원"을 이룬다. 하지만 얼음이 무척 두껍거나 태양이 뜨지 않을 땐 빛이 도달할 수 없어, 식물성 플랑크톤은 죽고 해저로 가라앉는다. 얼음 바로 아래에서 플랑크톤을 먹고 사는 동물성 플랑크톤은 자기네끼리 잡아먹는다. 라코비차는 현미경으로 그 모습을 목격했다. 얼음 아래에서 먹을 게 없는 크릴새우 떼는 그대로 표류하거나 활동을 줄여서 신진대사를 줄인다. 사냥하는 데 빛이 필요한 더 큰 동물들은 그나마 더 밝은 얼음의 북쪽 가장자리로 이동했고, 동시에 나머지 생태계도 옮겨갔다. 얼음 위아래는 전부, 드 제를라슈의 말처럼, "죽은 세상"이 되었다.

제11장
최남단의 장례식

긴 밤이 시작되기 전 쿡은 선원들의 행동에서 점점 더 불안한 변화를 감지했다. 그는 "동료들의 얼굴에서 그들의 생각과 우울한 기분을 읽는 건 어렵지 않았다"고 적었다. "테이블 주위, 실험실, 선원실에서 선원들은 슬프고 낙담한 채 때때로 열정을 향한 공허한 시도를 유발하는 우울한 꿈에 빠져 주저앉아 있다. 아마 쉰 번쯤 반복되는 농담과 이야깃거리는 불과 몇 주 전만 해도 웃어넘기던 음식이 지겹고 입맛에 맞지 않게 변했듯, 그렇게 지루해져만 갔다. 밝은 희망을 갖게 하려는 노력은 모조리 실패했다."

쿡은 전반적인 분위기가 처질 거라고 예상은 했지만, 마지막 일몰 후 며칠 동안 나타난 깊은 우울감에 깜짝 놀랐다. 선원들은 절망감에 사로잡힌 채 벨지카호의 갑판을 어슬렁거렸다. 인류라면 누구나 느끼는 어둠 속에서의 태고의 우울함(빅토르 위고가 "햇빛이 없는 것에 대한 불안으로 인해 나타나는 깊고 어두운 고뇌 상태"라고 묘사한 우울)에 완전한 고립감, 그리고 얼음이 갈라져 위험해질지 모른다는 두려움이 더해져 심화되었다. 쿡은 "얼음처럼 황량한 바깥세상 위로 떨어진 어둠의 커튼이 우리 영혼 안쪽까지 내려왔다"고 표현했다. "신체적으로, 정신적으로, 그리고 인간적으로 우리는 우울해졌다."

선원들은 현기증과 두통을 호소했다. 예민해져서는 혼자 있고 싶어 했고, 벨지카호의 비좁은 숙소 안으로는 들어가려 하지 않았다. 쿡은 이렇게 기록했다. "우리가 몇 시간씩 떨어져서 거리를 유지할 수 있다면, 동료들에게 새로운 관심을 보이고 새로운 면을 보는 법을 배울 수 있었을지도 모른다. 하지만 지금은 불가능하다. 우리는 춥고 단조로운 어두운 밤 못지않게 동료들과 함께 있는 것도 지겨워졌기 때문이다."

고양이 난센도 괴로워했다. 갑판에서 그루밍을 하고, 저녁 식사 때 선원들의 다리 사이를 부비며 지나가고, 밤이면 동그랗게 몸을 말고 자는 난센은 편안함과 즐거움을 주는 존재였다. 선원들이 서로에게 지쳐갈 때, 까만색과 흰색 무늬를 가진 고양이는 애정을 쏟을 마지막 대상으로 남아 있었다. 하지만 난센마저 우울함으로부터 자유롭지 못했다. "난센은 주변 환경과 사람들에게 완전히 지친 것 같았고, 최근에는 사람들이 다니지 않는 구석에만 가 있으려고 한다." 이름 때문에 수컷이라고 생각한 쿡은 남성 명사를 사용해 이렇게 적었다. "그의 순하고 활달한 성격은 툭하면 으르렁대는 성격으로 변해버렸다." 쿡에게 보인 난센의 으르렁거림은 선원들의 행동에서도 나타나고 있었다. 난센의

변화는 지루함만으로는 배를 장악하고 있는 괴로움을 다 설명할 수 없
다는 신호이기도 했다. 신체적·정신적으로 단순한 지루함 이상의 어
떤 힘이 작용하고 있는 것 같아 쿡은 그게 뭔지 알아내기로 결심했다.

선원들 가운데 누구도 길고 어두운 밤이 주는 정신적·신체적 괴로
움으로부터 자유롭지 못했지만, 몇몇은 특히 더 괴로워했다. 어느 정
도의 심리적 괴로움은 예상하고 미래를 위한 필수적인 훈련으로 여기
면서 참여한 쿡과 아문센이 그나마 가장 나았다. 쿡이 특히 걱정한 사
람은 그중에서도 가장 고통스러워하는 이로, 다름 아닌 드 제를라슈였
다. 사관실의 널찍한 공간은 누구보다 큰 고독감을 느끼게 했고, 깨어
있는 대부분의 시간 동안 드 제를라슈는 그 안에 갇힌 채 식사 때 외에
는 나오지 않았다. 그를 걱정한 르콩트는 "저녁 식사 후 다리에서 몇 분
정도 함께 있다가 다시 들어가 이튿날 아침까지 밖으로 나오지 않았
다. 그의 건강이 좋지 않다. 그는 자기 방에서 끝없이 싸우는 것 같다"
고 썼다.

쿡은 드 제를라슈의 상태를 설명할 수 없었다. 르콩트는 원인 중 하
나가 피로감이라고 생각했다. 그 이유가 무엇이든, 드 제를라슈는 자
기 책상에서 수많은 시간을 혼자 보냈다. 밖은 무한히 어둡고, 내부는
촛불 하나만 깜박여, 사관실의 직사각형 창문은 거울이 되었고 드 제
를라슈는 남극의 밤으로 인해 수척해진 자기 얼굴을 응시했다. 다년간
그는 지구의 최남단으로 가 벨기에의 영광을 드높이는 꿈을 꾸었다.
마침내 이곳에 도착했지만, 그런 승리감은 전혀 느낄 수 없었다. 고통
과 슬픔뿐이었다. 휘하의 부하 한 명은 이미 사망했고, 남은 18명의 목

숨도 보장할 수 없었다.

드 제를라슈는 워낙 차분한 성격이었고, 그런 성격은 전보다 더 두드러졌다. 벨지카호는 원래 가지고 있던 건강 문제와 자신이 경험했던 당시의 우울감을 떠올리게 만들었다. 그의 안에서 무언가가 조각나고 있었다. 드 제를라슈처럼 광활한 바다를 좋아하는 사람에게 얼음 속에 갇힌 배를 이끌라는 건 목적을 빼앗는 가혹한 일이었다. 이미 해빙은 그에게서 벨지카호를 빼앗았다. 키는 얼어붙었고, 조타 장치는 꿈쩍도 하지 않았으며, 돛은 아무 역할도 하지 못했다. 드 제를라슈도 그렇게 되고 있었다. 배에서 점점 더 모습을 보이지 않았다. 선원들은 그가 사관실에서 배의 일지를 업데이트하는 데 시간을 보내고 있는 거라고 생각했다. 하지만 이 시간 동안 일지는 창밖의 풍경만큼이나 황량하게도 텅 빈 상태일 뿐이었다.

평소에 적응을 잘하던 사람들은 계속 바쁘게 돌아다니는 경향이 있었지만 아무도 쿡만큼 활동적인 상태를 유지하려고 노력하지는 않았다. 쿡은 사진 작업, 글쓰기, 운동하기, 극지 탐험 장비 손보기 등을 하며 지루함에 침착되지 않았다. 무엇보다 바람에 의해 움직이는 썰매를 디자인하며 침대 시트로 화려한 돛을 만들기도 했다. 물론 얼음 위로 나가서 한 첫 번째 테스트에서는 계속 넘어지기만 했는데, 이는 쿡이 계속 손봐야 할 이유를 제공해주었다.

쿡의 믿을 수 없을 정도로 쾌활한 성격은 절망감에 쉽게 빠져들지 않는 데 도움이 되었다. 게다가 그의 놀라울 정도로 탄탄한 체격 덕분에

대체로 건강을 유지했다. 끊임없이 관심을 필요로 하는 많은 동료로
인해 쿡은 갑자기 배에서 가장 바쁜 사람이 되었다.

　겨울의 치명적인 영향 탓에 운동 부족으로 위축되기 시작한 선원들
은 몸이 눈에 띄게 약해졌다. (달빛이 가장 환한 밤과 정오쯤에 있는 몇
분간의 황혼 시간을 제외하고는 얼음 사이로 빠질까 두려워 아무도 밖으
로 나가지 않았다.) "눈두덩이와 발목이 부었고, 단단하던 근육은 물렁
물렁해졌다"고 쿡은 기록했다. "다들 피부가 지성이 되어갔다. 머리카
락은 빠르게 자라고, 손톱 주변 피부는 마치 추위로부터 몸을 지키려
는 듯 손톱 위로 자라났다." 시간이 지나면서 그는 이렇게 적었다. "얼
굴이 푸르딩딩한 빛을 띠며 창백해졌다. 체액 분비도 줄었다. 위장을
비롯한 모든 장기의 움직임이 느려지고 일하기를 거부했다."

　모든 징후는 신체가 점점, 그리고 전체적으로 망가져가고 있음을 나
타냈다. "선원들의 절반가량이 두통과 불면증을 호소했다"고 쿡은 적
었다. "선원의 절반 정도가 어지럽고 머리가 아프다고 했으며, 어떤 사
람은 9시간을 잤는데도 졸리다고 했다. 모든 체액 분비가 감소해 소화
가 어려웠다. 속이 더부룩하고 위산 저하로 인한 소화불량이 잦았다.
류머티스, 신경통, 근육 경련을 비롯해 그 외에 수많은 사소한 증상도
나타났다."

　쿡이 가장 놀랐던 건 '심장 증상'이었다. 선원들의 심박 수는 조금만
움직여도 금방 높아졌다. "배 주위를 잠시만 걸어도 맥박은 분당 110회
까지 치솟았다"고 쿡은 기록했다. 얼음 위에서 30분 정도 걸으면 분당
최대 140회까지 뛰었고, 숨을 헐떡였다. 그렇지 않을 땐 심장 박동이

갑자기 분당 40~50회로 뚝 떨어졌다. 이런 변화는 정신 상태의 격한 변동을 반영하는 것이기도 했다. "신체 기능을 통제하는 데 완전히 실패하고 있다"고 쿡은 관찰했다. "우울증으로 둔해진 시기부터 갑작스럽게 약간의 히스테리성 흥분으로 심박 수가 상승했다."

쿡이 의대에서 배운 그 어떤 지식도 이 신기한 전체적인 현상을 설명할 수 없었다. 이런 현상이 긴 밤이 시작됨과 동시에 나타났기 때문에 쿡은 그게 계속되는 어둠과 관련 있다고 생각했다. "태양은 심장을 안정시키고 통제하는, 설명할 수 없는 어떤 역할을 하는 것 같다. 태양 없는 인간의 심장은 관리자 없는 엔진과도 같다"고 쿡은 기록했다.

배에 탄 모든 사람이 이런 심장 증상으로 고생했는데, 그중에서도 특히 드 제를라슈가 신뢰하는 중위 에밀 단코의 증세가 급격히 악화되었다. "그는 원래부터 심장 문제를 가지고 있었다. 그런데 이젠 심장이 부풀어 오르고 심장벽이 두꺼워져, 심장의 밸브 중 하나에서 누출이 발생하는 듯하다"고 쿡은 기록했다. 일반적인 상황이었다면 버틸 수 있었다. 하지만 남극의 밤이 지속되면서 그의 심장은 급격히 지쳐갔다. 5월 초, 단코는 황혼녘에 밖으로 나가 산책하고 돌아온 후 숨이 가쁘다고 호소했다. 조금만 움직여도 단코는 종종 가만히 서서 숨을 헐떡이곤 했다. 몇 주 후, 쿡은 단코가 죽을까봐 겁이 나기 시작했다. "단단하던 근육 조직이 약해지기 시작했다"고 쿡은 기록했다. "심장 위축은 결과적으로 단계별로 다른 신체 조직까지 약화시킬 것이며, 심장 비대와 심장 허약으로 이어진다. 지금과 같은 속도로 악화된다면 한 달 안에 치명적이 될 것이다."

　이러한 사실을 드 제를라슈에게 알리자 사령관은 몹시 고통스러워
했다. 그는 처음부터 단코가 체격은 탄탄해도 허약 체질이라는 걸 알
고 있어 개인적으로 책임감을 느끼던 차였다. 애초에 지구상에서 가장
험난한 환경으로 그를 2년간 데리고 간다는 게 건강에 치명적인 위험
을 초래할까봐 우려했었다. 그런 까닭에 처음에는 선발을 거부했지만,
단코는 어차피 남극에 가지 못한다면 콩고로 여행을 떠날 거라며 위협
아닌 위협을 했다. 그나마 건조한 극지방 기후가 중앙아프리카의 말라
리아 소굴보다는 위생적일 거라 생각한 드 제를라슈가 두 손 든 것이
었다. 하지만 이젠 그 결정에 대한 죄책감 때문에 괴로워졌다.

　반면 단코 본인은 이러한 소식을 담담히 받아들였다. 대부분 고압적
인 아버지의 감시 아래서 보낸 지난 28년보다 최근 6개월 동안 훨씬
더 다이내믹한 인생을 살았다고 생각했다. 더욱이 그는 죽음이라는 최
악의 상황까지는 가지 않을 거라고 생각한 모양이다. 사실 그는 회복
될 거라는 희망을 갖고 있었다. 쿡은 그를 옆에서 잘 관찰하며 휴식을
취하도록 도왔다. 단코 중위는 벨지카호에서 가장 편안한 장교실의 긴
의자에 누워 며칠을 보냈다. 쿡은 그가 폐렴에 걸리지 않도록 회복 전
까지 배에서 나가는 걸 금지했다. 단코는 그 와중에도 중력과 자기 연
구를 중단해야 한다는 사실에 괴로워했다. 르콩트는 비공식적으로 단
코의 업무를 이어받아, 단코가 회복하면 그에게 업데이트된 관찰 결과
를 보여줘 놀라게 해야겠다고 생각했다.

　규칙적이고 편안한 잠이 배 전체에 퍼져 있는 불안감을 완화시키는
데 도움이 되었을지 모른다. 하지만 밤이 길어지면서 선원들의 수면

패턴마저 뒤흔들어놓았다. 드 제를라슈의 이른바 사회주의로부터 영감을 받은 일과는 하루 24시간을 8시간 노동, 8시간 여가, 8시간 수면으로 나누고 있었다. 하지만 그걸 지키는 사람은 거의 없었다. 태양이 없어, 몇몇은 9시간 넘게 잠을 잤고, 그로 인해 몹시 무기력해 일어나기 힘들어했다. 반면 어떤 사람들은 괴로운 불면증에 시달렸다.

심지어 그 긴 밤이 고요하지도 않았다. 잠을 이루지 못한 사람들은 마루판 너머로 들려오는 찍찍거리는 소리에 괴로워했다. 어둠의 영향을 전혀 받지 않는 것 같은 유일한 생물체가 하나 있었으니, 바로 쥐였다. 라코비차는 이렇게 기록했다. "태양빛이 없을 땐, 그들의 사랑이 더 불타오르는 것 같다. 매 순간 열정에 가득 찬 신사가 마드무아젤 쥐를 품어, 날카로운 비명을 내지르는 걸 들을 수 있었다." 하지만 루마니아인의 이런 유머에는 감염에 대한 불안감이 서려 있었다. 쥐는 대부분 야행성이다. 어둠은 쥐들의 것이다. 벨지카호가 푼타아레나스에 정박해 있는 동안 쥐들은 이미 많은 새끼를 낳았다. 고양이 난센이 사냥에 흥미를 잃은 후부턴 쥐들의 번식을 막을 방법이 아예 없어졌다. 쥐들의 비명과 같은 소리는 배 전체에, 그리고 반수면 상태로 반무의식의 세계에 갇힌 사람들의 머릿속에 울려퍼졌다. 쥐들이 뇌 속을 헤집고 돌아다니는 것 같았다.

아르츠토프스키는 불면증파였다. "자주 (…) 나는 침대에 누운 채 벽에 귀를 대고 대체 무슨 일이 일어나는 건지 귀를 기울였다"고 그 과학자는 기록했다. 해빙이 살아 있는 유기체라면, 벨지카호는 수 마일 떨어져 있는 곳에서 고통의 신호를 받는 중추신경계 같았다. 5월의 마지막 날, 얼음이 갑자기 움직임을 보였다. 지면 온도가 영하 두 자릿수까지 떨어졌지만, 바닷물은 28도 밑으로 떨어지지 않았다. 약 50센티미터 두께의 빙하 위아래의 온도 차이가 엄청나게 벌어져, 균열이 발생하기 충분한 조건이 되었다. 벽을 통해 들려온 소리에 아르츠토프스키는 소름이 끼쳤다. 어떤 때는 빡빡하게 감긴 스프링이 갑자기 뚝 끊어지는 것처럼 공명하는 금속 소리가 나기도 했고, 어떤 때는 몹시 굶주린 짐승의 위가 꾸르륵대는 것같이 유기체의 어떤 것에 가까운 소리가 나기도 했다.

더 미치게 하는 건, 이 시간 동안 해빙들이 진동하며 발생하는 끔찍한 압력이 내는 깊고 요란한 굉음이었다. "마치 멀리서 야전 포병대가 우리 쪽으로 돌진해오며 내는 굉음 같았다"고 르콩트는 기록했다. 선원들이 지금까지 목격한 그 어떤 것보다 더 거대한 압력이 벨지카호를 바이스 공작물을 고정시키는 작업 공구처럼 쥐어짜는 듯했다.

5월 28일, 드 제를라슈가 선실의 우현 창밖을 제때에 보기만 했더라도 얼음이 갑자기 갈라져 배와 평행한 넓은 균열이 생기는 걸 봤을 것이다. 이튿날인 5월 29일, 그 균열은 무시무시한 힘으로 다시 꽉 닫혔다. 닫힌 후에도 양측의 압력이 멈추지 않아 계속해서 서로를 부수며 거대한 능선을 만들어냈는데, 그건 마치 지각판이 충돌하면서 산맥을 형성하는 것과 같았다. 둔덕이 배의 갑판 높이까지 높아지는 데 불과 몇 분밖에 걸리지 않을 것이었다. 드 제를라슈는 눈으로 직접 그 모습을 봤을 것이다. 그중 우측에서 가해지는 압력이 그에 저항하는 반대 압력보다 더 컸기 때문에 능선은 벨지카호를 향해 돌진하기 시작했다.

드 제를라슈는 자기 선실 안에서 벨지카호의 고통에 힘없이 귀를 기울였다. 벨지카호는 얼음이 갑자기 선체 옆구리를 쳐 나무로 된 부분이 구부러지고 흔들릴 때, 길고 가엾은 신음을 냈다. 그래도 지금까지는 얼음이 비교적 온화한 편이었다. 그래서 드 제를라슈는 자신의 도박이 결국 성공할 거라며 스스로를 다독여오고 있었다. 육지의 모든 것으로부터 자유롭고, 해빙도 북극에서 테러호, 에러버스호, 지넷호에 했던 것처럼 벨지카호를 박살내지는 못할 거라고 하면서 말이다. 하지만 그가 배 안에서 듣는 충돌 소리는 벨링스하우젠해의 얼음도 충분히 파괴적이라는 점을 명확히 일깨웠다.

사령관은 천천히 밀려오는 해일처럼 선체로 다가오는 거대한 얼음 능선을 바라보았다. 무게가 몇 톤씩 되는 얼음덩어리가 위로 솟아오르더니 조약돌처럼 부서져 떨어졌다. 그동안 벨지카호는 특유의 탄력으로 드 제를라슈를 놀라게 했지만, 이번에는 달랐다. 폭풍우 사이를 뚫고 지나가는 것과 다름없었다. 이 문제에서 벗어날 방법을 도저히 찾을 수 없었다. 얼음은 원래 움직이려던 대로 움직이고야 말 것이다. 중간에 배가 있든 말든 상관없다.

5월 30일 오전 10시 반, 갑자기 나무의 삐걱거리는 소리와 움직이는 얼음의 굉음이 멈췄다. 침묵이 흐르는 가운데 평화로운 물소리가 났다. 선원들은 배의 측면을 살피며 시작을 알리는 무언가를 보았다. 바로 선체와 얼음 사이에 생긴 몇 센티미터가량의 검은 틈이었다. 몇 달 만에 처음으로 벨지카호가 물 위에 자유롭게 떠 있다는 걸 뜻했다.

물론 그렇다고 해서 해빙에서 빠져나왔다는 뜻은 아니었다. 오히려 최후의 공격을 위한 서막이었다. 얼음은 그저 에너지를 모으고 있었고, 더 커진 힘으로 선체를 치기 전에 잠시 뒤로 물러난 것이었다. 아문센은 일기에 "이제 우리의 오래된 배가 얼마나 강한지 볼 때가 왔다"고 썼다. 11시가 되자 얼음 둔덕은 배의 우현 뱃머리로 돌진했다. "배가 갑자기 몸서리치면서 움직이는 게 느껴졌고, 정체를 알 수 없는 쉭쉭거리는 소리가 들렸다."

얼음 둔덕이 선체에 부딪히면서 얼음이 배 고물에서 부서지며 뱃전으로 쏟아져 내려왔다. 그러는 동안 뱃머리에서는 해빙 아래에 있던 거대한 얼음판이 배 밑으로 미끄러져 들어와, 244톤인 벨지카호를 몇 피트나 위로 높이 들어올렸고, 벨지카호는 마치 앞에서 오는 파도를 막으려는 것처럼 선체를 뒤로 젖혔다.

이런 얼음 공격은 밤새도록 계속되었다. 선원들은 배가 버티는 데 도움이 되고 싶었지만 무력하게 기다리는 수밖에 없었다. 하지만 모두가 놀랄 정도로 벨지카호는 쓰러지지 않았고, 이튿날에는 자기가 졌다는 듯 얼음이 물러났다. 그건 마치 조용하면서 모든 걸 품는 배의 포용과도 같았다. 하지만 나흘이 지나자 선체는 약간의 경사진 상태를 유지하게 돼 돛대는 수평선과 90도보다 작은 각도가 되고, 뱃머리에서 고물까지는 오르막길이 되었다.

이미 우울증에 편두통을 앓고 있던 드 제를라슈는 이후로 다시 얼음의 압력 공격이 가해질 거라는 계속되는 걱정을 끌어안고 지내게 되었다. 얼음 공격은 마치 날씨처럼 갑작스럽게 도래할 것이다. 그는 배가 파손될 경우에 대비해 계획을 세웠다. 가능한 한 많은 식량을 구명정

두 척에 싣고 해빙의 가장자리까지 최대한 멀리 끌고 간 후, 사우스셰틀랜드제도 방향으로 가는 것이었다. 그는 드레이크 해협에서 살아남을 확률을 100분의 1로 잡았다.

6월 3일, 춥지만 맑은 저녁에 쿡은 카메라와 삼각대를 어깨에 들쳐 메고 배에서 내려, 눈부시게 환한 달빛 아래서 해빙 위를 100야드 정도 걸었다. 달빛 덕분에 가장 멀리 있는 빙산도 또렷이 보였다. 쿡은 지난주에 있었던 얼음끼리의 충돌로 인해 생긴 미로와 같은 빙구와 둔덕 사이를 지나갔다. 얼음 위에 삼각대를 설치하고, 벨지카호 쪽으로 카메라를 돌려 셔터를 눌렀다. 장엄한 광경이 차이스 렌즈를 통해 찍혔고, 카메라 유리판을 덮고 있는 광민감성 은염유제에 새겨지기 시작했다.

쿡은 몸을 따뜻하게 유지하기 위해 힘차게 걸었지만, 움직임이 노출을 망칠까봐 배로 돌아갈 수는 없었다. 사진을 독학으로 배운 그는 얼마나 기다려야 하는지 알 수 없었다. 다만 배가 이처럼 아름답게 보였던 적은 없고, 밤에 벨지카호의 모습을 카메라에 담을 이보다 더 좋은 기회는 더 이상 없을 것 같았다. 벨지카호 전체에 두려움과 불안이 지배적이었을 때조차 쿡의 호기심과 극지 탐험에 대한 열정은 식지 않았다. 라코비차가 만화에서 쿡을 날개 달린 천사와 같은 구원자로 묘사했듯, 그는 해빙의 두려움을 뛰어넘어 마음껏 하늘을 날 수 있는 사람인 듯했다.

한 시간 반 후 쿡은 조심스럽게 셔터를 닫고 빨리 배로 올라와 부츠에 묻은 눈을 털었다. 사진 결과물을 얼른 보고 싶은 그는 드 제를라슈의 사관실을 지나 암실로 들어갔다. 암실의 희미한 붉은빛 속에서 쿡은 투명한 카메라 유리판을 현상액이 담긴 통 안으로 넣었다. 노출된 은염유제가 약액에서 어두워지며 배의 모습이 서서히 나타났다. 찍힌 모습에 만족한 그는 아세트산을 떨어뜨려 현상 진행을 중단했다. 잔여 은염유제를 제거하고 빛이 투과하지 않도록 작업을 시작했다. 그는 숨도 참아가며 아주 조심스럽게 움직였다. 조금만 잘못 움직여도 치명적이 된다는 걸 알았기 때문이다. 여정 초기에 장비를 쓰는 법과 극지의 빛으로 사진을 찍는 섬세함을 익히던 중에 이미 티오황산나트륨(주로 하이포라고 부르는 픽서)을 전부 써버려 그는 즉흥적으로 해결책을 찾았다. 배 안을 굴러다니는 오래된 영국 잡지에서 독극물인 시안화수소산이 다게레오타입의 픽서로 사용된 바 있다는 글을 본 적이 있었다. 마침 라코비차가 표본을 수집하기 위해 동물을 죽일 목적으로 20갤런의 시안화수소산을 가져왔었다. ("혀에 한 방울만 떨어뜨려도 동물이 즉사했다"고 쿡은 적었다.) 희석 농도를 다양하게 테스트해본 후 쿡은 원하던 기능이 가능한 정도를 발견했다. 아몬드 냄새가 희미하게 풍기는 그 희석액을 1배스 고대 히브리의 액량 단위로 10갤런에 해당됨 붓고 원판에 조심스럽게 담갔다. "말할 필요도 없이 픽싱 중에 암실엔 아무도 들어오지 않았다"고 쿡은 적었다. 유독 가스는 환기되지 않는 암실을 빠져나가 드 제를라슈의 선실 쪽으로 흘러나갔다.

시안화물을 씻어낸 후 쿡은 필터링되지 않은 빛으로 하는 작업에 대해 생각해보았다. 의사는 재능 있는 사진작가였다. 그가 찍은 선원들의 스냅사진은 마치 그림 같았다. 동물을 의인화해 찍은 사진은 기발했다. 그중에서도 구름은 없고 달빛이 비치는 저녁에 찍은 벨지카호 사진은 가히 걸작이었다. 사진 전경에서 얼음 둔덕은 제자리에 얼어붙은 바닷물의 모습이었다. 배경에는 황혼의 흔적인 희미한 빛이 지평선 위로 비치고 있었다. 돛은 빠지고 얼음과 눈으로 덮여 있는 벨지카호의 삭구, 검은색과 대비되는 깨끗하고 흰 선, 섬광 전구가 켜진 듯 별들이 수놓은 밤하늘 등. (흰 바다와 검은 하늘이 있어 음화 같았다. 그리고 쿡이 감탄하여 보고 있는 음화는 반대로 낮에 찍힌 사진 같았다.) 사진의 선명함은 곧 바람이 얼마나 없는 저녁이었는지를 알려주는 증거였다. 긴 노출은 사람들의 활동을 잡지 않았고, 벨지카호가 유령선 같은 분위기를 자아내게 했다.

그런 점에서 쿡은 배의 겉모양뿐 아니라 배 안의 우울한 분위기까지 사진으로 남긴 것이다. 그날 밤 어쩌면 특정 상황에서 주의를 분산시키려는 시도를 했을 수도 있다. 그가 다시 배에 탔을 때, 배에서 가장 아픈 환자가 이제 최악의 상태가 되었기 때문이다.

저녁 식사 후 장교와 과학자들이 휘스트 카드놀이를 하는 동안 단코는 장교실에 누워 있었다. 한때 건장했던 중위는 다 죽어갈 정도로 야위었다. 너무 피곤해 놀이에 참여할 수 없었던 그는 종종 훈수를 두기도 하고, 엉뚱한 패를 보고 힘들게 웃기도 했다. 선원들은 아픈 단코의 기분을 달래고 자기 자신의 고민도 잠시 잊고자 더 흥겨운 척했다. 하지만 단코의 힘든 숨결 소리가 억지스러운 유쾌함으로 인해 회복되지는 못했다. 단코는 며칠 전부터 식욕도 없었을 뿐 아니라 상태가 악화되고 있다는 게 모두의 눈에 보였다.

스물여덟 살의 단코는 다른 사람들에게 카드 게임을 보며 기분이 예전처럼 좋아졌다고 말했다. 그의 좋아 보이는 기분이 동료들에게 희망을 주었는지는 모르겠지만, 쿡은 이 상태가 '폭풍 전야'에 지나지 않는다고 생각하지 않을 수 없었다. 단코의 심장은 약해졌고 소변에 단백질이 섞여 나오는 걸로 봐서는 신장도 약해졌기 때문이다.

쿡이 드 제를라슈에게 이 사실을 알렸을 때 그는 힘이 쭉 빠졌다. "아무도 나만큼 슬프지는 않을 것이다"라고 드 제를라슈는 적었다. "아무도. 분명 나는 저주받았다." 그는 다른 선원들이 단코를 얼마나 따르는지도 알고 있었다. 특별대우도 거부하고 옛 친구를 꼬박꼬박 "사령관님"이라 부르며 명령을 따르던 그는 선원들의 활기를 북돋우고 정신을 단결시키는 데 일조했다. 비록 과학적 탐사에 기여한 부분은 애매하지만, 여러 면에서 원정대에서 누구에게나 사랑받고 열정적인 일원이었다.

6월 4일, 단코는 몹시 아파 레몬 주스 몇 모금 외에는 아무것도 삼킬 수 없었다. 쿡은 빛이 생명을 주고 어둠은 생명을 잃게 한다는 생각 때문에 장교실에 양초 두 개를 켜두었지만, 의도치 않게 조기에 장례식 효과를 냈다는 비판을 받았다. "우리는 이미 영안실에서 밤을 지새우고 있다는 슬픈 느낌을 받았다"고 르콩트는 기록했다.

단코는 동료들이 그에게 해주는 작은 일들에 하나같이 고마움을 표했다. 눈물을 글썽이며 동정하는 표정을 짓는 사람들에게 귀국에 대한 열망을 담아 말했다. 그날이 오면 자신은 망대 위에 올라 가장 먼저 육지를 보겠다고. "그런 달콤한 꿈이 현실이 되리라고 진짜로 믿은 것인가?" 르콩트는 궁금했다. "아니면 그의 관대한 영혼으로 인해 그 와중에도 우리를 배려해 재치 있게 말함으로써 우리를 더 슬프게 하지 않으려 한 것일까?"

6월 5일 아침, 단코가 너무 힘들어해서 쿡은 그에게 모르핀 주사를 놓았다. 단코가 잠든 후 쿡은 드 제를라슈를 찾아가 떨리는 목소리로 말했다.

"사령관님, 오늘이 고비인 듯합니다."

이 소식은 갑판 위 선원들에게 퍼져나갔다. 선원들은 목소리를 낮추고 움직임을 멈췄다. 경건한 침묵이 배 안을 감돌았다.

오후 4시경 단코는 잠에서 깼다. 호흡이 거칠고 가빴다. 그는 더 이상 아무 말도 할 수 없었고, 다만 침대 옆으로 와 위로하려는 모든 사람에게 부드럽게 미소를 지어주었다. 쿡은 5시에 모르핀 주사를 한 번 더 놓았다. 방해가 되지 않기 위해 선원과 과학자들은 저녁 식사를 드 제를라슈의 선실에서 했고, 쿡만이 단코의 옆을 지켰다. 쿡은 단코의 임종이 가까웠다는 걸 알아차리고는 7시에 선실에 들어가 단코의 친구인 드 제를라슈 중위, 르콩트 선장, 아문센, 라코비차, 아르츠토프스키에게 알렸다.

다섯 사람은 일어나 장교실로 들어갔고, 엄숙한 분위기 속에서 침대를 둘러쌌다. 쿡은 단코의 사관학교 동기 르콩트에게 임종을 앞둔 친구를 위해 한마디 해달라고 부탁했다. 황망한 선장은 말이 없었다. 감정을 추스르며 그저 단코의 손을 잡을 수밖에 없었다. 르콩트는 "그는 종종 눈을 한 번씩 크게 떴다가 천천히 감았다. 임종을 앞두고 가래 끓는 소리가 그의 가슴에서 새어나왔다"고 기록했다.

르콩트는 부드러운 목소리로 단코의 부모님이 돌아가신 이후로 함께 지냈던 오랜 추억을 꺼내 잠시 회상했다. 르콩트는 이렇게 말했다. "맞잡은 그의 손에 살짝 힘이 돌아온 것 같았다. 이런 옛 기억이 그의 마음속에도 좋은 감정으로 남아 있는 듯했다."

친구들이 그를 둘러싸고 있는 동안 단코가 간신히 몇 마디를 우물거렸다.

"기분이 좋구려. 고맙소."

말이 끝나자마자 갑자기 얼굴이 창백해졌고, 곧 굳어졌다가, 마지막엔 눈을 감았다.

사람들은 마치 눈을 떼면 정말 죽을 것 같아 잠시 동안 단코에게서 시선을 떼지 않았다.

드 제를라슈는 정신을 차리자마자 친구의 시신에 벨기에 국기를 덮었고, 선원들에게 경의를 표하도록 했다. 그날 밤 드 제를라슈, 르콩트, 아문센은 장교 휴게실에서 교대로 시신을 지켰다. 드 제를라슈는 시계를 보면서 촛불이 깜박일 때마다 잠깐씩 마치 살아 있는 것만 같은 단코의 수염 난 얼굴에서 눈을 뗄 수가 없었다.

그는 죄책감보다 더 깊고 고통스러운 외로움을 느끼고 있었다. 드 제를라슈는 살면서 친한 친구가 몇 안 되었고, 그중에서도 단코만큼 오랫동안 알고 지낸 사람은 거의 없었다. 벨지카호에서 물론 르콩트와도 충성스러운 관계를 맺었고, 쿡이나 아문센과도 친밀한 관계를 유지했지만, 단코야말로 그의 진정한 친구였고, 계급 차이와 상관없이 그가 속마음을 털어놓을 수 있는 유일한 사람이었다. 그의 죽음은 드 제를라슈를 더 외롭고 좌절하게 만들었다. 드 제를라슈는 양심의 가책을 느꼈다. 그의 요청을 받아들인 게 잘한 일이었나? 스스로에게 계속 되물었다. 쿡은 단코가 벨지카호에 탔기 때문에 오히려 1년 정도는 더 살 수 있었던 거라고 그에게 말했다. 단코는 적어도 그동안 모험의 꿈을 가지고 살았으니까. 하지만 드 제를라슈는 그 말이 정말 맞는지 혼란스러웠다.

휴게실은 무척 추웠다. 위생상의 이유로 창이 열려 있어 남극의 찬바람이 들어왔다. 드 제를라슈는 자신이 내뱉은 숨이 안개처럼 응결되는 걸 보았다. 그는 아직 단코만큼은 아니더라도 갈수록 악화되고만 있는 나머지 선원들을 떠올렸다. 모두가 위험해지고 있다. 우리가 다 죽어버리면, 우리가 이룬 결실은 누가 벨기에로 가져갈 것인가? 추위 때문이 아니라 그들이 헛되이 목숨을 잃을 수도 있다는 생각에 몸서리를 쳤다. 그는 남단으로 일단 항해를 시작하기만 하면 문제가 해결될 줄 알았지 이런 상황을 원한 게 아니었다.

사령관은 단코의 범포로 된 시신 가방을 꿰맬 크누센을 제외한 다른 모든 선원에게 이튿날 휴가를 주었다. 선원들이 일과를 마칠 때쯤에는 단코의 시신이 썩기 시작했다. 쿡, 아문센, 르콩트는 수의를 입히기 위해 단코의 시신을 들어올렸다. 2등 기관사인 열아홉 살 반 된 리젤베르게는 말린 꽃으로 만든 꽃다발을 들고 머뭇머뭇거리며 병실로 들어갔다. 그는 자기 어머니가 자신이 배에 오르기 직전에 그 꽃다발을 쥐어주며, 다시 만날 날까지 간직하라고 당부했다고 말했다. 하지만 그는 그 꽃을 단코와 함께 묻어주고 싶었다. 그의 마음에 감동한 장교들은 시신 가방을 꿰매기 전에 단코의 가슴에 꽃을 놓아두도록 했다.

단코의 시신은 얼음 위, 썰매 위에 올려졌다. "그의 시신을 해빙까지 옮긴 사람은 시신에서 냄새가 너무 심하게 난다고 불평했다"고 도브로볼스키는 적었다. 과학자였던 도브로볼스키는 그날 저녁 선미루의 갑판에서 기상 관측을 했는데, 그날은 그가 지금까지 경험한 가장 추운 밤이었다. 도브로볼스키는 원래 구름을 관찰하려고 했지만, 그날 밤 하늘에는 구름이 거의 없었다. 그의 시선은 단코의 시신을 실은 썰매에 고정돼 있었다. 그는 일기에 "초승달 빛이 마치 죽음처럼 창백한 빛으로 해빙 위를 비추었다"고 썼다. "하늘에는 별들이 빛나고 있었다. 내 눈은 눈에 검게 반사되어 보이는 썰매에 고정되어 있었다. 나는 그 어둡고 형체도 없는 수의 너머로 뭔가를 보고 싶었던 것 같다. 이유는 모르나 나는 시선을 거두지 못했다. 그러다 마침내 썰매에서 겨우 눈을 돌려 하늘의 별을 바라보았다. 하지만 썰매는 마치 세속의 온갖 더러움을 씻어낸 듯 하얀 유령처럼 내 시선을 고집스레 따라왔다. 그리고는 별들 사이로 솟구쳐 날아올라 마침내 창공의 어둠 속으로 사라졌다. (…) 물론 흔한 잔상이었고, 그 현상에 대해 이미 알고 있었지만 그날의 모습은 내게 묘한 인상을 남겼다. 그 후로 나는 왠지 착시 현상이 존재한다는 걸 잊고 싶었다."

단코의 시신은 밤새 가방 안에 있었다. 아침이 되자 시신은 돌처럼 단단해졌다. 그날은 장례식을 치르기로 했다. 아마 역사상 최남단에서 치러진 장례가 될 것이었다. 검정 리본으로 장식한 벨기에 국기가 바람에 펄럭였다. 돛대의 마룻줄이 영하 31도의 기온에 뻣뻣하게 얼어붙은 탓에, 국기는 돛대 중간에 밧줄로 묶어야 했다. 선원들은 단코의 시신을 바다로 보내기 위해 배에서 100야드 정도 떨어진 얼음에 몇 시간 동안 구멍을 뚫느라 애를 썼다. 끌로 얼음을 자르고 톱질을 해봤지만 효과는 미미했다. 그러던 중 갑자기 얼음이 뭔가를 알아차리기라도 한 듯, 선원들의 발아래 크레바스가 쫙 갈라졌다. 심연으로 통하는 문이 저절로 열린 것이다.

　오전 11시경 하루가 저물어가며 약한 빛이 남아 있을 때, 네 사람이 단코의 발이 갈라진 틈을 향하게 한 채로 시신이 올려진 썰매를 입구 가장자리까지 끌고 갔다. 장교들은 추위에도 불구하고 가장 좋은 옷을 차려입고 썰매 뒤에 행렬을 지어 나아갔으며, 과학자와 선원들이 그 뒤를 따랐다. 드 제를라슈가 추도사를 하기 위해 앞으로 한발 나오자 모두 모자를 벗었다. 드 제를라슈는 감정이 북받쳐 올라 목이 메어 말을 하지 못했다. 선원들은 모자를 벗어서 칼바람에 귀가 떨어져나갈 것 같았지만 조용히 기다렸다. "몇 분 후 그는 마침내 애도와 영원한 작별 인사를 건넬 수 있었다"고 르콩트는 적었다.

　단코의 발에는 추가 묶여 있었다. 선원 몇 명이 얼음의 틈 사이로 썰매를 기울였다. 그때 쥘 멜라에르 발밑의 얼음 가장자리가 깨졌다. 미처 알아차리기도 전에 멜라에르는 이미 물속에 빠진 후였다. 선원들은 썰매를 놓고 바로 얼음이 깨진 쪽으로 손을 뻗었다. 멜라에르는 당황한 채 숨을 헐떡거리며 가장자리로 뛰어올랐고, 왼손으로는 썰매를 잡고, 오른손으로는 도브로볼스키의 어깨를 잡았다. 수온은 늘 그렇듯 매우 차가웠지만, 그에게 몰아치는 바람보다는 따뜻했다. 멜라에르는 바로 배로 돌아가지 않으면 곧 죽을 수도 있었다. 하지만 장례식은 아직 끝나지 않았다.

선원들은 다시 썰매 뒤쪽을 잡아올려 기울이고, 물속으로 밀어넣었다. 썰매가 물속으로 곤두박질칠 때, 단코의 몸은 발부터 먼저 갈라진 얼음 사이로 미끄러져 들어갔다. 썰매가 얼음 가장자리를 축으로 해 기울다가 마침내 물속으로 풍덩 빠졌다. 그러나 잠시 동안 마치 귀신이라도 들린 듯 수직으로 선 채 물속에 있었다. 단코의 동료와 선원들은 엄숙한 죽음, 그리고 사후 경직과 추운 밤 때문에 뻣뻣해진 단코의 망령이 차렷 자세로 서 있는 것을 보고 공포에 질려 뒷걸음질 쳤다. 이후 그들은 단코가 검은 물속으로 천천히 가라앉는 것을 지켜보았다.

"젠장할!" 갑판에 있던 벨기에인 선원 한 명이 소리쳤다.

그렇게 단코는 사라졌다. 얼음이 다시 닫혔다.

제12장
매드하우스 행진

단코의 죽음은 선원들의 영혼까지 함께 바닷속으로 끌고 들어간 것 같았다. 그날 저녁, 선수루에 다녀온 쿡은 드 제를라슈에게 가서 선원들이 몹시 혼란스러워하는 것 같다고 보고했고, 선원들이 위안을 얻을 수 있도록 종교적인 노래와 코엘로폰을 빌려주는 게 어떻겠냐고 권고했다. 드 제를라슈는 슬픔에 빠져 있을 게 아니라 잠시 내려놓는 게 좋겠다고 생각해 사람들에게 럼주를 한 잔씩 제공했다.

선원들은 밤마다 바다 위에 떠 있는 단코의 시신을 보는 환상에 시달렸다. 끝없이 까만 바다 아래에서 섬뜩할 정도로 살아 있을 때의 모습을 그대로 보존하며 떠다니는 단코의 시신을. 쿡은 이렇게 기록했다. "선원들은 죽은 동료의 마지막 모습을 계속해서 떠올리고 있었다. 얼어붙은 바닷물 아래로 내려간 그의 모습을. 어쩌면 그는 벨지카호 바로 아래에서 발에 추를 매단 채 서 있는 자세로 떠다니고 있는지도 모른다.”

선원들의 슬픔은 곧 입 밖에도 내지 못할 정도의 두려움이 되어 그들을 압도했다. 아르츠토프스키는 일기에 “우리 중 다음 타자는 누구일까? 다들 침묵을 지키며 점점 약해져가는 단코의 숨소리를 들으면서 머릿속에 이 질문을 떠올린 사람은 아마 나뿐만이 아닐 것이다”라고 썼다.

단코의 고급 겨울 코트를 물려받아 입고 있던 도브로볼스키도 비슷한 내용을 기록했다. “잘 가십시오, 단코 중위님! 중위님은 처음 간 사람도, 마지막으로 간 사람도 아닐 겁니다. 어쩌면 우린 다시 ‘만날’ 테니까요! 어쩌면 곧, 이번 겨울에 말이죠!”

남극이 다음 희생자를 정하는 데에는 고작 3주밖에 걸리지 않았다. 고양이 난센이 한 달째 앓고 있었다. 고양이의 병은 단코의 병과 닮아 있었다. 하지만 죽는 순간까지 품위와 평정심을 유지했던 단코 중위와 달리, 고양이는 정신적으로 힘들어하는 증상을 보였다. 한때 부드럽고 다정했던 고양이는 곧 사납고 까칠해졌으며, 사람들을 피해다녔다. “고양이는 정신이 오락가락했고, 정신적인 변화를 겪어 영혼도 오락가락하는 것처럼 보였다”고 6월 26일 쿡은 기록했다. “하루 이틀 전쯤 고양이의 영혼도 곧 떠났고, 우리는 적어도 이곳보다는 더 좋은 곳으로 갔을 거라고 생각했다. 고양이에게 가해지던 고문이 끝나서 다행이지만, 우린 고양이 난센이 몹시 그리웠다.” 고양이의 죽음은 선원들에게 꽤 큰 영향을 미쳤다. 난센은, 쿡이 말했듯, “손이 닿는 곳에 있는 유일한 감정적 삶의 단편"이기 때문이었다.

난센이 겪은 정신적 퇴행 현상은 겨울이 더디게 지나가면서 선원들에게 영향을 미친, 쿡이 "뇌 증상"이라고 말한 인지장애의 불길한 전조가 되었다. 그와 동료들은 무기력하고 의욕이 없으며 어떤 것에도 몇 초 이상 집중할 수 없었다. 비록 대부분 난센과는 달리 기본적인 예의를 지켰지만, 일부는 점점 더 적대적이 되어갔다. 그리고 이런 증상은 정도만 다를 뿐 모두가 경험했다. 아르츠토프스키는 일기에 자신의 평온한 겉모습 이면에 있는 혼란스러움을 이렇게 표현했다. "그렇다, 난 평온하다. 하지만 내 주변은 항상 머릿속에 불확실성과 불안감이 자리해 평온하지 못하다. 미래에 확신이 없다."

공포, 피로, 우울, 방향감각 상실, 어두움, 고립감, 벨지카호가 어느 때고 갑자기 얼음에 집어삼켜질 수 있다는 위험, 5월 말의 그 무서운 압박감 이후에 마치 현실을 왜곡하는 것처럼 비스듬히 기운 배 바닥, 쥐 출몰, 그리고 뚜렷한 원인 없이 배 전체에 퍼진 질병은 대부분의 선원이 정신줄을 놓고 있는 것처럼 느끼게 만들었다.

대원들은 배 안에서 배척당하거나 공황을 일으킬까봐 내면의 고통을 어떻게든 숨기려고 다들 최선을 다했다. 하지만 일부 사람에겐 너무 견디기 힘들었다. 7월 초의 어느 날 오후, 아문센은 선실에서 책을 읽다 말고 "갑자기 서너 차례의 길고 끔찍한 비명"을 들었다고 했다. 그는 문을 박차고 나가 쿡을 찾았다. 때마침 쿡도, 그리고 다른 선원인 요한 코렌도 소름끼치는 비명을 들었다. 세 사람은 그 소리가 들린 듯한 방향인 뒷갑판으로 달려나갔다. 하지만 아무것도 없었다. 아문센은 "아무것도 보이는 게 없었다"고 기록했다. "그 후 엔진실로 달려갔지만, 역시 아무것도 없었다. 모두 선실 안에 있었다. 사령관도 갑판 위를 거닐고 있었다는데, 아무 소리도 듣지 못했다고 했다. 르콩트와 라코비차는 해빙 위에 나가 있었고, 아르츠토프스키는 자고 있었다는데, 역시 아무 소리도 듣지 못했다고 한다. 쿡과 코렌과 나만이 그 끔찍한 비명을 들은 것이다. 무슨 일인지 여전히 모르겠지만, 만일에 대비해 이 사건을 가능한 한 정확하게 기록하고 있다."

비명의 원인은 결국 밝혀지지 않았다. 집단적 불안이 표출된 것일 수도 있었다. 극지대의 밤 동안 어두운 생각은 피할 수 없는 것이었다. "살인, 자살, 기아, 광기, 차디찬 죽음, 그리고 악마나 할 법한 행위가 별로 이상하지 않아 보이기 시작했다"고 쿡은 관찰했다.

아르츠토프스키는 한마디로 이렇게 표현했다.

"우리는 지금 정신병원에 있다."

드 제를라슈는 자신을 포함해 주변 사람들이 고통받고 있는 것이 여름 막바지에 벨지카호를 타고 해빙 안으로 더 깊숙이 항해하기로 결정했기 때문인 것 같아 괴로웠다. 이는 평소라면 가장 친한 동료에게 털어놓으면 되는, 일종의 자기 의심 정도로 끝났겠지만, 단코가 죽은 이후로 그가 마음을 털어놓을 사람은 아무도 없었다. 7월의 어느 날 저녁, 드 제를라슈는 휴게실에서 아문센과 대화를 하던 중, 더 이상 불안감을 숨길 수 없어 불쑥 그 이야기를 꺼냈다.

"벨기에인으로서 벨지카호와 같은 증기선을 타고, 고작 범선을 가지

고 떠난 제임스 쿡 선장보다는 훨씬 더 먼 남단까지 가려고 했던 걸 인
정하오"라고 드 제를라슈는 묻지도 않은 말을 했다. "결과적으로 이곳
에 갇혔고, 단코가 죽고, 모두가 힘들어하는데도 내가 할 수 있는 일이
아무것도 없다는 게 참으로 유감이오. 나의 장교, 선원들, 르콩트, 단코
가 항해하기엔 이미 올해가 끝나가고 있다고 지적했지만, 나에게는 선
택의 여지가 없었소."

아문센은 사령관의 솔직한 발언에 놀랐다. "그가 갑자기 나한테 왜
그런 말을 했는지 이해할 수 없었다. 게다가 내가 그런 대답을 유도할
만한 어떤 질문을 한 것도 아니었다"고 그는 일기에 적었다. "이에 대
한 내 생각을 별도로 기록하진 않겠다."

일등항해사였던 아문센은 그때까지 드 제를라슈를 동료 항해사이자
지도자로 가장 높게 평가하던 사람이었다. 그 발언 중 아문센을 놀라
게 한 것은 드 제를라슈가 기록을 깨기 위해 얼음 속으로 배를 출항시
켰다고 시인한 부분이 아니었다. 아문센은 이미 그 전에도 많은 걸 의
심했고, 그렇다 하더라도 사령관의 대담함에 대한 존경심으로 이어질
뿐이었다. 다만 아문센은 사령관이 자신의 결정을 정당화하려드는 것
과, 후회하는 듯한 인상을 받고 실망했다. 끔찍한 결과에 대비하지 않
았다면 도대체 왜 일을 저지른 걸까? 젊은 노르웨이인은 리더의 자질
이라면 응당 확고한 결의를 보이는 것이라고 생각하던 터였다. 그 대
화는 일등항해사가 사령관에 대해 취하는 태도가 바뀌는 전환점이 되
었다. 이후부터 아문센의 일기장에 등장하는 드 제를라슈에 대한 언급
은 종종 비판적이 되었다.

그리고 이 기간에 아문센의 일기는 마치 폭풍의 눈 한가운데에 있는 것처럼 그를 둘러싼 심신의 고통에 대한 것밖에 없었다. 그 역시 다른 모든 사람과 마찬가지로 아프고, 육체적으로 약해지고, 심장 박동이 놀라울 정도로 뛰며 아팠지만, 정신적으로는 평정심을 잃지 않았다. 오히려 그는 잘해냈다.

그는 일기에 "물론 태양이 다시 돌아온다면 정말 좋겠지만, 그렇지 않더라도 나는 꽤 괜찮았고, 단 한 번도 정신을 놓지 않은 게 사실이다"라고 적었다. "이것이 늘 항상 바라온 삶이다. 내가 여기 오기로 결정한 건 젊은 혈기 때문이 아니었다. 그것은 분별력 있는 결정이었다. 후회는 없으며, 그저 건강과 체력을 유지해 내가 시작한 일을 완수할 수 있기만을 바란다."

아문센은 프리드쇼프 난센처럼 세계적으로 유명한 극지 탐험가가 되고자 했고, 훈련의 일환으로 원정대에 참가한 것이었다. 따라서 여건이 혹독해질수록 훈련의 목적을 달성하고 있다고 느꼈다. 과학자와 선원들이 단조롭고 나태한 일상 때문에 미쳐가고 있을 때조차 그는 극지 여행의 고난을 직접 경험하면서 목적의식을 갖게 되었다. 생존하는 것이 가장 중요했다. 생존하는 것 자체가 그의 천직일 수도 있었다.

쿡은 의사로서 동료들에게 관심을 더 기울여야 했고, 그들을 어떻게 치료할지 확신도 서지 않았지만, 제정신을 유지했다. 쿡은 마치 의학 사건의 탐정처럼 긴 밤이 이어지는 동안 배를 괴롭히는 전반적인 불안의 요인을 파악하는 데 시간을 모조리 쏟아부었다. 그는 그런 증상에 "극성polar 빈혈"이라는 이름을 붙였다. 그는 그린란드에 있을 때 겨울

동안 그와 피어리 원정대 대원들이 지쳐서 우울해하는 와중에도 정도
는 덜하나 이와 비슷한 현상을 목격했다. 다만 당시엔 심장 박동이 지
금처럼 급격히 오르내리지 않았고, 사람들의 얼굴에 병색이 돌거나 창
백해 보이지도 않았다. 또한 지금처럼 집중력이 떨어지고, 혼란스러워
하며, 허공을 멍하니 응시하는 버릇을 비롯해 벨지카호 사람들한테 나
타나고 있는 인지장애 증상도 없었다.

쿡은 이러한 현상이 감금, 고립, 지루함, 두려움으로 인한 스트레스
에서 비롯됐다고 생각했다. 그리고 무엇보다 가장 결정적인 원인은 태
양이 사라진 것이라고 확신했다. "오, 저 하늘의 불타는 원 때문이다!
인간의 산업으로 통제할 수 있는 열이 아니라, 생명의 희망인 빛 때문
이다"라고 쿡은 적었다. 햇빛이 없어지니 선원들은 전부 창백해졌고,
머리카락이 회색으로 변하며, 마치 "온실 속 식물처럼" 쑥쑥 자라는 걸
관찰했다. 쿡은 사람이 광합성을 하는 식물보다 햇빛에 결코 덜 의존
하지 않는다고 확신했다. 쿡의 확신은 1891~1892년 겨울 동안 그린
란드에서 이누이트족을 대상으로 한 임상 관찰에 기반한 것이기도 했
다. 그는 이미 1894년 『산부인과 뉴욕 저널New York Journal of Gynecolo-
gy and Obstetrics』에 이렇게 발표했다. "태양은 식물 못지않게 동물에게
도 필수다."

태양이 생명을 준다는 쿡의 믿음은 이누이트족의 형이상학에 대한
이해 내지는 일부 오해가 바탕이 된 것이다. 1892년에 쿡은 십수와 함
께 해변을 산책하고 있었다. 그때 초록색 북극광 아래에서 이누이트
노인 십수가 그에게 말했다. "모든 생명에는, 그리고 당신의 몸과 마음

에도 빛이 있습니다. 보이십니까? 살아 있는 건 느끼실 테고, 당신 몸 안에 저장되어 있는 이 빛도 보실 수 있겠습니까?" 물론 쿡의 언어 실력이 외국인의 미묘한 (그리고 의심스러운) 개념을 이해할 만큼 충분히 탄탄하고, 또 대화에 대한 그의 기억이 정확하다고 가정하더라도, 십수는 결코 잘 정립된 이누이트 교리에 대해 말한 건 아니었다. 아마도 그는 쿡이 '빛'으로 번역해서 이해할 수 있는 용어로 정령에 대한 애니미즘 개념을 설명하는 중이었을 것이다. 또는 단순히 새 친구와 철학적인 이야기를 나누는 중이었을 것이다. 그러나 쿡이 십수의 말을 잘 해석했는지 여부와 상관없이 그 만남에서 얻은 것은, 빛이 생명에 마치 혈액만큼이나 필수적이라는 점이었다. 벨지카호 선원들의 상태가 그 확신을 사실이라고 확인시켜주는 듯했다. 그들의 쇠약증, 창백함, 정신적 위축 상태, 불규칙한 심장 박동은 마치 햇빛을 받지 못하는 식물의 상태와 비슷했기 때문이다.

쿡은 여기서 아무 조치도 취하지 않으면 앞으로 더 많은 동료가 죽을 거라고 확신했다. 그는 벨지카호를 빛이 있는 곳으로 가게 할 수 없다면 빛을 가져와야겠다고 생각했다. 상태가 가장 심각한 몇 명을 불러와 태양이 없을 때 "최고의 대용품"인 나무나 석탄으로 불을 피워, 벌거벗고 그 앞에 서 있으라고 시켰다. 쿡이 조치한 이 "불 쬐기 치료법"은 결과적으로 선원들의 기분과 일부 신체적 증상을 개선시켰다. "나는 선원들에게 옷을 다 벗고 불 앞에 바로 서 있게 했다. 맥박이 너무 약해 느껴지지 않을 정도였던 사람도 그렇게 한 지 한 시간도 채 지나지 않아 심장 박동이 거의 정상으로 돌아왔다"고 쿡은 기록했다. 쿡의 판단으로 치료의 주요인은 열이 아니라 빛이었다. "석유난로 앞에서는 이런 효과를 낼 수 없기 때문"이었다.

쿡의 이러한 조치는 오늘날 계절성 정동장애와 기타 병증을 치료하는 데 주기적으로 사용되는 광선 요법의 최초 사례가 되었다. 물론 빛이 주는 심리적 이점에 대한 의사의 직관은 옳았을지 모르지만, 벨지카호에서 나무와 석탄으로 피운 불은 현대 광선 요법에서 일반적으로 사용되는 풀스펙트럼 빛만큼 밝지는 않았다. 따라서 빛이 직접적으로 미치는 영향력이 쿡의 치료법이 갖는 명백한 효과였다고 단정할 순 없다. 아마 다른 요인들이 함께 작용했을 것이다. 그들은 불의 따뜻함과 건조함에서 편안함을 느꼈다. 또한 그러한 조치를 통해 보살핌을 받고 있다는 사실만으로 위안을 얻기도 했다. 의사의 존재 자체가 대부분의 사람에게 진정 효과를 주었다.

일시적으로는 효과가 있었을지 모르나 이 조치는 결국 남극 밤의 우울함을 완전히 되돌리기엔 충분하지 않았다. 또한 사람들을 괴롭히는 수수께끼를 풀지는 못했다. 7월 중순까지 많은 선원이 병상에 누워 신체적·정신적으로 심각한 퇴행 증세를 보였다. 쿡은 몸을 활동적으로 유지시키기 위해 그나마 서 있을 수 있는 사람들에게 하루에 한 시간씩 주변 해빙 위를 걸으라고 시켰다. 이 운동 훈련법엔 "정신병원 산책"이라는 이름이 붙여졌다. 지루하게 긴 이 산책로를 걷는 동안 "선원들은 자기도 모르는 사이에 얼굴, 손가락, 발가락 일부가 마비되어 돌아왔다"고 쿡은 기록했다. 쿡은 처음에는 이런 감각의 둔화를 '순환 장애'라고 생각했다. 하지만 더 심한 질병을 의심하기 시작했다.

그는 배에 있는 모든 사람이 어느 정도씩 겪는 신체 증상이 갈수록 늘어나고 있다는 걸 인지했다. 무기력증, 쇠약증, 빈혈, 핏기 없이 창백한 피부, 그리고 눈 아래, 발목 주변을 비롯한 몸 곳곳에서 일어나는 "수종 삼출(액체 형성)" 현상 등.

쿡은 이것들이 모든 선원이 두려워하는, 차마 입에 올릴 수도 없는 그 질병의 명백한 징후라는 것을 알게 되었다. 의사는 벨지카호가 괴혈병에 잠식되어가고 있다는 사실을 알고 충격에 빠졌다.

20세기에 와서 괴혈병은 대체로 과거의 병이 되었다. 콜럼버스 시대, 그리고 1800년대 사이에 선원 약 200만 명의 목숨을 앗아간 질병으로 추정되며, 항해 시대에 바다에서 가장 흔한 사망 원인이었다. 괴혈병은 바다를 횡단하는 것에 대한 대가로 받아들여졌고, 해군과 상선들은 사람들이 괴혈병으로 사망할 것에 대비해 긴 여정에 실제로 필요한 인원보다 더 많은 인원을 모집하곤 했다.

괴혈병 증상은 대체로 배가 출항한 지 몇 달 후부터 나타났다. 초기 징후는 무기력증과 부종(쿡이 "수종 삼출액"이라고 부른), 구취이며, 점차 궤양과 조직 궤사로 피부가 거뭇거뭇해진다. 이후에는 몇 주에 걸쳐 심한 고통을 동반하며 잇몸이 썩고, 치아와 관절이 약해지고, 팔다리는 괴저되며, 다 나은 상처가 다시 덧나고, 마침내 혈관벽이 액화되면서 심장마비나 뇌출혈이 일어나 죽음이 축복처럼 이르렀다. 아주 악랄하고 냉혹한 질병이었다. 한번 걸리면 회복하지 못했다.

"괴혈병에는 수천 가지 치료법이 있다." 쿡은 기록했다. "그것만으로도 괴혈병이 얼마나 제대로 정복되지 않았는지를 나타내는 증거가 된다.” 괴혈병에 대한 초기 연구에서는 괴혈병의 원인과 치료법에 대해 근거가 빈약한 몇 가지 이론을 만들어냈고, 그 탓에 좋은 것보단 오히려 나쁜 게 더 많았다. 당시의 약은 최신 경험과 과거의 엉터리 이론의 합작이었음이 밝혀졌다. 많은 의사는 괴혈병의 첫 번째 증상 중 하나인 무기력증을 원인으로 착각해, 그 병이 나태하고 게으른 사람에게 찾아오는 거라고 결론지었다. 따라서 괴혈병으로 힘들어하는 사람들에게 일을 더 많이 하라고 시켜 몸을 더 약화시키고 죽음을 앞당겼다. 또 다른 이들은 괴혈병이 습하고 불결하며 해충이 많은 갑판에서 주로 발생하는 부패성 질병이라고 추측하기도 했다. (실제로는 황열병, 말라리아 등과 같은 많은 질병이 그런 조건에서 퍼지기는 했으나, 괴혈병은 그렇지 않았다. 왜냐하면 모두가 같은 음식을 먹기는 하나, 화물칸 바닥에 얼굴을 붙이고 자는 하급 갑판원뿐 아니라 깨끗하고 넓은 사관실에 있는 장교들도 무작위로 걸렸기 때문이다.) 고대로부터 전해내려온 그 당시의 지배적인 의학 이론은 거의 모든 질병이 네 가지 ‘체액(혈액, 점액, 황담즙, 흑담즙)’의 불균형으로 인한 것이라고 주장하고 있었다. 이 네 가지 체액의 균형을 회복하면 치료할 수 있다는 것이다. 하지만 괴혈병에 걸리면 의사들은 대체로 피를 뽑는 처방을 내렸고, 이는 그저 역효과만 낼 뿐이었다.

　많은 똑똑한 의사는 이 질병이 신선한 과일, 채소, 고기, 또는 소금에 절인 양배추가 부족한 곳에서 나타나는 경향이 있다는 점에 주목하고, 영양이 하나의 요인일 수 있다고 의심했다. 그러나 엉터리 처방과 실제 효험이 있는 치료법을 구분하기란 어려웠다. 1747년에는 제임스 린드라는 영국 해군 소속의 젊은 외과 의사가 의학 역사상 최초로 임상 실험을 통해 오렌지와 레몬의 강력한 항괴혈병성을 입증했다.

하지만 보수적인 영국 해군이 린드의 결론을 적용해 그것을 따르는 데에는 거의 반세기가 걸렸다. 린드가 사망한 지 1년 후인 1795년, 선원들에게 매일 레몬 주스를 배급하기 시작했다. 그러자 마치 불에 물을 끼얹듯 괴혈병 발병률이 급격히 떨어졌다. 그러다 수십 년이 지나 영국 해군은 지중해산 레몬 대신 영국령 서인도제도의 값싼 라임을 써서 비용을 절감하려고 했다. 하지만 라임은 레몬만큼 괴혈병 퇴치에 효과적이지 않았고, 라임 주스를 농축해서 배에 싣고 긴 항해를 위해 보존하는 과정이 그나마도 효과를 더 떨어뜨렸다. 19세기 중반에는 괴혈병 발병률이 다시 증가하기 시작했다. 물론 항해 시간을 단축시켜주는 증기선이 출현한 이후로 바다에서 괴혈병 증세를 다 나타낼 만큼 충분히 긴 시간을 배에서 보내는 선원의 수는 적어졌다. 결국 영국 해군, 그리고 영국 해군의 라임 주스 활용을 따라한 모든 선박은 라임 주스가 효과 없다는 사실을 알지 못했다. 어렵게 얻은 치료제가 다시 잊힐 위기에 처했다.

따라서 벨지카호의 라임 주스 역시 효과가 없었다. 쿡은 괴혈병을 처음 접한 의사들과 똑같이 곤란한 상황에 처했다. 그나마 과거에 비해 나아진 점은 린드 덕분에 괴혈병이 영양과 직접 관련 있다는 사실을 알고 있다는 거였다. 하지만 입증된 치료제인 신선한 귤류 과일이나 소금에 절인 양배추를 구할 수 없었고, (16세기 북미의 자크 카르티에[16세기 프랑스의 항해사이자 탐험가]에게 이로쿼이족이 그랬던 것처럼) 항괴혈병 토착 식물에 대해 알려줄 어떤 토착민도 만날 수 없었으며, 실제로 어떤 토착 식물도 구할 수 없었다. 쿡은 상황에 맞는 대책을 세워야 했다.

쿡은 남극에는 사람이 살지 않지만, 조건은 북극과 다를 바 없다고 생각했다. 그는 1891~1892년 겨울 동안 북부 그린란드의 이누이트족과 함께 생활하면서 그들이 괴혈병 증상을 전혀 갖고 있지 않다는 걸 관찰했었다. 또한 북극에 식물이 부족함에도 불구하고 인간이 생명을 유지할 수 있었다면, 남극도 마찬가지일 거라고 생각했다. 쿡은 직감적으로 신선한(또는 냉동했다가 방금 해동한) 고기와 지방을 대체로 날것 그대로 먹는 이누이트족의 식습관이 비록 다른 건강상의 문제를 유발할 수는 있을지언정 적어도 괴혈병을 예방하기에는 충분하다는 결론을 내렸다.

쿡은 무서운 질병을 피하기 위해 매일 생고기를 먹도록 했다. 선원 전체에게 펭귄 고기를 가장 자주 먹게 했고, 종종 물범 고기도 먹도록 했다. 이누이트의 식습관 중에서 펭귄 고기가 소화할 수 있는 귀한 음식이라고 하면서 권했다. 그는 살짝 불에 익힌 걸 선호하긴 했다. 7월 초부터 건강이 나빠진 아문센은 의사의 말을 듣고는 저녁 식사 시간을 기다리지도 않고 혼자서 펭귄을 잡아 그냥 생으로 먹었다. 놀랍게도 익히지 않은 지방질의 날고기를 먹은 지 불과 며칠 지나지 않아 아문센은 거의 정상 상태를 회복했다.

쿡은 왜 생고기가 효과를 보이는지 설명할 수 없었는데, 쿡 이후 거의 40년 동안이나 아무도 그걸 밝혀내지 못했다. 아스코르브산으로 알려져 있는 비타민C는 신체의 결합조직을 이루는 핵심 구성 요소인 단백질 콜라겐 형성에 중요하다. 콜라겐은 뼈부터 힘줄, 피부까지 모든 조직에서 발견된다. 콜라겐이 부족하면 몸이 흐물흐물해지는데, 바로 그런 증상이 벨지카호 선원들에게 나타나기 시작한 것이다. 1월에 티에라델푸에고를 떠난 이후로 이들은 비타민C를 거의 섭취하지 않고 지냈다. 남아메리카에서 산 신선한 과일도 겨울이 되자 상했다. 드제를라슈가 유럽에서 산 라임 주스에 들어 있는 아스코르브산도 병에 담는 과정에서 산화되었을 것이다. 주식인 통조림에도 비타민C는 들어 있지 않았다.

    나중에야 이누이트족이 과일이나 채소를 거의 먹지 않는데도 어떻게 괴혈병을 겪지 않았는지 과학적으로 설명이 가능해졌다. 음식 종류가 다양한 건 중요하지 않다. 순록, 생선, 바다코끼리, 물범, 그리고 그 외 이누이트족이 먹는 고기의 지방질에는 인간이 필요로 하는 모든 비타민C가 들어 있었다. 지구 반대편에 있는 펭귄 고기도 마찬가지였다. 이는 기니피그, 인간 및 다른 몇몇 영장류와 같은 드문 예외를 제외하고 대부분의 동물은 자신의 아스코르브산을 체내에서 합성하기 때문이다. 다만 열을 가하면 화합물이 분해되기 때문에 다 익히지 않은 상태에서 고기를 충분히 섭취하면 대부분의 고기는 항괴혈병 효과가 있다. 쿡의 통찰은 그해 가을 원정대가 잡은 얼린 펭귄과 물범 고기가 쥐고기와(지금은 쥐 고기도 괴혈병 예방에 효과가 있었으리라는 걸 알 수 있으니) 사람 고기(괴혈병 예방과는 관련 없지만)를 제외하고 유일하게 해빙 위에서 섭취 가능한데도 활용도가 낮은 신선한 음식 공급원이었다는 사실을 통해 어느 정도 얻은 통찰이었다.[*]

하지만 벨지카호 선원들을 치료하는 건 그리 간단한 문제가 아니었다. 아문센이 빨리 회복하긴 했지만, 대부분의 선원은 의사의 지시를 따르길 꺼렸고, 펭귄 날고기의 냄새, 맛, 질감을 매우 역겨워했다. 게다가 드 제를라슈는 펭귄 고기를 절대 먹지 않겠다고 단호히 거절해, 다른 선원들이 쿡의 권고에 저항할 구실을 제공했다. 쿡은 드 제를라슈를 찾아가 그 치료법의 중요성을 주장했지만, 드 제를라슈는 완고했다.*

"영국 해군은 50년 동안이나 괴혈병 치료에 라임 주스를 활용해왔소. 그들에게 효과가 있었다면, 우리에게도 있을 거요"라며 그는 화난 목소리로 말했다.

그러자 쿡은 "통조림처럼 병에 주입해서 가져온 라임 주스는 보존 시스템상 중요 물질이 이미 파괴된 상태입니다"라고 재빨리 대답했다. 그러나 드 제를라슈는 꿈쩍도 안 했다.

드 제를라슈는 자신의 완고한 태도를 단순히 펭귄 고기에 대한 혐오감 때문이라고 설명하긴 했지만, 실상 쿡의 판단 자체를 의심스러워하는 것 같았다. 만약 자신의 목숨과 부하들의 생존이 펭귄 고기를 먹는 데 달려 있다고 굳게 믿었다면, 분명 뜻을 굽혔을 것이다. 하지만 그는 벨지카호 음식 창고에 있는, 더 문명화된 음식을 섭취하는 걸 고수하며 남극만의 게임에 참가하지 않겠다고 결심한 것이었다. 어쩌면 원

---

* 쿡은 자신이 가장 좋아하는 극지 탐험 이야기 중 하나인 엘리샤 켄트 케인의 『북극 탐험Arctic Explorations』에서 1854~1855년 얼음 속에 갇힌 케인과 그 동료들이 겨울 동안 쥐를 잡아먹어(활을 쏘아 잡은 걸로 추정됨) 괴혈병 전염을 극복한 이야기를 기억하지 못한 것 같다.

정대를 후원한 후원자들의 돈으로 구입한 식량을 다 소비해야 한다는 책임감 때문일 수도 있었다. 장교와 선원들이 식사에 대해 불평하기 시작한 지 몇 달 만에 드 제를라슈는 더 방어적으로 변했다. 그래서 쿡이 다들 경멸하는 물범과 펭귄 고기를 먹어야 한다고 재촉하자, 드 제를라슈는 성을 냈다. "그에게는 이게 모욕적으로 느껴졌을 수도 있다. 그의 음식 선택에 대해 지속적인 비난이 있었기 때문이다"라고 쿡은 기록했다.

"통조림 음식의 폐해에 대한 이런 주장이 우리의 사령관에겐 몹시 피곤한 주장이어서 문제가 제기될 때마다 며칠씩 그를 짜증나게 만들었고, 그래서 우리도 최대한 말하기를 미뤘다"고 쿡은 이어서 기록했다. 그럼에도 불구하고 쿡과 아문센은 물범 안심과 펭귄 가슴살을 생존을 위해 긴급히 섭취해야 할 때가 오면 충분히 구할 수 있도록 조치했다. 물론 그 시간이 생각보다 빨리 도래했지만.

증거는 곧 먹은 사람들에게서 나타났다. 쿡의 말을 듣고 매일 펭귄 고기를 먹은 사람들은 곧 증상이 호전되었다. 반면 드 제를라슈의 말을 따랐던 사람들은 계속해서 악화되어 죽음을 피할 수 없게 되었다. 유일한 불확실성은 그저 다음 희생자가 누가 되느냐는 것뿐이었다.

과학적 탐구에 대한 쿡의 접근 방식은 동료 과학자들과 근본적으로 달랐다. 아르츠토프스키, 라코비차, 도브로볼스키, 르콩트는 체계적으로 관찰하여 결론을 도출해내는 엄격한 경험주의자였던 반면, 쿡은 데이터보다는 직관을 중시했고, 무엇보다 서양 과학에는 없는 '원시' 문명의 지혜에 끌렸다. 이러한 쿡의 접근 방식은 이누이트족의 식단에서 영감을 받은 항괴혈병 식사의 성공적인 효과로 강화되었다. "에스키모는 문명화된 지능이라는 영역에 대한 나의 선입견을 산산조각 냈다." 쿡은 기록했다. "이제 나는 학교에서 가르치는 모든 지식을 무조건적으로 신뢰하지 않고 의심하게 되었다."

쿡은 휴게실에서도 동료 과학자들과 열띤 토론을(불경스러운 여러 언어와 선원들을 위한 정기적인 오락성 대화를 포함해) 즐겼던 만큼, 아문센이야말로 자신의 파격적인 아이디어에 더 공감하고 들어줄 사람이라는 걸 알았다. 일등항해사 아문센은 일기에 이렇게 적었다. "나는 쿡이 경험 많은 극지 탐험가이므로 절대적으로 신뢰하고 있다. 그린란드 북부 에스키모인과도 접촉했고, 극지생활에 대해 심도 있게 연구한 덕분에 분명 다른 사람들에 비해 더 깊은 통찰력을 지녔다. 게다가 유능한 의사이기도 하고, 극지에서 발생할 수 있는 모든 질병을 다룰 수 있다는 사실까지 고려한다면, 매우 높이 평가하지 않을 수 없다." 아문센은 쿡이 제안한 벌거벗고 불을 쬐는 치료, 그리고 펭귄 고기 식단을 전적으로 따랐고, 그 결과 모두 긍정적인 회복으로 이어졌다. 아문센의 생각으로 쿡은 잘못을 할 일이 없었다.

또한 쿡은 아문센이 가지고 있는 가능성에 대한 신념이 자기만큼 크다는 걸 알았다. 둘은 벨지카호의 원정을 넘어 극지 정복이라는 야망을 품고 있었다. (당시 쿡의 목표는 남극이었다. 아문센은 어린 시절의 영웅이었던 존 프랭클린처럼 서북 항로를 최초로 항해하는 사람이 되는 것이 목표였다.) 벨지카호가 가장 암울했던 이 시기에 둘은 쿡의 말처럼

"새롭고 더 완벽한 여행 장비를 만들기 위한 공동의 파트너십"과 같은 뗄 수 없는 관계가 되었다. 장비는 아노락, 펭귄 가죽 부츠, 썰매, 그리고 거센 폭풍 속에서도 몇 분 안에 세울 수 있는 텐트 등이었다. 그들은 장비를 시험했고, 프리드쇼프 난센이 추천한 패턴으로 자른 늑대 가죽 옷처럼 다른 극지 탐험가들을 위해 디자인도 개선했다. 그 옷은 쿡이 전에 입었던 그 어떤 옷보다 따뜻했지만, 스키를 타러 갔다가 땀에 흠뻑 젖어 돌아온 쿡과 아문센은 통풍이 안 되는 게 그 옷의 가장 큰 결점이라고 결론 내렸다. 환기가 잘 안 되는 것은 뭐든 금방 어는 극지 기후에서는 치명적인 단점이었다. 쿡은 이누이트족의 방식으로 바꿀 것을 제안했다. 그는 "난센이 개선시킨 옷에서도 결점을 찾아 옷을 가능한 한 원주민 스타일로 줄였다"고 적었다. 쿡과 아문센은 자유 시간의 대부분을 대화에 푹 빠져서 보내거나 아니면 나란히 앉아 디자인을 손보거나, 얼음을 가로질러 함께 스키를 타면서 보냈다. 아문센은 쿡에게 많은 걸 질문했고, 쿡의 대답 하나하나를 마치 성서 말씀처럼 경청했다. 쿡은 자신이 만난 이 노르웨이인을 "내가 만난 사람 중 가장 관심사가 많고, 본인도 흥미로운 인물"이라고 묘사했다. "그는 쌀쌀맞긴 했지만 모든 행동에서 매력적이고 친절했다. 그의 깊은 진심은 이 오랜 고립 상황에서 매우 인상 깊었다. (…) 우리는 이 오래된 세상을 다음 세대의 선善을 위해 다시 만들어나가는 꿈을 함께 꾸었다. 어떤 아이디어든 과하지 않았고, 어떤 영감이든 우리의 주목을 끌기에 부족함이 없었다."

20대 초반에 브루클린에서 우유 배달 시장을 석권했던, 쿡의 타고난

실무적인 사업가 기질은 대륙의 황무지에서도 기회를 보았다. 그는 사우스셰틀랜드제도에 포경장과 어항을 조성하거나 정체된 현지의 모피 무역을 재개하는 등, 잠재적 후원자인 앤드루 카네기가 자랑스러워할 만한 사업을 구상했다.* 반면 몽상가인 쿡은 세계의 작물 생산을 늘려 기아 문제를 해결하기 위해 대륙의 모든 펭귄의 배설물을 모으겠다는 식의 현실성 없는 계획을 갖고 있었다.

　그런데 쿡과 아문센이 함께 고안한 아이디어는 쿡 혼자 생각한 것보다 훨씬 더 스케일이 컸다. 목장주가 긁어모은 부는 말할 것도 없고, 한때 야생이었던 파타고니아의 평원에서 풀을 뜯고 있는 양들을 보며, 그들은 세계의 아직 정복되지 않은 곳이 이렇게 수익성 있게 변할 수 있는지 궁금했다. "우리는 한 시대의 사막이 다음 시대에는 곡창이 될 수 있다고 말했다. 사하라 사막에 나무를 심고 아프리카 모래땅을 새로운 부의 제국으로 만드는 일이 왜 안 되겠는가?"라고 쿡은 적었다.

　이들이 가장 관심을 가졌던 아이디어는 지구의 생명을 재조직하는 것이었다. 쿡은 그것을 "새로운 방주"라고 불렀는데, 이 프로젝트는 개발로 인해 서식지가 파괴된 생물과 사람 모두에게 도움이 되도록 자연 그대로의 모습보다 더 합리적으로 전 세계 동물 개체 수를 재조정하는 프로젝트다. "이 방주 계획에서 우리는 펭귄, 물범, 과나코남미 안데스산맥의 야생 라마, 라마를 북쪽으로 데려가고, 곰, 사향소, 순록, 쇠털오리, 송어, 물범, 해마를 남반구로 데려가며, 유용한 주요 생물들을 아프리카에서

---

* 물범은 1830년대에 멸종됐다고 생각했으나, 벨지카호는 이슬라 데 로스 에스타도스에 있는 몇몇 식민지에서 물범과 마주쳤다.

남아메리카로 옮기는 작업을 할 것이다. 광대한 해양, 대륙, 온도, 열대
는 인간과 야생 동물의 더 나은 미래 식량 공급을 위해 분리되어서는
안 된다"고 쿡은 적었다.

쿡과 아문센의 그런 생각은 갇힌 상황에서 싹튼 만큼 더욱 이질적이
고 광범위했다. 그 생각들은 황량한 얼음 속에서도 생생했고, 밤이 어
두운 만큼 밝았다. 르콩트와 아르츠토프스키는 그들의 계획을 듣고
"미쳤다"고 했지만, 어차피 당장 실행할 것은 아니었다. 대신 계획들은
쿡과 아문센의 정신을 활동적으로 유지시키고, 곤경 이외의 다른 것에
집중하도록 만드는 기능을 했다. "크리스털 지옥의 어둡고 찬 감옥"에
서 그러한 상상은 "꿈과 같은 극단으로 다시 옷을 입는" 역할을 했다고
쿡은 기록했다. 많은 다른 동료가 질병과 우울증의 희생자가 되고 있
는 데 반해, 쿡과 아문센은 "뇌를 쏘는 총알이 장전된 영혼의 탄창에 영
혼을 잃는 남극"에서 빠져나오는 희망을 가졌다.

7월 10일 자정 직전, 르콩트는 이불을 걷고 침대에서 나와 4시간짜
리 관측을 하러 갔다. 발바닥에 닿는 바닥의 느낌이 달랐다. 다리가 무
서우리만큼 부풀어 오른 걸 알아차렸다. 왼손도 마찬가지로 붓기 시작
했다. 쿡이 현재 선원들을 좀먹는 질병의 이름을 확신하지 못했기 때
문에 르콩트는 자신의 증세가 진행성 괴혈병의 증세라는 걸 깨닫지 못
했다. 그는 걱정을 떨쳐버리고 손질을 마쳤다. 할 일은 해야 했다. 그는
지난 몇 주 동안 아팠지만 한 번도 관측을 빼먹은 적이 없었다. 기상과
천체 관측을 위해 밖으로 절뚝거리며 나갔다. 고요하고 맑은 날씨에,

별은 밝게 빛나고 있었다. 르콩트는 원래부터 이런 고독한 순간, 자신
과 하늘만이 존재하는 고요한 순간을 즐기곤 했다. 하지만 그날만큼은
아침부터 너무 피곤하고 힘들어 간신히 관측을 끝냈다. 힘들게 침실로
갔고, 다리와 손이 부풀어 올랐다는 게 느껴졌다. 피곤했지만 잘 수가
없었다. 그는 정신이 혼미해진 상태로 관측소에 보관할 공간이 부족해
천장에 매달아두었던 지도를 누워서 쳐다보았다.

한 시간쯤 후, 설핏 잠이 든 르콩트는 반수면 상태로 몸을 뒤척였다.
놀랍게도 다리와 왼팔이 전혀 움직이지 않았다. 마비된 것이다. 소리
를 질러 도움을 청하고 싶었지만, 선원들이 당황할까봐 걱정되었다.
오전 6시경, 그는 더듬더듬 침대에서 내려와 어두운 방을 가로질러 쿡
의 선실까지 기어갔다.

쿡은 눈앞에 잔뜩 부풀어 오르고 얼굴은 공포에 질린 유령이 다가오
자 잠을 화들짝 깼다.

"선생님, 저는 갈 때가 된 것 같습니다. 단코를 따라가겠습니다." 르
콩트가 쿡의 머리맡에 기댄 채 작은 소리로 말했다. "죽음이 내 뒤를 따
라오고 있습니다. 제 발목을 보십시오. 이제 끝났습니다."

쿡은 르콩트의 다리를 내려다보았고, 등골이 오싹해졌다. 비몽사몽
인 채로 쿡은 기계적으로 르콩트에게 몇 가지 검사를 했다. 그때 쿡은
르콩트뿐 아니라 전체 원정대가 잘못될까봐 두려웠다. 드 제를라슈도
위독하고 자기 선실에 거의 틀어박혀 있는 상황에서 쿡에게는 선장 르
콩트가 "그나마 우리 중에서 원정대를 지휘하는 사람"이었다. 그마저
떠나버린다면, 이미 정신병원과 같은 광기에 지배된 나머지 선원들은

분명 절망에 굴복하고 말 것이다.

쿡은 르콩트의 활력징후를 체크했다. 심장 박동 수는 높고, 맥박은 약하고, 얼굴은 부었고, 피부는 차가우며 밀랍 같고, "놀라울 정도로 창백"했다. 단코도 이 정도는 아니지 않았던가? 르콩트의 사지가 마비되었다는 건 괴혈병 말기 단계이거나 히스테리 공포 반응일 것이다. 어느 쪽도 좋은 상황은 아니다.

"의사가 사망 진단을 내릴 때까진 아직 죽은 게 아닙니다"라고 말하며 쿡은 당황스러움을 감추려 애썼다. "제가 지시하면 그대로 따르시겠습니까?"

"네." 르콩트가 말했다. "선생님 손에 달렸습니다."

쿡은 선장에게 알약(아마 스트리키닌일 가능성이 높다)을 주고, 혈액 순환을 돕기 위해 발에 뜨거운 벽돌을 대고 침대로 돌아가 쉬라고 말했다. 쿡이 옆에서 돌보는 동안 르콩트는 비록 진정했지만 "앞뒤가 맞지 않는 말들"을 하기 시작했다. 알아들을 수 없는 말만 계속 늘어놓는 걸로 보아 르콩트는 하루도 더 살지 못할 가능성이 컸다.

얼마 후 르콩트는 옆 장교실에서 아침 식사를 한다는 소리를 듣고 남은 힘을 끌어모아 아문센을 자기 선실로 불렀다. 그는 아문센에게 자기가 가지고 있던 모든 서류와 사랑하는 사람에게 보낼 편지가 담긴 상자를 어디에 보관했는지 알려주고, 원정대에 대한 마지막 말을 남겼다. 아문센은 북받치는 감정을 누르며 말없이 귀를 기울였다.

드 제를라슈는 이미 괴혈병 증세에 시달리고 있고, 배가 이렇게 얼음 속에 갇힌 상태에서 드 제를라슈가 살아남을 확률이 르콩트가 살아남을 확률보다 크지 않아 보인다는 걸 감안한다면, 어쩌면 곧 배를 한 번도 지휘해본 적 없는 스물여섯 살의 노르웨이인인 아문센이 벨기에 남극 탐험의 지휘권을 넘겨받을 수도 있는 상황이었다. 이는 사실 드 제를라슈가 필사적으로 피하고 싶어한 시나리오였다. 그는 벨기에 언론과 후원자들이 그런 당혹스러움을 느끼게 하느니 차라리 자신이 죽는 게 더 용서받는 길이라고 믿었다.

그러나 지금 이 순간 르콩트는 그런 우려 따윈 안중에 없었다. 그는 이제 묘한 평화로움을 느끼며 자신의 운명을 받아들이고 있었다. 그는 창밖으로 어두운 하늘과 뒤범벅된 얼음 위의 어둠을 바라보았다. 그의 계산상 앞으로도 약 2주간은 태양이 떠오르지 않을 것이었다. 결국 죽기 전에 해를 보지 못할 거라고 생각했다. 그는 죽는 게 생각보단 끔찍한 일은 아닌 것 같다고 몽롱한 채로 생각하며 잠에 빠져들었다.

그런데 이튿날 눈을 뜨고는 깜짝 놀랐다. 쿡의 지시에 따라 그는 작은 펭귄 고기를 억지로 먹고 몇 시간 더 잤다. 그러고는 기분이 꽤 나아진 채로 일어났다. 쿡은 르콩트의 맥박을 재더니 심박수가 떨어졌다는 걸 알고는 기뻐했다. 그러나 르콩트의 안정 시 심박수는 분당 98회로, 여전히 지나치게 높아 심계 항진에 해당됐다.

"그는 사실 거의 희망이 없어 보인다"고 쿡은 7월 14일 자신의 일기에 적었다. 불길한 분위기는 배 전체에 또 다른 절망의 파도를 일으켰다.

쿡은 선장이 회복하리라는 가망이 거의 없다고 생각했지만, 그래도 엄격히 지시를 내렸다. 그는 "앞으로 평소 먹던 음식과 음료는 중단할 것"이라고 말했다. "날고기만 먹고, 뜨거운 물만 마시고, 하루 세 번 뜨거운 불 앞에 서 있을 것"을 지시했다.

"제가 살 수만 있다면 한 달 내내 난로 위에 앉은 채 남은 극지 탐험 동안 펭귄만 먹을 수 있소"라고 르콩트가 대답했다.

쿡은 미소를 지으며 이 지시를 따른다면 해가 다시 뜰 때쯤 일어날 수 있을 거라고 말했다. 물론 확신은 없었다. 르콩트 본인도 확신이 없었지만, 그래도 의사의 지시에 무조건적으로 순종하며 오로지 펭귄 고기만 먹고, 뜨거운 물만 마시고, 불 앞에서 몇 시간씩 나체로 서 있었다.

매일 아침 르콩트의 얼굴과 팔다리의 부기는 줄어들었다. 점차 증상이 호전되었다. 쿡의 예상과 달리(그러나 선장에게 낙관적으로 말한 것과 일치하게) 7월 18일까지 르콩트는 계속 회복되다가 자기 임무를 수행하기에 충분할 정도로 회복되기에 이르렀다.

르콩트의 기적적인 회복에 대한 소문이 배 전체에 퍼지자 곧 거의 모든 선원이 쿡을 찾아와 "실제 또는 상상 속 고통"에 대한 치료를 해달라고 청했다.

쿡은 많은 사람의 고통이 상상의 고통보다는 실제 고통이라는 걸 알았다. 그는 심각한 경우를 추려 르콩트에게 보고했다. "드 제를라슈는 상태가 심각합니다. 크누센은 다리, 특히 발목 주위가 크게 부어 있습니다. 멜라에르는 심장 박동이 분당 150회입니다." 이외에 라코비차, 아르츠토프스키, 도브로볼스키는 "안 좋은 상태"였고, 쿡 자신의 상태는 심박수가 우려된다고 적었다.

쿡은 모든 사람에게 동일한 처방을 내렸다. "우유, 크랜베리 소스, 날

고기, 펭귄이나 물범 고기를 올레오 마가린에 튀긴 것을 제외한 모든 음식을 금지했다"라고 적었다. 또한 불 앞에 서 있을 것과(침대 밖으로 나올 수 있는 사람에 한해서) 심장에 무리가 가지 않는 선에서 매일 운동할 것을 지시했다. 나아가 환자들의 "침구는 매일 건조시켰고, 옷은 필요한 정도로 세탁했다. 전반적으로 완하제배변을 쉽게 하는 약가 필요했고, 미네랄 산이 함유된 채소 비터쓴맛을 내는 향료를 배합한 알코올 또는 비알코올 음료가 확실히 도움이 되었다." 그는 알코올 섭취를 완전히 금했다. "우리는 식사 때 가볍게 와인을 한 잔씩 하는 데 익숙해져 있었다. 하지만 와인은 심장과 신장 기능에 안 좋은 영향을 미치기 때문에 그것도 완전히 중단시켰다"고 쿡은 기록했다. 물론 실제로는 이 규칙의 예외로 인정해주기에 충분한, 특별한 경우가 아주 많이 생기긴 했다.

쿡의 치료는 배 위에서의 고통을 완전히 없앨 순 없었지만, 적어도 처방을 잘 따른 사람들은 확실히 상태가 나아졌다. 대부분은 물범과 펭귄만 제외하고 다른 모든 걸 끊겠다고 선언했고, 고기를 먹기를 갈망하게 되었다. 자기 병이 심각하다는 걸 인정한 드 제를라슈 역시 코를 막고 가끔 펭귄 고기를 먹었지만, 거의 바삭할 정도로 구워내야만 삼킬 수 있었다. 물론 그렇게 익히면 항괴혈병 효과는 거의 없는 거나 마찬가지였다. 드 제를라슈는 대부분 자신이 꼼꼼하게 꾸린 메뉴를 고수했고, 적지 않은 비용을 들여 원정대를 위해 구매한 음식을 먹었다.

쿡의 낙관적인 태도는 자신이 생각한 치료 계획의 핵심이었다. "심하게 괴로울 때, 선원들은 자기네가 분명 죽을 거라 생각했고, 따라서 절망과 싸우는 것이 내게 맡겨진 가장 어려운 일이었다"라고 쿡은 기록했다. 쿡은 밤새도록 고통의 어두운 구렁텅이로만 향해 있던 선원들의 눈을 매일 몇 분씩 늘려가며 태양이 곧 올 수평선의 빛으로 돌렸다.

제13장
펭귄 기사단

태양이 다시 뜰 것으로 예정된 날의 며칠 전, 배 위의 모든 사람은 태양을 처음으로 맞이할 곳을 골랐다. 어떤 이들은 망대로 올라가거나 삭구에 매달려 있었다. 또 어떤 이들은 해빙 위로 나가 있었다. 7월 22일 아침, 쿡, 아문센, 르콩트, 드 제를라슈는 주변에 있는 빙산까지 힘들게 올라갔다.* 평소라면 금방이었겠지만, 체력이 약해진 터라 한 시간 정도가 걸렸다. 백 걸음쯤 가면 숨을 고르기 위해 한 번씩 멈춰 섰고, 숨이 가쁜 탓에 서로 대화는 나눌 수 없었다. 특히 드 제를라슈는 상태가

---

* 태양이 다시 뜬 시점에 대한 당사자들의 최초 설명은 배에 매우 중요한 터닝 포인트가 되었다는 점에서는 일치했다. 하지만 이상하게도 그 날짜가 서로 달랐다. 쿡과 아문센은 7월 22일이라 했고, 르콩트는 23일이라고 했다. 빙산 정상에 함께 오르지 않았던 라코비차는 27일이라고 했다. 반면 드 제를라슈는 7월 21일이라고 했는데, 이는 아무래도 1831년 혁명 이후 레오폴드 국왕 1세가 왕위에 오른 것을 기념하는 벨기에 건국 기념일이라서 그렇게 기록한 듯하다.

좋지 않아 기운이 달렸다. 그래도 사령관은 70일 만에 처음으로 태양을 적어도 일부라도 볼 수 있기를 기대하면서 힘을 냈다. 르콩트의 분석에 따르면 앞으로 24시간 안에 태양이 다 뜰 거라는 보장은 없었지만, 사람들은 그럴 경우에도 잘 볼 수 있을 정도로 높이 올라감으로써 지구 반대편에서 떠오르는 이른 섬광이라도, 그게 비록 굴절이라 할지언정, 보기를 원했다.

빙산 꼭대기에 도달하자 네 사람은 북쪽을 향해 서서 가장 밝은 곳을 바라보았다. 정오가 다가오며 구름에 덮인 옅은 노란색 하늘이 분홍색으로 변했고, 시시각각 색이 바뀌며 폭발적인 색깔을 분출했다. "금색, 주황색, 푸른색, 녹색 등 100여 가지의 조화로운 색의 조합이 나타났다." 쿡은 기록했다. "이따금씩 광을 낸 은이 띠를 이루어 색깔들을 크게 감싸기도 했다."

정오가 되기 직전, 지평선 너머에 있던 안개가 신호라도 받은 듯 갑자기 흩어졌다. 한 줄기 불꽃이 비치며 지쳐 있는 사람들 눈에 반사되었다. 쿡은 "우리는 (…) 끓어오르는 안도감을 표현할 말을 찾을 수 없었다. 또한 약해져만 가던 우리 심장에 망치와 같은 강력한 타격으로 다시 동맥에 피가 흐르게 함으로써 새로운 생명이 생겨나는 느낌이었다"라고 적었다. 그동안 긴 극지의 밤이 준 압박이 너무 커서 머리로는 태양이 다시 뜨리라는 걸 알고 있으면서도 직접 눈으로 보니 기적이나 다름없었다. 아직 태양 광선이 해빙까지 도달하지는 않았고, 가장 높은 빙산의 능선을 지나 벨지카호의 메인 돛대 꼭대기에서 휘날리고 있는 벨기에 국기를 얼마 동안 비추었다. 사령관에게는 상서로운 상징이라는 느낌이 들었다.

드 제를라슈는 "찬란한 광경에 모두가 완전히 넋이 나갔다"고 적었다. "태양 없이 살아본 사람만이 그것이 인간의 몸과 영혼에 얼마나 이로운지를 안다. 과거 태양을 신으로 섬기던 원시인들이 왜 그랬는지 이해할 수 있다."

갑자기 떠오른 만큼, 태양은 곧 사라졌다. 그러나 잔광은 오래갔다.

태양은 하루에 약 20분씩 더 길게 하늘에 머물렀다. 태양의 강력하고 날것 그대로의 빛은 긴 밤이 준 상처를 드러냈다. 겨울은 선원들에게서 회복 불가능할 정도로 무언가를 이미 빼앗아갔고, 정신을 흔들었으며, 육체를 상하게 했고, 한 계절 동안 평생 겪을 고통을 한꺼번에 겪게 했다. "우리는 전부 부었고, 노랗게 떴다"고 드 제를라슈는 적었다. "서로 늙어가고 있는 상대를 보았다. 얼굴은 피곤하고, 핼쑥하며, 겨울의 고통으로 인해 슬픔과 걱정스러운 표정이 담겨 있었다." 몇몇 선원은 에드거 앨런 포의 소설「소용돌이 속으로 떨어지다」에 등장하는 끔찍한 소용돌이와 같은 겨울밤이 시간 자체를 팽창시킨 것처럼 석 달 만에 잿빛 얼굴이 되었다. "우리는 30일 만에 10년은 더 늙었다"고 쿡은 기록했다.

이때쯤 찍힌 선원들의 사진은 드 제를라슈와 쿡의 설명이 사실임을 보여주었다. 특히 벨지카호가 출항하기 전, 밝고 희망찬 사진 속 얼굴과 비교한다면 더욱 그랬다. 안트베르펜에서 르콩트는 세련된 맞춤 유니폼을 입고 젊은 혈기에 차 있었다. 벨지카가 출항한 지 5개월이 지난 그는 지치고, 병들고, 비대해졌으며, 스물아홉의 나이보다 10년은 더 늙어 보였다. 벨기에에서 촬영한 홍보용 사진 속 드 제를라슈는 마치 정복하려는 산의 정상을 보듯 위를 보며 영광스러운 포즈를 취하고 있었다. 풍성한 수염은 깔끔하게 손질돼 있었고, 콧수염은 위로 말려 있었다. 머리에는 우아한 털모자를 멋있게 비스듬히 쓰고 있었고, 멋진 겨울 코트 위에는 모피 망토를 두르고 있었다. 그러나 극지 탐험가의 사진은 긴 겨울밤을 보낸 후, 쿡이 찍은 사진 속 모습과 크게 비교되었다. 올이 풀린 스웨터를 입고 있는 드 제를라슈는 알 수 없는 어딘가를 초연히 바라보고 있었다. 얼굴은 푸석푸석하게 부어 있고, 머리카락과 수염은 퉁퉁 부은 눈 아래부터 목 절반까지 덥수룩하게 나 있었다. 사람들은 마치 야생에서 사는 인류처럼 어둠 속에서 나타나곤 했다. (기껏해야) 일주일에 한 번 하는 목욕으로는 엉킨 갈기 속의 물범 기름이나 석탄 잔류물을 씻어내는 데 충분하지 않았다.

하지만 태양이 떠오르자, 의욕이 생겼다. 대원들은 머리카락과 수염을 자르기 위해 모여들었다. 외과 의사인 쿡은 비록 이발사만큼은 아니지만, 그래도 가위로 이발할 수 있을 정도라고 생각되었다. 몇몇 사람이 원했던 것보다 덜 꼼꼼하긴 했지만. 불만이 있던 한 대원은 이렇게 기록했다. "종종 (쿡은) 마치 경쟁사가 없어 아무렇게나 해도 고객을 잃을 걱정이 없는 가게 주인처럼, 한쪽 머리는 다듬고 다른 쪽 머리는 다듬지 않는 식이었다. (…) 그래놓고 잘도 웃었다!" 하지만 꼭 골탕을 먹이려던 건 아니었다. 쿡은 선원들이 이발에 좀더 집중하게 하고, 황량한 환경보다는 다른 데 주의를 분산시키려고 일부러 그런 것이었다.

　물론 두 사람만은 쿡의 이발을 피할 수 있었다. 제멋대로 뻗친 더부룩한 자신의 머리를 직접 자르겠다고 한 라코비차, 그리고 쿡 자신이었다. 쿡은 어깨까지 내려오는 고운 직모를 이마 옆으로 묶어 시야를 확보했다. 수염이 풍성해서 그는 메시아와 같은 모습을 하고 있었다. 열정적이고 반쯤 미친 듯한 청회색 눈은 마치 광신도 같았다. 실제로 남극의 밤은 그를 일종의 광신도, 말하자면 태양 신봉자로 만들어버리긴 했다. 물론 그는 자신이 원래 믿고 있던 신을 생각하면, 이러면 안 된다고 생각했다. 하지만 태양은 모든 생명의 근원이었고, 태양이 없는 건 일종의 저주였다. 태양이 떠오르면서 그도 다시 태어났다.

　쿡은 "차가운 불이 품은 거대한 금빛 구가 얼마나 기쁨과 감사로 영혼을 고무시키는지! 태양은, 실로, 지구상 모든 것의 아버지다. 우리는 갑작스럽게 공기로부터 강장제를, 얼음 바다의 멋진 경치에서 영감을, 밤의 치명적인 우울을 과거의 일로 만드는 상호 동반자적 관계 속에서 격려를 얻을 수 있었다"라고 적었다.

　태양의 힘에 대한 쿡의 믿음은 그로 하여금 과학으로는 설명이 안 되는 요소들을 태양의 힘에 기원한 것으로 돌리게 했다. 이전에 이누이트 노인 십수가 살아 있는 것들은 그 안에 빛을 가지고 있다고 말했을 때 쿡이 그 말을 믿었듯, 이번에는 얼음 자체가 태양 광선을 받아내는 것이라고 믿게 되었다. 그는 몇 주 후, 낮 시간이 길어지기 시작하자 "햇빛이 강력한 낮이 지난 후 찾아오는 밤의 눈은 아주 밝게 빛난다. (이러한) 발광성은 태양광을 눈이 품고 있었기 때문이라고 본다. 이 현상에 흥미가 생겼고, 내 생각을 확인하기 위해 몇 가지 실험을 했다"고 적었다.

그는 자신의 가설을 입증하기 위해 햇빛이 비치는 동안 매끄러운 눈 위에 검은 천을 펼쳐두었다. 그리고 밤에 그 천을 다시 치우자, "늘 어두운 부분이 있었다"라고 적었다. "내 생각에 이 부분은 눈이 광선을 흡수해서 일정 시간 동안 유지하기 때문이다."

사실 이 의견은 틀렸다. 그저 검은 천이 태양열을 더 많이 흡수해서 그 아래에 있는 눈이 검은 천이 덮이지 않은 눈보다 더 빨리 녹았다는 걸 암시할 뿐이다. 매끄러운 질감이 달빛이나 별빛을 다르게 반사시켰을 수는 있다. 쿡의 낭만적인 면이 그 안의 과학자적인 성향을 능가했을 가능성이 더 높았다.

날이 밝으면서 벨지카호 사람들은 천천히 살아났다. 선원들은 배 주변에 있는 눈을 치우고 길을 만들었다. 소머즈가 측심 장치를 비롯한 다른 장치를 위한 예비 부품을 만들며 배 중앙에 있는 대장간에서 망치로 모루를 치는 소리가 울려퍼졌다. 과학자들은 측량, 준설, 낚시, 측정, 관찰 등 각자 할 일을 하기 시작했다. 아직 7월도 추운 달이었고, 이런 기후에 적합한 옷이 충분하지 않았기 때문에 선원들은 늑대 모피로 안감을 댄 붉은 양모 담요로 아노락을 만드는 데 며칠을 보냈다. (단, 쿡은 모피를 든든히 챙겨왔다.) 아문센은 빨간 코트와 눈부시게 흰 눈의 대비가 "확실히 기괴하고 극적인 효과를 냈다"고 적었다.

쿡의 치료법을 따른 몇몇 선원, 그중에서도 얼굴이 앳된 노르웨이인 선원 크누센과 드 제를라슈 사령관의 건강은 아직 나쁜 상태였지만, 배 안의 건강은 전반적으로 개선되었다. 물범과 펭귄 고기를 먹으면 괴혈병을 막을 수 있을 거라는 쿡의 추론은 정확했지만, 겨울 날씨가 남극의 사냥감 개체 수를 감소시켜버렸다. 동물들이 겨울이 있는 북쪽 지평선 너머를 향해 가는 속도가 느려졌듯, 돌아오는 것도 느렸다. 펭귄은 코빼기도 보이지 않았다. 따라서 괴혈병으로 인한 사망을 막을 음식 중 하나가 사라질 위기에 처해 있었다.

쿡은 해빙 위에서 어두운 형체를 발견하기를 바라면서 매일같이 계속 방벽 너머를 내다보았다. 새로 조각한 얼음 숨구멍에서 간헐적으로 물이 분출되었는데, 이는 곧 물범들이 점차 돌아오고 있다는 징후였다. 곧이어 멀리서 펭귄들의 울음소리가 들렸다. 카아- 카아- 하지만 눈에 보이지는 않았다. 펭귄을 잡으려면 배에서 아주 멀리 나가야 했다.

7월 말 쿡, 르콩트, 아문센은 드 제를라슈의 승인을 받아 펭귄 사냥을 위해 긴 여정을 떠났다. 그들의 목적지는 동북쪽 방향으로 약 17마일 떨어진 거대한 판형 빙산이었다. 빙산으로 곧장 가는 것처럼 보여도 쉽지 않은 길이었다. 얼음 지대는 끊임없이 변하기 때문에 길을 잃지 않도록 언제나 눈에 띄는 곳에 시각적인 표시를 해두는 게 중요했다. 그나마 빙산이 북쪽에 있어서 좋은 점은 있었다. 펭귄들이 겨울 동안 빛을 따라 얼음 가장자리까지 갔기 때문에 돌아오기도 그 방향에서 돌아올 것이었다.

그 빙산까지 갔다 오려면 적어도 이틀은 걸릴 터였다. 쿡과 아문센에게 이번 여행은 돛 썰매와 원추형 텐트, 그리고 함께 설계한 몇몇 여행 장비를 테스트할 기회이기도 했다. 그건 개인적으로 계획 중인 향후의 원정을 위해서도 필요한 일이었다. 게다가 수개월 동안 배 안에 갇혀 있다가 나온 거라서 사냥 여행은 새로운 풍경을 볼 좋은 기회이기도 했다. "우리는 나무로 둘러싸인 '매드하우스' 행진에 지쳐 있었다. 우리 주변에 있던 깡통, 재, 그 외 잔해, 작은 빙산들이 지겨웠다"고 쿡은 기록했다. "만일 우리가 며칠이라도 다른 곳으로 떠나 있고, 캠프를 빙산 근처 얼음 바다의 가슴 맨 위에 설치할 수 있게 된다면, 기록할 가치가 있는 연구를 제대로 할 수 있을 것만 같고, 되돌아와 벨지카호와 동료들을 지금보다 더 좋아할 수 있을 것 같다."

아문센은 다른 기록을 남기고 싶어했다. 바로 남극의 해빙 위를 썰매로 여행하는 것이었다. 7월 31일, 춥고 맑은 아침에 이 작은 새 원정대의 출발은 마치 1년 전 안트베르펜 부두에서 박수갈채와 함께했던 벨지카의 첫 출항을 연상케 했다. 르콩트, 쿡, 아문센은 다시 가슴이 뛰었다. 그들은 모임을 꾸려 이를 "펭귄 기사단"이라고 불렀다. 그리고 아문센을 단장으로, 나머지 두 명을 일반 기사로 임명했다. 2등 기관사인 막스 반 리젤베르게는 벨지카호 아래에 있는 대장간에서 메달을 만들어 거기에 로열펭귄의 이미지와 "성공 기원!"이라는 말을 새겼다. 르콩트는 쿡과 아문센의 목, 그리고 자신의 목에 빨간 리본이 달린 메달을 엄숙히 걸었다.* 세 명의 원정대는 썰매에 캠핑 장비, 소총, 그리고 이틀 동안의 여정을 위한 열흘 치 식량을 실었다. 아문센과 르콩트는 스키와 하네스를 착용하고 썰매를 끌었으며, 쿡은 설화를 신고 안정화시키기 위해 그 뒤를 따랐다. 그들은 쿡이 침대 시트로 만든 돛을 펼쳤다. 돛은 가벼운 남풍에 부풀어 올랐고, 이는 한 사람분의 힘을 더 실어주는 효과를 냈다. 드 제를라슈는 몸이 좋지 않았지만 선원들과 함께 나와 굳게 악수하며 그들을 배웅했다.

겨울 동안 앓았던 질병과 근육 위축으로부터 아직 회복 중인 아문센과 르콩트에게 휴식이 필요했기 때문에 중간중간 자주 멈췄다. 영하 30도의 날씨에 쿡이 만든 통풍이 잘되는 모피 코트에도 불구하고 땀을 무척 많이 흘렸다. 원정대는 쿡이 그린란드에서 개썰매를 끌 때의 속도에 훨씬 못 미치는 속도로 전진했고, 결국 사람이 썰매를 끌며 눈 위에서 운반한다는 것이 얼마나 비효율적인 일인지 근본적으로 깨달았다. 다만 힘들게 끌고 나면 초반에는 안정적이었다. 썰매는 단단한 얼음 위 평평한 표면을 부드럽게 미끄러지며 나아갔고, 무거운 하중은 안정기 역할을 해 장비가 넘어지지 않았으며, 돛이 바람을 받아 움직일 수 있게 했다.

원정대가 배에서 얼음에 대해 조사했을 때, 먼 빙산으로 가는 길은 대체로 희고 평평하며 끊어진 곳 없이 이어지는 것처럼 보였고, 길을 따라 충분히 돌아가면 될 성싶은 가는 물줄기가 몇 개 있었다. 하지만

---

* 르콩트의 기억에 따르면, 형제단은 정확히 쾨트뵐러 기사단이라고 불렀으며, 지도자는 쿡으로 임명되었다. 다만 이러한 기록의 불일치는 당시 상황이 어수선해서거나 기억에 대한 신뢰성이 떨어져서일 수 있다. 또는 선원들 사이의 언어 장벽 때문일 수도 있다. 르콩트의 영어는 쿡의 프랑스어만큼이나 형편없었고, 둘 다 노르웨이어는 하지 못했다. 그나마 아문센이 언어를 빨리 배워 통역사 노릇을 했다.

앞으로 나가면서 지형은 훨씬 더 복잡해졌으며, 방향을 잡기가 더 어려워졌다. 멀리서는 작은 언덕 정도로 보였던 것이, 사실은 지나가는 것조차 힘든 산마루였던 것이다. 그리고 그 사이의 바다는 그저 빈 터와 같았다. 세 사람은 빙하가 계속해서 움직이고 있으며 지도는 실시간으로 과거의 것이 된다는 사실을 알고 있었던 터라 수시로 나침반을 확인하고 주위의 빙구를 확인하느라 자주 멈춰 설 수밖에 없었다. 그런데 그들이 얼마만큼 진전했는지와 전혀 관계없이 목적지는 "곧 도착할 듯" 보였다. 이것은 지평선 위로 보이는 환상이었다. 그때 남극의 빛이 다시 예의 그 황홀함을 선사했다. 지고 있는 태양과 떠오르는 보름달이 마치 금메달과 은메달처럼 하나의 하늘 아래 자리했다. "신을 위한 그림과도 같은 풍경이었다"라고 쿡은 기록했다.

그날 오후, 세 사람은 빙산으로 가는 길목을 막고 있는 3인치 두께의 광활한 얼음 호수 앞에서 멈춰 섰다. 두께 자체는 얇아서 바닷속 어둠을 볼 수 있었다. 하지만 그들 앞에 어느 정도 떨어진 곳의 얼음은 누런빛을 띠었는데, 이는 광합성 유기체들이 멀지 않은 곳에 있고, 어쩌면 더 큰 동물이 있을 가능성을 말해주는 것이었다. 이 정도 색의 얼음은 사람 몸무게를 견딜 만큼이 아니라는 걸 알았지만, 르콩트, 아문센, 쿡은 한번 시도해볼 만하다고 판단했다. 그들은 스키와 설화를 신고 조심스럽게 얇은 얼음 위를 딛었고, 과적된 썰매를 그 위로 끌어보려 애썼다. 사람과 썰매의 무게를 합하면 0.5톤에 달했다. 걸을 때마다 발밑의 얇은 얼음이 진동하는 것 같았다. 물 위를 직접 걷는 것이나 마찬가지였다. 얼음이 쩍쩍 갈라질 때마다 땀에 흠뻑 젖어 있던 선원들의 등

골은 오싹해졌다. 어떤 상황에 처하게 될지 불 보듯 뻔했다. 피부에 물이 닿기 전 두꺼운 모피 코트가 젖는 데 몇 초가 걸릴 것이었다. 물에 젖어 무거워진 옷과 장화 때문에 물에 떠 있기란 불가능할 것이며, 썰매에 장비로 연결돼 있던 두 사람은 미처 줄을 풀어내기도 전에 깊은 바닷속으로 끌려갈 것이었다.

호수 한가운데로 나가자 앞쪽 얼음이 단단한 부빙들로 갈라지기 시작했다. 그들은 앞에 있는 검은 바닷속에서 펭귄 몇 마리와 고래 물범들이 튀어오르는 걸 보기까지 그리 멀리 갈 필요가 없었다. 하지만 얼음이 너무 얇아 더 이상 앞으로 나아갈 수 없었다. 동물들에게 가까이 가려면 배가 필요했다. 그런데 배가 있었더라도 펭귄들은 물속에서 아주 빠르고 민첩하니 어차피 물속의 펭귄을 잡는 것은 거의 불가능했을 것이다. 세 사람은 더 오래되고 더 두꺼운 얼음 쪽으로 조심스레 후퇴해 호수를 우회해 가려고 했다.

호숫가를 따라 걷다보니, 호수는 1마일 너비 정도의 수로가 되었다. 오후 3시경 해가 질 때 텐트를 치기로 했는데, 마치 강가에서 캠핑을 하는 듯한 기분이었다. 그들은 여전히 멀리 떨어져 있는 반대편의 거대한 빙산을 바라보았다. "우리는 분명 7마일이나 행군했지만, 출발할 때에 비해 목적지에 그리 가까워지지는 않은 것 같다"고 쿡은 기록했다.

"쿡과 내가 힘들게 만든 텐트는 빠르고 손쉽게 설치되었다"며 아문센은 순록 가죽 침낭의 안락함에 자부심을 느끼는 가운데 기록했다. "튼튼하고, 어떤 바람에도 견딜 수 있지만, 그래도 세 사람이 사용하기엔 작다. 하나씩 바꿔나가야겠다." 그리고 침낭 두 개 사이에 끼워둔 작은 에탄올 스토브에서 저녁거리를 해동하는 데 무려 6시간이나 걸렸다.

쿡의 원뿔형 텐트는 그날 밤 해빙 위를 휩쓸고 지나간 강풍에도 끄떡 없었다. 펭귄 기사단은 텐트를 때리는 눈보라 소리에 잠이 들었다. 텐트 안으로도 눈이 들이쳤다. 잠든 사람들이 내뱉은 숨결이 텐트 벽에 얼어붙어 조각처럼 떨어졌다.

이튿날 아침, 잠에서 깨어난 세 사람은 침낭과 턱수염에 묻은 눈서리를 털어내고, 코코아와 알파인 비스킷을 아침으로 먹었다. 11시쯤(시계가 추운 날씨 때문에 작동하지 않아 태양 빛으로 시간을 추정함) 그들은 텐트 밖을 내다보다 전날 일몰 때와 비교해 풍경이 달라진 것을 알게 되었다. 얼음 위로 안개가 피어올랐고, 아래쪽에 새로 열린 리드를 암시하는 검은 수공은 밤새도록 바람이 해빙이 퍼지도록 만들었음을 알려주었다. 이렇게 얼음이 계속 깨진다면, 이들은 곧 물에 둘러싸인 채 남극의 중심에 있는 광활한 물 위를 부유하게 될 것이었다.

아침 식사 후 쿡, 아문센, 르콩트는 여전히 빙산으로 가는 길목을 차단하고 있는 수로를 돌아갈 방법을 찾기 위해 썰매 없이 주위를 간단히 정찰했지만 찾을 수 없었다. 쿡은 "우리 앞에 있는 지형이 (…) 동쪽과 서쪽으로 확장되었다. 극지의 얼음 바다에 난 거대한 강이었다"라고 기록했다. "그 안에는 수백 마리의 고래, 긴수염고래, 병코돌고래, 셀 수 없이 많은 물범, 웨델물범, 게잡이바다표범이 있었지만 이상하게도 펭귄은 없었다." 물론 세 사람은 펭귄 대신 물범 고기를 가져갈 수도 있었겠지만, 남극 물범의 무게는 족히 1000파운드가 넘었다. 작살도 없이 헤엄치는 물범을 잡을 수 있다고 하더라도, 언제 깨질지 모르는 얼음 수 마일을 가로질러 벨지카호까지 가져가기에는 지나치게 무거울 것이었다.

기온이 영하 31도까지 떨어지며 물은 순식간에 얼어붙었다. 조만간 길을 찾을 수 있을 것 같았다. 하지만 얼음이 사람 몸무게는 지탱할 수 있을지언정 썰매 무게까지 지탱하기엔 무리였다. 일몰이 오기 직전에 이들은 텐트로 돌아가 그곳에서 이틀을 더 보내기로 결정했다. 이틀 후 다시 출발할 때쯤 빙산으로 가는 확실한 경로가 보이기를 바랐다.

르콩트가 저녁 식사를 준비하는 동안 쿡과 아문센은 이글루를 지었다. 쿡은 이누이트족과 함께하며 배운 것처럼 "오래 머무는 데에는 이글루가 텐트보다 낫다"고 말했다. 쿡은 아문센에게 초승달 모양으로 눈덩이를 만들어, 위로 갈수록 점점 작아지는 원 모양으로 쌓아 돔을 만들고, 중앙의 틈은 눈덩이로 채우는 것을 보여주었다. 세 시간 후 이글루가 완성되었다. 축축하고 쥐가 우글거리는 배는 말할 것도 없고, 텐트에 비하면 이글루는 그야말로 편안한 안식처였다. 낮은 문으로 들어와 눈이 덮인 작은 통풍구로 나가는 공기 덕분에 내부는 따뜻하고 넓었으며, 결로도 없었다. 촛불에서 나오는 빛이 흰 벽에 반사되어 내부는 대낮처럼 밝았다.

그날 밤 이글루 안은 아문센이 장갑도 안 끼고 일기를 쓸 만큼 따뜻했다. 무뚝뚝한 노르웨이인마저 감상적인 표현을 내뱉었다. "오늘 저녁만큼 아름다운 날은 본 적이 없다. 달은 북쪽에 있었고, 크게 달무리가 끼어 있었으며, 그 밑은 환하게 밝았다. 서남쪽에는 태양의 붉은 흔적이 남아 있고, 검은 구름은 빠르게 지나가고 있다. 부빙 사이 얼음 위에는 조명이 켜진 작은 텐트가 쳐져 있고, 조금 더 가면 밝게 빛나는 에스키모 궁전이 있다." 극지 탐사의 기록을 세우고자 하는 목표가 있던 그는 "남극 얼음이 이렇게 수많은 기묘한 것으로 좋아 보인 적은 처음이다"라고 덧붙였다.

세 사람은 해빙이 새로 모양을 만들기를 기다리면서 이글루에서 행복한 이틀 밤을 보냈고, 그 안에서 책도 읽고, 카드놀이도 하고, 산들바람을 쐬기도 했다. 사냥여행은 지금까지는 실패나 마찬가지였지만(아직 펭귄 한 마리도 잡지 못했으므로), 세 사람을 우정으로 묶어주는 좋은 계기가 되었다. 생각보다 세 사람이 여행하는 게 편하다는 걸 알게 되었다. 아문센과 쿡은 극지 탐사의 동맹으로 르콩트를 좋아했다. 그 전까지는 벨지카호를 타고 하는 탐험보다는 각자가 목표로 삼은 미래 여행에 대한 꿈으로 움직였다. 르콩트와 함께하면서 그들은 이 탐험에서 앞으로 몇 달 내지 몇 년 후에 어떤 일이 일어날지 생각하게 되었다. 물론 벨지카호를 타고 다시 육지로 돌아간다는 전제가 있어야 했지만. 이들의 생각은 곧 요동치게 되었다. 드 제를라슈는 신체적으로나 정신적으로나 본인이 계획한 1899년에 남극 정복을 위한 원정대를 계속 이끌 수 있을 것 같아 보이지 않았기 때문이다. 그들은 이 미션을 '펭귄 기사단'이 맡게 되지 않을까 하고 생각했다.

이들이 자신들의 미래를 위해 원정대의 가장 중요한 목표를 다시 생각한다는 건, 벨지카호의 권력의 균형이 바뀔 수도 있다는 걸 암시했다. 아문센과 쿡은 이에 대해 언제나 충성스러운 르콩트에게는 조심스럽게 이야기를 꺼내야 했다. 그런 생각이 몇 주 동안 그들의 마음속에서 끓어오르고 있었다. 드 제를라슈가 해빙 구역에 들어간 것에 대해 불안감을 표출했을 때부터, 이미 아문센은 그의 리더십에 의구심을 품었다. 그사이 쿡은 펭귄 고기 섭취를 아주 고집스럽게 거부하는 그를 보며 비이성적이고 무책임하다고 생각하며 여전히 실망한 상태였다.

반면 르콩트는 드 제를라슈에 대해 험담하는 걸 용납하지 않았다. 사령관의 결정에 대해 마음에 안 드는 점이 있으면 직접 그와 개인적으로 만나 이야기하는 사람이었다. 그는 변치 않는 드 제를라슈의 옹호자였다. 하지만 그런 그조차 사령관의 상태가 심각하다는 걸 인정하지 않을 수 없었다. 어쩌면 마음 깊은 곳에서는 드 제를라슈의 결심이나 남극 탐험에 대한 드 제를라슈의 자질에 의문을 제기했을 수도 있다. 어쨌든 그는 쿡과 아문센에게 이듬해 셋이서 개썰매로 극지 탐험에 도전하는 제안서를 작성하겠다고 약속했다. 그는 그 제안서를 벨지카호에 돌아가자마자 드 제를라슈에게 전달하겠다고 했다.

8월 3일 아침, 이들이 자는 사이에 앞에 있는 1마일 너비의 수로가 좁아져 있는 걸 발견했다. 밤새 얼음을 움직인 바람과 해류의 힘이었다. 빙산으로 가는 길이 마침내 나타난 것 같았다. 하지만 안개가 너무 짙어지고 있어서 빙산을 제대로 볼 수는 없는 상태였으므로 추정에 불과했다. 반대 방향을 보자 훨씬 더 큰 문제가 생겼음을 알아차렸다. 바로 벨지카호가 더 이상 보이지 않는 것이었다. 구름 모양을 반사시켜 마치 검은 하늘 같아 보이던 바다도 무서웠지만, 이제는 얼음마저 반사되어 길을 알아볼 수 없게 된 것이다. 어쩌면 목표를 이루고 펭귄 무리를 만날 수 있는 더 좋은 기회가 다시 없을지 몰라도, 일행은 얼음이 더 멀리 움직이고 배로 돌아갈 길마저 완전히 차단되어 희망도 없이 수많은 얼음 섬 사이에 갇히기 전에 되돌아가야겠다고 판단했다. 하지만 되돌아가기도 전에 이미 일은 벌어지고 있었다.

정오 즈음 그들은 캠프를 걷고 "좋았던 이글루"와 작별하며 앞이 보이지 않을 정도로 휘몰아치는 눈과 안개 속으로 향했다. 쿡과 아문센은 스키를 타고 썰매를 끌었고, 르콩트는 설화를 신고 썰매 뒤에서 나침반을 들고 탐색하며 따랐다. 르콩트는 이전에 배, 빙산, 그리고 몇몇 눈에 띄는 빙구와 나침반을 비교하며 방향을 찾았지만, 이제 기준으로 삼을 것이 모두 가려져 보이지 않았다. 설령 보였다 하더라도 지난 이틀 밤 동안 지형이 변했기 때문에 어차피 달라졌을 가능성이 컸다.

썰매가 덜커덩 흔들릴 때마다 나침반 바늘이 크게 흔들려 약 20미터마다 나침반이 멈출 때까지 멈춰 서야 했다. 한 번 멈춰 설 때마다 잘못될 위험성은 더 커졌다. 썰매의 방향을 몇 마일 정도만 바꿔도 코스에서 벗어날 위험이 있었기 때문이다. 르콩트는 불과 몇백 피트만 어긋나도 벨지카호를 지나쳐버릴 수도 있겠다며 걱정했다. 썰매가 잘 나갈 수 있도록 눈이 잘 내려줬지만, 시야가 너무 가려져서 쿡과 아문센은 부딪힐 때까지도 장애물(융기, 빙구, 산마루, 균열)을 알아차리지 못했다. 썰매는 자주 기울어졌다.

배로부터 몇 마일 떨어진 곳에서 그들은 고래가 장난치며 노는 소리를 들었다. 다른 때였다면 매혹적인 소리였을 것이다. 하지만 사방에서 몰려오는 안개를 뚫고 온 지금으로서는 그들의 공포가 현실이 되었음을 알리는 신호탄이었다. 즉, 얼음이 그들 바로 뒤에서 무너진 것이다. 이들은 물에 둘러싸인 채 얼음 위에 놓였다.

이들이 서 있는 얼음은 느슨하게 맞물린 판의 형태로 갈라졌다. 세 사람은 처음에는 단단한 얼음에 도달하기를 바라며 한 곳에서 다른 곳으로 뛰려고 했다. 하지만 저녁이 되어 바람의 방향이 바뀌었고, 물 위로 부빙들이 잘게 퍼져나갔다. 이들은 갑작스럽게 물 위에서 표류할 수밖에 없었다. 주위를 떠다니는 얼음판들은 충돌할 때마다 크기가 작아지고, 서로를 향해 어지럽게 돌진하다가 부딪쳐서 깨졌다. 그래도 밤이 되어 이들은 너비가 20미터도 채 되지 않지만 텐트를 칠 만큼 단단한 사각형의 부빙을 찾았다. 이 얼음 섬에서 밤을 보낼 수밖에 없었다. 쿡은 "극지에서 이보다 더 절망적인 장소는 상상할 수 없다"고 기록했다.

자는 동안 얼음판이 부서지면 그대로 물에 빠져 영영 깨어나지 못할 것을 두려워한 르콩트, 쿡, 아문센은 서로 번갈아가며 망을 보았다. 하지만 다들 설잠을 잤다. 바람 소리는 사나웠고, 얼음이 부딪치고 부서지는 소리, 끽끽거리는 소리, 쿵쿵거리는 소리, 쉭쉭거리는 소리가 계속해서 들려왔기 때문이다. "얼음판은 텐트 밑 바다에서 들리는 것처럼 생생한 물범 소리를 들을 수 있을 때까지 크기가 조금씩 줄어들었다"고 쿡은 기록했다.

"텐트 안에서 깜박이는 유일한 촛불은 마치 장례식을 연상시켰다"고 르콩트는 기록했다. "고래들은 우리 주변에 있는 좁은 턱을 피난처 삼아 머무르고 있었다."

아문센이 망을 보던 중, 새벽 5시경 이들이 있던 얼음판이 갑자기 격렬하게 떨렸다. 그가 소리 나는 쪽을 바라보니 텐트에서 몇 미터 떨어진 곳에서 얼음이 갈라지고 있었다. 그는 겨우 잠이 든 동료들을 깨워야 하나 잠시 생각했지만, 어차피 다른 쪽으로 이동하는 게 더 위험하겠다는 결론을 내렸다.

해가 뜨면서 이들의 상황이 밤새 얼마나 절망적으로 변했는지 여실히 드러났다. 이들이 있던 얼음판은 이제 너무 작아져 하룻밤도 더 보낼 수 없게 되었다. 옮겨갈 수 있는 유일한 곳은 옆에 있는 또 다른 얼음판이었다. 아문센은 그날 늦은 시간에 옆에 있는 얼음판에 텐트를 세운 후 이렇게 적었다. "우리는 옆에 있는 빙원으로 이동하는 수밖에 없었다. 사방이 물이었다." 그리고 세 사람은 "마치 새장에 갇힌 새처럼" 이곳에 갇혔다. 빙원을 둘러싸고 있는 물 외에 모든 걸 안개가 가리고 있었다. 이들이 출발한 "본토"는 보이지도 않았다.

세 사람은 낮 시간 동안 바쁘게 움직였다. 르콩트는 아침 식사를 해동했고, 쿡은 평소처럼 이것저것 만지며 손볼 곳을 찾았다. 그들 중 가장 냉철한 성격인 아문센은 텐트 밖에서 왔다 갔다 하며 서성거렸다. 여정은 계획했던 것보다 이미 두 배나 늦어졌고, 식량은 바닥나기 시작했다. 이들에게 남은 시간은 고작 며칠뿐이었다. 얼음 사정은 나아질 줄 몰랐고, 이들이 계속 여기에 좌초된 상태로 머문다면 음식과 식수를 얻기 위해 어떻게 해야 할지가 문제였다. 하지만 뾰족한 답은 없었다.

아문센은 어떻게 하면 안개를 걷어낼 수 있을지 생각하며 몇 시간 동안 응시하고 있었다. 이윽고 안개 질감의 미세한 변화들, 그리고 무채색으로 변해가는 모든 색에 눈이 익숙해졌다. 오후가 되어 안개가 옅어지기 시작하는 것을 본 아문센은 낯익은 광경에 심장이 뛰었고, 기뻐서 소리 질렀다. 르콩트와 쿡이 텐트에서 뛰쳐나왔다. 이들은 멀리서 마치 유령처럼 나타난 형체에 눈을 가늘게 떴다.

"빙산이다!" 르콩트가 외쳤다. 빙산의 윤곽은 마치 오랜 친구를 본 듯 낯익었다. 이것은 이들이 운동을 위해 여러 번 스키를 탔던 것과 같은 빙산이었다. 즉, 이들은 벨지카호에서 30분도 채 되지 않는 거리에서 갇혀 있었던 것이다. 안개가 계속해서 걷혔고, 얼마 지나지 않아 이들은 벨지카호의 흐릿한 윤곽을 알아보고 안심했다. "우리는 이 일을 축하하기 위한 식사를 준비하기로 했다"고 아문센은 기록했다.

배를 다시 보게 되어 기뻤지만, 반대쪽 얼음판에 더 가까워지지는 못했다. 이들은 텐트로 되돌아가 풍향이 바뀌기를 기다렸다.

쿡은 텐트의 통풍구를 통해 유심히 바라보다가, 남자 두 명이 수로의 먼 쪽 가장자리에 접근하고 있는 것을 보았다. 쿡은 흥분해서 동료들에게 이 사실을 알렸다. 좌초된 세 명은 곧 그 두 사람이 반 미를로와 톨레프센이라는 걸 알아차렸다. 두 사람이 소리쳐 들을 수 있는 거리에 도달했을 때, 이들은 세 사람이 영원히 길을 잃지는 않았는지 걱정됐다고, 그리고 안개가 걷히고 드 제를라슈가 망대에서 이들의 텐트를 발견하고는 크게 안도했다고 설명했다. 하얀 바다 가운데 어두운 색의 삼각형이 떠 있었다고 말했다. 선원들은 민첩하게 부빙과 부빙을 옮겨다니며 새 얼음판을 조심스럽게 밟고 동료들을 구출해내려 애썼다. 하지만 텐트로 향하는 모든 길은 얼음판을 둘러싼 물이 사방에서 가로막아 사람이 넘기도 힘들고 다리를 놓을 수도 없었다. 반 미를로는 필사적으로 얼음판 위로 뛰어오르려 해봤지만, 발을 헛디뎌 물에 빠져버렸다. 쿡, 아문센, 르콩트는 겁에 질려 벨기에인이 수로 옆으로 뛰어도 올라올 수 없다가 톨레프센이 겨우 끌어올리는 모습을 보고 다시 공포에 휩싸였다. 반 미를로는 체온이 금세 떨어져 서둘러 배로 돌아가야 했다. 톨레프센은 이튿날 다시 돌아오겠다고 약속하고는 배로 떠났다.

희망과 절망 사이에서 괴로워하던 세 사람은 텐트로 돌아가 점점 줄어들고 있던 식량으로 든든하게 식사를 했다. 적어도 하룻밤은 더 버텨야 했다. 그나마 위안이 되는 사실은 기온이 다시 떨어졌다는 것이다. 얼음은 쉽사리 부서지지 않을 것이고, 주변에 새로 생기는 얼음이 충돌과 압력의 쿠션 역할을 해줄 것이었다. 그럼에도 불구하고 세 사람은 텐트가 있는 얼음판이 갈라져 칠흑 같은 물속에서 숨을 참으며 텐트를 빠져나와야 할 경우에 대비해 칼을 든 채 잠을 잤다.

8월 5일, 눈을 뜨자 날은 눈부시게 맑았지만 앞에는 끔찍한 광경이 펼쳐져 있었다. 수로의 둑은 무너져 있고, 이들이 있던 얼음 섬은 이제 셸드강보다 더 넓은 곳으로 표류하고 있었다. 벨지카호도 겨우 알아볼 수 있었다.

정오 즈음 세 사람이 수로 반대쪽 가장자리에 도착하는 모습이 보였다. 좌초된 사람들이 이들을 부르기에는 너무 멀었다. 르콩트, 아문센, 쿡은 선원들이 수로를 따라 동쪽의 더 두꺼운 얼음 쪽으로 가는 것을 보았다. 그리고 선두에 선 사람이 부빙을 뛰어넘으며 오는 것을 감탄하며 지켜보았다. 누구일까? 세 사람은 궁금해했다. 인사를 할 수 있을 만큼 가까이 왔을 때 "그의 뻣뻣한 인사를 보고 누군지 금세 알아차렸다"고 아문센은 기록했다. "톨레프센이었다." 아문센은 같은 노르웨이인이 그렇게 주도적으로 행동하는 걸 보며 자부심을 느꼈다. 톨레프센과 다른 두 사람 반 미를로 및 요한센은 건너갈 길을 찾느라 수로를 따라 동쪽으로 계속 걸어갔지만, 세 사람이 있는 텐트와의 간격은 아직 너무 멀었다. 세 사람이 보유한 식량은 곧 바닥날 것이었다. 자칫하면 선원들이 보는 앞에서 죽을 수도 있었다.

　그때 갑자기 수면의 잔물결이 포식자를 피하는 피라미 떼처럼 방향을 바꿨다. 풍향이 바뀌고 있었다. 좌초된 세 사람은 등 뒤에서도 풍향이 바뀌는 걸 느낄 수 있었다. 처음에는 거의 눈치챌 수 없을 정도로(르콩트는 순전히 운이라 하고, 아문센은 신의 개입이라 하고, 쿡은 낙관주의가 가져다준 행운이라고 해석했을 것이다) 서서히 수로가 닫히기 시작했다. 이들에겐 기회였다. 얼음 섬이 다른 두꺼운 얼음에 밀려 다가오는 작은 얼음 사이를 헤쳐나가면서 세 사람은 썰매에 남은 식량을 꾸려넣고, 나머지 장비는 텐트 안에 두었다. 깨지기 쉬운 얼음을 건너려면 무게를 줄여야 했기 때문이다. 이들은 썰매를 다리로 사용해 마침내 물을 건너 동료들과 만났다. 단단한 얼음으로 이동한 여섯 명은 빠르게 배로 돌아갔다. 2시가 되어 드디어 벨지카호에 도착했다. 펭귄 한 마리도 못 잡고 간신히 목숨만 건져 돌아온 것이었다. 이후로 아문센과 쿡이 텐트를 회수하러 갈 수 있게 되기까지는 약 2주가 걸렸다.

　큰일 날 뻔한 일(안전하게 돌아갈 수 있게 해준 순전한 행운)을 겪고

난 세 사람은 벨지카호가 보이지 않는 위험한 얼음 위를 더 이상 돌아
다닐 수 없었다. 긴 밤 끝에 찾아온 환희와 여름 날씨가 곧 배를 자유롭
게 해줄 것이라는 예상에도 불구하고, 원정대는 그 어느 때보다 더 고
립되고 갇혔다는 느낌을 받았다. 모두 어둠과 추위가 초래한 피해를
회복시켜줄 태양에 온 희망을 걸었지만, 고통스러운 시간은 계속되었
다. 사람들의 영혼을 회복시키기는커녕 일광의 귀환은 거꾸로 절망만
을 심화시켰다.

제14장
미치다

8월 7일 아침 이물 갑판 아래 선원실이 활기를 띠고 있을 때, 반 미를로는 눈에 두려움이 가득한 채 막스 반 리젤베르게에게 메모를 건넸다.

"아무것도 안 들리고, 아무 말도 안 나와!"

반 리젤베르게는 당황했다. 반 미를로가 원체 연기를 잘하기로 악명 높아, 처음에는 속이는 줄 알고 몇 가지 질문을 했다. 하지만 질문에도 반응이 없자, 반 리젤베르게는 곧바로 그를 데리고 쿡에게 갔다.

쿡은 반 미를로를 진찰하더니 청력 기관이나 성대에는 아무 이상이 없다고 결론 내렸다. 문제는 마음이었다. 그는 히스테리성 정신으로 고통받고 있었고, 쿡은 앞으로 더 심해질 거라고 예상했다. 그는 반 미를로의 동료들에게 밤에도 2시간 간격으로 반 미를로를 잘 지켜보라고 했다.

반 미를로는 일주일 만에 청력과 말을 회복했지만, 정신은 회복하지 못했다. 말을 할 수 있게 되자마자 처음으로 꺼낸 것은 자신의 상사이자 수석 기관사인 앙리 소머즈를 죽여버리겠다는 말이었다. 그 무렵 쿡이 찍은 밝은 머리칼의 21세 청년 반 미를로의 사진 속 모습은 광기에 차 있다. 한 초상화에서 반 미를로의 눈은 거의 흰색으로 나타났다. 눈동자는 마치 그를 괴롭히는 카메라 밖의 어떤 것에 고정된 듯 완전히 옆으로 돌아가 있었다. 그의 교활하게 생긴 입술은 웃음을 짓기 시작했다.

반 미를로의 정신 이상은 동료들에게도 큰 영향을 미쳤다. 우울하고, 절망을 느끼고, 단코가 겪은 것과 같은 육체적인 질병을 겪고 있는 동료들이었다. 그런 배 안에서 반 미를로의 증세는 몇 달 동안 지속되던 공포감을 더욱 강화시켰다. 그는 선원들이 자기도 저렇게 될까봐 두려워하게 만들었고, 동시에 선원들의 귀에 거슬리는 존재가 되었다. 그가 소머즈를 죽일 거라고 말하고 다니는데, 마음을 바꿔 다른 사람을 죽이겠다고 하면 어떻게 해야 할까? 이제 원정대 사람들은 "자신을 힘들게 하는 요소"뿐만 아니라 "자기 행동에 무책임한 타인"까지 걱정해야 했다. 반 미를로의 상태는 다들 각자가 억제해오고 있던 전체적인 공황이 특히 극단적으로 발현된 경우였다.

모두가 바라던 대로 겨울이 끝나고 회복되기는커녕 원정대는 실패한 듯했다. 쿡은 긴 겨울밤 동안 그들을 괴롭히던 여러 신체적·정신적 증상, 그중에서도 그가 "극지성 빈혈" 증세로 꼽은 증상이 배 전체에 재발했다는 사실을 발견하고는 매우 놀랐다. 드 제를라슈는 계속해서 쇠약해졌고 두통이 심해졌는데, 쿡은 이를 "신경성" 문제로 연관 지었다. 선원 요한센과 크누센은 놀라울 정도로 부은 다리, 그리고 분당 최대 150회의 안정 시 심박 수에 고통받고 있었다. 반면 아르츠토프스키는 맥박이 분당 46회로 급격히 떨어졌다. 멜라에르, 반 리젤베르게, 도브로볼스키를 포함해, 선원들 중 몸이 가장 허약한 사람들은 침대에 누워 있기만 했다. 이들은 펭귄이나 물범 고기를 먹지 않은 사람들이었다. 하지만 펭귄 고기를 열심히 먹던 아문센과 쿡도 몸이 좋지 않기는 마찬가지였기 때문에 그걸로만 이 모든 상태를 설명할 순 없었다. 비슷한 시기에 톨레프센은 동료들과 함께 있기를 싫어하며, 벨지카호의 목재 부분이 조금이라도 삐걱거리면 바로 두려움에 떨며 기묘하고 편집증적인 행동을 보이기 시작했다.

8월이 되자 기온이 약간 누그러졌지만, 9월 초에 다시 복수라도 하듯 추위가 찾아왔다. 9월 8일 새벽 4시, 온도계는 영하 45.6도를 기록했다. 선원들이 태어나서 경험해보지 못한 낮은 온도에서 사람들의 속눈썹은 얼어붙었고, 이가 시렸으며, 눈알은 축소되고, 규칙적인 호흡조차 고통스러워 기침을 해댔다. 추위는 사람들이 배 안으로 들어가 나오지 못하게 만들었고, 벨지카호를 얼음 속에 더욱 단단히 가두었다. 바닷물은 밤마다 10센티미터 두께의 얼음판으로 변했다. 망대에서 내려다보면 바다가 완전히 꽁꽁 얼어붙어 있었다.

쿡은 깨지지도 않는 얼음, 거대한 흰색 판을 바라보았다. 빙원의 고요함은 그것이 얼마나 치명적인지를 감추고 있었다. 쿡은 자신들의 생존이 이번 여름에 벨지카호가 이곳을 빠져나가는지의 여부에 달려 있다는 걸 깨달았다. 프리드쇼프 난센과 프람호에 타고 있던 건장한 노르웨이인 선원들은 얼음 속에서도 어떻게 여러 번의 겨울을 견뎠는지 모르겠지만, 벨지카호 선원들은 버틸 수 없을 게 분명했다. 쿡이 생각할 때, 몇 명은 이 얼음 속에서 한 번의 겨울도 더 버틸 수 있을 것 같지 않았다. 장교들이 육지가 어디쯤 있는지 알고 있다고 가정하더라도, 거기까지 수백 마일을 전진할 수 있는 상태 자체가 아니었다. (게다가 육지가 어딘지 알지도 못했다.) 배 주위에 쌓인 얼음의 두께는 몇 미터씩이나 되었다. 많은 선원이 온도가 빙점 이상으로 올라가지 않는 위도에서 과연 얼음이 저절로 녹아줄지 의심하고 있었다. 아마 오랫동안 절대 녹지 않을 것이다. 쿡은 드 제를라슈와 르콩트가 운명론, 즉 배가 풀려나고 안 풀려나고는 얼음의 상태에 달려 있지, 사람이 할 수 있는 일은 전혀 없다는 생각을 가지고 있다는 느낌에 충격을 받았다.

상황의 심각성을 알려야겠다는 생각으로 쿡은 장교들을 모아놓고 벨지카호가 여름까지 이 해빙에서 탈출해야 하며, 그렇지 않으면 많은 사람이 죽을 거라고 말했다. 사람들은 자연이 잔혹하게 굴지, 친절을 베풀지 알게 될 때까지 기다릴 수 없었다. 원정대가 목표를 달성할지, 승리할지, 실패할지는 더 이상 걱정할 때가 아니었다. 유일한 목표는 생존이었다. 벨지카호는 이제 지넷호, 테러호, 에러버스호와 함께 거론될 운명으로, 극지 탐험 역사상 가장 큰 재앙 중 하나가 될 위험에 직면했다. 쿡은 돌아갈 수 있는 시간이 몇 달 남지 않았다고 주장했다.

그러나 드 제를라슈와 르콩트는 그때까지만 해도 두 번째 월동 가능성에 대해 크게 걱정하지 않고 있었다. 처음부터 두 사람은 출항 당일 벨지카호에 실었던 0.5톤의 폭탄을 믿고 있었다. 배가 혹시 얼음 속에 갇히고 탈출할 수 없게 되면 뇌약으로 통로를 폭파시키면 될 거라고 생각했다. 하지만 쿡의 경고를 듣고 나서 이들의 마음에도 불안감이 생겼다. 결국 9월 초의 몹시 추운 날 이들은 비상 탈출 계획을 실험해보게 되었다.

포병 장교로 훈련받은 르콩트가 자원해서 첫 번째 실험을 했다. 그는 뇌약을 가지러 화물창으로 내려갔다. 폭발물 상자 중 하나를 열어 길고 얇은 벽돌 모양의 카트리지 하나를 꺼냈다. 맨손으로 잡자 손가락에 전기가 흘렀다. 방수 파라핀을 씌운 외피 부분이 녹아 면화약과 질산바륨이 거의 같은 비율로 섞인 희끄무레한 가루가 노출돼 있었다. 르콩트는 다른 카트리지를 꺼냈지만 마찬가지로 망가져 있었다. 마음이 조급해졌다. 미친 듯이 다른 카트리지를 하나하나 살펴보았지만, 수많은 뇌약이 쓸 수 없게 되었다는 사실을 발견할 뿐이었다. 외피는 이미 오래전 열대 지방을 지날 때 열기에 손상된 것으로 추측되었다. 남극의 극심한 추위도 영향을 미쳤을 것이다. 퓨즈는 부서지기 쉬운 상태가 되어 나뭇가지처럼 끊어졌다.

르콩트는 상자를 뒤져 그나마 쓸 만한 뇌약 160개를 골라냈다. 그는 화물창에서 나와 얼음 위로 나갔고, 썰매에 뇌약을 조심스럽게 싣고 배에서 멀리까지 나갔다. 뇌약을 묶어 얼음 속에 안착시킨 후, 세 개의 수은 기폭 장치로 발화할 수 있게 만들고 긴 퓨즈를 꺼냈다. 그리고 자신과 함께 온 다른 장교들(아문센, 쿡, 아르츠토프스키)에게 수백 야드 떨어진 부빙으로 이동하라고 지시했다. 그는 폭발이 전체 얼음지대를

뒤흔들고 거대한 얼음덩어리가 하늘 높이 튀어오를 수도 있다고 경고
했다. 그러고는 폭탄에 불을 붙인 후 서둘러 자리를 떴다.

5분이 지났다. 10분이 지났다. 20분이 지나도 폭발 소리는 들리지 않
았다. 초조하게 얼음 주위를 둘러보자 성냥갑에 불이 붙은 듯한 작은
불꽃이 시야에 들어왔다. 하지만 그다음에는 짙고 검은 연기 기둥만
피어오를 뿐 폭발은 없었다. 갑자기 폭발해 벨지카호로 돌아갈 수 없
어질까봐 겁이 난 네 사람은 폭발 현장의 가장자리로 스키를 타고 다
가갔다. 하지만 보이는 건 좌절스러운 광경이었다. 뇌약이 없어진 것
이다. 아래쪽에 생겨난 분화구는 직경이 약 10피트에 깊이는 불과 4피
트밖에 되지 않는, 오목하게 그을린 구멍으로, 실망스러울 정도로 작았
다. 폭발은 거의 효과가 없었지만 단단한 해빙 위의 눈은 녹여주었다.

르콩트는 이튿날 한 번 더 시도했다. 이번에는 뇌약 500개를 골라 묶
었다. 일반적인 상황이었다면 벨지카호와 같은 큰 선박을 산산조각 내
기에 충분한 양이었다. 수은 기폭 장치가 작동하며 쉭쉭거리는 소리를
냈다. 이어 뇌약에 불이 붙었다. 하지만 이번에도 폭발하지 않고 눈 아
래에서 타버릴 뿐이었다. 르콩트는 "우리는 아름다운 흰빛을 봤지만,
곧 노란색, 녹색 빛으로 변했고, 이내 아무것도 아닌 것으로 꺼져버렸
다. 아주 작은 폭발마저 일어나지 않았다! 무척 실망스러웠다"고 기록
했다. (뇌약이 "다이너마이트보다 훨씬 더 강력하면서 훨씬 더 안전한 것"
이라고 알려져 있던 걸 떠올리며 쿡은 "확실히 안전은 하군"이라며 비꼬기
도 했다.)

르콩트는 희망을 버리지 않았다. 그는 추위 때문인 게 틀림없다고 생

각했다.* 제대로 실험하려면 제대로 해동해야 했다. 몇 번의 실험을 한 후라서 르콩트는 조금이라도 잘못 움직여 전부 못쓰게 될까봐 두려워 뇌약 160개를 모아 재빨리 자기 침대에 넣고 밤새 체온으로 따뜻하게 녹였다. 하지만 이튿날 불을 붙였을 때, 결과는 이전 두 차례의 시도에 비해 딱히 나아지지 않았다.

"나는 뇌약을 다루는 데 완전히 자신감을 잃었다"고 르콩트는 적었다.

폭발에 실패한 건 그저 창피한 문제가 아니었다. 탈출할 수 있다는 원정대의 희망에 치명적인 타격이 되었다. 배에 있던 뇌약은 얼음 속에 영영 갇힐 경우 쓸 수 있는 보루라고 하며 사람들을 안심시키던 수단이었다. 하지만 이제는 그마저 불발된 것으로 보이니 벨지카호에는 희망이 완전히 없어진 듯했다. 운명이 전적으로 남극 얼음덩어리의 마음에 달려 있다는 사실을 깨달은 선원들은 안 그래도 우울한데 사기가 더 떨어졌고, 신체 및 정신 건강에 바로 영향이 갔다. 날고기, 밝은 태양빛, 운동에 더해 희망이라는 것이야말로 쿡이 강조하던 건강 지킴 요법의 중요한 네 번째 요소였다. 하지만 이제 희망이 극도로 부족해졌다.

다만 자연은 자비를 하나 베풀어주었다. 동물들이 배 근처로 돌아오고 있었다. 선원들은 괴혈병에 걸리지 않도록 생고기를 먹기 위해 물범과 펭귄을 도살해야 했다. 그쯤 되니 물범과 펭귄에게는 감사한 마음과 애정마저 생길 지경이었다. 생존은 도덕 같은 건 내던지게 하는

---

* 실제로 장교들이 다이너마이트보다 뇌약을 선택한 이유 중 하나는 다이너마이트보다 폭발력이 더 크다는 점 외에 극한의 온도에 잘 견디기 때문이었다. 하지만 뇌약 제조자는 남극 겨울의 끝없는 극단적 추위와 열대 지방의 뙤약볕까지 고려한 건 아닌 듯했다.

쓰라린 일이었다. 선원들은 매일같이 생물을 죽이고, 하얀 얼음 위로 새빨간 피를 뿌려야 했다. 대부분의 서면 기록에는 사냥의 잔혹함이 생략되어 있었지만, 아문센의 일기에는 폭력성에 대해 확실하면서도 실제적인 세부 사항이 기록되어 있었다. 물론 이 노르웨이인에게 동물을 살육하는 건 숙달해야 할 또 다른 기술에 불과했다.

아문센과 쿡은 9월 말에 함께 스키를 타고 얼음 위를 달리다가 물범을 발견하고 쫓아갔다. 아문센은 "매우 지능적인 동물"이라고 표현했다. "쿡은 스키를 들고, 나는 얼음 깨는 송곳을 들고 양쪽에서 물범을 공격했다. 물범이 내가 들고 있던 얼음송곳에 찔린 후부터 송곳을 두려워하기 시작했다. 반면 쿡이 들고 있던 스키는 두려워하지 않았다. 그래서 아주 어려운 사냥이 되었다. 물범이 위험한 얼음송곳과 위험하지 않은 스키를 얼마나 잘 구별하는지 보는 건 흥미로웠다"라고 적었다. 이런 싸움은 물범의 숨이 끊어지기까지 몇 시간이 걸릴 수 있었다.

총은 다들 선호하는 사냥 방법이었다. 하지만 죽이는 과정은 빠를지언정 잔인한 건 어쩔 수 없었다. "첫 번째 총알이 날아가 오른쪽 폐에 깊숙이 꽂혔다." 아문센은 게잡이물범을 죽이는 장면을 기록했다. "그 동물은 총을 맞고도 일행을 따라 조용히 행군을 계속했고, 총에 의해 방해받지 않는 것 같았다. 그 물범은 후두와 대동맥을 관통하는 두 번째 총알을 맞고도 15분쯤 지난 후에야 쓰러졌다. 그리고 마지막 총알을 맞고 나서 5분 동안 살려고 몸부림치다가 죽었다. 어떤 놈들은 머리에 대여섯 발의 총알을 맞고서야 겨우 죽었다." 그는 쿡과 마침내 비교적 인간적인 방법을 발견해냈다. "우리는 목 바로 아래, 후두, 그리고 뇌에 총을 쐈다. 이렇게 쏘니 거의 즉사했다."

하지만 모든 선원이 아문센처럼 냉철하게 생각하는 능력을 지녔던 건 아니다. 8월 말의 어느 오후, 최근에 겨우 다시 말은 하게 되었지만 여전히 불안정하고 위험인물로 관리되던 반 미를로는 그날 아침 얼음 위에서 살육되고 도살된 물범 다섯 마리 시체를 회수하는 일을 도우라는 지시를 받았다. 약 20파운드의 고기 토막을 나르고 있던 반 미를로가 공포에 질려 소리 질렀다.

"선장, 살아 있어요! 아직 살아 있다고!" 그는 말을 더듬었다.

반 미를로는 근처에 있던 르콩트에게 달려가 들고 있던 물범의 토막 난 등쪽 부위를 보여주었다. 그 부위는 경련을 일으키고 있었다. 과학을 잘 알았던 르콩트는 이 혼란스러운 현상이 사체 경련이라고 금세 이해했다. 갑자기 살해당하면 생명이 없는 조직에서도 발생할 수 있는 현상이었다. 하지만 정신적으로 허약해져 있던 반 미를로는 더 이상 동물이 고통 없이 살해당하고 있다고 생각할 수 없었다.

9월 20일 저녁 6시경, 드 제를라슈는 저녁 식사 전에 먼저 잠자리에 들었다. 편두통이 몹시 심해 마치 배 주변 얼음이 수축하듯 엄청난 힘으로 관자놀이를 누르는 듯했다. 고통스러워 힘이 다 빠진 그는 일주일 내내 자신의 방 밖으로 나가지 않았다. "그는 슬퍼했고, 말이 없어졌으며, 스스로 고립되었다"고 르콩트는 기록했다.

드 제를라슈는 지금까지 잘못된 모든 것, 즉 죽음, 고통, 폭발의 실패로 인한 절망감에 빠져들었다. 그는 우울증에 더해 심각한 죄책감으로 인해 괴로워했다. 10월 중순, 쿡은 드 제를라슈와 르콩트에게 멜라에르와 미쇼트가 괴혈병 진행 단계에 접어들었다고 알리며 몇 달 동안 그들을 괴롭힌 그놈의 병 이름을 말할 땐 목소리를 높였다. 그는 두 사람에게 다른 선원들에겐 말하지 말라고 했다. "사령관은 감정이 몹시 요동쳐 이 모든 괴로움의 원인이 자신에게 있는 게 아니냐며 혼잣말을 했다!"고 르콩트는 기록했다.

며칠 뒤 드 제를라슈의 진찰 때 쿡은 드 제를라슈 역시 괴혈병의 영향을 심각하게 받고 있다고 진단했다. 사령관은 체념한 듯 묵묵히 진단 결과를 들었다. 자신의 나빠진 건강은 부하들의 건강이 나빠진 것보다 덜 괴로웠다. 그는 이제 자신이 얼음 위에서 죽을 수도 있겠다는 사실을 받아들이기 시작했다. 그날 저녁, 그는 단코와 그랬듯 벨기에에서의 시간을 추억하는 유쾌한 주제로 르콩트와 팔짱을 끼고 걸으며 대화를 나눴다. "추억을 나눈 게 그에게 긍정적인 영향을 미친 것 같다"고 르콩트는 기록했다. "우리는 매일 두 시간씩 그런 시간을 보내기로 했다."

드 제를라슈의 악화된 건강은 르콩트, 쿡, 아문센에게 더 큰 책임감을 안겨주었지만, 그는 끝까지 아무에게도 원정대의 지휘권을 넘기지 않았고, 다른 사람들도 지휘권을 탐내지 않았다. 그럼에도 불구하고 드 제를라슈와 속칭 펭귄 기사단이던 세 사람 사이에는 원정대의 미래 계획에 대한 서로 다른 의견으로 긴장감이 형성되기 시작했다.

르콩트가 아픈 사령관을 친절하게 돕고 매일 함께 산책하며 그를 위로했고, 그러는 동안 서로의 사이는 더욱 돈독해져, 각자의 방에서 벨지카호에서의 세 번째 해에 대한 긴 서신을 주고받기도 했다. 르콩트가 연대하는 이런 마음에는 어디까지나 그의 의무인 애정 어린 지지와 솔직한 비판이라는 두 가지 충동 사이에 모순되는 바가 없었다. 그는 드 제를라슈가 회복해 이 프로젝트를 끝내기 위해서는 두 가지 모두 필요하다고 생각했기 때문이다.

서신은 몇 달 전인 7월 22일, 태양이 돌아온 날, 드 제를라슈가 의견을 듣고자 르콩트에게 수정한 자신의 계획을 알리면서 시작되었다. 대부분의 장교와 마찬가지로 드 제를라슈 역시 여름, 빠르면 11월 중순까지 얼음에서 풀려나기를 바랐다. (단, 이는 뇌약 실험의 실패로 탈출 가능성이 줄어들기 전의 이야기다.) 일단 풀려나면 벨지카호는 그의 계획에 따라 대륙이 그쪽 방향에 있는지 여부를 알아내고 아마도 가장 먼 남쪽을 정복하기 위해 남쪽으로 항해하는 코스를 잡을 것이다. 기온이 다시 떨어지기 전에 남극 반도 끝을 지나 북쪽으로 항해하며 이듬해 3월 중순까지는 티에라델푸에고로 돌아갈 것이었다. 드 제를라슈는 이제 칠레의 서해안에서 프랑스령인 폴리네시아 방향으로 태평양을 가로질러 1899년 11월까지 원래는 1898년 겨울까지로 계획되었던 멜버른에 도착하려 했다. 벨지카호는 그러고 나서 남극 해빙 가장자리로 돌아와 웨델해까지 서쪽으로 항해할 것이었다. 그러다 1900년 2월 중순, 원정대가 1898년 첫 몇 주간 발견한 산 측면의 수로(현재는 벨지카 해협이라고 불림)로 돌아가 과학자들이 관측활동을 할 수 있도록 할 것이었다. 그 후 다시 벨기에로 귀국하는 여정이다.

드 제를라슈의 새로운 계획에서 눈에 띄는 점이라면 남자극점에 도달하는 일정이 빠져 있다는 것이었다. 이는 대륙의 반대편에 위치한 오스트레일리아 바로 남단에 있는 빅토리아랜드 부근으로 추정되었다. 자기극은 대중과 언론의 관심을 받았고, 벨기에 왕립 지리학회에서 이 탐사를 지원한 일차적인 목표이기도 했으며, 천문학자인 샤를 라그랑주가 원정의 존재 이유라고도 불렀던 곳이다. 이곳을 정복하는 것은 곧 드 제를라슈의 묵은 꿈을 이루는 일이자 원정대의 대승리를 보장하는 일이었다. 제를라슈는 그동안 이에 대해 상세히 그려왔고, 자신과 단코가 4인으로 꾸려진 첫 남극 상륙 팀에 있을 거라고 상상해 왔다.

그러나 그건 어디까지나 얼음이 벨지카호를 벨링스하우젠해에 고립시키기 전, 그리고 드 제를라슈가 허약해지기 전, 단코가 죽기 전의 얘기였다. 한여름이 될 때까지 그러한 여정은 상상조차 할 수 없는 꿈이 되어버렸다. 거의 바닥난 원정대의 예산은 어떻게든 지원받을 수 있다고 하더라도, 지휘관부터가 이듬해의 힘든 육로 여정은 고사하고 1898년의 겨울마저 버틸 수 있을지 모르는 상황이었다. 그래서인지 그는 이 중요한 여정을 슬그머니 계획에서 빼버렸다.

3주 후인 8월 15일, 르콩트는 얼음 위에서 긴 여행을 마치고 돌아온 후 쿡, 아문센과 긴밀한 협의를 통해 작성한 반대 제안서를 제출했다. 르콩트는 제를라슈도 충분히 인정하는 무뚝뚝하게 솔직한 태도로, 수정된 여정에 대한 반대 의견을 방법론적으로 잘 설명했다. "남쪽을 향한 수정된 계획에는 이유가 불충분했다"고 르콩트는 적었다. 그는 오히려 벨링스하우젠해에서 더 높은 위도로 가려는 시도는 얼음에 갇혀 또 다른 겨울을 보내게 될 위험을 안고 가는 것이며, 사상자가 더 많아질 거라고 설명했다. 또한 드 제를라슈에게 선원들의 약해진 몸을 생각하라고 했다. "제 판단은 매일같이 원정대의 의사(쿡)가 말하는 정보를 기반으로 합니다. 우리 선원들에겐 방법이 별로 남지 않을 뿐 아니라 그 누구도 한 명분의 일을 제대로 할 수 없는 상태입니다. 물론 상황은 개선될 테지만, 의사는 한 번의 사고로도 상황이 무한대로 악화될 수 있을 거라고 생각하며, 저 역시 여기에 동의합니다."

"도브로볼스키, 요한센, 크누센은 심각하게 영향을 받은 상태입니다. 더 이상 정신이 온전치 못한 반 미를로에게도 역할을 요구할 수 없습니다. 다른 선원들이 몹시 약해진 힘 때문에 긴장의 무게에 심하게 무너져버리면 어떡하겠습니까?"

르콩트는 남쪽으로 행군을 강행하는 대신 얼음이 풀리는 즉시 북쪽으로 항해할 것을 제안했다. 벨지카호는 벨지카 해협으로 돌아간 후 지체 없이 푼타아레나스로 이동해야 한다고 말했다. 또한 쿡은 거기서 선원들이 다시 한번 폭동을 일으킬 위험이 있더라도 최소한 한 달 동안은 요양을 한 후 "완전한 자유"를 누리는 시간을 갖도록 해야 한다고 주장했다. 그리고 원정대는 멜버른을 향해 직진해야 한다고 말했다. 르콩트는 배에 무리가 가는 것을 걱정해 칠레 발파라이소와 프랑스령 폴리네시아의 다도해에서 예정했던 정박 계획을 빼지 말 것을 제안했다. 정박 없이 가기에는 배가 무리라고 생각했다.

하지만 르콩트의 제안이 드 제를라슈의 계획과 가장 크게 다른 부분은 3년차 계획에 있었다. 드 제를라슈가 남자극점 임무를 이끌 능력이 없다고 느꼈다는 것을 직감한 그는 펭귄 기사단의 동료인 아문센, 쿡과 함께 그 일을 하겠다고 자원했다. 그가 제안한 여정은 쿡의 아이디어를 기반으로 짠 것이었고, 쿡의 아이디어는 본인이 애초에 이끌고 싶었던 탐험과 매우 흡사했다. 당시 미국 과학협회와 앤드루 카네기와 같은 사람들의 지원을 구하러 다닐 때 꾸렸던 계획이었다.

이 새로운 제안에 따르면, 드 제를라슈는 1899년 봄이 지나기 전까지 벨지카호를 로스해로 이끌고, 쿡, 아문센, 르콩트가 100일분의 식량을 가지고 빅토리아랜드 해안의 가우스만에 최대한 가까운 곳에 내릴 것이다. 거기서 세 사람은 스키와 개썰매를 타고 육지를 여행하면서 자기계의 바늘을 따라가며 자극을 찾을 것이다. 쿡은 그린란드에서 본 이누이트식 개썰매가 얼음 위를 달릴 수 있는 가장 효율적인 이동 수단이라고 확신했다. 개는 가볍고 강하며, 선천적으로 추위를 타지 않았다. 개들은 비용과 사료 무게를 줄이고 사람들로 하여금 에너지를 아낄 수 있게 한다. 이는 1상팀, 1온스, 1초, 1칼로리, 1마일이 아쉬운 때에 반드시 따져봐야 할 점이었다. 사실 개는 비상식량도 될 수 있었다. 드 제를라슈에게 보내는 서신에서 르콩트는 약간은 잔인하지만 계획의 타당성을 이렇게 설명했다. "개 사료가 떨어지고 나면, 개를 먹은 후 사람이 썰매를 끌면 됩니다."

이건 급진적인 제안이었다. 난센을 비롯해 몇몇 북극 탐험가는 개썰매의 장점 자체는 잘 알고 있었다. 하지만 개가 남극에서는 한 번도 사용된 적이 없고, 이전에 남극에 간 탐험가들도 전략상 동물을 먹은 적은 없었다.

상륙 대원들이 자극점을 찾는 동안 벨지카호는 멜버른에서 여름을 보내고, 겨울이 시작될 때 르콩트, 아문센, 쿡을 데리러 가우스만으로 항해할 계획이었다.

르콩트는 서신 마지막에 이렇게 말했다. "준비, 실험, 계산에 시간이 이미 지나치게 많이 소요되었고, 이제 작업을 시작할 필요가 있다고 보기 때문에 사령관님의 회신이 빠를수록 도움이 됩니다."

그날 밤 그는 드 제를라슈의 회신을 기다리며 자신이 지휘관의 계획을 거부하고, 두 외국인 쿡과 아문센을 위해 벨기에 남극 탐험대의 가장 영광스러운 목표인 자극점 찾기를 주장하면서 도에 넘친 행동을 한 건 아닌지 의문이 들었다. 드 제를라슈의 허약해진 상태를 생각한다면, 그런 대담함이 어떤 파장을 몰고 올지 알 수 없었다.

이튿날 오후 르콩트, 아문센, 쿡은 드 제를라슈를 직접 만나 논의하기로 했다. 드 제를라슈는 동료 장교들의 아이디어에 고맙다는 말만 하고, 남자극에 대한 계획에 동의하는지 여부는 말하지 않았다. 그는 5주나 더 세 사람을 안달나게 하다가 9월 22일에 얼음이 배를 풀어주었을 때 따라갈 항로를 결정하기 위해 장교와 과학자들의 공식 회의를 소집했다. 모두 르콩트가 서신에서 제안한 노선을 따라 남미로 돌아가는 여정에 동의했다.

쿡은 본인과 아문센, 르콩트의 마음을 짓누르고 있던 질문을 불쑥 꺼냈다. 그래서 도대체 드 제를라슈가 우리의 남자극 찾기 여정을 승인한다는 것인가 아닌가? 약속한 업적을 이루고 돌아가야 하는 의무와 자기가 직접 그렇게 할 수 있는 상태가 아니라는 인식 사이에서 갈

팡질팡하며 사령관은 여전히 결정을 내리지 못하고 있었다. 결국 그는
투표에 부쳤다. 먼저 탐험대가 남자극점을 찾는 데 3년을 보내는 것 자
체가 옳은 일인지, 두 번째는 모두 1900년까지 벨지카호에 남아 있기
로 약속할 수 있는지 물었다. 라코비차와 아르츠토프스키의 입장에서
는 벨지카 해협의 남은 연구가 갑자기 끝나게 되는 것이지만, 남극에
머무는 시간이 길어지는 건 너무나 싫어서 기권해버렸다. 드 제를라슈
는 본인이 가우스만의 상륙 대원으로 합류할 수 있을지 여부와 관계
없이 자신은 1년 더 벨지카호를 이끌 힘이 없다고 판단했다. 그렇다고
처음 자신이 스스로 세운 목표를 추구하는 좋은 의지를 반대할 수는
없다고 생각했다. 르콩트, 쿡, 아문센의 의지를 본 드 제를라슈는 그들
의 제안에 찬성표를 던졌고, 펭귄 기사단이 가져가게 될 잠재적인 영
광을 모두 포기했다. 기권표를 제외한 6명 모두 공식 회의 의사록에 서
명했다.

　이튿날, 벨기에 후원자들에게 처음에 제안했던 대로 남극을 찾는 데
전념하는 모습을 보이고 싶었던 드 제를라슈는 회의 기록을 수정하는
데 르콩트의 동의를 구했다. 그는 대중에게 자신이 한 일이 너무 없어
보이고 싶지 않았다. 그는 동료 장교들에게 그 문제에 대한 그들의 생
각을 물어보는 것으로 토론을 시작하는 것보다는(그가 자신이 소심하
게 행동했다는 것이 두려워서) 첫 번째 질문을 좀더 리더다운 대담한 말
로 바꾸고 싶어했다. "나는 공식적으로 이 프로젝트의 3년째 되는 해
를 이끌고 로스해와 남자극으로 향하기로 결정했다. 너희 중 지금부터
누가 이 항해에 참여하기로 하겠느냐?"

원정이 시작되기 전 르콩트는 드 제를라슈에게 "항상 영원히" 존경할 것을 약속하고, "사령관님은 나에게서 '자신의 모습'을 발견하게 될 것"이라고 말하며 지속적인 애정을 표현했다. 하지만 이제 두 사람의 관계는 미묘하게 바뀌었다. 르콩트는 사령관의 마지막 요청이 선을 너무 넘었다고 생각했다. 기록에 엄격했던 르콩트는 드 제를라슈에게 회의 기록은 아무도 변경할 수 없다고 말했다. 르콩트의 충성심은 컸지만, 한계에 다다랐다. 드 제를라슈가 방금 그 한계까지 그를 밀었다.

9월 말에 갑자기 눈이 녹으면서 배의 장비에서 얼음덩어리가 느슨해져 갑판에 부딪혔다. 올라간 기온이 예정보다 훨씬 더 빨리 얼음을 녹인 지 얼마 되지 않은 때였다. 깊이 갈라졌던 틈이 열리고, 부빙은 넓게 퍼졌으며, 배에서 불과 600미터 떨어진 곳에 거대한 공터가 만들어졌다. 얼음에 갇히기 시작한 뒤로 다시 자유가 코앞으로 찾아왔다. 모두 놀라고 기뻐하는 가운데, 얼음은 어쩌면 연말이 되기도 전에 완전히 부서질 것 같았다.

얼음이 깨지는 속도를 높일 수 있나 보려고 선원들은 두 번 더 뇌약을 터뜨리는 시도를 했다. 뇌약이 그리 많이 부수지는 못했지만, 그래도 이번엔 폭발을 하긴 했다. 습도와 따뜻해진 기온이 폭발력 자체를 키우는 것 같았지만, 그만큼 더 불안정하게 만들기도 하는 것 같았다. 이에 만일의 사태에 대비해 선원들은 거의 0.5톤의 뇌약을 배에서 꺼내 수백 야드 떨어진 부빙 위로 옮겨두었다. 아문센은 "이 뇌약들을 배 안에 두는 게 신경 쓰이기 시작했다"고 기록했다. 선원들이 이미 죽음

의 기로에서 고군분투하고 있는데, 거기에 갑자기 폭약이 터질 가능성
까지 내버려두는 것을 현명하다고 여기는 사람은 아무도 없었다.

그때까지 건강한 몇 명의 선원이 가능한 한 빨리 출항하기 위해 갑판
중앙에 있던 보호 장비를 풀었다. 하지만 벨지카호가 준비되어 있지
않았다. 장비는 아직 얼음 위에 흩어져 있었고, 돛은 접혀 있었으며, 엔
진은 차가웠고, 파이프는 쥐로 들끓었고, 화물창은 엉망이었고, 대다
수의 선원은 중병에 걸려 있었다.

게다가 벨지카호가 얼음에서 풀려나더라도 당장 어떻게 갈 것인가
에 대한 논란이 다시 일어났을 것이다. 10월 24일과 26일, 자신의 괴혈
병이 심해졌다는 걸 알았을 때 드 제를라슈는 르콩트에게 그들이 동의
한 계획을 뒤집는 두 통의 난처한 서신을 보냈다. 드 제를라슈가 대놓
고 말하지는 않았더라도, 서신에서 자신이 몹시 아파 벨지카호에서 3
년간 있는 게 어렵겠다는 뜻이 분명히 보였다. 그는 남아메리카에 도
착하는 즉시 하선하고, 벨지카호의 프로젝트를 거기서 끝낸 후 유럽으
로 돌아가고 싶어했다. 르콩트, 쿡, 아문센을 가우스만으로 태우고 그
들이 영광을 취하고 올 때까지 기다리는 것이 자신에게 별 이득이 되
지 못한다고 생각한 듯했다. 드 제를라슈는 이제 세 사람이 남자극을
찾고 싶다면, 1900년 1월 유럽에서 빅토리아랜드까지 다시 출항해 알
아서 시작하라고 제안했다. 게다가 그는 당황스럽게도 가는 길에 뉴욕
에 들러 스쿠너를 구입하라고 제안했다. 그리고 세 사람이 미국에서
새로운 선원들을 고용해 멜버른과 가우스만으로 배를 몰고 가면 될 거
라고 말했다. 또 스쿠너와 선원을 구하는 비용을 지원받기 위한 목적

으로 그가 예전에 연락을 취했던 호주 신문(아마 드 제를라슈 자신이 극지 탐험 이야기를 써서 팔 예정이었던 신문사로 보인다)과 연락을 취하라고 제안했다.

르콩트는 이번엔 자칫 오만해 보일 수 있을 정도로 격분에 찬 회신을 보냈다. 드 제를라슈의 그러한 심경 변화는 그의 상태가 중대한 것을 감안하면 그럴 수도 있겠지만, 임무를 버리는 것이나 다름없다고 느껴졌기 때문이다. "제 입장에서는 사령관님의 제안을 받아들일 수 없습니다"라고 르콩트는 10월 26일 자 장문의 서신에서 썼다. 평소 주고받던 서신에 늘 있던 존경의 표현도 전혀 들어 있지 않았다. 르콩트는 괴혈병, 우울증, 피로가 드 제를라슈의 판단과 생각을 흐리게 만들었다고 생각하는 듯했다. 그 서신은 어찌 보면 드 제를라슈의 판단력을 돌려놓으려는 시도이기도 했다. 그는 드 제를라슈의 제안을 하나하나 짚으며 그것들이 왜 부당한지 지적했다. 그리고 차가운 말투로 서신을 마무리했다. "당신이 제안한 계획에 동의할 수 없습니다. (…) 장교들이 모두 계약서에 서명했으며, 당신은 당시 로스해로 가는 항해에 참여하고 우리를 가우스만에 데려다놓는 것에 자발적인 의사 표시를 했기 때문입니다." 드 제를라슈의 동의 요청을 거절하며 르콩트 역시 속이 많이 상했다.

10월 초, 계절에 맞지 않게 따뜻한 날이 이어지며 주변 얼음들이 부서져가는 동안에도 벨지카호를 고정시키고 있던 2마일 너비의 빙원은 완고하게 그대로 남아 있었다. 그대로 기회가 지나가버리고, 10월 하순 다시 기온이 떨어지며 물이 얼어붙고 눈이 내리기 시작했다. 눈은 일주일 내내 내리다가 그다음 2주 동안, 그리고 3주 동안 계속 내렸다.

결국 25일 동안 하루도 빠짐없이 눈이 내렸다. 망대에서 보이는 건 수평선에서부터 메인 돛대 아래까지 쭉 계속되는, 흠 하나 없는 흰색 뿐이었다. 휘몰아친 눈이 쌓인 갑판이 몇 피트 아래에 보이고 방벽 높이까지 눈이 쌓여 경사져 솟아 있었으며, 선미루 갑판 위로 올라와 밀어내는 힘 때문에 생긴 얼음 언덕을 눈이 덮고 있었다. "돛대 말고는 보이는 게 없었다"고 쿡은 기록했다.

벨지카호는 11월 중순까지 항해할 준비가 되어 있었다. 그러나 정작 그 시간이 되자 배는 얼음 속으로 사라졌고, 돛대와 활대의 양쪽 끝만이 마치 무덤 위에 세워둔 십자가처럼 눈 밖으로 튀어나와 있었다. 아르츠토프스키는 일기에 "이런 상황이 계속되면, 우리는 전부 눈에 삼켜질 것이다"라고 썼다.

제15장
태양 아래의 어둠

11월 16일 늦은 저녁, 저무는 해는 수평선을 비추며 두 달 넘게 끝없는 밤이었던 하늘로 다시 떠오르기 전에 지그재그의 빛을 만들고 있었다. 벨지카호는 이제 끝없는 낮의 시간으로 들어섰다. 중요한 광경이었을 수 있지만, 선원들은 하늘이 구름으로 덮여 있어 전혀 보지 못했다. 그들은 대신 얼음 위에서의 삶의 단조로움을 강조하는 변하지 않는 회색 빛을 볼 뿐이었다.

쿡은 이렇게 기록했다. "이보다 더 우울하고, 더 미칠 것 같고, 더 희망이 없는 곳이 있을까? 비바람, 폭풍, 눈에 더해서 끊임없이 울부짖는 바람이 바로 우리의 운명인 듯하다. (…) 하늘은 항상 흐리고 더럽다. 공기는 항상 축축하고 차갑고 우릴 불안하게 만든다. 이런 상황에서 인간의 마음은 비슷해질 수밖에 없다."

음침한 날씨, 숨 막히는 숙소, 널리 퍼져 있는 병, 들끓는 쥐, 줄어드는 탈출 가능성은 불안감이 적대감으로 변질되기에 이상적인 조건이었다. 이때 소머즈는 드 제를라슈에게 자신의 조수인 막스 반 리젤베르게를 비롯한 젊은 선원들이 자신을 괴롭히는 상황을 불평하는 서신을 보냈다. "나는 절대 폭력을 쓰지 않으려 애써왔지만, 언젠가는 내 인내심이 바닥나고, 분노가 폭발하여, 스스로를 제어할 수 없게 될까 두렵습니다."

한편 드 제를라슈에 대한 공공연한 반대 여론이 펭귄 기사단 뒤에서 퍼지고 있었다. 원래 고집불통이던 기상학자 아르츠토프스키는 드 제를리슈가 자신의 명예를 훼손시키고 있다고 비난했다. 원정대의 과학적 표본과 관찰 업무를 할당하기 위한 11월 13일의 전체 회의가 끝난 후, 아르츠토프스키는 모든 기상 데이터를 사령관에게 넘겨 사령관이 그것을 항해일지에 기록하고, 마지막에는 벨기에 왕립 지리학회와 협약한 바에 따라 벨기에 기상 서비스로 넘겨야 한다는 드 제를라슈의 지시에 이의를 제기했다. 향후 벨기에 정부가 그가 직접 수집한 데이터에 접근할 수 있게 해줄 거라는 드 제를라슈의 보장을 더 이상 믿지 못하겠다는 뜻을 암시하며, 아르츠토프스키는 자신의 노트를 넘겨주기를 거부했다. 그는 졸업장이 없었기 때문에, 벨지카호에서 한 그의 관찰과 분석은 그가 스스로 보여줄 수 있는 몇 안 되는 구체적인 업적 중 하나였다.

이후 몇 주에 걸쳐 드 제를라슈의 선실과 아르츠토프스키의 연구실 사이에서 더 적대적인 서신들이 오갔다. (사실 그렇게 좁은 곳에서 지내면서 서면으로 자주 의사소통을 했다는 것도 놀랍다. 논쟁의 여지가 있는 의견 교환을 서면으로 남겨두려 한 것도 있겠지만, 병이 악화되면서 드 제를라슈가 선실 안에만 머무르려 했기 때문이기도 했을 것이다.) 그러나 서신이 오갈수록 아르츠토프스키는 더욱 고집이 세졌고, 복종하지 않게 되었다. 그 탐험은 처음부터 허술하게 구상되고 조직되었으며, 탐험의 지도자와 마찬가지로 엄격한 과학보다는 모험에 더 치중되어 있었다고 주장했다. "우리가 추구하는 목표는 불행히도 너무나 다릅니다"라고 하며, 그는 드 제를라슈가 아무튼 절대 이 데이터를 이해할 수도 없을 거라는 말을 덧붙였다. 또 드 제를라슈의 독재적인 요구에 대한 응답으로, "나는 그럴 기회가 온다면 (당신의) 명령을 받지 않을 것입니다"라고 썼다.

방어적인 태도의 드 제를라슈는 마지막 회신에서 아르츠토프스키에게 "과학적 목적이 없었던 일반 선원"인데도 처음부터 탐사의 본질이 과학에 있다고 주장했다는 사실을 상기시켰다. 그러면서 그때까지 유지하던 드 제를라슈의 침착함은 무너졌다. 그의 서신 초안은 불안정한 글씨체였다. 평소라면 펜으로 쉽게 쓰던 적절한 말이 생각나지 않았다. 계속 실수하고, 수도 없이 수정하고, 미친 사람처럼 단락을 지워댔다.

하지만 드 제를라슈는 11월 13일 회의에서 아르츠토프스키보다 훨씬 더 위험한 적이 될 수 있는 다른 사람을 걱정했어야 했다. 회의가 진행되는 동안 아문센은 용서할 수 없는 배신이라고 생각되는 어떤 사실을 찾아냈다. 원정대의 미래에 대해 논하는 동안 장교들은 드 제를라슈와 르콩트가 벨기에 왕립 지리학회와 체결한 계약을 참고했다. 하지만 아문센은 이전에 그 문서를 본 적이 없었다. 그리고 제5조를 보자, 왜 볼 수 없었는지가 이해됐다.

원정 중에 내가 더 이상 이 배의 사령관이 아니게 될 때, 그리고 르 콩트가 사령관을 맡을 수 없는 경우에, 누가 나의 권한을 위임받을 지는 내가 정한다. 내 후임자는 특별한 예외 상황이 발생하지 않는 한, 벨기에인 장교 또는 벨기에인 과학자 선원 중에서 정한다. 후자 일 경우, 명령이 외국인 선원에게 전달될 수 있다.

브뤼셀에서, 1897년 3월 19일[*]
[서명] 아드리앵 드 제를라슈

아문센은 너무 놀라 말이 나오지 않았다. 그는 분노에 피가 끓는 것을 느꼈다. 관습에 따라, 그리고 벨지카호의 계급 구조에 따라, 일등항 해사로서 지도자가 사망하거나 사임할 경우 모든 권한을 이어받아 배를 지휘하는 사람은 자신이어야 마땅했다. 상황상 드 제를라슈와 르콩트가 곧 사임서를 작성할 거라는 강력한 가능성을 생각한다면, 위임 문제는 현실이 될 게 뻔했다. "특별한 예외 상황이 발생하지 않는 한" 벨기에인에게 권한이 넘어간다는 건, 아문센을 건너뛰고 다음 벨기에인 선원에게 권한이 위임된다는 걸 의미했다. 단코가 죽었기 때문에

---

[*] 드 제를라슈는 이 계약이 소급 적용된 것이며, 자신과 르콩트는 1897년 8월 12일에 서명했다고 주장했다.

권한은 아문센이 혐오하는 전 룸메이트이자 현재는 선수루로 도망친 서열 3위 장교 쥘 멜라에르에게 넘어갈 것이었다. 이는 아문센에겐 엄청난 굴욕이었다. 문서에는 다른 장교들의 서명과 (마지막에 원정대에 합류한) 쿡을 제외한 과학자들의 서명이 모두 들어가 있었다. 아문센은 일부러 자신을 빼놓고 이 일을 벌인 것이라고 확신했다.

회의가 끝난 후, 아문센은 르콩트를 따로 불러 이 일에 대해 추궁했다. 도대체 왜 이게 합의가 돼 있는 겁니까? 선장이 만족스러운 대답을 하지 못하자, 아문센은 바로 드 제를라슈에게 달려가 "이런 계약이 있다는 걸 벨기에에서 알았더라면 이 원정에 절대 참여하지 않았을 것"이라고 말했다.

아문센의 분노는 하루 종일 들끓었다. 그의 불만이 알려지자, 다른 장교들도 그의 편에 섰다. 쿡은 "왕립 지리학회가 선원들을 정직한 벨기에인과 부정직한 외국인으로 나눠버렸다"고 말했다. 라코비차도 그 의견에 동의했다. 르콩트조차 인정했다.

이튿날 아침, 아문센은 사령관에게 면담을 요청했다. 일등항해사의 분노에 당황한 드 제를라슈는 이틀 동안 하고 싶은 말을 신중하게 생각한 후 대화에 임하라고 지시했다. 이틀이 지나 사령관의 선실에 들어갔을 때, 아문센은 단도직입적으로 말했다. 아르츠토프스키와 달리 당장 원정대를 그만둘 작정이었다.

"잠시 제 계획을 분명히 하고 싶습니다, 사령관님." 그가 드 제를라슈에게 말했다. "사령관님과 왕립 지리학회의 계약 내용을 안 후부터 저는 이 배에서 제 위치란 더 이상 존재하지 않는다고 생각했습니다. 저

에게는 이것이 더 이상 '벨기에의 남극 탐험'이 아니며, 벨지카호는 그
저 얼음에 갇힌 어느 평범한 배에 불과합니다. 여기 탑승한 몇 명의 사
람을 돕는 것만을 제 할 일로 삼겠습니다. 그러니 사령관님, 아무 일 없
었던 것처럼 제 일은 계속하겠습니다. 인간으로서의 의무라고 생각하
고 하겠습니다."

드 제를라슈는 당황했다. 그가 명령을 따르겠다는 것인지 아닌지, 아
문센이 무슨 말을 하는 건지 알 수 없었다. 확실한 점은, 일등항해사가
이제 그의 권한에 강한 적개심을 드러내고 있다는 것뿐이었다. 할 말
을 잃은 드 제를라슈는 아문센에게 어차피 얼음 속에 갇힌 동안 해결
할 방법은 없다고 말했다.

아문센이 동의한다고 답했지만, 벨지카호의 어려운 상황 때문에 둘
은 어색해질 게 뻔했다. 그는 문을 쾅 닫고 선실을 다시 찾아가지 않는
것으로만 만족하지 않을 것이다. 앞으로도 계속 볼 수밖에 없기 때문
이다. 장교직을 그만두고 더 이상 장교실에서 할 일이 없어지더라도,
이튿날 아침 식탁에서 사령관 앞에 앉아 얼굴을 보게 될 것이다.

쿡은 아문센에게 불만 사항을 서면으로 작성해두라고 조언했다. 일
등항해사는 노르웨이어로 장문의 서신을 써 11월 19일 드 제를라슈에
게 보냈다. "사령관님, 사령관님이 저만 제외하고 모두에게 그 계약서
를 보냈다는 걸 알고 있다면"으로 서신은 시작되었다. "그리고 사령관
님이 직접 그 내용을 승인했다면, 제 직위 따위는 사령관님에게 아무
런 의미가 없는 것이었습니다. 저는 공익을 위해 당신의 프로젝트에
자발적으로 참여했습니다. 돈이 아닌 명예를 위한 것이었습니다. 그러

나 당신이 제 권리를 앗아감으로써 이 명예를 실추시켰습니다."

책상에서 서신을 읽자마자 드 제를라슈는 원정대의 공식 편지지 한 장을 꺼내 펜에 잉크를 적신 후, 빈 종이 위에 펜을 놓고 생각에 잠겼다. 그는 이미 선장과 다른 과학자와의 골치 아픈 문제에 얽혀 있던 터였다. 그런데 이제 일등항해사까지 잃게 생겼다. 계약대로 밀고 나간다면, 젊고 신체적으로 위협적인 장교의 분노에 불을 지필 것이고, 그 장교는 하필 의사와 신의 있는 관계에 있으며, 그 의사는 또다시 선장과 친밀한 관계에 있고, 그 선장은 노르웨이인 선원들의 충성심을 좌지우지하는 사람이다. 비록 아문센이 함부로 폭동을 일으킬 성정은 아니라는 걸 드 제를라슈도 잘 알고 있었지만, 폭동이 일어나지 말라는 법도 없었다. 그렇다고 해서 계약을 깨고 외국인에게 원정대를 넘겨주자니, 지금까지 그가 충성해온 고향의 지지자들을 배신해버리는 격이 될 것이었다.

드 제를라슈는 그의 후원자들과 언론의 심판이 여전히 두려웠지만, 벨지카호의 어려운 상황이 우선순위를 명확히 해주었다. 얼음은 이미 그의 배와 건강을 앗아갔다. 선원들의 도움 없이는 아무것도 이뤄낼 수 없다. 게다가 사실 드 제를라슈의 마음속에는 아문센이 지휘권을 넘겨받을 적합한 인물이라는 데 의심의 여지가 없었다. 로스, 난센, 그리고 드 제를라슈 본인이 어릴 때 되고 싶었던 영웅인 소설 속 인물 니모 선장과 같이 건장한 극지 탐험가의 자질을 갖고 있다는 걸 승선한 모든 이도 알고 있었다. 멜라에르가 아문센 대신 이 함선을 지휘하는 모습을 상상한 드 제를라슈는 결심했다. 민족주의의 이름으로 벨기에 왕립 지리학회와 약속한 것이 무엇이든, 그게 원정대의 결속보다 더 중요하지는 않다고 결론 내렸다. 벨지카호가 이제 그의 조국이었다. 이젠 아문센을 달래주어야 했다. 벨기에로 돌아가 탁상공론만 하는 사람들과는 이야기를 다시 나누면 될 일이다. 사실 그럴 필요도 없을 것이, 그들이 이 제5조의 암묵적 수정을 알게 된다면, 그건 곧 드 제를라슈가 사망했다는 뜻이니 만날 일도 없다.

그는 일단 벨기에 왕립 지리학회에 책임을 돌리는 문장으로 서신을 쓰기 시작했다. 그러곤 "이 계약서 초안을 제시한 건 내가 아니다"라는 문장을 쓰고 밑줄을 그었다. 또한 협회가 계약서 사본을 아문센에게 제공하지 않았다는 사실을 그동안 알지 못했다고 주장했다. 그러고는 일등항해사(서열 2위의 장교)의 직급을 절대 멜라에르가 뛰어넘을 수 없다고 단언했다. "세 번째 장교가(벨기에인일 경우) 두 번째 장교보다 먼저 원정대의 지휘권을 갖는 일은 일어날 수 없으며, 현 상황이 계약 작성 시 말한 '예외적인 상황'이라고 볼 수 있다는 데에는 의심의 여지가 없다."

드 제를라슈는 서신의 초안을 다음과 같은 말로 끝냈다. "아문센, 그대에게 줄 수 있는 유일한 것은……" 여기까지 쓴 그는 잠시 쉬고 문장을 어떻게 끝내야 할지 생각했다. 그러고는 그 문장을 다시 지웠다. 더 이상 줄 것이 남아 있지 않음을 깨달았기 때문이다. 이미 피해는 막대했다.

아문센이 사임서를 보낸 이튿날인 11월 20일, 벨지카호 선체에서 누수가 생겼다. 지난달 얼음이 갑자기 수축하면서 배를 얼음 위로 들어올리는 바람에 고물이 물속에 처박혔기 때문이다. 선체는 이제 더 뒤쪽과 오른쪽으로 기울었다. 기울어진 갑판 위로 눈까지 계속 내리자, 눈의 엄청난 무게가 배를 더 깊숙이 밀어넣어 얼음 속에 박힌 배의 현장舷墻까지 바닷물이 차올랐다. 그 상황에서 약해진 목재 사이로 물이 스며들어 선창 내벽을 타고 흘러내렸으며, 배 뒤쪽에 놀라운 속도로 고이기 시작했다. 이튿날까지 물이 배 바닥을 가득 채웠고, 이제는 엔진이 있는 갑판까지 차오르고 있었다. 벨지카호는 서서히 가라앉고 있었다.

아문센은 드 제를라슈에게 한 약속을 지켰고, 안정적으로 자신의 임무를 수행했다. 곧 이를 증명할 기회가 오자 자신의 임무를 그 어느 때보다 더 안정적으로 수행했다. 그는 배 바닥에서 물을 퍼올리는 선원들과 함께했다. 이 작업에는 6시간이 소요되었고, 이후 며칠간 수 톤의 눈을 퍼내는 일에도 지칠 줄 모르고 임했다.

아문센에게 극지 탐사는 일이 아니라 거의 기사도적인 소명이었다. 그에게 돈은 명예보다 중요하지 않았기 때문에 무급으로 자원해서 봉사했다. 그는 현대 바이킹족의 이미지를 좋은 쪽으로 발전시켜, 저위도에서의 삶에 필요한 세심함과 타협도 곧잘 했다. 가장 가까운 친구들(이제는 쿡까지 합류했으니 작은 그룹이 되었지만)에게 맹렬히 충성했던 만큼 그는 이제 모욕감에 치를 떨었다. 그는 드 제를라슈를 결코 용서하지 않으리라고 생각했다. 한때 존경했던 사령관과의 대치의 저변에는 오이디푸스적인 성격이 있었다. 극지 견습 기간이 종료되기도 했고, 자신의 권리를 가질 수 있는 리더가 되는 나이에 이르렀기 때문이다.

11월 27일, 하늘이 맑게 개면서 처음으로 한밤중에 태양의 모습이 드러났다. 선원들은 즉석으로 축제를 열어 멋진 광경을 맞이했다. 수석 기관사 소머즈는 갑판에서 격앙된 목소리로 「브라반트의 행진곡」을 고무적으로 부르기 시작했다. 선수루에서 그와 사이가 좋지 않았던 반 리젤베르게도 좋은 목소리로 합류했다. 한참 뒤에 크누센도 따라 불렀고, 요한센은 아코디언을 꺼내 연주했다. 곧 드 제를라슈를 제외한 모든 선원이 갑판 위로 나왔다. 몸이 몹시 좋지 않아 선실을 떠날 수 없었던 그는 안에서 선원들에게 술을 제공하라고 지시했다. 사이가 좋지 않던 선원들도 함께 어울리고, 벨기에인과 노르웨이인들이 서로 팔짱을 끼고, 선원과 장교가 서로 어깨동무를 하고 있는 상황. 이것이 바로 태양의 화합이 발하는 힘이었다. 낮과 다를 게 없는 밤하늘에 음악이 흘렀다. 쿡과 아문센은 밝은 하늘 아래 배낭을 메고 스키를 타러 나가서 배 사진을 찍었다. 나머지 선원들은 배에서 계속 술을 마셨고, 술에 취해 낭만과 추억을 피워올렸다. 어떤 사람은 고향 집에 대해 이야기했다. 벨지카호에서 가장 가정적인 남자이자 타고난 이야기꾼이던 소머즈는 자신의 어린 딸 이야기를 풀어냈다. 딸을 생각하며 눈물을 흘리던 그는 언제야 딸을 다시 볼 수 있을지, 보더라도 자신을 기억해줄지, 바다에서 길을 잃었다고 생각하고 있을지 궁금하다고 했다.

하지만 많은 선원이 겨우내 고대하던 빛이 계속되는 것 역시 끊임없는 어둠만큼 좋지만은 않다는 사실이 곧 판명되었다. 해가 져도 얼음 위엔 그늘이 없었다. 태양 빛은 위에서도 내리쬐고, 아래에 있는 순백색 눈에서 반사되어 아래에서도 쬐었다. 흐린 날에도 고글을 쓰지 않으면 눈이 실명될 것만 같았다. 창문에 걸린 장교실의 검은 천 사이로도 쨍쨍한 빛이 뚫고 들어왔다. 계속된 빛은 사람들이 침대에서 뒤척이며 잠 못 들게 했고, 대낮에도 계속 불안하게 만들었다. "빛이 너무 환해서 밤에 잠을 잘 수 없었다"고 아르츠토프스키는 일기에 적었다.

　하지만 사람들을 잠 못 들게 한 건 빛뿐만이 아니었다. 아르츠토프스키의 신경을 날카롭게 만든 건 "얼음이 깨질 기미가 없어 어쩌면 두 번째 겨울을 지낼 수도 있겠다는 논의가 시작되었다는 사실"이었다. 바람도 적당하고 햇빛도 있는데 얼음은 깨지지 않았고, 해동 가능성은 더욱 낮아지고 있었다. 선원들은 마침내 쿡이 몇 달 전부터 경고해왔던 대로, 얼음이 풀리지 않은 채 많은 사람에게 치명적이 될 배에서 두 번째 겨울을 맞게 되리라는 사실을 받아들였다. 불치병과 리더십 위기에 더해 이러한 깨달음은 이미 불안해하던 사람들의 정신을 뒤흔들어놓기에 충분했다.

　쿡은 태양이 다시 뜨면 겨울 동안 배 전체를 괴롭히던 "정신병 증세"가 사라질 거라고 믿었다. 하지만 틀렸다. 몇몇 선원은 상태가 더 심각해졌다. 쿡은 "이제 거의 모든 이가 어느 정도의 불면증으로 고통받고 있고, 이전에 정신적으로 혼란스러워하던 사람들은 새로운 불안 징후를 보이고 있다"고 기록했다.

　쿡이 정확한 이름을 언급하지는 않았지만, 톨레프센을 염두에 둔 기록이었다. 갑판장 톨레프센은 배에서 가장 경험이 많고 신뢰할 수 있는 선원 중 한 명이었다. 북극에서 일하면서 이미 추위와 어둠에 익숙한 그는 기술과 지성, 열정을 가지고 임무를 잘 수행했다. 아문센도 톨레프센을 특히 좋아했다. 하지만 11월 28일의 일기에서 그는 동료 노르웨이인이 "오늘 정신 이상을 나타내는 매우 이상한 증세를 보였다"고 기록했다. 그날 밤 톨레프센은 자기가 정말 벨지카호에 있는 건지 물었다. 아문센이 그렇다고 답하자, 톨레프센은 당황한 표정으로 자기는 배에 탄 기억이 없다고 말했다.

　톨레프센의 편집증적인 행동은 그달 초에 동료들을 괴롭히기 시작했다. 튀어나온 눈은 선체가 삐걱댈 때마다, 얼음이 움직일 때마다 신경질적으로 돌아갔다. 극심한 두통을 호소했고, 마치 코앞에 재난이 닥칠 것처럼 항상 수염이 덥수룩한 턱을 악물고 있었다. 뿐만 아니라 동료 선원들에게 늘 의심을 품고 고양이 난센이 죽기 전에 그랬던 것처럼 배 안의 어두운 구석으로 가 숨어 있었다. 밤이면 선수루에 있기 싫어했고, 쥐가 우글거리는 차디찬 화물창에서 침대 커버나 겨울옷도 없이 잠에 들었다. "그의 영혼은 거대하고 광적인 공포에 대한 과대망상으로 괴로워했다"고 르콩트는 적었다. "기묘한 미스터리다. 프랑스어로 '그것'이라는 단어만 들으면 격분했다. 그가 프랑스어를 못 했기 때문에 아무래도 그 단어가 죽음을 뜻한다고 생각했던 듯했고, 종종 동료들이 서로에게 눈짓하며 자신을 죽이라고 한다고 착각하곤 했다."

　겁이 많은 사람은 늘 위험했다. 톨레프센이 자신을 해칠 거라고 생각하는 사람들을 먼저 공격하지나 않을지 주위에서 항상 감시해야 했다. 그의 친구인 얀 반 미를로는 자기도 히스테리에 힘들어하는 와중에 자원해서 톨레프센을 돕곤 했다. 반 미를로는 지난 6월 단코가 죽은 후 톨레프센이 기이한 행동을 하기 시작했다는 걸 알았다. 벨기에인 갑판원인 반 미를로는 이렇게 회상했다. "그는 수줍음을 타기 시작했고, 계속해서 그의 연인 '아그네스'에게 편지를 써 이곳 얼음 위에서의 끔찍한 생활과 동료들로부터 받고 있다는 박해에 대해 설명하곤 했다." 반 미를로에 따르면, 톨레프센은 이 편지들을 우편함처럼 보이는 작은 언덕에 갖다두었다고 한다. "그가 좋아하도록 우리는 편지를 수거한 후 아그네스에게 보냈다고 말했다."*

톨레프센의 정신 상태는 11월 내내 급격히 악화되었다. "그는 말도 하지 않았고, 눈은 허공을 응시했으며, 그가 할 수 있는 유일한 일은 물범 가죽을 문지르는 것뿐이었다"라고 르콩트는 기록했다. "그는 그나마도 거의 하지 않았다. 작업을 시작한 지 10분이 지나면 칼로 가죽을 그저 두드리기만 하면서 텅 빈 눈으로 먼 얼음 언덕을 바라보고만 있었다." 누가 그에게 다가가기라도 하면, 톨레프센은 덜덜 떨며 "마치 죽어가는 사람의 고통을 끝내줄 총알을 기다리듯" 본능적으로 고개를 떨어뜨렸다.

12월 12일의 빛나는 오후에 쿡과 아문센은 긴 스키여행을 떠났다. 목적지는 쿡, 아문센, 르콩트가 8월 초에 설정한 것과 동일한 빙산이었다. (얼음판이 계속 움직여서 이미 배 가까이 와 있었다.) 이들은 얼마 못 가 "마치 길 잃은 어린양의 영혼"처럼 얼음 위를 서성이는 톨레프센을

---

* 톨레프센의 약혼녀의 실제 이름은 아그네스가 아니라 알레트였기 때문에 반 미를로의 기억이 정확하다고 확신할 수는 없다.

만났다. 운동이 도움이 될 거라고 생각해 그들은 톨레프센에게 함께하
자고 말했다.

오후 4시, 이들이 떠났을 때는 하늘에 구름 한 점 없었다. 빙산은 평
평하고 단단한 얼음판을 가로질러 3시간도 채 되지 않는 거리에 있는
것처럼 보였다. 그래서 음식이나 물을 충분히 챙기지도 않았다. 초반
에는 스키가 햇빛에 부드럽게 녹은 눈가루 위를 부드럽게 미끄러지며
나아갔다. 톨레프센도 곧잘 걸으며 몇 주 만에 처음으로 제정신으로
즐기고 있었다.

그들은 도중에 호기심 많고 커다란 웨델물범을 만났다. 쿡은 아무 생
각 없이 즉시 권총을 꺼내 머리에 쏘았다. 여행이 예상보다 오래 걸릴
것에 대비해, 동물을 만나면 죽여서 비상식량으로 싸가는 게 좋겠다고
생각하던 터였다. 하지만 그걸 본 톨레프센은 쿡이 총을 든 냉혈한이
라고 여겨 끔찍함을 느끼고, 동료들이 지금 자기를 죽이기 위해 배에
서 멀리 데려가고 있다고 믿게 되었다. 즐거운 나들이가 갑자기 긴장
감으로 돌변했다.

빙산 기슭에서 쿡, 아문센, 톨레프센은 스키를 벗어 어깨에 메고 손
쉽게 정상으로 올라갔다. 태양광선 아래서 그들은, 아문센의 말에 따
르면, "놀라울 정도로 따뜻함"을 느꼈다. 산 너머의 빙하를 바라보니
먼 곳에 작고 검은 점으로 보이는 벨지카호가 있었다. 의사가 사진을
찍는 동안 찬 바람이 불기 시작했다. 아문센은 북쪽에 있는 태양을 바
라보았다. 매년 이맘때쯤이면 태양은 늘 24시간짜리 시계 다이얼을 돌
리는 것처럼 하늘의 촘촘한 원들을 따라 움직였다. 그 위치를 보고 아

문센은 지금이 밤 10시라고 추측했다. 시간 가는 줄 몰랐던 세 명은 갑자기 허기와 갈증을 느꼈다. 빙산 꼭대기에서 풍향이 바뀌고 있는 게 느껴졌다. 부빙 사이에 물길이 생겼다가 바닷물이 증발하듯이 옅은 안개 기둥 모양이 피어올랐다. 이제 떠날 시간이었다. 지금 가지 않으면 돌아갈 길을 찾지 못할 수도 있었다. 세 명은 산에서 내려와 스키에 끈을 묶었다.

10분 정도 가다보니 주변이 짙은 안개로 뒤덮였다. 벨지카호는 시야에서 사라졌다. 세 명은 돌아갈 길을 찾기 위해 스키를 타고 왔던 흔적을 되짚어가며 나아갔다. 하지만 흔적을 따라가자 곧 바닷물이 나왔다. 그곳을 지나간 지 몇 시간 만에 해빙 지대는 알아볼 수 없을 정도로 변형되었고, 부빙들이 부서지거나 재배치되어 있었다. 일등항해사 아문센은 주머니에서 나침반을 꺼내, 나침반의 오차 범위를 염두에 두고 대략 배의 위치라고 추정되는 방향으로 팀을 이끌었다.

쿡과 아문센은 전혀 당황하지 않았다. 그들은 그저 펭귄 기사단이 처음으로 빙산여행을 시도했을 때와 비슷한 상황에 처했을 뿐이다. 하지만 톨레프센은 그렇지 못했다. 스키를 타고 가며 중간중간 의사와 일등항해사는 돌아서서 톨레프센을 확인했다. 하지만 그는 눈에 띄게 겁에 질려 있었고, 턱은 그 어느 때보다 세게 앙다물고 있었다.

세 사람은 배가 가까워지고 있다는 어떤 표시도 찾지 못한 채 이튿날까지 잘 버티며 전진했다. 하지만 허기와 갈증으로 점점 더 정신이 혼미해졌다. 그때 갑자기 아문센이 눈 속에서 평행선 표시를 발견했다.

"여기 우리가 표시한 트랙이 있소!" 그는 안도감에 소리쳤다.

"여기 물범도 있소!" 쿡은 여행이 시작될 무렵에 쏘아 죽였던 웨델물범을 가리키며 말했다.

아문센은 주저 없이 무릎을 꿇고 칼로 물범을 갈라 사체 옆에서 갈라진 부분에 입을 대고 따뜻한 피를 마셨다. 물범은 몇 시간 전에 죽어 얼음 위에 그대로 누워 있었고, 두꺼운 지방층으로 인해 내부는 상하지 않았다. 피를 마신 그는 쿡에게 다음 순서를 넘겼고, 쿡 역시 마른 목에 금속 맛 나는 동물의 피를 삼켰다. 수염에 묻은 피를 뚝뚝 흘리며, 의사는 그다음 순서인 톨레프센에게 눈을 돌렸다. 톨레프센은 공포에 질려 칼과 피범벅이 된 선원들의 얼굴을 번갈아 쳐다보며, 그런 끔찍한 잔치에 끼느니 굶어 죽는 게 낫겠다고 말했다.

허기진 쿡과 아문센은 물범을 잘라 바로 날고기로 먹었고, 일등항해사는 "맛있다"고 말하기도 했다. 톨레프센은 아문센이 물범의 머리를 전리품처럼 자르는 모습을 믿을 수 없다는 표정으로 바라보았다. 그는 이들이 미쳤다고 확신했다.

새벽 4시가 되어서야 얼음이 다시 닫히고, 배로 돌아갈 길이 생겼다. 동료들로부터 도망칠 기회를 엿보던 톨레프센은 쿡과 아문센이 따라 잡을 수 없도록 재빨리 스키를 타고 미친 듯이 질주했다. 이들이 뒤늦게 벨지카호에 도착했을 때, 톨레프센은 거의 기절 직전인 것처럼 보였다. 쿡은 아문센에게 체리 브랜디 한 잔을 달라고 부탁했고, 톨레프센은 한입에 털어넣었다. 아문센은 어서 가서 자라고 한 후, 핫초코 한 잔을 가져다주겠다고 말했다. 쿡과 아문센이 물을 끓이는 동안 톨레프센은 겁에 질린 얼굴로 부엌에 따라 들어갔다.

"방금 나한테 뭘 준 거요?" 그가 소리쳤다. "너무 아파 죽을 것 같소."

그들이 대답하기도 전에 톨레프센은 뛰쳐나와 눈 덮인 갑판을 가로질러 장교실로 터벅터벅 걸어갔다. 그는 르콩트의 선실로 가는 조용한 복도를 조심스럽게 걸었다. 톨레프센은 문을 열어 잠자고 있는 르콩트의 침대로 가서 손을 뻗었다. 르콩트는 정신이 번쩍 들었고, 침대 바로 옆 어둠 속에 서 있는 미친 선원의 모습을 보고 깜짝 놀라서 숨을 헐떡거렸다. 쿡과 아문센이 절 독살하려고 했어요! 톨레프센은 고래고래 악을 썼다. 르콩트가 놀란 심장을 가라앉히는 데에는 몇 분이 걸렸다. 진정한 선장은 톨레프센에게도 진정하라고 말한 후 무슨 일이 있었는지 알아보기 위해 부엌에 있는 의사와 일등항해사에게 갔고, 곧 별일 아니었다는 걸 확인했다. 톨레프센은 자기 침대로 돌아갔다.

하지만 쿡과 아문센이 부엌에서 나가려고 돌아설 때, 그들 뒤에 톨레프센이 속바지만 입은 채 우두커니 서서 허공을 응시하고 있는 모습이 보였다. "그는 무척 혼란스러워하는 것 같았다"고 아문센은 적었다.

톨레프센의 상태는 시간이 지나면서 더 악화돼 동료들을 괴롭히기 시작했다. "(그는) 바다에서 오랜 세월을 보낸 강한 사람이어서 그가 얼음 속에 갇힌 걸 그렇게 견디지 못할 거라고는 생각지 못했다"고 아르츠토프스키는 나중에 일기에 적었다. "내 생각에, 극지 항해 중에는 수많은 정신 이상 사례가 있었지만, 모두 세심한 배려 덕에 드러나지 않은 것 같다."

쿡은 극지의 광기를 두려움, 불확실성, 단조로움, 억류, 극도의 고립이 모두 합쳐진 탓으로 돌렸다. 이 모든 건 12월 21일 하지가 지나며 고

조되었다. 고도가 정점을 찍었는데도 얼음은 녹을 기미를 보이지 않았
다. 이제 쿡은 태양이 겨울의 중턱에서 미끄러져 추락하기 시작할 수
있다고 경고했다. 얼음의 압력에 휘둘려 움직이지 않는 배에 올라탄
채 파괴할 수 없는 부빙 사이에서 옴짝달싹할 수 없게 되어, 지구의 가
장 아래에 위치한 황량한 대륙 주위에 무한해 보이는 흰색 띠를 형성
한 수백만 명 중 하나가 될 뿐이다. 벨지카호에 희망은 거의 남아 있지
않았다.

제16장
얼음에 맞서는 이들

벨지카호에서 보내는 두 번째 크리스마스 날은 암울했다. 질병, 고뇌, 적대감이 배를 장악했다. 즐거운 시간을 보내려는 모든 시도는 억지 같았고, 과거의 행복한 날들을 어설프게 흉내내는 꼴이었다. 시끄러운 호루라기 게임, 바보 같은 미인대회, 새로운 걸 발견할 때의 아찔한 스릴 같은 건 이미 잊힌 지 오래였다. 저녁 식사 시간에 선원들은 저민 송아지 고기로 만든 롤라드를 먹고, 브랜디를 마시며 휴게실 탁자에 우울한 모습으로 앉아 있었다. "우리의 사회적 감각은 무뎌졌고, 크리스마스 만찬이라는 그나마 긍정적인 행사에 어떤 신선한 힘도 끄집어낼 수 없었으며 (…) 모든 이의 얼굴에는 미래에 대한 불신이 서려 있었다"고 쿡은 기록했다.

　이렇게 어두운 면을 본다면, 지난주에 있었던 얼음의 움직임은 마치 잔인한 희망 고문 같았다. 망대에서 밖을 내다보면 해빙을 열십자로 가로지르는 물길이 보였다. 배에서 수백 미터 떨어진 곳에는 얼음 평야가 있었다. 하지만 벨지카호를 붙잡고 있는 2마일 너비의 부빙은 깨질 기미가 보이지 않았다. 크리스마스이브에 아르츠토프스키는 얼음 평원을 가로질러 뻗어 있는 얼음 언덕 아래쪽에 구멍을 뚫어보다가, 언덕의 두께가 8미터가 넘는다는 걸 알게 되었다. 배를 둘러싸고 있는 쪽의 얼음 두께도 몇 미터는 되었다. 결코 부서질 두께가 아니었다. 그 어느 쪽의 얼음 두께도 1미터 이하인 곳은 없었다. 이곳에서 겨울을 한 번 더 나리라는 건 갈수록 더 확실해졌다.

선원들을 더 걱정시킨 건 그들 사이에 있는 미친 사람이었다. "톨레프센의 정신 상태가 악화되고 있다"고 드 제를라슈는 기록했다. "톨레프센은 지금 피해망상에 시달리고 있다. 잠도 거의 안 자고, 자기 주변이 온통 적들뿐이라고 생각하며, 동료들로부터 도망친다." 어느 날엔 공황 상태에 빠진 그를 선원들이 하루 종일 얼음판 위에서 뒤지고 다니다가 얼음 둔덕 위에 웅크리고 있는 걸 겨우 발견하기도 했다. 물론 그런 모습이 불쌍하긴 했지만, 톨레프센의 상태는 그가 어디 숨어 있을지, 무슨 짓을 할지, 누가 그를 따라 광기에 빠질지 끊임없이 끓어오르는 공포의 원천이 되었다.

새해를 맞이할 기분인 사람은 거의 없었다. 12월 31일 자정이 되기 직전, 벨지카호는 으스스할 정도로 고요했다. 여전히 힘들어하는 드 제를라슈는 코코아 한 잔을 마신 후 일찍이 자기 선실로 들어갔다. 몇 몇 선원은 침대에 누워 있었고, 다른 몇몇은 선수루 주위에 울적하게 앉아 있었다. 라코비차와 르콩트는 밤 11시경 잠자리에 먼저 들었다. 쿡은 자기 자리로 들어갔고, 아르츠토프스키는 햇볕이 들어오는 실험실 책상에 앉아 예전에 쓴 기록을 살펴보고 있었다.

갑자기 문이 벌컥 열렸다. 문 앞에는 특별한 날 마시려고 아껴둔 코냑 한 병을 든 아문센이 서 있었다. 어쩌면 벨지카호에서 맞는 마지막 특별한 날일 수도 있겠다는 생각에 두 사람은 병을 따고 기분을 냈다. 몇 분 후, 잠이 안 와서 실험실에 들어온 르콩트는 예상치 못한 기분 좋은 광경을 보게 되었다. 쿡 역시 곧 작은 축제에 합류했다. 얼마 지나지 않아 우울하기만 했던 밤이 축제 분위기로 바뀌었다. 아문센은 병을 바닥내려고 다른 선원들도 불러 모았다. 술병이 비자 축제는 선수루로 옮겨갔다. 르콩트는 저장고에서 햄, 치즈, 비스킷, 와인 몇 병을 꺼냈다. 요한센은 아코디언을 꺼내 연주했다. 한밤중이 되자 진정한 기쁨의 물결이 배 안에 넘쳐흘렀다. 아주 오랜만이었다. "선원들은 노래와 음악을 연주하며 우리를 환영했고, 선수루에서 수백 번씩 하던 이야기를 우리에게도 들려주었다. 그에 대한 보답으로 우리는 연설도 하고 이야기도 좀 해주었다"라고 쿡은 기록했다. 그날 밤만큼은 벨지카호의 분위기가 무척 따뜻해, 선원들은 자신들이 얼음 속에 갇혀 있다는 사실을 잊을 수 있었다.

장교들은 새벽 1시 반에 선수루에서 나와 갑판을 가로질러 비틀거리며 선실로 돌아왔다. 기온은 영하 8도였고, 찬바람이 배를 때렸지만, 술기운에 달아올라 추운 줄도 몰랐다. 기분 좋게 취한 그들은 벨지카호 주변이 특히 눈부시다는 걸 발견했다. "얼음 전체가 파랗게 떨고 있었다"고 쿡은 기록했다. 북쪽에는 창백한 달이 떠 있었다. 남쪽에는 태양이 전날보다 조금 더 낮은 위치에 떠 있었다. 아마 이튿날엔 더 낮아질 것이다. 월말까지 해가 지지는 않겠지만, 해가 한번 지고 나면 다시 밤은 훨씬 더 길어질 것이다.

새해에 비는 유일한 소원은 부빙이 부서지는 것뿐이었다. 여름 태양의 열기 가지고는 얼음이 녹지 않는다는 게 밝혀졌다. 정오에 약간 녹더라도 이튿날 아침이면 다시 얼어 있기 때문이다. 거센 폭풍 때문에 배가 얼음 속으로 더 파묻혔으니, 어쩌면 똑같이 거센 폭풍이 불어야 배가 풀려날 수 있을지도 모른다. 따라서 벨지카호 사람들은 남풍에 운명을 맡겼다.

남풍이 불더라도 어렵겠다는 점은 갈수록 더 분명해졌다. 지난 2월에 얼음에 갇힌 후, 벨지카호는 1300해리 이상을 표류했다. 하지만 변덕스러운 풍향과 해류 때문에 벨지카호는 해빙을 따라 순환 루프에 빠졌다.* 새해 전야에 르콩트는 벨지카호의 위치를 남위 70°03′, 서경 85°10′에 고정시켰다. 지난 2월에 드 제를라슈가 해빙으로 들어가겠다고 결정한 것과 같은 지점이었다. 1년여가 지나면서 얼음은 눈으로도 확연히 보일 만큼 확장되었다. 이 얼음의 끝은 지평선 너머에 있을 수도 있고, 북쪽으로 수백 마일 떨어진 곳에 있을 수도 있다. 벨지카호를

---

* 차트에 표시된 여행 일정은 마치 매듭이 뒤엉긴 듯 뒤틀려 있었고, 얼음판의 움직임의 명확한 패턴도 알 수 없어 뒤죽박죽이었다. 배는 남위 71°36′(5월 31일)보다 남쪽, 서경 92°22′(4월 25일)보다 서쪽, 서경 80°28′(10월 22일)보다 동쪽, 그리고 남위 69°38′(10월 29일)보다 북쪽에 있었다.

둘러싸고 있는 빙원은 지난 3월에 갇혔다가 풀려난 얼음보다 훨씬 더 두껍고 단단해 보였다.

"나는 여기에 온 방법 그대로 다시 빠져나갈 가능성은 매우 낮다고 생각한다"고 아문센이 적었다. 르콩트와 드 제를라슈도 그렇게 생각하는 듯했다. 뇌약이 줄 수 있는 희망마저 없어지자 그들은 겨울 동안 살아남기 위한 방법을 생각해내야 했다.

하지만 쿡은 이대로 가만있을 수 없었다. 그는 두 번째 겨울을 났다가는 비참한 결과로 이어질 거라고 그 어느 때보다 확신하고 있었다. 지난 며칠간 머릿속에 일종의 명단을 작성해, 겨울에 바로 사망할 것 같은 선원 4명과 심각한 위험에 처한 선원들을 확인했다.

살아남은 사람들 중 많은 수가 틀림없이 미쳐버릴 것이다. 동료 장교들이 여름이 지나기 전 이곳을 탈출해야 한다는 시급함을 이해하지 못하거나, 이해하더라도 불가능한 일이라고만 생각한다면, 쿡은 히포크라테스 선서처럼 그들을 반드시 설득해내야겠다는 의무감을 느꼈다.

1월 4일, 휴게실에서 열린 간부 회의에서 쿡은 격분하여 다른 장교들에게 화를 냈다. 배에서 무슨 일이 일어나도 그들은 쿡이 그렇게 화내는 걸 본 적이 없었다. 쿡은 이곳을 하루빨리 벗어날 필요가 있다고 강력하게 주장했다. 그는 전략이 마련될 때까지 과학 탐사도 중단해야 한다고 말했다. 쿡의 분노에 다른 장교들은 매우 놀랐고, 곧 불신으로 이어졌다. 쿡은 "그들은 내 생각에 야유를 보냈다"고 기록했다. 사실 쿡의 제안은 마치 사람이 팔만 휘저어도 날아갈 수 있다는 주장과도 같았다. 그를 잘 따르던 아문센조차 어떻게든 이 얼음을 뚫고 탈출할

수 있을 거라는 생각이 터무니없다고 생각했다. 쿡의 동료들은 원정대
가 더 이상 자신의 운명에 대해 발언권이 없다고 생각했다.

　하지만 쿡은 위축되지 않았다. 며칠 후, 드 제를라슈에게 독특한 아
이디어를 제안했다. 태양의 힘을 숭배하게 된 쿡은 이번에도 태양의
힘을 이용해 얼음을 빨리 녹을 수 있게 하자고 제안했다. 그의 계획은
뱃머리에서 약 400미터 전방의 빙하 평원에 브이 자 형태로 1미터 너
비의 긴 수로 두 개를 파자는 것이었다. 그리고 태양 광선이 단단한 해
빙의 위쪽 1피트 깊이까지 도달할 수 있도록 눈의 표면부터 삽으로 퍼
내는 것이다. 쿡은 물이 눈보다 열을 더 보유하는 성질이 있으며, 그 열
을 밑에 있는 얼음에 전달할 거라고 생각했다. 또한 어두운 표면이 밝
은 표면에 비해 더 많은 빛을 흡수하기 때문에 열도 더 많이 흡수할 거
라고 생각했다. 해저에 있는 해빙과 그 벽을 따라 쌓인 눈과 진창의 조
밀한 층들이 푸른빛을 띤 도랑을 형성했다. 그 도랑은 표면에 있는 순
백색의 눈가루나 만년설보다 태양광을 덜 반사했다. 새까만 검댕을 해
구에 붓는다면 효과는 더 커질 것이다. 그런 식으로 녹다보면 한쪽의
얼음이 약해져 두 개의 단층을 형성하게 될 것이다. 그 상태에서 폭풍
우가 불어 얼음을 산산조각 낸다면, 미리 파둔 선을 따라 갈라질 가능
성이 커진다. 부빙은 배에서 멀리 떨어진 전혀 무익한 곳보다 그 선을
따라 부서질 가능성이 더 커질 테고, 벨지카호는 새로 만들어진 통로
를 통해 작은 얼음 평원으로 항해할 수 있을 것이다.

　물론 드 제를라슈와 르콩트에게는 그 계획의 결함이 분명히 보였다.
먼저, 해가 지지 않는 동안 해의 고도는 낮게 유지된다. 하루 중 많은

시간 동안 그 광선이 해빙의 바다까지 도달하기에는 각도가 너무 비스듬하다. 둘째, 그을음이 열을 더 많이 흡수하지 않을 것이었다. 햇빛은 먼저 얼어붙은 눈이 녹은 곳을 통과해야 하는데, 열을 전달하는 데 물은 공기보다 훨씬 덜 효율적이기 때문이다. 셋째, 쿡은 파놓은 수로의 벽이 물을 막아주지 못하는 경우를 고려하지 않았다. 진창 층이 부빙 위로 물이 고르게 퍼지는 걸 막아주지는 못할 것이며, 수로를 통과하는 동안 흡수된 열은 빠르게 소멸될 것이다.

쿡은 그들의 답 없는 운명론이 지긋지긋했다. 어쩌면 자신의 탈출 계획이 불완전했을 것이다. 그렇다고 가만있어야 할까? 죽음의 가능성을 그냥 받아들여야 할까? 그는 무의미한 일이라도 일단 해보는 것이 아무것도 안 하는 것보다는 훨씬 더 낫다고 주장했다. 결국 쿡이 이겼다. "아무것도 안 하는 게 위험한 건 맞소." 드 제를라슈가 동의했다. "단기적으로는 다시 절망적인 시간으로 이어질 테고, 결국 모두의 건강에 치명적인 결과가 될 수 있소." 선원들은 자유를 얻기 위한 노력을 시작했다.

수로를 파는 작업은 1월 7일에 시작되었지만, 상한 물범 간 때문에 배 전체가 식중독을 앓아 즉시 중단되었다. 선원들이 건강을 회복하는 동안 르콩트는 뇌약 실험을 한 번 더 해보기로 했다. 그는 얼음을 깨는 데 도움이 되는 뇌약에 희망을 건 유일한 사람이었을 뿐 아니라 탄약을 다루는 훈련을 받은 유일한 사람이기도 했다. 선장은 더 많은 뇌약을 해동시키고 손상된 부분을 꼼꼼히 살펴 긁어냈다. 그의 노력 덕인지, 뇌약이 폭발하는 데 성공했다. 의기양양해진 르콩트는 아문센, 멜라에르, 요한센의 도움을 받아 빈 기름통에 뇌약 535개를 넣고 밀봉한 후, 얼음 아래에서 터뜨리는 "지옥의 폭약"을 만들었다. 그는 폭발이 폭약 바로 위의 얼음을 날려버릴 뿐 아니라 큰 파도를 일으켜 부빙 전체에 잔물결을 만들어 주변 얼음까지 산산조각 내주기를 바랐다.

벨지카호에서 200미터 넘게 떨어진 곳으로 장치를 가져간 르콩트는 25개의 수은 기폭 장치에 연결시킨 5개의 퓨즈에 불을 붙였다. 그는 포병의 수호성인인 성 바르바라에게 빠르게 기도를 올린 후, 뛰어서 배로 돌아갔다. 하지만 퓨즈가 너무 차가워 불이 꺼져버렸다. 르콩트는 짧아진 퓨즈에 다시 불을 붙이기 위해 대여섯 번씩 왔다 갔다 해야 했다.

폭발은 가히 최고였다. 얼음덩어리는 하늘 높이 치솟았고, 비가 종말론적인 우박처럼 쏟아졌다. 벨지카호에서도 그 충격을 느낄 수 있었다. 르콩트는 이 충격이 빙원을 가로질러 단층의 진동을 유발시켰을 거라고 확신했다. 하지만 폭발이 미친 영향을 알아보러 간 르콩트는 크게 좌절했다. 폭탄이 있던 곳에서 파인 구멍은 지름이 10미터도 채 되지 않았고, 그마저 다시 단단한 덩어리로 얼어붙은 잔해로 가득 차 있었다. 구멍 밖의 얼음에는 조금도 갈라진 틈이 없었다. 만약 담수 얼음이었다면 훨씬 더 산산조각 났을 수 있겠지만, 해빙은 부서지는 것 자체가 쉽지 않다. 선장은 뇌약이 할 수 있는 역할이 미미하다는 점을 인정할 수밖에 없었다.

그러는 사이 나머지 선원들은 곡괭이와 삽으로 얼음을 깨기 시작했다. "우리는 사흘 동안 인간이 아니라 마치 사냥감을 쫓는 개처럼 일했다"고 1월 12일에 쿡은 기록했다. 하지만 그 수고는 아무 효과가 없는 듯했다. 삽으로 파낸 눈 더미는 선원들이 탈출을 향해 나아가고 있다고 착각하게 만들었지만 쿡조차 결국 노동의 결과가 미미하다는 데 동의해야만 했다. "한밤중의 태양 빛도 이젠 약해져, 다음 날 녹은 만큼 새로운 얼음이 생겨났다. 12월에 했더라면 결과는 더 만족스러웠을지 모르지만 지금은 너무 늦었다"고 쿡은 적었다. 쿡의 계획이 목표를 달성하지 못하리라는 점은 곧 모두에게 명백해졌다. 게다가 노동하느라 귀한 일주일의 여름 볕을 누릴 시간을 낭비해버렸다. 앞으로는 더 어두워지고 추워질 날밖에 남지 않았고, 탈출의 가능성도 더 희박해질 것이다.

　그래도 계획은 실패했을지언정 긍정적인 결실이 하나 있었다. 바로 탈출을 생각조차 하지 않던 체념과 나태에서 선원들을 벗어나게 한 것이다. 그 덕에 각자가 다양한 접근법을 생각하게 되었다. 얼음을 깨는 것 역시 더 이상 어리석은 시도로만 보이지 않았다.

　그 일로 사령관은 배 안의 누구보다 완전히 딴 사람이 되었다. 그는 이제 개종자처럼 탈출 가능성을 열렬히 믿었다. 1월 11일 저녁, 드 제를라슈는 장교 회의를 소집했고, 쿡의 야심을 무색하게 하는 새로운 계획을 발표했다. 폭풍이 빙원을 부수도록 가만히 앉아 기도하는 대신, 나름대로 폭풍우에 견줄 만한 충격을 만들어보는 계획이었다.

　배에는 오래된 얼음 톱 네 개가 있었는데, 벨지카호가 이전에 포경선으로 쓰일 때부터 있던 톱이었다. 사령관은 선원들에게 이 톱을 사용해 배에서 가까운 얼음 평원으로 이어지는 수로를 잘라 만드는 데 사용할 것을 제안했다.

　드 제를라슈의 이러한 계획은 탐험을 구상한 이후로 그가 내놓은 아이디어 중 가장 대담했다. 아마 성공한다면 극지 항해의 역사에서 전례 없는 일이 될 것이었다. 결국 수백 미터에 달하는 얼음을 통과하는 모든 길을 톱질해 두 개의 제방을 만들고, 벨지카호로 연결되는 길 사이의 얼음을 모두 톱질해 제거하는 계획이었다. 냉동고용 블록을 조각하거나, 그보다 크더라도 잘해야 구명보트를 정박시킬 작은 항구를 만드는 데 흔히 쓰이는 훨씬 더 작은 스케일의 얼음 톱까지 이용해야 될 일이었다. 게다가 병에 걸렸든 건강하든 상관없이 배에 오른 모든 사람이 상상할 수 없는 양의 노동을 해주어야 했다. 심지어 겨울이 오기 전 몇 주 안에 완료해야만 했다.

　드 제를라슈도 이제 정신이 나간 걸까? 선원들이 그의 판단을 의심하는 데는 다 이유가 있었다. 애초에 아무것도 하지 않고 이 감옥에 가둔 게 바로 사령관이기 때문이다. 하지만 드 제를라슈에게는 그게 바로 이 계획을 실행시켜야 할 이유가 되었다. 자신조차 겨울을 한 번 더 지냈다가는 살아남지 못할 거라고 생각했다. 쿡도 그 점을 분명히 했다. 게다가 드 제를라슈는 벨지카호가 처한 곤경과 배에 탄 모든 사람의 생명에 책임감을 느끼고 있었다. 몸이 아프더라도 여기서 탈출하기 위해 자기가 할 수 있는 모든 노력을 다하고자 했다.

　계획을 세우면서 그는 몇 달 동안 찾아볼 수 없었던 확신과 예리함을 보여주었다. 그의 새로운 에너지는 동료 장교들에게도 활력을 주었고, 수로를 만드는 시도를 할 가치가 있다는 것에 동의하게 했다. (쿡은 처음엔 자기 계획이 아닌 다른 계획이 진행되어 환영하지 않았지만, 상처받은 자존심을 회복하고 드 제를라슈에게 영감을 준 공을 인정받게 되었다.)

쿡이 만들던 도랑과 이어진 부빙의 가장 가까운 가장자리 위치는 뱃머리에서 약 400미터 전방이었다. 하지만 그 사이에 있는 얼음들은 선원들이 톱으로 자르기에 너무 두꺼웠다. 드 제를라슈는 겨울 동안 부빙에서 짧게 갈라져 나온 리드를 따라 고물에서부터, 즉 반대 방향에서 톱질하자고 제안했다. 리드는 얼어붙은 지 오래되었지만, 사령관은 그곳의 얼음이 그나마 몇 년 동안 얼어 있던 얼음에 비해서는 더 얇을 거라고 추정했다.

이튿날 아르츠토프스키는 빙원에 구멍 몇 개를 뚫었고 드 제를라슈의 직감이 맞다는 걸 확인했다. 얼어 있는 리드의 얼음은 가장 얇았고, 두께는 1미터에서 2미터가 약간 넘는 정도였다. 그는 고물에서 이전 수로로 이어지는 운하의 경로를 표시한 후 우현 쪽으로 꺾어 개빙 구역의 큰 공터까지 깎았다. 전체적으로 볼 때, 쿡이 말한 해자선을 따라 그린 수로 표면적의 거의 세 배를 덮을 정도였다. 길이는 700미터, 입구 너비는 100미터, 벨지카호 근처 너비는 10미터였다. 해자를 모두 만들려면 거의 1마일에 달하는 단단한 얼음을 절단해야 했고, 그 작업은 곡괭이와 삽을 사용해 동일한 거리에서 얼음, 눈, 진창의 가장 윗부분을 먼저 제거해야 시작할 수 있었다. 깎아 제거하기 위해 그 사이의 영역을 십자형으로 잘라둬도 그 사이에 다시 얼어붙었기 때문에, 두 번씩 톱질해야 하는 영역까지 계산한다면 총 1.5마일 정도가 되었다.

이렇게 짧은 시간 동안 소수의 사람이 해내야 할 노동량은 거의 인류

역사상 가장 큰 건설 프로젝트와 맞먹을 것이었다. 사람들의 좋지 않은 건강 상태를 감안한다면 더 가혹한 일이었다. 하지만 활력을 되찾은 사령관을 보고 힘을 낸 선원들은 포기하지 않고 뛰어들었다.

첫 번째 톱질은 1월 14일에 시작했다. 절단한 부분이 밤새 다시 합쳐지는 걸 방지하기 위해 사람들은 지지 않는 태양 아래에서 번갈아가며 24시간 내내 톱질을 해야 했다. 톱질 작업이 끊기지 않도록 팀을 둘로 나눴다. 드 제를라슈는 멜라에르, 라코비차, 반 미를로, 요한센, 코렌, 반 리젤베르게, 그리고 정신 상태가 좋지 않은 톨레프센을 주간 작업조로 꾸렸다. 이들은 아침 8시부터 저녁 6시까지 톱질을 계속했고, 중간에 점심 식사 시간과 커피 시간 등의 휴식 시간을 가졌다. 이후 저녁 7시부터 교대 근무를 시작한 르콩트의 팀은 쿡, 아문센, 아르츠토프스키, 소머즈, 뒤푸르로 꾸렸으며, 이들은 이때부터 오전 4시까지 톱질을 계속했다.* 톱질에 참여하지 않은 유일한 사람은 미쇼트뿐이었다. 미쇼트는 밤낮으로 부엌에서 일하며 식사가 준비되면 갑판에 나와 코넷을 불렀다.

소머즈는 철판을 사용해 네 개의 톱 중 두 개를 하나로 묶어 길이가 7피트에 달하는 톱을 만들었다. 이에 선원들은 세 그룹으로 작업했다. 작은 톱을 사용하는 사람들은 교대로 5분 동안 톱질한 후, 톱을 동료에게 넘겨주었다. (쿡과 아문센은 아르츠토프스키와 한 팀이었는데, 이 둘은 멍한 과학자가 10~15분씩 연속으로 톱질하면서 자기 차례가 끝났는데

---

* 도브로볼스키가 속한 팀의 기록은 잘 남아 있지 않지만, 누구보다 열심히 일했다. 크누센은 몸이 몹시 아파 침대에 있을 수밖에 없었지만, 나중엔 작업에 동참했다.

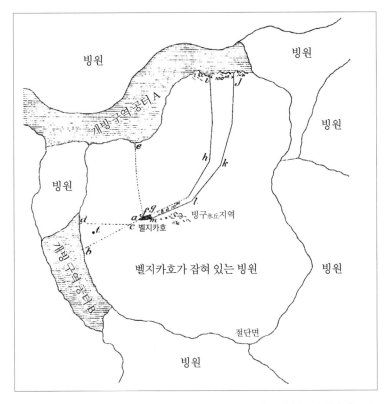

조르주 르콩트의 『펭귄의 땅에서Au pays des manchots』(1904)에서는 벨지카호가 잡혀 있는 빙원에서 벗어나려고 시도한 두 경로를 나타내고 있다. 점 a, b, c, d로 표시돼 있는 뱃머리에서 뻗어나온 점선은 쿡이 제안한 경로를 표시하고 있다. 지도 상단에 있는, 고물에서 바깥쪽으로 이어진 실선은 드 제를라슈가 제안한 운하의 제방을 표시하고 있다. 점 e와 f를 잇는 점선은 1898년 1월 30일에 열린 크레바스를 표시하고 있다.

도 빨리 말해주지 않았다고 투덜거리는 소리를 기꺼이 들어야 했다.) 두 개를 이은 톱으로 톱질하는 팀은 한 명이 손잡이를 이은 수평 나무 막대를 잡고 있고, 나머지 두 명이 밧줄로 톱을 들어올려 그 무게로 다시 당겨지도록 했다. 그렇게 하루가 끝날 때까지 작업한 선원들은 팔이 덜덜 떨려 겨우 들어올릴 수 있었다.

첫째 날, 선원들은 공터의 가장자리에서부터 시작해 수로의 제방이 될 곳을 따라 40미터를 톱질했다. 이튿날, 그들은 제방 사이의 얼음을 거대한 삼각형 모양으로 잘라냈다. 가장 넓은 입구 부분은 거의 축구장 절반 크기였다. 사람들은 도브로볼스키가 부르는 「볼가강 뱃사공의 노래」에 맞춰, 마치 말이 강가 라인을 따라 바지선을 끄는 것처럼 얼음에 밧줄을 묶어 공터 쪽으로 끌고 갔다. 벨지카호의 무게보다 몇 배나 더 무거운 이 얼음을 제방에서 빼내 움직이게 하려면, 많은 사람이 한 번에 거의 상상할 수 없는 힘을 주어야 했다.

이렇게 힘든 노동은 분열된 집단을 다시 결속시키는 긍정적인 효과를 가져왔다. 공통의 목표를 추구하는 과정에서 계급과 국적의 구분은 사라졌다. 몸이 좋지 않던 드 제를라슈도 선원들 못지않게 톱질을 했다. 또 이 작업은 선원들에게 자신의 탈출을 선택할 수 있다는 의지를 주었다. 적어도 전체적인 정신 상태가 몇 개월 전보다 좋아졌다.

단, 눈에 띄는 예외는 그중에서 가장 비관적이었던, 또는 어쩌면 아주 현실적이었던 아문센이었다. 아문센은 "나는 우리가 이 방법으로 배를 빼낼 수 있다고 생각하지 않는다"고 기록했다. 그는 벨지카호의 구명보트를 언급하며 "이 탐사 여정의 마지막을 장식하는 것은 아무래도 구명보트일 것이다"라고 덧붙이기도 했다.

　드 제를라슈의 계획을 전적으로 믿은 사람들에게도 톱질만으로 배를 풀려나게 할 수 없다는 건 분명했다. 그가 제안한 경로에는 이중 톱의 길이보다 몇 배나 더 두꺼운 얼음이 두 곳에 위치해 있었다. 하나는 공터를 따라 빙원의 가장자리에 있었고, 빙구의 언덕 능선은 수로의 입구가 될 곳을 가로질러 뻗어 있었다. 다른 하나는 바로 배 주변에 있었는데, 그곳에는 거의 1년 치 눈 더미가 한쪽은 방벽만큼 높이 그리고 다른 한쪽은 용골만큼 깊이 파여 얼음덩어리로 굳어진 채 있었다. 뇌약에 대한 희망을 버리지 않은 르콩트는 이 두 곳을 폭파시켜야 한다고 주장했다. 물론 그랬다가는 배에 구멍을 낼 위험이 있었지만, 그래도 그렇게 될 가능성이 있다는 것은 수로가 거의 완성되었다는 뜻일 테다.

　1월 15일 아침, 폭발은 르콩트가 오랫동안 기다리던 만족스러운 성능을 보여주었다. 선장은 뇌약을 골라 깔끔하게 만든 다음, 수로가 될 입구의 빙구 능선에 놓았다. 전부 제대로 폭발했다. 이전에 했던 뇌약 실험은 부분적으로 폭발 지점이 얼음으로 둘러싸여 있었기 때문에 실패한 것이었다. 하지만 빙구가 물의 가장자리에 있었기 때문에 그쪽에는 충격을 흡수할 물질이 없었고, 따라서 얼음 언덕이 진창으로 수그러든 것이다.

　성공적인 폭발 이후 르콩트 팀은 휴식 시간에 또 다른 폭발물을 준비하기 위해 서둘러야 했다. "이 작업은 정말 무모하고 경솔하게 진행됐다"고 르콩트는 회상했다. "뇌약 더미는 빨리 해동하기 위해 불에 가까이 댔다. 그런 다음 부엌칼로 손상된 부분을 모두 긁어냈다. (…) 우린 접시에서 폭발성 잔류물을 발견하기도 했다!" 휴게실은 아르츠토프스키의 말대로 "폭탄 공장"이라고 불릴 정도로 변했다. 뇌약을 해동하고 깨끗하게 긁어낸 후에는 퓨즈, 기폭 장치와 함께 깡통에 담았고, 장치의 방수 기능을 유지하기 위해 왁스를 칠했다. "르콩트, 아문센, 쿡, 그리고 나만큼 열정적인 아나키스트나 허무주의자들로 구성된 갱단은 없었다"고 아르츠토프스키는 기록했다.

하지만 이제야 폭발 성능이 좋아졌는데, 뇌약은 톱질을 대체할 수 없었다. 뇌약이 빙구를 폭파시키는 데 성공하더라도, 그사이 바람이 불며 떠다니는 폭발 잔해를 수로로 다시 밀어넣었고, 거기서 두껍게 진창이 형성돼 곧 얼음판과 합쳐졌으며, 방금 생겨난 움푹 들어간 폭발 부분을 다시 덮어 막았다. 뇌약은 르콩트가 바라던 대로 기적의 해결책이 될 수는 없었다. 잘게 자른 얼음 조각을 제거하는 데 도움이 될 수 있도록 소량으로, 그리고 전략적으로 사용할 필요가 있었다. 배의 탈출은 여전히 행운, 그리고 선원들의 근육과 에너지에 달려 있었다.

처음 몇 개의 큰 삼각형 얼음은 성공적으로 잘라냈지만, 그중 하나는 제방 사이에 끼어 움직이지 않았다. 그걸 다시 부수기 위해 몇 개의 뇌약을 사용했고, 이는 수로를 폭발 잔해로 더 막혀버리게 했으며, 그걸 다시 파내기 위해 선원들은 하루치 노동을 더 해야 했다. 곧 그들은 단면의 모양에 치명적인 결함이 있다는 것을 깨달았다. 한쪽 면이 항상 제방 사이에 끼곤 했던 것이었다. 잘라내는 문제를 재고하지 않는 한, 수로는 결코 제시간에 완공되지 않을 것이었다. 이 문제는 운이나 노

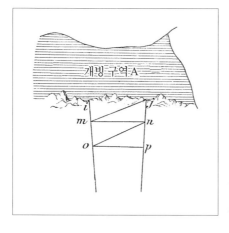

개빙 구역 A. 처음에는 수로의 제방 사이의 얼음을 거대한 삼각형 모양으로 잘라, 위쪽 공터로 옮기기로 했다.

동력이 아니라, 논리와 전략에 달려 있었다.

선수루와 사관실 모두에서 아이디어가 나왔다. 누군가는 임의로 십자형 패턴으로 얼음을 톱질하자고 제안했다. 그러면 이동이 쉽고 작아서 낄 수 없게 된다는 장점이 있었지만, 원정대가 예정한 것보다 훨씬 더 많은 시간과 인력이 요구됐다. 또 누군가는 얼음을 수로의 제방을 따라 균일한 간격으로 절단한 후, 절단한 얼음을 부수기 위해 중간중간 소량의 뇌약을 심어 정사각형으로 자르자고 했다. 그러면 필요한 톱질을 최소한으로 줄일 수 있지만, 누군가가 각 얼음덩이의 네 면 중 세 면에서 마찰이 일어나버리면 쉽게 제거할 수 없고, 폭발 효과도 줄어들 거라고 지적했다.

어떤 아이디어든 너무 많은 마찰, 또는 너무 많은 시간, 아니면 노력 등 한두 가지 어려움에 가로막혔다.

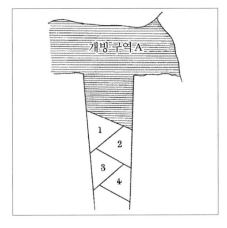

개빙 구역 A. 쿡이 개선시킨 톱질 패턴.

　딱 맞는 방법을 알아낸 이는 배의 아이디어맨이었다. 사람들의 아이
디어가 모두 소진되었을 때, 쿡이 동료들에게 독창적인 디자인의 아이
디어를 제안했다.

　쿡이 말한 비대칭 사변형 패턴은 아주 간단하고 실용적이어서 동료
들의 눈을 사로잡았다. 처음부터 그렇게 했어야 했다. 모양이 지나치
게 크지 않아 제방 사이에도 낄 수 있고 측면 각도는 뇌약의 도움으로
미끄러져 나갈 수 있었다.

　쿡의 제안에 따라 선원들은 하루에 약 60미터라는 놀라운 속도로
700미터의 수로를 팔 수 있었다. 작업이 진행되면서 남은 길이는 점점
줄어들었고, 목표에 도달하는 데 필요한 인력도 점점 줄어들었다. 이
따금씩 선원들은 방금 잘라낸 얼음 위로 뛰어올라, 긴 장대를 사용해
마치 곤돌라 사공처럼 이동시키기도 했다. 가장 어려웠던 점은 마지막

순간에 메인 부빙으로 튀어오르거나 떠내려갈 위험이 있다는 것이었다. 델라웨어강에서 래프팅을 하며 자란 쿡은 "이런 종류의 스포츠에 뛰어났다"고 르콩트는 적었다. 쿡은 동료 장교들을 흉내내기도 하고 혼자서 빙원 한쪽에서 다른 쪽으로 달려가면서 사람들을 즐겁게 했다. "그는 종종 바다에 빠질 뻔했다"고 르콩트는 적었다. "하지만 원숭이와 같은 민첩성으로 항상 제때 균형을 잡았다."

과도한 노력이 선원들의 에너지를 앗아가기보다는 오히려 채워줬다. 선원들의 건강은 필요한 칼로리를 공급하기 위해 섭취한 엄청난 양의 항괴혈병용 물범과 펭귄 고기와 노동 덕에 좋아졌다. 선원들은 하루에 평균 일곱 끼를 먹었다. (이때쯤 동물들도 다시 돌아와, 톱질하거나 취침 중이 아닌 선원들은 모두 사냥하러 나갔다.)

일 년 중 대부분의 시간 동안 그들은 무기력한 혼수상태에 빠져 있었고, 빛, 신선한 음식, 희망이 결여된 채 보냈다. 불 쬐기 치료와 펭귄 고기 섭취를 통해 쿡은 빛과 신선한 음식을 제공하려고 했다. 그리고 탈출을 시도할 용기를 줌으로써 희망을 갖게 했다. 이제는 세 가지가 다 풍부해지면서 모든 게 제자리로 돌아가고 있었다. 얼마 전까지만 해도 자리에서 못 일어났던 도브로볼스키는 이렇게 말했다. "이전에 비해 적어도 두 배는 먹는다. 엄청난 식욕이다. (…) 더 이상 피로하지도 않다. 잠도 잘 잔다. 화장실도 잘 간다."

2주 동안 쿡이 제안한 얼음을 자르고 드 제를라슈가 제안한 수로를 햇빛 아래서 계속 파면서 선원들의 몸도 변하기 시작했다. "모두가 작업에 열중하다보니 근육이 발달했다. 피부는 새까맣게 타서 부츠의 내

피처럼 보였다. 손은 비누로 씻지 않는 게 더 편안할 정도였다. 금이 가고 굳어 아팠기 때문이다. 이렇게 우리는 대부분의 인도인보다 더 야만적인 외모를 갖게 됐다. 하지만 아무 신경도 쓰이지 않았다. 그런 것에 신경 쓸 때가 아니기 때문이다. 그런 건 별로 중요하지 않다. 이곳엔 한때 우리 안에 있던 허영심을 불러일으킬 여자도 없으니까"라고 쿡은 적었다. 선원들은 전반적으로 기묘하고 어울리지 않는 광경을 연출했다. 예를 들어 갑자기 문명사회에 온 것처럼 아르츠토프스키는 누더기 오버코트를 입고 극지방의 부랑자처럼 닳아빠진 모자를 썼고, 또 어떤 사람들은 스노 고글을 착용하고, "다이버 그룹"처럼 보이는 도브로볼스키를 바라보며 햇볕에 탄 피부를 진정시키기 위해 석유 젤리를 얼굴에 잔뜩 바르기도 했다.

1월 20일까지 수로는 절반 정도 완성되었다. 그날 오후 5시, 선원들은 희망을 더 강화시켜주는 뭔가를 발견했다. 호기심 많은 큰 병코 고래가 부분적으로 개설된 수로 근처로 온 것이었다. 고래의 방문은 남극의 축복처럼 느껴졌다. 얼음이 제거되면서 물길이 천천히 드러나는 걸 보는 것과 그 안으로 동물이 들어오는 걸 보는 건 별개의 일이었다. 하지만 그것은 그들이 얼마나 많은 진전을 이루었는지 깨닫게 해주었다. 갑자기 그 수로가 처음으로 자유의 가능성을 실감하게 해주었다.

하지만 그날 밤, 모든 작업을 갑자기 중단해야 했다. 오후 9시경 톨레프센이 침대에서 일어나 어디로 가는지 아무에게도 알리지 않은 채 배를 떠났다. (그는 오랫동안 말을 하지 않았고, 편집증은 더 심해졌다.) 세 시간 후 그의 모습은 어디서도 찾아볼 수 없었다. 오랫동안 모습이 보이지 않아 걱정된 동료들은 모든 걸 내려놓고 그를 찾으러 나갔다. 톨레프센이 주로 다니던 곳에는 없었다. 화물창, 기계실, 그물 해먹, 트렁크, 화장실까지도 찾아보았다. "두려움, 불확실함, 선원들 간의 혼란…… 그것이 자살 충동을 일으킨 것 같다"고 도브로볼스키는 적었다. 동료들은 그가 누군가 한 명을 쫓아가고 있을 거라고 생각했을 수도 있다.

톨레프센은 그날 밤 뭔가를 죽였지만, 사람은 아니었다. 새벽 2시경 이 정신 이상자는 갓 도살한 펭귄 세 마리를 들고 스키를 타고 돌아왔다.

1월 21일, 9주간 지속되던 낮이 끝났다. "계속 떠 있던 태양이 오늘 우리를 떠난다"고 아문센은 자신의 선실 창을 통해 들어오는 희미한 청회색 빛 아래에 앉아 일기에 썼다. 밤은 온대지역에 비해 극지에서 훨씬 더 빨리 길어진다. 아마 일주일 후면 촛불 없이 저녁에 책을 읽는 건 불가능해질 것이다. 3월 중순이 되면, 어둠의 날이 다시 한번 찾아올 것이다. 기온도 빠르게 떨어졌다. 선원들의 작업은 꽤 진전됐지만, 아문센은 아무래도 너무 늦게 시작한 것 같다고 확신했다.

그는 처음부터 수로를 만드는 계획에 대해 비판적이었다. 배가 얼음에 갇힐 때부터 아문센은 얼음의 상태를 보기 위해 누구보다 자주 망대 위로 올라가곤 했다. "8월, 9월, 10월 말고는 나갈 방법이 없다. 진창과 작은 얼음덩어리가 전혀 없는 매우 긴 수로가 8, 9, 10월에 나타난 적이 있지만, 불행히도 하필 이 석 달 동안 우리는 너무 약해져 이 일을 시작할 수 없었다"라고 그는 적었다.

그들 중 신체가 가장 건장한 아문센은 아마 다른 누구보다 더 열심히 톱질을 했을 것이다. 하지만 그는 수로가 제시간에 완성되더라도 벨지카호를 개빙 구역으로 이끌 수 있을 거라고는 결코 생각하지 않았다. "할 수 있는 걸 다 한다고 해도, 이번에는 탈출할 수 있을 것 같지 않다." 그는 얼음이 가장 얇은 오래된 수로 위가 가장 쉬운 작업 위치이며, 앞으로는 더 어려워지리라는 점을 알고 있었다.

그가 예상한 대로 벨지카호 가까이 오자 작업 속도는 느려졌다. 톱은 배 옆에서 훨씬 더 오래되고 두꺼운 얼음을 자르면서 날이 무뎌졌다. 그리고 끽끽거리는 소리와 역겨운 냄새가 풍기며 얼음이 아닌 다른 것에 걸려 날이 부러졌다. 1년 동안 쌓인 깡통과 배 밖으로 던져져 얼음에 섞인 쓰레기 때문에 톱니가 부러진 것이었다. 동물의 사체와 인분이 포함된 이 쓰레기 더미는 태양 빛을 흡수하고 그 아래에 있던 눈 표면을 녹이면서 단단하고 두꺼운 해빙 위에 역겨울 정도의 늪을 만들었다.

"정말 대단했다! 이미 익숙해져 있긴 했지만, 여전히 끔찍하다. 강한 태양 빛 때문에 쓰레기와 인분 더미가 뒤범벅되어 둘러싸고 있었다. 배는 해빙 위쪽에 넓게 퍼진 역겨운 진창에 처박혀 있었다"라고 도브로볼스키는 기록했다. 선원들은 8시간 만에 2미터도 안 되는 거리를 전진해 무릎까지 차는 진창 속에서 계속 톱질을 해댔다.

이제 몇 미터 남았다. 선원들은 지금까지 이룬 것을 돌아보았다. 엄청난 양의 얼음이 제거된 상태이고, 그 앞으로 펼쳐진 길고도 탁 트인 수로를 보며 선원들은 벅차오르는 기쁨을 느꼈다. 그들은 드 제를라슈의 말도 안 되는 계획을 현실로 만들었다.

　선원들은 얼음이 다시 얼기 시작하기 전, 수로를 완성할 수 있는 날까지 사흘이 남았다고 추정했다. 난관을 알리는 첫 번째 신호는 1월 30일 아침, 배 주변에서 압력이 심해지더니 얼음 사이에 두 개를 이어 붙인 톱이 낀 채 빠져나오지 못할 정도가 되면서 나타났다.

　곧이어 얼음이 갑자기 파괴적인 움직임을 보였다.

　수로가 완성되기 불과 몇 미터밖에 남지 않은 날, 아침 9시에 우렁찬 소리로 균열이 나면서 폭발 소리가 울려퍼졌다. 믿을 수 없다는 듯이 쳐다보고 있는 선원들 앞에서 벨지카의 뱃머리 쪽에 균열이 생겼고, 수로와 거의 평행을 이루며 얼음판을 가로질러 균열이 쫙 갈라졌다. 거의 1년 동안 사람들은 얼음이 갈라지기를 소원해왔다. 그것은 결국 최악의 시기에 상상할 수 없는 최악의 방식으로 일어났다.

　균열이 더 컸더라면 곧 자유의 몸이 되었을 테지만, 그러지 못하고 배를 붕괴시켜버릴 위협이 생겨버렸기 때문이다.

　균열은 큰 삼각형 모양인 빙원의 한쪽 면에 생겼고, 다른 한쪽 면은 공터에, 그리고 나머지 한 면은 수로에 접해 있었다. 빙원은 벨지카호와 같은 수위에 위치한 부빙에 닿아 있었다. 바람의 영향으로 균열은 넓어지기 시작했고, 그러면서 새로운 빙원을 수로 제방 반대쪽으로 밀어냈다. 빙원의 흔들리는 움직임이 배에 강한 압력을 가했고, 배의 나무로 된 부분이 삐걱거리며 울부짖는 소리를 냈다. 선원들은 충격에 빠져 수로의 양쪽 제방이 천천히 닫히고 있는 걸 바라보았다. 그 모습은 마치 벨지카호를 경첩 삼아 서로 맞물리는 괴물의 턱과도 같았다. 몇 주 동안의 작업이 순식간에 원점으로 돌아갔다. 포경선마저 통과할 수 없는 너비로 돌아왔다. 새로 만들어진 균열은 배가 통과할 만큼 충분히 넓지 않았다.

한 달 동안 열심히 일한 것이 수포로 돌아가는 건 선원들의 사기에 치명적인 타격을 입혔다. 오히려 아무것도 하지 않았을 때보다 더 나빴다. 탈출 경로가 차단되었을 뿐 아니라 이제 벨지카호도 처음 이곳에 갇혔을 때보다 부서질 위험이 더 커졌기 때문이다. 배가 꼼짝달싹 못 하게 되는 동안 단단한 얼음은 벨지카호 주위에 방어막을 형성하고 있었다. 이제 벨지카호는 호두 까는 기구에 낀 아몬드처럼 서로 맞대고 있는 두 개의 거대한 얼음판 사이에 낀 형국이 되었다.

아문센은 2월 1일 이렇게 썼다. "얼음이 더 가까워졌고, 종종 얼음이 움직이고 나서 배가 덜덜거리며 떨리는 게 느껴졌다. 해도 일찍 지고 있다. 저녁 10시면 해가 지고, 뭔가를 쓸 정도의 빛만 있을 뿐이다."

일등항해사의 비관론은 현실이 되었다. 수로 프로젝트는 실패했고, 벨지카호도 곧 실패할 것이다.

제17장

마지막 탈출

그때 로알 아문센은 원정대의 지도자들이 배가 얼음에 부서질 경우를 대비한 계획은 전혀 세우고 있지 않다는 사실을 깨달았다. 그는 펜을 내려놓고 르콩트에게 가서 "완벽한 장비를 갖춘 슬루프와 썰매가 준비되지 않은 것이 얼마나 잘못된 일이며 되돌릴 수 없는 실수인지"를 지적했다. 그는 자신이 계획을 직접 짜 선장에게 설명했다.

아문센에게는 모든 게 간단해 보였다. 그는 선원들이 가장 필요로 하는 식량과 장비를 썰매 두 개와 소형 포경선 두 대에 옮겨 싣고 마치 썰매 개처럼 하네스로 연결해, 동북쪽으로 800마일 정도 끌어 벨지카 해협으로 되돌리는 방법을 제안했다. 동북쪽으로 끌고 가서 거의 800마일의 해빙을 가로질러 벨기에 해협으로 돌아가 거기서 원정대가 단단한 바닥에 캠프를 세운다. 그리고 거기서부터 드레이크 항로를 가로질러 혼곳까지 포경선 두 대로 항해해 구조할 방법을 찾는 것이다.

아문센에게 이는 수로가 아무 곳으로도 인도하지 않는 것처럼 보였기 때문만이 아니라 그가 생각하기에 이것이야말로 제대로 된 극지 영웅주의의 모습이었기 때문에 명백히 해야 할 일로 판단된 것이다. 인간이 척박한 환경에 맞서 싸우는 이처럼 가혹한 행군은 그가 지난겨울 일부러 창문을 열어둔 채 잠을 잤을 때부터, 그리고 그의 형제 레온과 함께 하당에르비다 고원을 죽음의 문턱을 넘으며 건넜을 때부터 평생 동안 대비해왔던 일이다. 쿡과 함께 쌓아온 그의 견습 시간은 해빙을 가로지르는 모험과 같은 것이 되어야 했다. 마치 아문센은 오히려 배가 파괴되어서 자기 계획을 실행에 옮길, 그리고 원정대를 안전하게 이끌, 그리고 드 제를라슈에게 무엇보다 자신이 벨지카호 사령관 권한을 이어받을 자격이 있다는 점을 증명하고 싶어하는 것 같았다.

잠시 논쟁이 있은 후, 르콩트와 장교들은 아문센의 계획이 터무니없다고 생각하면서도 동의했다. 물론 그 계획의 결함은 명확했다. 우선, 선원들이 빈 포경선을 짧은 거리로 끌어봤을 때 배가 너무 무겁고 얼음 위에서는 불안정한 것으로 나타났다. 아무리 건장한 남성이라도 거기에 짐까지 가득 싣고 수백 마일을 벨지카 해협까지 끌고 갈 수 있다고는 상상하기 힘들었다. 둘째, 해빙을 가로지르는 것 자체가 단순히 평평한 표면만 가로지르면 되는 것은 아니었다. 배를 끌고 가기에는 지나치게 가파르고, 능선과 압력으로 인한 얼음 둔덕 같은 장애물이 나오면 주위를 빙 둘러 돌아가야 했다. 셋째, 1월 초 이후로 벨지카호를 포함해 해당 지역 해빙은 계속 서쪽으로 표류하고 있었다. (서쪽으로 이동하는 평균 거리는 최근 하루에 약 10마일로 가속화되었다.) 해빙이 계속 움직이면, 동쪽으로 향하는 원정대의 많은 일정이 밀릴 것이었다. 최상의 시나리오가 펼쳐지더라도, 세계에서 가장 위험한 바다를 건너 포경선을 끌고 혼곳까지 650마일을 이동하는 건 물론이고, 일단 해협으로 가는 길에 살아남기도 힘들 거라는 데 다들 동의했다.

하지만 아문센의 계획이 권장할 만하지 않다 한들, 지금의 부빙 위에 마땅한 피난처도 없이 가만히 있는 것과 어찌할 도리 없이 죽음이나 기다리는 건 바람직하지 않았다. 쿡, 아문센, 드 제를라슈는 텐트, 침낭, 물범 가죽 옷, 긴 여행 배낭, 부러진 스키로 만든 설화 등 캠핑 장비를 준비했다. 선원들은 필수 식량과 장비를 쉽게 꺼낼 수 있도록 화물창을 재정비했다.

그 과정에서 등골이 오싹해지는 사실을 발견했다. 바로 쥐들이 원정대의 겨울옷을 상당수 없애버린 것이었다. 남겨진 옷 가지고는 남극의 겨울을 보내는 동안, 그것도 얼음 위를 가로질러 몇 달 동안 행군한다면 체력이 약한 사람들은 죽을 것이다. 제대로 된 옷이 없으면 분명 그런 여정에서 전체 원정대원이 죽고 말 것이다. 쥐들은 남극을 벨지카호 없이 탈출해야 할지도 모르는 희망을 함께 씹어먹은 것이었다. 결국 원정대의 생존은 벨지카호에 달려 있었다.

이틀 뒤 이와 똑같이 등골이 오싹해지는 광경이 나타났다. 얼마 전 운하와 같은 너비로 팠던 좁은 수로가 완전히 없어진 것이다. 수로가 있었던 곳 표면이 얼어붙은 후 그 위로 눈이 내려, 2월 3일 밤까지 단단한 얼음으로 바뀌었다.

사령관은 이제 패배를 인정할 수밖에 없었다. "더 이상 두 번째 겨울을 피할 수 없을 것 같다"고 그는 기록했다.

드 제를라슈는 둘 다 좋지 않지만 둘 중 하나를 선택해야 하는 상황이 되었다. 피난처나 충분한 겨울옷도 없고 육지에 도달할 현실적인 전망도 없는 얼음을 가로질러 행군하느냐, 아니면 여러 명의 사망자가 나오리라 확신한 또 한 번의 겨울을 보내는 동안 어쩌면 원정대 전원을 죽음에 이르게 하느냐는 것이었다. 결국 사령관은 식량이라도 많이 남은 벨지카호에 남아 있기로 결정했다. 3개월이면 충분히 먹을 만했다. 식량을 아끼기 위해 사령관은 식사 배급량을 줄였다. 각 선원의 일일 배급량은 버터 150그램, 설탕 150그램, 작은 빵 한 덩어리 및 비스킷 정도였다. 이런 과감한 조치는 이론적으로 벨지카호의 선원들이 적어도 배가 침몰되지 않고 신선한 고기를 사냥해올 수 있기만 하다면 겨울을 나도록 해줄 것이다. 하지만 작년에 겪어본 것처럼 동물들은 긴 밤이 시작되면 이곳을 떠났다.

더 이상 탈출이 불가능하다는 확신에도 불구하고 드 제를라슈는 수로 공사를 중단하라는 명령은 내리지 않았다. 공사는 선원들의 건강을 개선시켰고 잠시나마 깊은 절망에서 헤어나오도록 해주었기 때문이다.

하지만 2월 둘째 주가 되어, 원정대는 도저히 자연과의 싸움에서 승리할 것 같지 않다는 괴로움에 빠졌다. 밤새 만들어진 얼음 조각을 톱질하고 제방에 있는 얼음을 계속 깎아, 점점 줄어드는 통로를 넓혀보려고 했다. 지난 며칠 동안 강한 바람이 공터에서 수로 입구 쪽으로 얼음들을 밀어냈고, 얼음덩어리들이 뭉치고 쌓여 단단한 둑처럼 얼어붙었다. 비록 절단한 만큼 작아지긴 해도, 이전 위치인 공터까지 얼음을 다시 보낼 수는 없었다. 할 수 있는 일은 더 작은 조각으로 자르는 것이다. 물론 작은 조각이라 해도 무게는 수백 파운드씩 되었다. 그리고 그 조각을 기울어진 평평한 면의 도움을 받아 물 밖으로 끌어내야 했다.

처음에는 사람들에게 활기를 되찾게 해준 노동이 다시 몸을 약하게 만들었다. 더 적게 먹고 더 많이 일해야 했기 때문이다. 줄어든 배급량은 그들의 노력을 가열시키기에 충분한 칼로리를 제공하지 못했고, 몸은 자체 체력을 갉아먹기 시작했다.

벨지카호의 선체에 닿아 있는 얼음을 계속 갈아내고 화물창의 보급품이 새로 정리되면서, 배 아래쪽에 살고 있는 설치류들도 사람처럼 배를 곯고 동요하기 시작했다. 아르츠토프스키는 "우리가 후하면 쥐들은 평화롭게 우릴 놔뒀다. 하지만 음식 상자는 전부 정리했고, 선체 화물창에는 먹을 게 없어졌기 때문에 쥐들이 이제는 밤마다 선실에 들어와 침대를 습격하기 시작했다"고 기록했다. 벨지카호는 안팎으로 끊임없이 공격받고 있었다.

처음에는 그것이 환상이나 남극의 신기루처럼 보였다. 망대에서 보면 해빙 지대 전체가 마치 숨을 쉬듯이 미묘하게 올라갔다 내려갔다 하는 듯했던 것이다. 그러다 갑판이 진동하기 시작했다. 거의 1년 만에 처음으로 선원들은 바다가 팽창하는 걸 느꼈다. 두려움과 희망이 동시에 생겼다. 두려움은 해양의 움직임이 배에 가해지는 압력을 가중시켰기 때문이고, 희망은 그들이 해빙의 북쪽 한계선에서 몇십 마일 이상 떨어져 있지 않다는 뜻이었기 때문이다. 운이 따라준다면, 파도가 부빙을 불안정하게 만들고, 그 결과 수로가 다시 열릴 수도 있었다.

선원들이 톱질을 계속하는 동안 선체 뒤쪽에서 균열이 쫙 갈라지는 소리를 들었다. 얼음이 깨지고, 움직임은 예측할 수 없었다. 사람들은 이제 배가 공격을 받고 있는 것인지, 아니면 아예 희망적으로 탈출 가능성이 열리는 것인지 알기 위해 얼음을 예의주시했다. 하지만 오래 지나지 않아 답이 나왔다.

2월 12일 새벽 3시, 바다와 바람의 영향으로 수로의 제방이 갑자기 무너지기 시작했다. 짧은 시간에 수로는 금세 벨지카호가 통과할 수 있을 만큼 넓어졌다. 선원들이 그 틈을 놓치지 않으려고 허둥대며 흥분하는 바람에 배 안에 전율이 흘렀다. 드 제를라슈는 소머즈에게 엔진을 작동시키라고 지시했다.

그때 얼음이 갑자기 열렸는데, 다시 조여지기 시작했다. 지금이 아니면 안 되었다. 길은 거의 뚫렸다. 하지만 한 가지 중요한 장애물이 있었다. 벨지카호의 고물을 마치 집게발로 움켜잡듯 거대한 얼음 블록이 잡고 있었다.

뇌약만으로 그 손아귀에서 벗어날 수 있을 것이다. 하지만 배 가까이에서 폭약을 터뜨렸다가는 선체에 구멍이 뚫리고 바닷물이 쏟아져 들어와 거의 1마일 깊이의 해저에 갇혀버릴 위험이 있었다. 폭발 훈련을 받은 르콩트는 벨지카호에 구멍을 내지 않고 얼음을 폭파하기 위해 필요한 뇌약의 정확한 양과 위치 및 거리를 빨리 결정해야 했다. 그는 뇌약을 테스트할 때마다 다양한 양과 다양한 거리로 해보았지만, 이렇게 배에 근접하게 해본 적은 없었다. 더 이상 테스트해볼 시간이 없다. 그의 계산이 얼마나 정확한지에 선원 모두의 생명이 달려 있었다.

르콩트는 얼음덩어리에 뇌약을 심고, 성 바르바라에게 기도한 후 차례로 불을 붙였다. 빙하 위에 있던 선원들은 안전한 거리로 급히 달려가 몸을 숨겼다.

폭발음이 함선 전체를 흔들었고, 선원들이 들어본 적도 없는 소리를 냈다. 창문은 부서졌다. 실험실 장비는 흔들려 덜그럭거렸다. 선내 기압계는 갑작스런 기압 상승을 기록했고, 폭발로 인한 진공 속으로 바람이 다시 빨려들어가면서 똑같이 급격한 기압 하락이 나타났다. 콘크리트 블록 크기의 얼음 조각이 하늘 높이 내던져졌다가, 동물 사체 및 배설물 덩어리와 함께 마치 비처럼 갑판으로 쏟아졌다. 폭발이 연속적으로 일어나면서 각각 비슷한 영향을 미치며 똑같이 얼음덩어리의 우박을 만들어냈다. 어떤 폭발은 방향키를 날려버리거나, 선체를 부수거나, 배에 남아 있는 뇌약 상자를 터뜨려버릴 위험이 있었다.

마지막 폭발음의 울림이 사라진 후 공중에서 휘날리는 작은 얼음 결정들로 이루어진 반짝이는 안개만 남았다. 부드럽게 휘몰아치는 수로의 물소리만이 침묵을 깨뜨렸다. 선원들은 어떻게 됐는지 알 수 없는 채로 배를 향해 걸어갔다. 배 주변의 남은 얼음덩어리를 꺼내고, 최악의 상황을 두려워하며 배를 덮고 있는 목재 부분을 살펴보았다. 최악의 상황은 큰 구멍이 나거나 중요한 부분이 떨어져나가 선창에 물이 스며드는 것이었다.

　　잠시 후 르콩트의 계산이 완벽했다는 게 드러났다. 얼음만 부서지고 선체는 손상되지 않았던 것이다. 1898년 3월 이후 처음으로 벨지카호는 출항할 수 있게 되었다.

　　이튿날 수로가 깨끗해졌다. 얼음 제방이 리드 쪽에 뻗어 있었다. 드 제를라슈는 이게 배에 위험할 수도 있다는 걸 알면서도 지나가는 것밖에는 방법이 없다고 생각했다. 하지만 문제가 하나 더 있었다. 수로가 벨지카호 고물에서 시작되었기 때문에 방향이 잘못돼 있었다. 그런데 통로는 벨지카호의 방향을 돌리기에는 충분하지 않았다.

　　이후 24시간 동안 선원들은 더 열심히 작업했고, 벨지카호가 방향을 바꿀 수 있도록 수로 가장자리에 팔꿈치처럼 굽은 부분에 있는 작은 홈을 톱질하고 폭파시켰다. 작은 항구가 만들어지자마자 벨지카호는 뱃머리를 돌렸다.

　　하지만 벨지카호가 반쯤 뱃머리를 돌렸을 때 굵은 밧줄과 작은 닻의 도움을 받아 3점 방향 전환좁은 공간에서 차를 전진, 후진, 다시 전진하여 방향을 돌리는 방법 중간에 풍향이 갑자기 바뀌면서 제방에 더 가까워졌고, 수로를 가로지르며 세로로 끼어버리게 되었다. 얼음은 계속 움직였다. 그래서 겨우 얼음에서 떨어져 나온 벨지카호는 다시 얼음에 붙잡혔고, 이번에는 더 위험한 위치가 되었다. 배의 중요한 기관인 프로펠러와 방향키가 박살나버리면 방향을 잡을 수 없게 되는 큰 타격을 입는다. 그런데 여기서 더 압력이 가해지면 박살나버리고 말 것이다. 게다가 이번에는 하늘의 자비를 구하는 것 말고는 할 수 있는 게 없었다. 처음에는 몇 사람만 신을 찾았으나, 나무와 쇳소리가 점점 커지자 모두가 기도를 올렸다.

르콩트는 이렇게 적었다. "우리는 걱정스러운 눈으로 지켜보고 있다. 우리의 모든 생각, 모든 영혼이 탈출을 갈망한다."

그런데 갑자기 전투에 지친 것마냥 벨지카호가 선체를 돌리기에 충분할 정도로 얼음의 압력이 느슨해졌다. 드 제를라슈는 지체하지 않았다. 뱃머리를 수로 입구로 향하게 한 후 마지막 전진을 시도했다. 소머즈는 거의 고갈된 석탄을 최대한 활용해 증기를 만들었다. 배는 마치 화난 황소처럼 식식거렸다. 드 제를라슈의 명령으로 배는 400미터 떨어진 얼음벽을 향해 전진했고, 돛은 팽팽하게 당겨졌으며, 엔진은 최대 용량으로 가동되고 있었다.

벨지카호가 방벽 사이로 전속력으로 전진하자 선원들은 숨을 죽였다. 되돌릴 순 없었다. 배가 이기거나 얼음이 이기거나 둘 중 하나였다. 얼음의 중간 부분이 배와 부딪쳤고, 배의 무게로 산산조각 났다. "더 이상 장애물은 없었고, (배는) 큰 공터를 향해 위풍 당당히 항해했다"고 르콩트는 기록했다.

"거의 1년에 가까운 시간 동안 죄수처럼 배를 묶어놓았던 얼음 가장자리에서 배가 쿵 하고 떨어지는 순간, 벨지카호의 장교와 선원들보다 더 행복한 사람은 없었을 것이다"라고 쿡은 적었다.

석탄과 식량 비축량을 상당 부분 써버린 벨지카호는 마치 새장에서 풀려난 새처럼 물 위로 높이 떠올랐다. 하지만 아직 얼음에서 완전히 자유롭지는 못했다. 망대에서 볼 때, 배가 탈출해나간 곳의 공터는 완전히 막혀 있는 게 분명했다. 그 너머에 있는 모든 리드와 공터도 마찬가지였다. 수평선 위에 있는 구름에 어리는 짙은 얼룩(확실히 눈에 띄는 수공이었다)은 마치 개빙 해양이 북쪽으로 12마일 정도 떨어져 있는 것처럼 보였지만, 거기에 도달할 뚜렷한 방법은 없었다. 해빙 전체에서 리드는 동쪽에서 서쪽으로 가는 방향에 있었고, 이는 풍향과 직각을 이루고 있었다. 벨지카호는 표류하는 얼음 속에서 서쪽으로 항해하는 수밖에 없었고, 기회 되는 대로 천천히 좁은 틈 사이를 밀어 움직이고, 해빙의 북쪽 한계선까지 도달하기 위해 하나의 호수에서 다른 호수로 열심히 이동하는 수밖에 없었다.

벨지카호의 탱크에 바닷물이 찼을 땐 얼음의 지협 쪽으로 이물을 들이밀어, 그 위로 미끄러져 올라가 배의 무게로 으스러뜨렸다. 벨지카호는 그렇게 할 수 있도록 만들어졌기 때문에 마치 들소 뿔로 복수심에 차 들이받듯 돌진할 수 있었다. 얼음이 만들어진 지 얼마 안 된 경우 한 번만 충돌해도 넓은 판을 쪼갤 수 있었다. 3월 1일, 벨지카호는 탁 트인 바다의 5마일 이내까지 힘차게 나아갔다. 선원들은 얼음에 다시 갇히지 않기 위해 밤낮으로 일했지만, 배는 다시 한번 위험한 상황에 처하게 되었다.

메인 돛대의 꼭대기에서 바라보는 시야에 수평선 아래쪽으로 아주 얇은 검은 선이 나타났다. 드 제를라슈는 망원경으로 해빙의 가장자리에 부서지는 파도와 물보라를 볼 수 있었다.

사령관은 이렇게 기록했다. "위험이 아직 사라지지 않았다. 그저 바뀌었을 뿐이다." 벨지카호는 더 이상 얼음판 한 장에 갇힌 게 아니라, 난폭하게 마구 휩쓸리는 촘촘한 모자이크와 같은 부빙들 사이에 갇히게 생겼다. 이제 해빙의 한계선에 충분히 가까이 왔다. 하지만 바다에서 밀려 들어오는 파도가 칠 때마다 바다는 얼음덩어리를 뒤로 끌어당겼다가 다시 배 쪽으로 집어던졌다. 얼음이 더 이상 벨지카호를 쥐어짜서 죽일 수 없게 되었다면, 이제는 벨지카호를 때려눕히는 데 혈안이 되어 있었다.

"배는 계속해서 타격을 받을 것이다. 그나마 배와 부빙들 사이에 충격을 흡수하기에 충분한 진창과 작은 얼음 조각들이 있는 게 다행이지만, 갈수록 더 큰 덩어리의 부빙이 달려들 것이다"라고 아문센은 일기에 적었다.

3월 5일, 해수면이 낮아지자 아문센과 쿡은 얼음판 위로 올라갔다. 얼음은 사람이 발 디딜 수 있을 만큼 충분히 단단했다. 아문센과 쿡은 부드럽게 물결치는 부빙들을 밟고 가로질러 근처 빙산으로 2마일가량 여행했다. 거기서 얼음의 상태를 알아보고, 개빙 구역을 찾으러 다녔다. 쿡은 기록을 위해 카메라를 가져오기도 했다.

두 사람이 걷고 있는데 북쪽 멀리서 폭포 소리 같은 게 들렸다. 그러다 갑자기 돌격하는 기병대처럼 7미터 높이의 파도가 솟아오르는 걸 보았다. 파도는 엄청난 힘으로 앞에 있는 부빙을 강타하며 산산조각냈고, 파편들이 파도의 꼭대기까지 치솟다가 그 뒤로 시야에서 사라졌다. 이런 파도는 조만간 이들을 덮칠 것이다.

생각할 겨를도 없이 쿡과 아문센은 몸을 돌려 반대 방향으로 마구 내달렸다. 얼음의 갈라진 틈에서 뿜어져 나온 물줄기가 점점 더 가까워졌다. 이들이 부빙 사이를 필사적으로 뛰어넘을 때 뒤에서 갑자기 포효하는 소리가 들렸다. 파도가 둘을 덮쳤다. 이들은 제시간에 배에 돌아갈 수 없을 것 같았다. 둘은 오래된 얼음으로 된 부빙에 이르자 달리는 걸 멈췄고, 아래에서 거대한 파도가 밀려오는 동안 소중한 목숨을 지키기 위해 필사적으로 얼음에 매달렸다. 쿡은 카메라를 절대 놓치고 싶지 않았다.

무게가 몇 톤에 달하는 얼음이 밤낮으로 계속해서 벨지카호를 강타했다. "배는 심하게 흔들렸는데, 마치 잎사귀처럼 흔들렸다"고 아문센은 기록했다. 파도의 타격은 들쭉날쭉한 부빙 위에 페인트 조각과 파편들을 남겼다. 이 타격이 생각보다 오래 지속되면 배의 널빤지에 금이 갈 것이었다. 늘 그렇듯 지략이 풍부한 쿡은 이번에도 선체의 쿠션 역할을 해줄 방도를 찾아냈다. 약간 소름 끼치긴 했지만 펭귄 사체를 뱃전에 걸어 얼음이 나무를 강타하는 곳에 매달았다. 시체 방어막은 짓이겨질 때까지 얼음의 충격을 받아내며 흡수하는 데 도움이 되었다. 쿡이 발견한 괴혈병 예방법은 몇 달이 지나서까지 여전히 선원들의 생명을 구하고 있었다.

하지만 시체 방어막도 고물에서 대형 얼음판의 반복적인 충돌로부터 방향키를 보호하는 데에는 거의 도움이 되지 못했다. 방향키가 손상되면 앞으로 벨지카호는 항해가 불가능해지고, 배에 탄 사람들은 죽은 거나 다름없었다. 선원 여러 명이 얼음 위로 내려가 방향키가 충돌하지 않도록 그 주변을 브이 자로 톱질했다. 이들은 얼음 때문에 배에 갇혀 또 한 번의 겨울을 보내는 건 용납할 수 없었던 터라 분노에 차서 톱질을 했다. 마치 패배한 요새를 마지막까지 방어하는 중세의 군대처럼 고군분투했고, 얼음에 도끼를 휘둘러 날카로운 부분을 둥글게 만들며, 위협적인 부분은 뇌약으로 폭파시켰다. 폭발물은 얼음을 죽처럼 걸쭉하게 만들어 더 큰 얼음덩어리와 부딪칠 때 완충 효과를 냈다.

아주 조금씩 벨지카호는 지속적으로 부는 약한 남풍의 도움을 받아 해빙 가장자리 쪽으로 몸을 비틀어 방향을 잡았다. 3월 13일 저녁 바람은 더 강해졌고, 전체 해빙과 배를 북쪽으로 밀었다. 빠르게 움직이는 부빙에 둘러싸인 벨지카호는 바다로의 접근을 막는 거대하고 깊이 박혀 있는 빙산이 무더기로 있는 쪽에 힘없이 쓸려갈 수밖에 없었다. 바람의 영향이 덜해졌을 때 배는 마치 거인의 이빨 앞과 같은 장소에 멈췄다.

이튿날 아침까지 벨지카호는 얼음의 거대한 어금니 사이로 곧장 향해 가고 있었다. 앞에는 배보다 몇 배나 큰 빙산이 있었다. 치명적인 충돌은 피할 수 없는 것처럼 보였다. 큰 부빙들이 배 옆에 있었고, 남풍이 배 뒤에서 배를 밀고 있었다. 비교적 열려 있는 개빙 구역이 앞에 있긴 했지만, 그 앞에는 또 빙산이 있었다. 더 나쁜 상황은, 빙산과 빙산 사이의 공간이 전부 넓은 바다 쪽으로 빠져나가려다 걸린 부빙들로 막혀 있다는 것이었다.

드 제를라슈가 위험하지만 대담해진 항해의 흥분으로 활기를 되찾은 듯 주도권을 잡았다. 선원들은 이제 그가 가장 잘하는 것을 해주기를 기대했다. 배가 옆으로 휘몰아치는 파도에 잡아먹히지 않고 빙산을 잘 지날 수 있을 만큼 추진력을 얻으려면 더 긴 거리의 전진이 요구됐다. 그는 소머즈에게 엔진을 거꾸로 가동시키라고 명령했다. 그는 그러한 가동이 엔진을 망가뜨릴 수 있지만, 효과가 있다면 마지막 돌진을 해보기에 충분한 시도라고 생각했다.

프로펠러가 뒤로 회전하기 시작하면서 벨지카호는 마지막 마력까지 쓰며 표류하는 방향에 역류해서 앞으로 나아갔다. 드 제를라슈의 명령에 따라, 수석 엔지니어인 소머즈는 엔진의 방향을 바꾸었고, 배는 최고 속력을 내며 앞으로 달려갔다.

소머즈는 실린더 두 개에 증기를 강제로 주입했다. 피스톤이 프로펠러의 크랭크 축을 미친 듯이 잡아당겼다. 압력 다이얼은 최대치를 기록했다. 볼트는 헐거워졌고, 연결 부위는 압력으로 인해 덜덜 떨렸다.

소머즈는 갑판 위로 올라가 드 제를라슈에게 엔진이 더 이상 견딜 수 없을 거라고 말했지만, 배가 빙산에 얼마나 가깝게 다가가고 있는지 본 그는 다시 뛰어내려와 엔진을 거의 한계점까지 밀어붙였다. 그는 "전에 한 번도 증기를 뿜어낸 적이 없는 것처럼 증기를 만들어냈으며, 아마 이것이 마지막이 될 것"이라고 아문센이 기록했다.

벨지카호가 빙산을 향해 가속도를 내며 주변의 부빙들 속으로 들어가는 동안 소머즈를 제외한 모든 사람은 갑판에 나와 있었다. 시간이 느려지는 것 같았다. 충돌까지 6미터, 5미터, 4미터…… 엔진은 계속 죽어라고 증기를 내뿜었다. 예상했던 규모의 충돌은 일어나지 않았고, 선원들은 드디어 자유로워졌다는 걸 깨달았다.

3월 14일 오후 2시, 그들은 북쪽의 해빙을 드디어 뚫고 지나갔다. 그들이 갇혀 있던 흰 감옥의 흔적은 남쪽 수평선에 보이는 빙영뿐이었다.

제18장
거울 속의 낯선 사람

르콩트는 이렇게 기록했다. "구원의 순간에 우리는 얼마나 복잡한 감정을 느꼈던가! 아주 벅차고 행복하면서도 슬픔과 후회로 뒤얽힌 무언가가 우리 가슴 밑바닥에서 꿈틀거렸다. 우리에게 고통과 슬픔을 준해빙에게 작별을 고하면서도, 발견의 쓰라린 기쁨 속에서 자부심을 느꼈다. 다시는 경험하지 못할 감정이다! 우리가 구출되는 데 목숨 값을 지불한 불쌍한 우리의 동료 단코와 빙케에게도 작별을 고한다! 멀리, 조국으로, 우리가 사랑하는 모든 사람에게 우리를 데려다줄 무한한 바다를 위해 만세! 아! 우리가 다들 다시 만날 수 있을까?"

배가 예정보다 늦게 탈출하고 선원들의 건강이 몹시 좋지 않아 벨지카호의 프로젝트를 3년 더 연장하는 건 어려웠다. 남자극은 미래의 탐험가들을 위해 남겨졌고, 빅토리아랜드에 갈 계획을 했던 펭귄 기사단

과 드 제를라슈 사이의 좋지 않은 감정은 거의 잊혔다. 벨지카호가 남
극 대륙을 영원히 떠나고 있었기 때문에 드 제를라슈는 지도자로서 원
정대가 발견한 장소, 즉 현재의 벨지카 해협에 있는 모든 곳에 이름을
붙일 때였다. 그가 떠올린 첫 번째 이름은 목숨을 잃은 두 동료였다. 벨
지카의 첫 번째 희생자인 빙케의 이름은 23킬로미터 길이의 섬에 붙여
졌다. 그리고 그의 어린 시절 친구인 단코의 이름은 현재 단코 코스트
Danco Coast로 알려진 광활한 남극 대륙 지역에 붙였다.

그 후 자신과 원정대에게 중요한 사람과 장소의 목록을 작성해, 이
해협의 지도가 거의 벨기에 마을 지도처럼 읽히게 만들었다(벨기에가
지금보다 더 극적인 지형을 가지고 있었다고 한다면). 앙베르섬, 브라반
트섬, 플란더스만, 솔베이산(그의 첫 번째이자 가장 관대한 지원자인 에
르네스트 솔베이의 이름을 딴 곳), 오스테릿산맥(그의 후원자이자 절친
한 친구인 레오니 오스테릿, 일명 "어머니 남극Mother Antarctica"등이 있
었다. 또 원정대가 안트베르펜에서 출항하던 날, 네덜란드 해역을 통해 벨
지카호와 동반할 배를 보내준 자비로운 조처에 경의를 표하기 위해 네덜
란드의 여왕 빌헬미나의 이름을 풍광이 멋진 만에 붙여주었다. 드 제를라
슈가 그의 지원자들에게 돌려줄 수 있는 유일한 보상은 그들이 직접은 절
대 볼 수 없을 것 같은 먼 땅에 이름을 붙여 불멸을 선사하는 것이었다.

고마움을 남길 사람이 부족해지자, 드 제를라슈는 장교들에게 경관
에 서명을 추가하는 방법으로 지리적 특징이 덜 남아 있는 곳의 이름
을 짓도록 허용했다. 아문센은 고인이 된 노르웨이 탐험가 에이빈드
아스트룹을 기리기로 결정했다. 쿡은 뉴욕의 초대 시장인 로버트 밴

윅과 자신의 고향 브루클린의 이름을 따 작은 섬들의 이름을 지었다.

　벨지카호가 드레이크 항로를 건널 때 알바트로스와 거대한 갈매기들이 배를 호위했다. 드 제를라슈는 폭풍우가 몰아치고 암초가 많은 콕번 해협을 통해 남쪽에서 티에라델푸에고로 들어갈 작정이었다. 이 경로는 대서양과 태평양 연안의 진입로보다 더 위험했고, 모든 해도가 이 경로를 통하는 항해를 경고하곤 했다. 위험하다는 건, 벨지카호가 지나갈 때 벨지카호의 안전한 귀환을 알아보고 재빨리 주변에 알려줄 만한 배들을 만날 가능성도 더 적다는 걸 의미했다. 드 제를라슈는 먼저 빙케를 떠올렸다. 이 젊은이의 유가족들에게 죽음을 정식으로 알릴 수 있다면 더 위험한 것도 할 수 있었다. (단코에게는 남아 있는 유가족이 없었다.) 하지만 계속해서 흐린 하늘은 르콩트가 벨지카호의 위치를 결정하는 것을 방해했고, 따라서 선원들은 대략 어디쯤에 있다는 모호한 추측만 할 수 있었다. 드 제를라슈는 마지막 순간에 대륙을 지나쳐서 혼곶을 돌아 마젤란 해협 아르헨티나 쪽의 잔잔한 물을 거슬러 올라가는 쪽으로 신중을 기하기로 했다.

　루드비그 요한센은 3월 26일 오후 가마우지가 뱃머리를 가로질러 북쪽으로 날아가고 있을 때 키 앞에 서 있었다. 그는 새들이 항구 쪽 안개 속으로 들어가는 걸 눈으로 쫓았다. 새들이 사라진 곳에는 안개 사이로 바위투성이 섬의 희미한 윤곽이 곧 나타났다.

　"육지다!" 요한센은 1년 만에 보는 단단한 흙에 경의를 표하기 위해 좌현 앞에 모인 동료들에게 외쳤다.

　몇 분 후 배는 거품이 부글거리는 물굽이에서 솟아오른 들쭉날쭉한

검정 바위 옆을 지났다. 바위는 가마우지들로 덮여 있었다. 드 제를라
슈와 르콩트는 영국 해군 지도에서 혼곶 주변과 일치하는 지층을 찾
아보았다. 하지만 찾을 수 없었다. 혼란스러운 그들은 티에라델푸에고
의 들쭉날쭉한 해안을 손가락으로 짚어 따라가며 지도와 자세히 비교
했고, 눈에 보이는 검고 뾰족한 것이 누아섬의 남쪽 꼭대기에 있는 타
워 록Tower Rocks 중 하나라는 것을 알아냈다. 그곳은 이들이 원래 가려
고 했던 곳에서 서쪽으로 300마일 이상 떨어진 곳이었다. 태평양과 대
서양의 강한 해류에 휘말려 결국 위험한 콕번 해협의 어귀로 온 것이
었다.

　저녁이 되면 해협의 입구 쪽에 자리 잡고 있는 암초들이 어두워 보이
지 않을 것이기 때문에 사령관은 누아섬의 바람이 없는 쪽에 닻을 내
리기로 결정했다. 몇몇 선원은 빨리 육지에 발을 딛고 싶어 안달했지
만, 거센 바람과 낯선 지형이 우려된 드 제를라슈는 제대로 정박하기
전에 날이 밝을 때까지 기다려야겠다고 생각했다. 밤새도록 돌풍이 거
세게 바위 주변을 훑었고, 벨지카호를 옆으로 계속 밀었다. 돌풍이 배
를 때릴 때마다 벨지카호는 가파른 각도로 기울어지기도 하고 돛대가
물 쪽으로 비틀거리기도 했다. 동이 트기 전에 바람은 서남쪽으로 방
향을 틀었고, 배에 직격을 가했다.

　지금까지 경험한 것보다 더 강력하고 무서운 폭풍이 시작되었다. 도
브로볼스키의 묘사에 따르면 J. M. W. 터너가 그린 혼돈의 바다 풍경
에 걸맞은 폭풍이었다.

마치 파도가 거품을 뿌려대는 것처럼 보일 정도로 낮은 검은 하늘 아래, 거품이 뚝뚝 떨어지는 유동적인 철 색깔의 거대한 피라미드 무리가 흩뿌려진다. 강풍에 잘린 그 꼭대기는 수증기를 뿜어내며 먼지를 뒤집어쓰고 있다. 광활한 계곡에 있는 그들 사이에서, 갑작스러운 바람의 출현은 두꺼운 먼지를 공중으로 날려버리지만, 먼지는 그 즉시 조밀하고 빙글빙글 도는 대기의 소용돌이에 다시 잡힌다. 안개 속에서 보이지 않는 이 소용돌이, 이 괴물의 춤사위는 처음에는 서로 뭉쳤다가, 다시 서로 멀어졌다가, 연기를 내뿜는 파도의 화산 사이에서 다시 도약한다. 동화에서나 나오는 광경이 아니던가!

허리케인급 폭풍은 연속으로 파도를 보내 엎드린 배를 쳤고, 벨지카호를 바람이 부는 방향으로 물속 암초를 뒤로하고 쇄파 라인과 그 어느 때보다 가깝게, 불과 400미터 떨어진 곳까지 밀어냈다. 폭풍은 위협적인 암초 쪽으로 밀리고 있는 벨지카호 아래에서 모랫바닥을 끌고 있는 닻의 힘도 압도했다. 엔진을 최대한 가동해도 사슬을 느슨하게 하고 바람을 역으로 맞으며 앞으로 충분히 나아갈 수 있을 정도는 아니었고, 선원들이 닻을 배로 다시 끌어올릴 수도 없었다. 그 대신 배를 장애물 쪽으로 계속 표류하게 만들었고, 닻은 (오히려 탈출 가능성을 떨어뜨림으로써) 벨지카호의 죽음을 더 확고히 만들고 있었다.

바람이 이보다 더 강하게 불 수 없을 것 같을 때, 대대적인 돌풍이 벨지카호를 덮치며 맹렬히 암초 쪽으로 밀어냈다. 사령관에겐 재앙을 피할 수 있는 시간이 얼마 남지 않았다. 그는 닻을 버리기로 결정했다. 닻이 끊어지자, 줄은 갑판을 가로질러 휙휙 날아가 바닷속으로 사라졌다. 닻에서 풀려난 벨지카호는 더 빠르게 암초를 향해 돌진했다. 드 제를라슈는 파도에 흠뻑 젖은 뱃전을 붙든 채 바람을 가르고 고함을 지르며 선원들에게 전방의 중간 돛대를 펼치고 엔진을 최대로 가동시킨 후 방향을 항구 쪽으로 돌리라고 명령했다.

명령대로 세팅된 배는 이전에 배를 파괴하겠다고 위협했던 바로 그 힘을 이용했다. 바람이 돛을 팽팽하게 잡아당겼고, 벨지카호는 암초를 지나 콕번 해협 쪽인 동북쪽으로 돌진했다. 당시 참고할 수 있었던 자료에 따르면, 그 회랑으로 들어갈 수 있는 유일한 길은 웨스트 퓨리즈와 이스트 퓨리즈로 알려진 바위 사이의 비좁은 통로뿐이었다. 하지만 배가 앞으로 나아갈수록 그 길은 신뢰할 수 없다는 점이 확실해졌다. 사령관은 지도에 표시되지 않은 섬들을 보았고, 육지로 표시된 개빙 수역과 마주쳤다. 그는 맹렬한 폭풍 속에서 미지의 안개에 싸인 바윗덩어리들 사이로 무턱대고 돌진하는 수밖에 없었다. 그를 이끄는 건 아무것도 없었고, 그저 신의 뜻과 그의 안에서 부활한 항해의 본능만을 믿고 갈 뿐이었다.

그날 저녁, 망을 보던 선원이 해도의 웨스트 퓨리즈와 비슷한 모양을 전방에서 발견했다. 사령관의 항해일지에 따르면, "거칠었던 바다가 맹렬하게 부서졌다".(강조는 드 제를라슈) 벨지카호는 기적적으로 아무런 상처 없이 콕번 해협의 관문을 지났다. 배가 안개를 뚫고 잔잔한 수로로 미끄러져 나아가자 갑판에 있던 사람들은 바람이 점차 수그러드는 걸 느꼈다. 곧 처음으로 녹색이 눈에 들어왔다. 사람들 눈에 눈물이 흐르게 하기에 충분한 광경이었다.

　벨지카호는 푼타아레나스 항구에 1899년 3월 28일 해가 뜰 즈음에 들어왔다. 선원들이 기억하는 것보다 훨씬 더 많은 배가, 그리고 더 큰 배들이 정박해 있었다. 전쟁에서 돌아온 배의 도착은 그리 요란하지 않았다. 장교들과 선원 몇 명이 해안가로 노를 저었다. 지난해 2월 이후 처음으로 육지에 발을 내디뎠다.

　그 감각은 일부 선원이 현기증을 느끼게 만들었다. 쿡은 이렇게 기록했다. "해변에 도착한 몇 명은 거기 머물러, 모래를 발로 차기도 하고, 자갈을 던지기도 했다. 이 단단한 땅과의 첫 접촉에 푹 빠진 그들은 마치 해변에서 노는 아이들처럼 몇 시간 동안이나 모래 위에서 놀았다."

　선원들이 항구에서 장기 정박을 위해 배를 채비하는 동안 몇몇 장교와 과학자는 문명사회로 다시 돌아갔다. "이 거리를 걷는 우리의 자세는 마치 술 취한 사람 같았을 것이다"라고 쿡은 기록했다. "우린 너무나 오랫동안 스키나 설화를 신고 여행했고, 바다 위에 너무 오래 있었던 나머지 정상적으로 땅에서 걷는 법을 잊어버렸다. 다리를 벌린 채 발을 질질 끌며, 걸음을 내디딜 때마다 몸을 기우뚱거리면서 균형을 잡았다." 호텔로 가는 길에 그들은 푼타아레나스를 마지막으로 본 이후 얼마나 변했는지 보고 놀랐다. 마치 시간여행을 한 기분이었다. 비포장도로는 포장이 돼 있었고, 인파로 북적이며, 고급 상점이 늘어서 있었다. 머리 위에는 전선이 늘어져 있었고, 전등이 많이 달려 있으며,

창문과 열린 문을 통해 전화벨 소리가 들렸다. 마을이 커져서 마치 세상이 그만큼 작아진 것 같았다.

목양업자들, 개척자, 금 채굴자들 속에 섞여 파리의 최신 패션을 입은 부유한 신사 숙녀들이 거닐고 있었다. "사랑에 굶주린" 벨지카호의 털북숭이 탐험가들에게 여성들의 바스락거리는 속치마 소리는 마치 "음악과 시" 같았다. 단정한 두 젊은 여성과 시선이 마주치자 불꽃이 튀는 것 같았다. 쿡의 말에 따르면, "유도 전류 배터리"와 같았고, 선원들의 잠자던 허영을 깨웠다. "신기하게도 다들 약속한 듯 몇 년 동안 자란 머리와 수염을 무의식적으로 옆으로 쓸어내리며 넥타이를 정리하고 코트를 바꾸려 했지만, 그럴수록 우리 모습이 괴상망측하다는 걸 깨달았다. 소녀들은 우릴 보고 킥킥대며 홀 저편으로 달려갔다."

선원들은 호텔 방에 도착해서야 거리의 여성들이 시선을 피하거나 대놓고 도망친 이유를 알았다. 거울 속에서 자신을 보고 있는 얼굴은 거기서 얼마나 힘든 시간을 견뎠는지 증명했다. "핼쑥하고, 오래된 구리 주전자보다 더 창백했다. 우리의 피부는 마치 육두구를 가는 강판처럼 거칠었고, 머리와 수염은 길고 뻣뻣하며 회색으로 엉켜 아무렇게나 뻗쳐 있었다. 우리 중 가장 나이 많은 사람도 35세가 채 되지 않았는데 말이다"*라고 쿡은 적었다. 가죽과 범포가 덧대어진 옷과 남극 라이프 스타일에 맞게 입은 옷차림을 보고 갑자기 부끄러움을 느꼈다.

양복점과 이발소를 간다면 좀 나아지겠지만, 이들의 최우선 순위는

---

* 앙리 소머즈가 가장 나이가 많았는데 실제로는 36세였다.

배를 채우는 것이었다. 역겹고 맛도 없는 통조림과 지방이 많고 자극적인 남극 사냥감을 몇 달 동안 먹은 이들은 신선한 야채, 그리고 풀을 먹고 자란 포유류 고기를 먹고 싶었다. 쿡은 "우리가 먹어치운 비프스테이크의 양을 말하기가 좀 부끄럽다"라고 적었다.

벨지카호가 돌아왔다는 소식이 들리자 지역의 고위 인사와 외교관들이 장교들을 만나러 와 "남극에 가봤소?" "남극의 원주민을 만났소?" 등의 질문을 퍼부었다. 그리고 프랑스의 드레퓌스 사건이나 스페인-미국 전쟁과 같이 그동안 있었던 세계적인 사건들을 전해주었다. 스페인-미국 전쟁은 이들이 없는 동안 선포되었다가, 전쟁이 실제로 일어나고 끝나기까지 했다. 그 외에 스웨덴 열기구 비행가이자 극지 탐험가인 S. A. 앙드레가 북극에서 실종됐다는 소식, 굴리엘모 마르코니의 무선 전신 발명 소식 등을 전했다. 드 제를라슈는 이렇게 적었다. "마르코니의 발명은 정말 흥미로웠다. 의심할 여지 없이 언젠가는 극지 탐험가들에게 바다를 순찰하는 구조선에 해당되는 큰 도움이 될 것이다."

원정대의 우편물은 호주의 멜버른으로 발송되었기 때문에 푼타아레나스에서 선원들에게 전달된 서신은 몇 개 없었고, 그나마도 1년 지난 것들이었다. 선원들 중 유일하게 자녀가 있었던 앙리 소머즈가 어린 딸이 죽었다는 소식을 듣기 며칠 전이었다.

톨레프센은 기회가 되자마자 푼타아레나스 너머의 황무지로 도망쳤다. 톨레프센의 동료들은 그의 광기가 남극의 얼음 위에서 시작된 것이기 때문에, 반 미를로가 그랬듯이 시간과 거리가 남극에서 멀어짐에 따라 가라앉을 거라고 생각했다. 하지만 이 노르웨이인 선원은 점점 더 불안정해졌다. 그는 며칠 동안 자취를 감췄다. 하지만 먹을 게 필요해지자 마을로 살금살금 돌아와 드 제를라슈의 호텔 문 앞을 얼쩡거렸다. 그는 사령관에게 식량을 사기 위한 돈을 달라고 청한 후 서둘러 다시 숲속의 은신처로 돌아갔다.

톨레프센은 자기 물건을 챙기러 벨지카호로 돌아가는 것도 거부했다. 배에서 귀신이라도 나온다고 생각하는 듯했다. 그는 일기를 자세히 썼지만, 우리는 거기 뭐가 쓰여 있었을지 결코 알 수 없게 되었다. 동료들이 그 일기에 쓰여 있는 망상과 공포를 후대가 알게 하기보다는 태우는 쪽을 택했기 때문이다.

르콩트는 이렇게 기록했다. "이 문서는 어느 정도 흥미를 끌었을 것이다. 나로서는 내가 이 행위와 무관함을 밝히며, 그것을 태우는 데 직간접적으로 가담한 사람들이 잘못했다고 생각한다."

남극으로 돌아갈 체력과 돈이 없었던 드 제를라슈는 4월 초 탐사를 공식 종료한다고 선언했다. 그는 아문센에게 다음 유럽행 증기선을 타고 톨레프센을 집으로 데려다달라고 부탁했다. 아문센은 드 제를라슈에게 냉담한 태도를 취했고, 사임서를 공식적으로 철회하지도 않았지만, 선원에 대한 개인적인 책임감에서 알겠다고 답했다. 그와 쿡은 작별하면서 서신을 주고받기로 약속했고, 노르웨이나 뉴욕에 있지 않으면 지구의 추운 어느 먼 곳에서 언젠가 다시 만나기를 바랐다.

르콩트, 라코비차, 아르츠토프스키, 도브로볼스키는 개인적인 과학

프로젝트를 위해 몇 달간 남아메리카에 더 머물렀고, 알아서 유럽으로 돌아갈 방법을 찾았을 것이다. 한편 드 제를라슈는 1897년 12월 푼타 아레나스에서 해고되었다가 다시 고용해달라고 했던, 폭동을 일으킨 선원 바제를 포함한 기간 선원들을 데리고 벨지카호를 타고는 몬테비데오로 갔다가 벨기에로 돌아갔다. 벨지카호의 석탄이 바닥났고, 원정대는 석탄을 더 구매할 자금이 없었기 때문에 드 제를라슈는 바람에만 의존해 항해했다. 바람만으로 대서양을 건너는 데 2개월 반이 걸렸고, 그나마 있던 그의 체력도 바닥났다.

쿡은 푸에고 현지인에 대한 인류학적 연구를 끝내기 위해 하버턴의 브리지스 에스탄시아로 바로 떠났다. 어차피 브루클린에서 그를 기다리는 사람도 없었다. 벨지카호가 푼타아레나스에 도착하고 며칠 후, 쿡은 그의 약혼녀 애나 포브스가 지난 부활절에 죽었다는 걸 알게 되었다.

벨지카 이후

1899년 11월 5일 일요일 활기찬 아침, 드 제를라슈는 벨지카호를 이끌고 안트베르펜 쪽으로 방향을 잡고 셸드강 상류로 올라갔다. 배가 네덜란드와 벨기에 국경에 위치한 도엘 마을에 다다랐을 때, 사령관은 강굽이 부근에서 이들을 만나기 위해 떠 있는 요트 몇 척을 발견했다. 곧이어 강을 가로질러 메아리쳐 들리는 축포 소리와 함께 멀리서 「브라반트의 행진곡」이 들려왔다. 2년도 더 전에, 원정대가 출발할 때 들렸던 소리와 같은 그런 승리의 소리였다. 1897년 그 여름날, 드 제를라슈는 작별 인사를 위해 곡예를 부리듯 민첩하게 삭구 위로 올라가 망대에서 모자를 힘차게 흔들었다. 그러나 오늘 자신들을 환대하는 소함대를 향해 경례하는 드 제를라슈는 완전히 다른 사람 같았다. 벨지카호의 시간은 그의 젊음을 앗아간 듯했다. 벨지카호는 새로 얼음처럼 하얀 페인트를 칠해 눈부시게 빛나고 있었던 반면 드 제를라슈는 고작 33세였음에도 불구하고 몸은 뻣뻣하며 지치고 마른 데다 희끗희끗해진 머리는 숱이 줄어 있었다.

　환송단의 선두에 선 왕실 요트 프린세스 클레멘타인호에서는 르콩트와 벨지카호에 탑승한 여러 장교 및 선원들과 함께 드 제를라슈를 갑판 위로 올라오게 하기 위해 노를 젓는 보트를 하나 보냈다. 그 갑판 위에는 장관, 상원의원, 하원의원, 벨기에 왕립 지리학회를 대표하는 인사들, 주요 후원자, 그리고 가족들이 타고 있었다. 요란한 환호성 속에서 수염으로 뒤덮인 드 제를라슈의 주름진 얼굴에 미소가 흘렀다. 자신이 얼마나 지쳤는지, 얼마나 힘든 고통을 겪었는지는 잊었다. 그는 남극 도달을 꿈꿨던 시간만큼이나 그 남극을 정복하고 돌아오는 순간 역시 오랫동안 꿈꿔왔고, 꿈이 이루어진 지금 이 순간 북받치는 감정을 주체하지 못했다. 고립된 빙하 사이에 발이 묶여 있는 동안 그토록 그리던 얼굴들이 눈앞에 있었다. 선실 벽에 걸려 있던 사진 속 아버지도 그의 앞으로 와 터져나오는 눈물을 참고 있었고, 그의 두 번째 어머니나 마찬가지인 레오니 오스테릿도 자랑스러워하는 표정으로 서 있었다. 르콩트는 벨지카호 출항 바로 전날 프러포즈했던 그의 약혼녀 샤를로트를 껴안았다.

　차가운 바람 때문에 축제는 곧 요트의 호화로운 실내로 옮겨졌고, 그 안에서 원정대와 조국의 영광을 기념하는 건배가 계속되었다. 벨지카호가 위도상 기록을 세우지는 못했다는 사실이나 남자극점에 도달하지 못했다는 사실은 아무 상관이 없었다. 원정대는 해도에 새로운 땅을 그려넣었고, 남극권에서 과학적 업적을 세웠으며, 남극의 겨울에서 살아 돌아왔다. 이 모든 일을 역사상 최초로, 게다가 벨기에의 이름을 걸고 해낸 것이다. 안트베르펜의 왕립 지리학회는 드 제를라슈와 르콩트에게 금으로 된 메달을 수여했다. 이들의 연설은 박수갈채를 받았고, 벨기에 내무장관 쥘 드 트루즈가 벨기에 국왕이 원정대의 장교와 과학자 모두를 국가 최고의 영예인 레오폴드 기사단에 임명했다고 발표하자 환호성이 터져나왔다. 르콩트는 자기가 이미 신성한 형제단인 펭귄 기사단에 속해 있다고 생각하며 미소를 지었을 수도 있다. 또 펭귄 기사단인 쿡과 아문센도 함께 받았으면 싶었을 것이다. (이들은 메달을 나중에 우편으로 받을 예정이었다.) 드 트루즈는 드 제를라슈의 어머니에게 사령관의 가슴에 직접 훈장을 달아주는 영광을 누릴 것인지 물었고, 어머니는 아들의 팔에 안겨 기쁨의 눈물을 흘렸다.

"드 제를라슈 가문의 이름은 벨기에 역사에서 처음 드러난 이름이 아니오." 드 트루즈가 원정대장에게 말했다. "이 이름은 벨기에 독립을 이룬 위인 중 한 명의 이름이기도 하오. 위대한 이름, 그리고 그 이름의 명성이 분명 버거웠을 것이나, 그대는 그 이름을 이을 자격이 있는 사람임을 스스로 증명해냈소."

사람들이 몰려들어 에워싸는 바람에 대원들은 빙하에서처럼 숨이 막혔다. 축제를 지켜보던 한 기자는 원정대원들이 갑작스런 주목에 "갈팡질팡하고 혼란스러워했다"고 말하기도 했다. 행사가 끝난 후, 초대된 사람과 원정대원들은 프린세스 클레멘타인호의 호화로운 살롱을 돌아다니며 사람들과 쾌활하게 수다를 떨었고, 펭귄 날고기의 맛도

다 잊게 할 만큼 맛있는 점심을 먹었다. 비록 남극의 흔적을 지울 순 없었지만, 선원들은 마침내 자신들이 얼음의 공포를 완전히 지나왔음을 느끼고 있었다.

그런데 한 시간쯤 후 요트에서 소동이 벌어졌다. 원정대의 제2정비사인 막스 반 리젤베르게가 실신한 것이다. 그는 바닥에 대자로 누워 쓰러졌고, 심장은 마치 겨울의 가장 어두운 시간에 그랬던 것처럼 거칠게 뛰었다. 의사들이 그에게 달려가 주변 공간을 치우고는 그를 들어서 긴 의자에 눕히자 의식을 되찾았다.

남극 이야기는 남극의 희생자들에게는 현재진행형이었다. 한 언론인은 원정 대원들을 두고 전부 "살과 피를 뒤집어쓴 실제 하테라스 선장" 같다고 묘사했다. 물론 성공을 축하하는 의미에서 한 비유이긴 했지만, 1866년에 쓰인 이 소설 『하테라스 선장의 모험』에서 하테라스 선장이 북극에서 정신이 나간 채 돌아와 여생을 정신병원에서 보낸 이야기를 생각한다면, 이들 원정대원에게 걸맞은 비유이긴 했다. 그달 말에는 벨지카호의 구매를 중개해줬던 노르웨이 외교관 요한 브라이드가 드 제를라슈에게 레오폴드 국왕의 메달을 받은 톨레프센에 관한 서신을 써서 보냈다. "불쌍한 톨레프센은 완전히 실성했소. 병원에 보내는 걸로 이야기가 되고 있소."

톨레프센은 알레트라는 여성과 결혼해 아들 한 명을 낳았다. 노르웨이로 돌아간 톨레프센은 드 제를라슈에게 먼 북극의 스피츠버겐 제도에 벨기에와 노르웨이 연합으로 광산 식민지를 세울 생각이라는 서신을 보냈다. 하지만 부자가 되고 싶던 그의 꿈은 이룰 수 없었다. 전혀 엉뚱한 식민지로 가게 되었기 때문이다. 바로 크리스티아니아의 변두리에 위치한, 정신이 아픈 사람들이 수용된 농장이었다. 리에르의 주변 마을은 논란이 많은 여러 치료법으로 유명한데 그중에서도 이곳은 뇌엽절리술과 충격요법을 주로 쓴다는 악명 높은 망명지였다. 톨레프센은 리에르 농장에 살고 있는 다른 환자들과 함께 여생을 보내게 되었다.*

1904년 브뤼셀에서 출간된 원정대의 공식 보고서에는 톨레프센의 상태가 서술돼 있는데, 어쩌면 소설가 포가 썼을 수도 있는 표현이었다. "한 선원(반 미를로)이 이성을 잃고 히스테리성 발작을 일으켰다. 얼음의 압박을 목격한 다른 이들은 공포에 사로잡혔고, 기묘하기 짝이 없는 그 광경에 정신이 나가 죽음의 그림자가 닥쳐오는 것에 벌벌 떨었다."

드 제를라슈가 톨레프센의 상태가 악화되고 있다는 얘길 들은 지 석 달 뒤, 브라이드는 더 끔찍한 소식을 전해왔다. 벨지카호에서 보낸 겨울 동안 몸이 안 좋았던 사람들 중 한 명인 스물네 살의 착한 갑판원 엥겔브레트 크누센이 사망했다는 것이었다. 크누센의 사망 소식은 그를 모범적인 선원으로 생각하던 사령관에게는 충격적이었고, 톨레프센

---

* 1981년, 전 간호조무사였던 잉그바르 암뵤른센은 『23개의 방』이라는 책을 출간했다. 환자들은 바퀴 달린 들것에 묶여 있고, 치료도 없이 방치되어 자기 몸에서 나온 오물 속에서 뒹굴고 있으며, 이들이 지르는 소름끼치는 비명이 홀 전체에 울려퍼지는 광경을 생생히 묘사해 수용소의 실상을 폭로함으로써 노르웨이를 스캔들에 휩싸이게 한 충격적인 고백서였다. 병원의 몇몇 건물은 곧 폐쇄되었다. 마치 병에 걸린 것처럼 낡아빠진 채 버려진 시설은 섬뜩함과 미스터리를 좇는 스릴 애호가들을 위한 순례지가 되었다. 이후 시설은 완전히 철거되고, 원래 건물 중 두 채만 남아 고급 아파트로 개조되었다.

에 대한 그의 감정과 단코와 빙케를 잃은 회한에 무게를 더했다.

드 제를라슈는 벨지카호가 안트베르펜으로 돌아온 날 자신의 걱정 거리를 숨기기 위해 사력을 다했다. 비록 괴혈병 증세는 나았지만 여전히 몸이 약한 상태였고 피로, 끊이지 않는 두통, 그리고 쿡이 말한 "신경성 문제" 때문에 몸을 가누기가 어려웠다. 원정대의 영광을 기리기 위해 성모 대성당의 종이 울리자, 사령관은 수상 플랫폼과 공식 리셉션이 열릴 시청 사이를 가득 메운 채 환호하는 사람들을 헤치고 터덜터덜 걸어갔다. 보통 2분 거리밖에 되지 않는데도 벨기에의 새로운 국가적 영웅을 보기 위해 모여든 안트베르펜 사람들 때문에 영원의 시간이 걸리는 것 같았다.

시청에서 많은 메달을 받았고, 이후 브뤼셀에서도 메달을 받았다. 모든 의식이 끝나고 모든 장식이 치워진 후, 드 제를라슈는 의사의 권유로 휴식을 취하기 위해 어머니와 함께 프랑스의 리비에라로 갔다. 그는 니스에 있는 그랜드 호텔에 머물렀다. 몸을 회복하려면 1년은 걸릴 터였다.

아픈 원인이 정확히 무엇인지는 알 수 없었다. 그를 망가뜨렸던 괴혈병 증상은 더 이상 없었기 때문이다. 하지만 배에 탔던 다른 사람들과 마찬가지로 그 역시 한 달 내내 밤마다 불면증과 심장 이상 증세에 시달렸다. 동료 대부분은 남아메리카로 돌아올 때쯤 회복된 데 반해, 드 제를라슈는 1900년까지도 회복하지 못했다. 어쩌면 쿡이 벨지카호 암실에서 사용한 시안화수소산 베드 때문일 수도 있는데, 당시 그 암실 문이 드 제를라슈의 선실 쪽으로 나 있었다. 이 물질은 원래는 사진 현상을 위해서가 아니라(쿡의 창의적인 발상으로 사진에 활용한 것뿐이다) 표본을 만들기 위해 동물들을 안락사시키려고 가져온 것이었다. 청산으로도 알려져 있는 시안화수소산은 세포에서 산소를 빼앗는 방식으로 사망에 이르게 한다. (사실 제2차 세계대전에서 나치의 포로수용소에서 학살에 사용된 가스인 치클론 B의 주성분이기도 하다.) 이 물질이 반응을 일으킬 때의 낮은 단계 시안화물 중독 초기 증세가 바로 벨지카호 사람들에게 나타났던 증상과 비슷했다. 두통, 피로, 불규칙한 심장 박동, 숨 가쁨, 어지러움, 현기증 등이다. 이 물질에 중독되면 살아남더라도 이후 오랜 기간 지속되는 신경증의 영향 아래 있게 된다.

니스에서 요양하는 첫 몇 주 동안 드 제를라슈는 기운을 북돋아주는 편지를 받았다. 벨지카호에서 선장을 담당했던 르콩트가 위원회에서 원정대가 발견한 것들을 분석하고 출간하기로 결정했다는 소식이었다. (40년은 걸려야 작업이 마무리될 정도로 과학자들의 발견과 그들이 가지고 돌아온 표본의 양은 방대했다.) 그 서신에서 르콩트는 위원회가 원정대의 가장 중요한 발견('벨지카 해협')의 명칭을 사령관의 이름으로 바꾸도록 권고할 생각이라고 드 제를라슈에게 전했다.

르콩트는 이렇게 썼다. "사령관님도 아시다시피, 제가 워낙 깐깐한 사람이라서 아무도 예의 차원에서 그런 제안을 한 거라고 보지는 않을 겁니다. 저는 제 제안이 정당하다고 확신합니다." 이 덕에 오늘날 장관을 이루는 멋진 130마일 길이의 수로는 제를라슈 해협으로 알려져 있다.

드 제를라슈는 가문의 이름에 부응하는 것 그 이상을 해냈다. 어쩌면 가문에서 가장 유명한 사람이 될 수도 있다. 그는 자신과 선원들이 견딘 끔찍한 역경에도 불구하고가 아니라 오히려 그 역경 덕에 그가 그리도 갈망하던 영광을 거머쥐게 되었다. 하지만 남반구의 여름이 끝나갈 무렵 얼음 속으로 들어간 무모한 도박의 성공이 세 명의 목숨 및 자신의 건강과 맞바꾼 성취라는 사실은 결코 잊을 수 없을 것이다.

　사령관은 이후 다시는 남극 대륙을 보지 못했다. 벨지카호는 돌아온 직후 오스텐드로 옮겨져 수리도 받고 쥐도 박멸했다. 1905년에는 돈 많은 한량 모험가이자 군주제를 회복하기 위해 프랑스 왕위를 탐내는 오를레앙 공작 필리프 왕자에게 팔렸고, 이후 왕자는 몇몇 북극 원정에 드 제를라슈를 선장으로 삼아 자신과 동행하도록 하기도 했다. 몇 년 후, 드 제를라슈는 메르카토르라 불리는 거대한 바켄틴^{돛대가 세 개 있는 범선} 조선을 감독했다. 이 배는 차세대 벨기에 선원들을 위한 훈련용 배로 쓰일 것이기 때문에 드 제를라슈가 평생 꿈꿔왔던 조국 해군의 위상을 높이는 데 도움이 될 수 있었다. 드 제를라슈는 여생 동안 극지 여행의 숨은 고수로 남아, 벨지카호 원정대가 쏘아올린 남극 탐험의 영웅적 시대에 참여할 이들에게 아낌없이 조언해주었다.

　이후 그의 이름이 극지 탐험 역사에서 한 번 더 언급되긴 했다. 제1차 세계대전 발발 직전, 그는 파트리아호를 벨지카호로 바꿔준 산네피오르의 조선사 라스 크리스텐센과 함께 부유한 여행가들을 위한 북극곰 사냥 크루즈로 쓰일 배를 만들어 폴라리스라고 이름 붙였다. 녹심목으로 만든 돛대 세 개를 갖춘 바켄틴인 폴라리스호는 벨지카호와 자매처럼 닮아 있었다. 폴라리스호는 목조 선박 중 가장 강한 선박으로 알려져 있었다. 다만 막판에 금전적인 이유로 둘 사이의 협업관계가 깨져버렸다. 크리스텐센은 이로 인한 손실을 메우기 위해 이 배를 영국-아일랜드 출신 탐험가인 어니스트 섀클턴에게 팔았고, 섀클턴은 그 배에 '인듀어런스Endurance'라는 이름을 붙였다. 이 인듀어런스호는 1915년 11월, 남극의 얼음덩어리에 부서져 웨델해의 바닥으로 가라앉았다.*

로알 아문센은 노르웨이로 돌아오자마자 자신의 원정대를 계획하기 시작했다. 벨지카호 원정은 그에게 극지 탐험의 특별 훈련이었고, 아문센은 거기서 배운 것들을 적용하려고 노력했다. 아문센은 훗날 이렇게 기록했다. "그 탐험을 하면서 내 계획이 완성되었다. 나는 서북 항로 탐험이라는 어린 시절의 꿈을 북자극점의 현 위치 조정이라는(강조는 아문센) 더 위대한 과학적 중요성과 결합시키고자 했다." 과학적 목표 자체는 소수의 학자로부터 인정받을 수는 있겠지만 캐나다 북극의 위험천만한 해빙을 통과해 대서양에서 태평양으로 가는 길을 개척하는 건 신대륙 발견 이래로 탐험가들이 하나같이 피하던 일이었다. 물론 성공하기만 하면 대중에게 큰 감동을 줄 수 있고 카르티에, 콜럼버스, 난센과 동등한 영웅의 위치에 오르게 해줄 일이었다.

아문센은 자신의 유산과 그동안 받은 약간의 기부금을 가지고 (벨지카호의 수호천사가 되어준 레오니 오스테릿의 기부를 포함해) 극지 탐

---

* 섀클턴과 그의 선원들은 약 5개월간 해빙과 함께 북쪽으로 표류하다가 인듀어런스호에 구비된 구명정을 타고 엘리펀트섬으로 7일간 항해했다. 거기서부터 섀클턴과 선원 5명은 구조를 요청하기 위해 갑판이 없는 작은 배들 중 가장 튼튼한 배인 제임스 커드호를 타고 사우스조지아 제도까지 거친 바다 위 720해리를 항해했다. 16일간 이어진 이 항해는 극지 탐험 역사상 가장 인상적인 업적 중 하나로 꼽히고 있다.

험의 황금기에 가장 보잘것없던 선박들 중 29년 된 70피트 길이의 다소 부족한 선박 외위아호를 구입했다. 그는 1903년 6월 16일 꼭두새벽부터 크리스티아니아에서 6명의 동료와 함께 출항했다. 이 배는 8월 초 캐나다 북부의, 지도에는 잘 나타나 있지 않은 곳이자 얼음으로 뒤덮인 제도에 도착했다. 아문센은 어린 시절 영웅이었던 존 프랭클린이 약 60년 전 에러버스호와 테러호로 항해했던 것과 약간 다른 항로로 항해했다. 그럼에도 불구하고 이 민첩한 포경선은 두 척의 영국 배가 침몰한 바로 그곳에서 멀지 않은 킹윌리엄섬에 갇혀 두 번의 겨울을 연속으로 보냈다. 하지만 영국 해군의 방식만을 고수했던 프랭클린과 달리, 아문센은 처음부터 북극 게임에서 살아남을 작정으로 이누이트족 복장과 여행 방식을 택했다. 벨지카호의 원정에서 쿡의 아이디어는 아문센에게 원주민 방식대로 여행하는 것이 이롭다는 확신을 갖게 했기 때문이다. 그리고 벨지카호의 17명보다, 특히 프랭클린의 130명보다, 아문센처럼 7명의 선원만을(거기에 많은 수의 허스키를) 데리고 하는 원정에서는 훨씬 더 실용적이기도 했다.

아문센과 그의 선원들은 킹윌리엄섬 기슭에 오두막을 지었다. 거기서 2년간 머물면서 이들은 이 스칸디나비아인들이 사냥여행을 하도록 이끌어준 현지 넷실리크 부족민들과 좋은 관계를 유지하고, 서양 물품을 그들의 수공예품, 신선한 사냥감, 썰매 개와 교환했으며, 그들의 배려로 적은 돈으로 부족민들의 아내와 잘 수 있었다. (아문센은 나중에는 집에 가족을 두고 온 몇몇 부하에게 자제하라고 요청했다고 주장했다.)

외위아호 선원들은 첫해에 정교한 기계들이 가리키는 지표들을 따라 빙하를 구불구불 가로지르며 북자극점을 찾기 위한 시도를 몇 차례 했다. 하지만 혹독한 추위와 개를 돌보는 데 서툰 탓에 어려움을 겪었다. 몇 년 전 남극에서 탐험하는 동안 쿡이 아문센에게 개는 얼음 위에서 가장 좋은 이동 수단이라고 설명했다. 이들 스칸디나비아 탐험가에게 개를 어떻게 다루는지는 넷실리크 사람들이 가르쳐주었다. 아문센과 동료 페데르 리스트베트는 개 다루는 법을 배운 뒤, 1831년 제임스 클라크 로스가 마지막으로 표시한 자극점 좌표에 1904년 봄에 도달했다. 하지만 이들이 갖고 있던 나침반의 바늘은 여전히 북쪽을 가리키고 있었고, 이로써 오랫동안 의심돼왔던 점, 바로 북자극점이 이동한다는 사실이 밝혀졌다. 몇 주 후 두 사람은 극점 부근에 도달했다.

탐험가들은 긴 북극의 밤 동안 지루함과 밀실 공포증을 불평하긴 했지만, 벨지카호 선원들만큼 고통받지는 않았다. 넷실리크 원주민(특히 넷실리크 여성들의) 정착촌과 가까이 있다는 점이 확실히 이들의 주의를 돌리는 데 도움이 된 듯했다. 지도자로서의 아문센은 고압적이고 독재적이면서 종종 화를 잘 내, 내성적이면서 관대한 드 제를라슈와는 크게 대조적이었다. (아문센의 부하들은 야유조로 "총독님"이라고 부르기도 했다.) 하지만 더 대조적인 인물은 벨지카호의 착하지만 요리에는 서툴렀던 루이 미쇼트와 외위아호의 뚱뚱하고 호탕하며 술을 잘 마시는 팔스타프 출신 셰프 아돌프 린드스트룀이었을 것이다. 아돌프의 잘 만든 물범 고기 스튜는 미쇼트의 역겨운 음식과 크게 비교될 정도로 맛있었다.

외위아호의 작은 선체는 항해하는 데 유리하게 작용해, 외위아호보다 더 큰 배를 가로막았을 암초와 모래톱 위를 오히려 미끄러지며 지나갈 수 있었다. 1905년 8월 17일, 외위아호는 베링 해협에서 동쪽으로 항해하는 배라면 모두 거치게 되는 가장 동쪽 지점을 통과했다. 하지만 해빙기가 지나치게 짧았다. 몇 주 뒤 원정대는 다시 꼼짝 못하게 갇혀 거의 1년간 해빙 속에서 보내야 했고, 그러는 동안 팀원 중 한 명의 상태가 악화되더니 사망했다. 1906년 8월 31일이 되어서야 외위아호는 노르웨이 깃발을 자랑스럽게 휘날리며 놈, 알래스카로 항해했다.

쿡이 1899년 4월 오나족과 야칸족에 관한 연구를 마무리하기 위해 허버턴에 다시 나타났을 때, 루카스 브리지스는 벨지카호가 남극에서 살아남아 빠져나왔다는 사실에 놀랐다. 목장 주인은 쿡에게 그의 아버지인 토머스 브리지스가 그사이에 사망했다고 알렸다. 하지만 루카스는 쿡과 고인이 한 약속을 존중하고, 쿡이 약속대로 출간할 수 있도록 야칸어-영어 사전 원고를 넘겨주었다. 실로 믿음에 기반한 놀라운 행동이었다. 3만 단어가 넘는 이 사전은 사라지는 문명에 대한 귀중한 기록이었다. 토머스 브리지스는 사본도 만들어두지 않았다.

쿡은 1899년 말까지 아르헨티나에 머물렀다. 그가 뉴욕으로 돌아왔을 때, 심도 있는 논문 세 편을 벨기에 위원회에 발표할 예정이었다. 첫 번째 논문은 벨지카호가 보낸 겨울 동안 이뤄낸 의학적 발견에 대한 분석이었다. 두 번째 논문은 오나족에 관한 인류학적 보고였다. 세 번째 논문의 제목은 '야칸어 문법과 사전'이었다. 계류 중인 보고서의 공식 목록에는(각 권의 뒷면에 인쇄되어 있는) 쿡이 사전의 저자로 표기되

어 있었다. 토머스 브리지스에 대한 언급은 없었다. 공 없이 얻은 저
자명은 어쩌면 실수였을 수도 있지만, 몇 년 후 쿡의 사기를 둘러싼 첫
번째 의혹으로 제기되는 사건이 되었다. 루카스 브리지스는 쿡이 아버
지의 평생 업적을 훔쳐 마치 자기가 쓴 것처럼 위장하려 했다고 주장
했다.

쿡이 고의로 그랬는지는 알려져 있지 않다. 쓰려고 했던 논문 세 편
중 어느 하나도 출간되지는 않았기 때문이다. 브루클린으로 돌아온 쿡
은 다른 데 정신이 빠져 있었다. 애나 포브스의 죽음은 10년 전쯤 있었
던 그녀의 여동생이자 쿡의 첫 번째 아내 리비의 죽음만큼이나 그를
암담하고 외롭게 만들었다. 그래서 진료를 다시 시작했지만, 전에 오
던 환자 대부분은 쿡이 없던 2년 동안 다른 주치의를 찾아 떠난 후였
다. 그는 또다시 모험에서 탈출구를 찾았다.

쿡도 아문센처럼 자신의 원정대를 이끌고 싶어했다. 그러려면 유명
세와 돈이 필요했는데, 둘 중 어느 것도 그가 써내야만 했던 노동집약
적인 벨기에 위원회 보고서로는 얻을 수 없었다. 그런 보고서는 학계
의 소수 핵심 인물 선에서 보는 걸로 그칠 것이기 때문이다. 그 대신 그
는 벨기에의 남극 탐험이라는 인기 있는 내러티브를 책으로 쓰기로 했
다. 원고를 쓰는 데에만 몇 달이 걸렸다. 이 원고가 『남극에서의 첫날
밤을 보내며Through the First Antarctic Night』라는 제목으로 1900년에 발
표되면서 쿡은 작가로서의 기량을 발휘했다. 이 책은 벨지카호의 기
록 중 처음으로 공개된 것으로, 극지에서의 기록을 공개하는 것에 관
해서는 중대한 위반이었다. 쿡은 몇 년 전 이 문제로 로버트 피어리와

사이가 틀어진 후 먼저 출판하는 것이 원정대 지도자의 특권이라는 점을 이미 아주 잘 알고 있었다. 드 제를라슈는 『남극에서의 열다섯 달 Fifteen Months in the Antarctic』이라는 기록을 완성하는 데 2년이 걸렸고, 이 기록은 당대의 권위 있는 문학적 업적이 되었다. 르콩트는 1904년에 여행기인 『펭귄의 땅에서』를 발표했다. 그중에서 쿡의 책이 가장 잘 팔렸고, 그는 미국에서 어느 정도 유명 인사가 되었다.

쿡은 책이 출간된 지 1년쯤 후 마리 헌트라는 스물네 살의 부유한 미망인과 사랑에 빠졌다. (이들이 처음 눈이 맞았을 때, 슈만의 「트로이메라이」가 연주되고 있었다.) 1902년 4월, 쿡은 아문센에게 자신의 약혼 소식을 알리며 이제 탐험가 활동을 끝내겠다는 사과의 뜻을 담아 편지를 썼다. "나는 6월 초에 결혼할 예정이고, 결혼 후엔 극지 탐험을 끝내겠소. 그대를 초대하며, 우리와 함께 머물기를 바라오. (…) 부디 와서 뉴욕을 구경시켜드리게 해주시오."

쿡은 헌트에게 딸려 있던 어린 딸 루스를 입양했고, 얼마 후 둘 사이에 딸 헬렌이 태어났다. 하지만 이 가정생활이 쿡의 방랑벽을 통제하지는 못했다. 물론 헌트는 남편의 꿈을 격려하고 옆에서 아낌없이 지원했다. 하지만 1903년 여름이 되자 쿡은 다시 탐험 게임판으로 돌아가 북미에서 가장 높지만 아직 정복되지 않은 산인 데날리산(당시에는 비공식적으로 매킨리산이라고 불렸다)에 오르기 위해 알래스카로 떠나는 원정대를 꾸렸다. 쿡과 그의 팀은 말을 타고 석 달 동안 해도에 없는 덤불과 습지대를 통과하며 산기슭을 힘들게 트래킹했는데, 달리는 동안 모기가 물어 목을 계속 때리는 소리와 말발굽 소리가 일종의 리듬을 만들어냈다. 정상으로 가는 쓸 만한 길을 찾지는 못했지만, 길을 찾는 과정에서 그 산을 일주한 최초의 사람이 되었다.

쿡은 3년 후 경험이 더 풍부한 등산가들로 팀을 꾸려, 정복하기 어려워 보이는 다른 산 정상에 두 번째로 도전했다. 쿡은 이번 등반이 성공적이었다고 발표했다. 쿡은 이 정복으로 오랫동안 추구해온 인정을 받게 되었다. 뉴욕으로 돌아온 그는 새로 설립된 탐험가 클럽Explorers Club 회장으로 선출되었다. 그리고 두 번째 책인 『대륙의 정상으로 To the Top of the Continent』가 1908년에 출간되었고, 이 책에는 산 정상으로 보이는 곳에서 성조기를 흔들고 있는 쿡의 사진이 실려 있었다.

탐험가의 삶이란 해갈되지 않는 갈증 그 자체다. 개별 목표를 달성할 수는 있더라도, 궁극적인 목표, 즉 지구 어딘가에 존재해 도달할 수 있는 것이 아니라 각자의 마음속 어딘가로 향해 가는 목표의식은 영원히 정복해낼 수 없는 것이기 때문이다. 게다가 한 업적은 그다음에 더 큰 업적으로 이어져야 의미가 있다. 1907년에 쿡은 더 큰 업적으로 무엇을 삼을지 정했다. 소문에 의하면, 그는 사냥 원정에 친구를 안내하기 위해 아무런 공식 발표도 없이 조용히 그린란드로 향했다고 한다. 그린란드에 도착하자 그는 북쪽으로 시선을 돌렸다.

～

이 사건은 역사상 가장 큰 특종 중 하나가 되었고, 쿡은 최장 헤드라인의 주인공이 되었다. "북극, 프레더릭 A. 쿡 의사 발견, 미국 깃발을

세계의 정상에 꽂은 방법을 『헤럴드』지에서 독점 보도."1909년 9월
2일 아침, 신문팔이 소년이 들고 나온 『뉴욕 헤럴드』지는 나오자마자
다 팔렸다. 신문은 대대적인 쿡의 극지 발견에 거의 지면 전체를 할애
하고 있었다. 쿡과 그가 동반한 두 명의 이누이트족 사냥꾼이 어떻게
1908년 4월 21일에 개썰매로 극지를 정복했는지, 데번섬에 고립된 채
잔인한 북극 겨울을 어떻게 보냈는지, 북극곰의 공격으로부터 어떻게
살아남을 수 있었는지 등을 다루었다. 태프트 미국 대통령과 버펄로
빌 미국의 사냥꾼이자 쇼맨은 쿡에게 축전을 보냈다. 아이들은 쿡에게 혹시 거
기서 산타클로스를 봤냐고 묻는 편지를 보내기도 했다.

쿡의 업적은 세계적인 열광을 불러일으켰고, 특히 미국인들이 환호
했다. 신문에 난 지 24시간도 지나기 전에 맨해튼 미드타운에 있는 몇
몇 점포에서는 "쿡 칵테일(진, 레몬 주스, 계란 흰자, 마라스키노 버찌, 얼
음 한 무더기)"을 팔기 시작했다. 시카고에 있는 여성용 모자 가게에서
는 여성들을 공략해 지구 꼭대기를 연상시키는 2피트 높이의 돔 형태
로 만든 "닥터 쿡 모자"를 만들어 팔았다. 잡지사와 신문사는 쿡의 북
극 탐험에 대한 이야기를 연재하기 위해 쿡에게 눈이 번쩍 뜨일 만한
액수를 제시했다. 『햄프턴스 매거진』에서는 쿡에게 10만 달러를 제안
했다.* 하지만 이 금액은 곧 빠르게 20만 달러, 이튿날이 되자 25만 달
러로 올랐다. 이에 질세라 윌리엄 랜돌프 허스트는 쿡이 얼마를 제시
하든 그 금액의 두 배를 주겠다고 했다. 하지만 쿡은 허스트가 소유한
매체의 선정성이 자신의 업적을 "값싸게" 만들 것을 우려했다. 쿡은 당

분간 모든 제안을 일단 거절했다.

쿡은 앞으로 몇 주간 뉴욕으로 돌아가지 않을 계획이었다. 그린란드의 덴마크 영토에서 돌아오는 길에 코펜하겐에 머물렀는데, 여기서도 큰 관심을 받았다. 몇 달 동안 잘 먹지 못해 비쩍 마르고 치아도 깨진 상태여서, 그는 상류층 장교와 중절모를 쓴 구경꾼들로 가득한 부두를 겨우 지날 수 있었다. 짧게 머무는 동안 코펜하겐대학에서 명예박사 학위도 받았다. 덴마크 국왕 프레데리크 8세는 그를 위해 호화스런 만찬회를 베풀어주었고, 벨기에의 레오폴드 2세에 이어 쿡에게 찬사를 표한 두 번째 왕실이 되었다.

쿡의 정복 소식이 알려지자마자 많은 궁금증 또한 제기되었다. 그가 정말 정복했는지 입증할 방법이 없으니 회의론이 생긴 건 당연하다. 유일한 목격자라고는 그와 동행한 젊은 이누이트족 사냥꾼 두 명뿐인데, 천문학 훈련을 받은 적이 없어 모든 자오선이 만나는 지점에 도착했는지 여부를 확인할 수 없는 사람들이었다. 게다가 쿡이 귀환 길에 살아남지 못할지도 몰라 정복을 입증해줄 관찰과 측정 결과물을 모두 그린란드 북부에 사는 한 친구에게 맡겼지만 결국 찾지 못하고 거기에 남겨두고 와야 했다고 주장하는 바람에 의심은 더 커졌다(이후로도 찾지 못했다). 또 몇몇 극지 전문가는 『헤럴드』에 언급된 것처럼 쿡의 얼음 위 초인적인 전진 속도가 의심스럽다는 의견을 드러내기도 했다.

---

* 2020년 기준으로는 약 300만 달러다.

하지만 그 외에 대부분은 대중이 받아들였고, 세계에서 사람들이 가장 탐내는 지리적인 업적을 이룬 것을 열정적으로 축하해주었다. 프리드쇼프 난센은 벨지카호의 다른 동료들이 그랬던 것처럼 쿡에 대한 믿음을 표명했다. "쿡의 발견에 대한 그의 진술이 일부 사람에 의해 거짓으로 받아들여지고 있는 데 대해 매우 분개한다." 그리고 당시 벨기에 왕립 천문대 회장을 맡고 있던 르콩트는 『헤럴드』에 이렇게 말했다. "난 쿡을 개인적으로 아는데, 그가 정직하다는 건 내가 보증하오. 그 사람은 정직 그 자체요." 또 아문센은 쿡과 함께한 여정을 두고 "극지 탐험 역사상 가장 멋진 썰매여행"이었다고 언급했다.

북극 정복으로 누리는 쿡의 영광의 순간은 나흘 만에 막을 내렸다. 9월 6일, 쿡은 코펜하겐에서 그를 축하하기 위해 열린 만찬에 참석했다. 박수가 오가는 사이 한 남자가 쿡에게 "피어리 말로는 '성조기가 북극에 이미 걸려 있더라'고 함"이라고 쓰인 쪽지를 건넸다.

그의 전 원정대 상사에서 이젠 최대의 라이벌이 된 로버트 피어리가 자신과 대립되는 주장을 한다는 사실이 쿡을 성가시게 했다면, 그는 이 쪽지도 모른 척했을 것이다.

"피어리가 자기가 북극에 갔다고 한다면", 쿡이 기자에게 말했다. "난 믿을 거요!" 그는 나중에 『헤럴드』지에 이렇게 말했다. "기록 하나보단 둘이 낫지요." 쿡은 무엇보다 자신이 피어리보다 1년 앞서서 북극 정복을 주장했기 때문에 피어리와 기꺼이 영광을 나눠 가지려 했다.

사흘 뒤 쿡은 자신이 머물고 있는 코펜하겐의 피닉스 호텔 방에서 두 명의 유명 인사를 맞이했다. 한 명은 프람호를 타고 자신만의 원정대

를 이끈, 과거 난센과 함께한 대위 오토 스베르드루프였다. 다른 한 명
은 마찬가지로 피닉스 호텔에 머물고 있던 아문센이었다. 오랜 벨지카
호 동료인 둘은 서로를 껴안았다. 북극 여행으로 수척해진 쿡은 덩치
큰 아문센의 품에 푹 안겼다. 이들은 10년 전 서로 마지막으로 본 이후
로 둘 다 벨지카호 때의 명성을 회복한 상태였다.

스베르드루프와 아문센은 북극 정복자를 축하하기 위해 온 것이었
다. 피어리 얘기가 앞으로 몇 주간 어떻게 흘러갈지 갈피를 잡지 못하
고 있던 쿡에게는 이들의 방문이 자신을 지지해주는 듯한 격려로 느껴
졌다. 쿡의 방 창문 밖에서 들리는 대중의 환호성 가운데, 세 사람은 방
안에서 일종의 극지 탐험 전설들끼리 모인 즉석 정상회담처럼 과거와
미래의 여행에 대해 이야기를 나눴다.

아문센의 서북 항로 개척은 프리드쇼프 난센의 명백한 후계자로 인
정받는 계기가 되었다. 그 이후 그는 1890년대 초 난센이 이끈 프람호
의 역사적인 표류를 모방해 베링 해협을 통해 북극으로 갈 계획이며,
현재 자금을 모으고 있다고 말했다. 세대가 교체되면서 난센은 아문센
에게 튼튼하고 둥근 배 한 척을 사용하도록 해주었다. 운 좋게도 얼어
있던 북극해의 해류가 상승해, 아문센이 알래스카에서 데려가려고 계
획한 개들과 함께 나머지 길을 개썰매로 여행할 수 있을 만큼 충분히
높은 위도까지 도달할 것 같았다. 하지만 그는 쿡과 피어리의 주장에
대해 알고 있었고, 연속적으로 북극 정복이 일어나, 북극 정복이라는
지리적인 트로피의 가치가 많이 옅어졌다고 느끼던 차였다. 자신도 북
극으로 간다면 그 파이를 나눠 가져야 했다.

호텔 방에서 아문센은 그의 전 멘토에게 지구의 최북단 지역의 해류, 날씨, 그리고 성공 가능성에 대해 물었다. 쿡은 자신의 동료가 분명 성공할 거라고 자신했지만, 그래도 하지 않는 것이 어떻냐고 말했다. 어쩌면 아문센의 불안감을 그도 느꼈을지 모른다. 성공해봐야 아문센은 북극에 도달한 세 번째 사람이 될 뿐이었기 때문이다. 그 대신 쿡은 항로를 대담하게 변경해보라고 권고했다.

"북극은 이제 크게 관심받지 못할 거네." 쿡이 직설적으로 말했다. "남극은 어떤가?"

아문센은 깜짝 놀랐다. 물론 생각을 안 해본 것은 아니지만, 속으로만 품고 있었다. 게다가 손에 잡지 못할 듯한 높은 목표였다. 그해 초 어니스트 섀클턴이 남극으로부터 100해리 이내에 도달하는 최남단 신기록을 세웠는데, 식량이 바닥나서 돌아와야만 했다. 아직 정복되지 못한 비교적 짧은 그 100해리가 아문센을 유혹했지만, 이미 섀클턴의 동료이자 라이벌인 로버트 팰컨 스콧이 그 거리를 좁히기 위해 대대적인 원정대를 준비 중이라는 소식이 들려오고 있었다.

아문센은 스콧이 먼저 출발하는 데다 자금도 충분히 모았으니 불공평한 경쟁이 될 거라고 우려했다. 하지만 쿡은 아문센이 영국인들에 비해 결정적인 장점을 갖고 있지 않냐고 주장했다. "스콧은 개와 함께 전진하는 법을 모르지 않는가." 쿡이 말했다. "스콧은 무리하다가 고꾸라질 거네. 자네는 개 없이는 남극까지 날아서 가는 수밖에 없다는 걸 알고 있고 말이야."

남극에 가기로 했다면, 이젠 명분의 문제가 남아 있었다. 아문센은 자신이 발표한 미션을 따르는 데 있어 원정대의 후원자, 일반 대중, 그리고 난센에게 돌릴 영광의 책임을 느끼고 있었다. 그리고 극지 탐험가들 간의 암묵적인 규칙에 따르자면, 스콧은 그동안 오래 자신의 의도를 명백히 드러내왔기 때문에 남극에 먼저 도달할 일종의 우선순위를 확보했다고 볼 수도 있었다. 하지만 스베르드루프가 쿡과 피어리의 북극 정복 갈등 탓에 그런 유의 규칙은 이제 힘을 잃었다고 주장했다. 스콧과 아문센의 경쟁은 이제 오히려 대중을 매료시키고, 최종 승자는 더 큰 영광을 거머쥐게 되리라는 것이다.

"한번 해보시죠." 스베르드루프가 말했다.

아문센은 벗의 조언을 진지하게 들었다. 그는 마치 스스로 생각을 바꾸려는 것처럼 마지막으로 이의를 제기했다. "프람호는 거친 남극해를 항해하기에 별로 좋은 배가 아니오." 그가 말했다. "하지만 해볼 만한 일인 건 맞는 듯하오. 생각 좀 해보겠소."

방을 나서기 전 아문센은 쿡이 북부 그린란드를 담당하고 있는 덴마크 행정 국장에게 썰매개 50마리를 요청하는 글을 써둔 쿡의 개인 서신을 슬쩍했다. 아문센은 이미 결정을 내렸다. 알래스카로 가는 일은 없을 거라고.

북극 정복의 영광을 나누겠다는 쿡의 관대한 제안에도 불구하고 그는 로버트 피어리와의 갈등 구도에서 자유로워질 수 없었다. 북극 정복이 일생일대의 야망이었던 피어리에게 이 영광은 결코 둘이 나눠 가질 수 있는 것이 아니었기 때문이다. 쿡이 패배해야만 자신이 이긴다고 생각했다. 그에게는 자신의 것이어야 마땅하다고 생각했던 트로피를 쿡이 가지려고 시도했다는 사실만으로도 용서할 수 없는 배신이었다. 피어리는 전에 함께했던 동료가 북극을 정복했다는 거짓말을 한다고 주장하고 다니는 것 같았다. 그의 주장에 의하면, 쿡은 "그저 대중이 판단하도록 거짓말을 툭 던졌다".

하지만 두 사람 다 북극 정복을 입증할 명백한 증거를 제시하지 못했기 때문에 지리적인 데이터를 냉정히 비교하는 일은 당연히 필요했다. 『헤럴드』와(쿡의 주장을 지지) 『뉴욕 타임스』(피어리의 주장을 지지)에서 이 두 사람을 두고 치열한 설전을 벌이고 있었다. 이 논쟁은 두 사람 모두의 명성을 갉아먹는 소모전이었다. 피어리의 지지자들(쿡의 지지자들에 비해 더 부유하고, 인맥이 더 두텁고, 더 끈질긴)이 결국 승리했다. 쿡을 상습적인 거짓말쟁이로 만드는 과정에서 피어리의 지지자들은 데날리산을 쿡과 함께 등반한 몬태나의 가이드 에드 베릴을 찾아냈다. 엄청난 돈을 받은 베릴은 쿡과 자신이 정상에 도달한 적은 없다고 진술했다. 게다가 쿡의 여행 회고록 『대륙의 정상에서』에 실린 사진이 사실은 수천 피트 아래에 위치한 작은 봉우리 앞에서 찍은 것이라고 진술했다.

1909년 12월, 벨지카호에 탔던 지질학자이며 기상학자이자 해양학자 헨리크 아르츠토프스키는 벨기에 신문 『메트로폴레』가 보도한 충격적인 소식을 읽고는 논쟁에 힘을 실어버렸다. 그는 쿡의 창의성을 높이 샀으나, 사실에 기반한 것인지는 의심했기 때문이다. "탐험가로서의 결코 부인할 수 없는 자질 외에도 (…) 쿡은 무엇보다 대단한 상상력의 소유자이기도 하다"라고 이 폴란드인 과학자는 말했다. 그리고 벨지카호에서 괴혈병과 우울증을 없애기 위해 시도한 쿡의 의학적인 혁신과 남극의 해빙에서 빠져나오기 위한 그의 엉뚱한 생각에 대해서도 언급했다. 하지만 "쿡이 지구의 어느 지점의 위도와 경도를 정확히 아는 데 필요한 수학적·천문학적 지식을 가지고 있었는지는 모르겠다"며 의문을 제기했다.

쿡의 영광을 끝내는 일이 같은 달 코펜하겐대학에서 있었다. 코펜하겐대학은 그가 제공할 수 있는 천문학적 증거가 얼마나 적은지 조사했고, 그가 북극에 도달했다는 점을 확신하기에는 불충분하다고 결론 내렸다. 피어리에겐 그런 청문회가 열리지 않았지만, 그건 더 이상 중요하지 않았다. 이제 쿡에게 붙여진 별명 중 가장 나은 건 "자신감 있는 사람"이었다. 다른 별명으로는 "두 얼굴을 가진 괴물"과 "희대의 사기꾼" 등이 있었다. 출판사들은 계약을 철회했다. 쿡이 회장으로 있던 뉴욕 탐험가 클럽은 그의 회원 자격을 박탈했다.

아문센이 이끄는 프람호는 1910년 8월 9일 노르웨이에서 마데이라를 향해 남쪽으로 떠났다. 아문센이 북쪽에서 방향을 틀어 베링 해협을 통해 남극으로 항해하기 전에 혼곶을 돌아가는 계획을 발표했기 때문에 그리 놀라운 일은 아니었다. 자금을 대준 사람들에게서 벗어나 푼샬마데이라제도 동남부의 항구도시에 머무는 동안 아문센은 그의 선원들에게 놀라운 발표를 했다. 나중에 북극에 갈 수도 있지만, 일단은 우회해서 남극으로 갈 거라고 말이다. 즉 스콧에게 도전장을 내민 것이다.

갑작스러운 항로 변경은 당연히 영국인들을 놀라게 했다. 48세에 여전히 남극 정복을 계획하고 있던 난센에게도 충격이었다. 자신의 운명이라고 믿었던 일을 성취하기 위해 아문센은 12년 전 그토록 존경했던 드 제를라슈에게 등을 돌렸던 것처럼 자신의 영웅을 배신했다.

남극해를 건넌 후, 1911년 1월 프람호는 로스해를 따라 나 있는 웨일스만에 도달했다. 아문센이 마지막으로 남극해 얼음을 본 지 10년도 더 된 후였다. 그와 그의 선원들은 로스해의 빙붕 가장자리 근처에 오두막을 지었고, 거기서 몇 달간 린드스트룀이 만든 맛있고 항괴혈병 기능을 하는 물범 스튜를 먹으며 극지에 대한 공격을 준비하면서 지냈다. 10월 19일, 아문센은 선원 네 명과 개 52마리를 끌고 썰매와 스키를 탄 채 남극으로 향했다. 이들은 800마일 떨어진 곳의 9000피트 이상의 고지를 목표로 삼았는데, 중간에 그보다 더 높은 봉우리가 길을 막고 있었다. 아문센은 일단 사람과 개가 밤 동안 회복할 수 있도록 하루에 감당할 만한 수준인 15~20마일을 계획했다(5~6시간 걸리는 여정이다). 아문센의 썰매 전략은 쿡이 벨지카호 원정에서 남자극점 도달을 계획한 펭귄 기사단을 위해 제안한 전략과 굉장히 비슷했다.

아문센과 선원들은 개들과 지내며 정이 많이 들었지만, 그래도 가장 느린 개부터 한 마리씩 주기적으로 잡아 다른 개들을 먹이고 본인들도 먹었다. 벨지카호 원정에서 그와 쿡, 그리고 르콩트가 처음에 구상했던 다소 냉혈한 같은 이 방식은 썰매를 가볍게 만들고 선원들이 잘 회복하며, 잘 먹고, 괴혈병이 없는 상태로 12월 14일 남극에 도달하도록 해주었다.* 또 하루 종일 육분의를 관측하고 머리 위 태양의 높이를 측정하면서 아문센은 실제로 자신들이 남위 90도에 도달했음을 확인했다.

"태양이 밤이나 낮이나 같은 고도로 하늘 위에 떠 있는 걸 보는 일은 매우 흥미롭다. 이 흥미로운 광경을 보는 건 우리가 최초일 것이다"라고 아문센은 썼다. 아문센의 일기에 적힌 이러한 표현은 북극에 도달했다는 쿡과 피어리의 말 모두를 그는 사실상 믿지 않았다는 걸 나타내기도 한다. 둘 다 이런 광경을 봤다면 마땅히 언급했어야 할 텐데 하지 않았기 때문이다. 그의 예감이 맞는다면, 북극은 아직 아무에게도 정복되지 않은 터였다. 벨지카호 원정 중 정복하고자 한 목록을 만든 이래로, 극지 기록을 세우려는 그의 머릿속 목표 리스트는 더 늘어갔고, 방금 인류의 탐험에 있어 영원한 판테온 신전 자리를 확보하는 업적을 달성했다. 그런데도 아직 한 자리 더 차지할 수 있게 된 것이다.

이 순간에 로버트 팰컨 스콧은 아문센보다 400마일 뒤떨어져 있었고, 다른 경로로 남극점을 향해 오고 있었다. 여정의 마지막 단계에 도달한 이 고집 센 선장은 잔인하고 스포츠맨십에 어긋난다는 이유로 썰매개를 주기적으로 죽이는 건 물론이고 더 동행시키지도 않겠다고 결정했다. 대신에 그는 남극횡단산지를 넘어갈 때 시베리아 조랑말(야쿠트 말로 알려져 있기도 함)들이 짐을 끌도록 했다. 하지만 혀를 통해 수분을 배출하는 개와 달리, 말은 온몸에서 땀을 다량으로 방출한다. 이

---

* 사진용 필터를 렌즈로 사용한 이누이트족 디자인을 따라 쿡이 만든 고글 덕분에 아문센과 그의 선원들은 설맹을 방지했다.

들의 땀은 영하의 기온과 산의 끊임없는 바람에 얼어붙었다. 그리하여 더 이상 앞으로 나아갈 수 없게 되었고, 스콧은 남아 있던 말을 모두 쏘아서 죽여야 했으며, 사람 다섯 명이서 짐을 잔뜩 실은 썰매를 수백 마일씩 직접 끌어야 했다. 앞날을 알 수 없는 고된 여정이었다. 이들은 극심한 피로와 허기에 시달렸고, 괴혈병을 앓기 시작됐다. 스콧과 그의 선원들은 1912년 1월 17일 남극에 도착했다. 끝도 없고, 특징도 없고, 생명이 없는 백색의 광활한 공간, 그저 이론상 존재하는 이 지점에 겨우 도달했건만, 속이 뒤틀리는 광경이 눈에 들어왔다. 원뿔형의 캔버스 천으로 된 텐트와 그리고 텐트 위에 적색·백색·청색으로 된 노르웨이 국기가 꽂혀 휘날리고 있었던 것이다.

스콧은 일기에 이렇게 적었다. "최악이다. 위대하신 신이여! 실로 끔찍합니다."

텐트 안에서 스콧은 아문센이 쓴 쪽지를 발견했다.

친애하는 스콧 선장님

선장님이 아마 우리 다음으로 여기에 처음 도착할 텐데, 부디 이 편지를 하콘 7세 국왕께 전달해주시기를 부탁드립니다. 이 텐트 안에 있는 어떤 것이든 필요하다면 편히 사용하시기 바랍니다. 안전히 돌아가시기를 바라며.

진심을 담아, 로알 아문센 드림

스콧은 별 수 없이 바람을 피하게 해주는 형태로 지어진 텐트의 빈 공간을 바라보며 이것이 패배의 신호임을 깨달았다. 그는 이 텐트의 존재 자체가, 안에 놓여 있던 메모와 식량과 같이 그의 노르웨이인 라이벌이 보낸 잔인한 연민의 제스처라고 여겼다. 결코 아문센이 자신의 친구이자 멘토에게 보낸 목례라는 건 알 수 없었다. 텐트는 쿡이 디자인한 것으로, 1898년 겨울에 펭귄 기사단이 해빙을 건너기 위해 쿡이 꿰매놓은 것과 똑같았다. 즉, 아문센은 남극에 쿡을 데려간 셈이었다.

영국인들은 돌아가기 전 며칠간 더 남극에 머물렀다. 눈보라에 시달리고, 동상으로 고통받고, 불운에 힘들어했던 그들은 속도를 늦추기로 했다. 스콧과 그의 동료들은 1912년 3월 말, 식량을 얻을 수 있는 다음 장소로부터 불과 11마일 떨어진 곳에서 추위와 굶주림으로 사망했다.

신문사와 과학계가 그에게서 등을 돌린 후, 쿡은 미국 시민들에게 직접 호소해야겠다고 생각했다. 그는 자신만의 북극 정복 이야기를 하기 위해 전국 방방곡곡을 돌며 보드빌 노래·춤·촌극 등을 엮은 오락연예 공연에 고정으로 출연했다. 마술사, 이국적인 무용수, 동물 조련사, 음악 연기자들과 무대를 공유하면서 쿡은 이것저것 잡다한 과학 강연을 통해 피어리의 속임수와 악의적인 언론에 대해 대중이 더 이상 말하지 않도록 하기 위해 재미있는 쇼를 선보였다. 하지만 찬사를 받더라도, 쿡은 이때의 박수 대부분이 비꼬는 것이었음을 알아차렸어야 했다. 잠깐 주목할 만한 가십거리가 될 뿐이었다.

쿡의 탐험은 여기서 끝난다. 위험을 감수하며 의심스런 사기를 후원해줄 사람은 거의 없었고, 그는 아내 재산의 상당 부분을 탐험에 탕진했다. 1910년대 후반의 석유 붐에 영감을 받은 쿡은 인생을 석유로 재건해보려 했다. 처음에는 와이오밍에서, 그다음엔 텍사스에서 시도했는데, 당시 그는 극지 탐험가로서의 경험이 지질학의 전문성을 갖추게 해주었다는 허무맹랑한 생각을 하고 있었다. 포트워스에서 그는 책략가, 개척자, 그리고 허튼소리 하는 예술가들이 가득한 세상에 발을 들였고, 자신이 그런 사회에 잘 맞는다고 생각했다. 쿡은 자신의 악명을 자산으로 만들었다. 석유 사업에 대한 불확실성과 투기가 난무한 상태에서 기업들은 그럴듯한(적어도 그럴듯해 보이는) 바지사장의 명망에 자신들의 정당성을 걸 것이었기 때문이다. (예를 들어 한 텍사스 석유 회사의 브로셔에는 자칭 로버트 A. 리 장군이라고 하는 어떤 남자의 사진이 실려 있었는데, 법원 관리인인 그는 로버트 E. 리 장군과 어찌어찌 닮았다고 해서 유명해졌다.)

1919년 쿡은 텍사스 이글 오일 컴퍼니를 설립했고, 스스로 대주주가 되어 수익의 대부분을 자사로 재투자했다. 악의적인 경쟁자로 가득한 그 바닥에서 석유를 추출하는 것조차 실패했다. 하지만 도저히 피할 수 없을 것 같은 장애물들과 맞닥뜨려본 지난 몇 차례의 경험에서 그랬듯, 쿡은 오히려 결의를 두 배로 다지고(비록 전부 정직하게는 아니지만) 독창적인 방법으로 해결책을 찾았다. 그는 석유 생산자 협회PPA, Petroleum Producers' Association를 조직해, 망해가는 석유 회사 300군데를 헐값에 인수했다. 이들 중 일부라도 분유정을 발견하면 그걸로 모든 석유 회사를 집어삼킬 요량이었다. 하지만 이 작업을 진행하는 동안 주주들이 수익을 볼 수 있게도 해야 했다.

쿡과 그의 팀은 투자한 모든 사람에게 록펠러사만큼의 수익을 약속한다는 화려한 마케팅 자료를 만들었다. 그러고는 PPA 회원사 중 파산했거나 거의 파산 직전인 회사들에 쿡의 이름으로 서신을 보내, 그들에게 자사주를 쿡의 회사에 1달러당 25센트에 매각할 것을 제안했다. 이렇게 주식 가치를 절하시키는 행위는 향후 "대량 주식의 재배치 사기"로 알려졌다.

기업들의 신뢰를 얻기 위해 쿡은 지구 양끝에서의 경험을 인용했다.

> 제 인생은 결코 녹록지 않았소. 북극에서 남반구 경계까지 다니며 저는 궁핍함을 견뎌냈소. 보상도 없이 쓰라리게 인내하며, 문명의 확장과 인류의 발전이라는 유일한 목표만을 가지고 말이오. 이제 이런 사실들과 명예를 건 나의 맹세의 말과 한 인간으로서의 명성을 걸고, 지구상의 모든 이가 금전적 성공을 위한 투자에 의존하고 있다는 사실을 아는 저는 여러분을 돕기 위해 긍정적 보증의 형태로 이 모든 것을 걸고 여러분에게 왔소.

처음에는 이 전략이 먹혀 PPA에는 돈이 모여들었다. 1922년 12월까지 이 회사의 자본금은 3억8086만1000달러에 달했다. 하지만 쿡은 돈이 들어오기가 바쁘게 써버렸다. 대부분은 포트워스 본사를 치장하는 데 썼다. 석유로 거둬들이는 수입이 없었기 때문에 쿡은 더 많은 주식을 팔아 주주들에게 월 배당금을 지불했다. 쿡은 일단 석유만 추출한다면 전부 해결될 거라고 생각하고 있었다. 그의 이러한 전략은 2년 전 유죄 판결을 받은 미국 역사상 최고로 악명 높았던 사기 중 하나인, 사기꾼 찰스 폰지의 이름을 딴 폰지 사기와 크게 다르지 않았다.

1923년 4월 쿡은 여러 건의 사기 혐의로 기소되었다. 연방 검찰은 PPA의 유일한 목적은 신규 회사에 투자하도록 회유당해 소멸한 석유 회사의 주주 리스트를 얻는 것이었을 거라고 주장했다. (투기가 판을 쳤던 이 시기에는 흔히 사용되던 수법이었다. 석유주 발기인들에게 있어 과장되거나 노골적인 사기 마케팅 자료를 보내 사기로 피를 빨아먹을 소위 호구들의 목록은 석유 자체만큼이나 귀했다.)

재판은 7개월간 진행되며 전국의 주목을 받았다. 쿡은 본인이 낙관론을 펼친 부분만 유죄라고 답변했다. 남극 얼음 위에서 그의 가장 큰 자산이었던 재능이 이제 그를 몰락시키고 있었다. 그는 언젠가 자신의 회사가 석유를 추출할 거라는 기대를 여전히 품고 있었다. 실제로 회사에 모든 돈을 쏟아부었다. 하지만 웃음기도 없고 단호한 태도의 중서부 출신인 존 M. 킬리츠 연방 판사는 설득에 넘어가지 않았다. 그는 쿡을 20세기의 마키아벨리라고 칭하며, 쿡에게 1만2000달러의 벌금형과(쿡은 물론 그런 돈이 없다고 했지만) 14년 9개월의 징역형을 선고했다. 이는 여타 유사 범죄와 비교했을 때 가장 혹독한 벌이었다. 쿡의 명성이 판사로 하여금 그를 본보기로 삼게 했다. 하지만 어쩌면 사기보다 더 넓은 의미의 도덕적 실패에 대한 벌일 수도 있었다. 킬리츠 판사의 선고는 쿡이 매우 오랫동안 미국 국민을 속여온 것에 대한 응보였다. 즉 석유뿐 아니라 데날리와 북극에 관한 문제가 작용한 것이다.

쿡은 1925년 4월 6일 포트워스 교도소에서 레번워스 교도소로 이송됐다. 목욕을 하면 모공이 열려 질병에 노출된다는 불확실한 의학 개념에 근거해 일주일에 한 번밖에 씻지 않는다는 희한한 습관만 제외하면 쿡은 모범수였다. 그는 취미 삼아 자수를 다시 시작했는데, 그가 마음먹은 많은 일처럼 자수 역시 마스터했다. "이 바느질 작업의 결과는 내 문학적 노력 중 최고의 것에 상응할 만큼 높이 평가한다"라 그는 기록했다. (교도소장은 쿡이 만든 꽃 디자인 자수작품을 주州 경연 대회에 익명으로 출품했는데, 캔자스주의 주부들을 제치고 쿡이 1위를 차지했다.) 시간이 지나 쿡은 『레번워스 뉴 에라Leavenworth New Era』지의 편집장이자 주 저자가 되기도 했다. 그가 주관하면서 이 주간 교도소 신문은 『더 뉴 에라』로 이름을 바꿨고, 전국적으로 구독자를 늘렸다. (구독자 중에는 영향력 있는 볼티모어 편집장이자 문학평론가인 H. L. 멩켄도 있었다.) 신문은 마치 쿡의 끊임없는 호기심을 반영하는 듯, 언어학에서부터 남성 탈모에 이르기까지 다양한 주제를 다뤘다. 이 신문은 쿡이 일생 동안 발전시켜온 독특한 이론들을 상세히 설명하는 플랫폼이 되어주기도 했다. 예를 들어 한 기사에서 쿡은 자신과 아문센이 함께 벨지카호에서 고안한 "새로운 방주" 아이디어를 내놓으며, 세계적인 기아 문제를 해결할 만큼 남극에는 펭귄이 많으며, 그 펭귄들의 배설물은 세계의 농산물을 비옥하게 할 수 있고, 농사를 짓는 과정에서 좋은 일자리를 많이 얻을 수 있다고 주장했다.* 또 다른 기사에서는 문명화된 사회에서 옷은 사람들로 하여금 영양분을 공급해주는 태양 광선 흡수를 방해할 뿐이라고 설명했으며, 깊게 파인 네크라인의 옷을 입고 다니던 당시 신여성들이 잘하고 있는 거라고 말하기도 했다. 하지만 그보다 더 지혜로운 사람들은 역시 그가 과거 티에라델푸에고에서 다년간 연구했던, 옷을 걸치지 않고 살아가는 원주민들이었다.

형기 초반에 쿡은 교도소 병원에서 야간 교대로 의사 업무를 맡았다. 교도소에는 쿡보다 훨씬 더 어리고 훨씬 더 최신의 의학 지식을 보유한 다른 의사들도 있었다. 그러나 그들 대부분은 아편과 코카인 유통을 금지하고 아편과 코카인을 계속 무책임하게 처방하는 의사들을 범죄자로 선고하는 1914년 해리슨 마약법 위반으로 수감되었던 터라 교도소 안에서도 의사로서의 활동은 할 수 없었다. 반면 쿡의 범죄는 의료 행위와 관련 없었기 때문에 야간 타임의 인턴 의사로 선택된 것이었고, 그가 느끼기에 이 자리는 비록 자신의 자질에 비해서는 형편없었지만 그나마 품위를 약간이라도 유지하도록 해준 조처 같았다.

쿡에게는 할 일이 산더미처럼 있었다. 금지령이 최고조에 달했을 때조차 레번워스에서 헤로인과 아편 중독은 술꾼과 밀주업자의 수를 넘어섰다. 밤이 되면 교도소 벽은 중독자들이 호소하는 고통스러운 비명으로 울려퍼질 것이었다. 수감자들은 계속해서 의사에게 약을 달라고, 또는 진정제라도 달라고 간청할 것이다. 레번워스주의 정책에 따라 쿡은 이들의 간청을 대부분 무시했다. 그의 환자들 중에도 쿡이 "교도소의 창백함"이라고 부르는 빈혈 증상으로 고통받는 사람들이 있었

---

* 그는 나중에 덴마크 총리 토르발 스타우닝에게 그린란드로 펭귄을 이주시키자는 장황한 제안서를 보내기도 했다.

다. 수감자 과밀, 신체적 학대, 먹을 수 없는 음식(게다가 충분히 주지도 않음)으로 수감자들의 불평이 가득한, 윌리엄 비들이 소장으로 있는 이곳의 상황은 그야말로 개탄스러웠다. 수많은 사람이 잇몸은 변색되고 손톱은 잘 부서지고 치아는 흔들거리고 있는데, 쿡은 이것이 괴혈병 초기 증상임을 아주 잘 알고 있었다. 이런 증세를 보이면 벨지카호에서 선원들에게 처방한 것과 비슷한 치료법을 권장했다. 규칙적인 운동, 비타민이 풍부한 생식 섭취(생고기 포함), 햇빛에 장시간 노출 등이다. 오래전 벨지카호에서의 병든 장교와 선원들이 발견했던 것처럼, 쿡은 사람들을 진정시키고 최면을 거는 듯한 효과를 주는 재능이 있었다. 이는 어쩌면 환자들이 그의 치료에 대해 정통적이진 않더라도 반응을 보이는 현상을 설명할 수 있는 이유이기도 하다.

벨지카호에서의 경험 이후로 쿡은 태양을 숭배해왔다. 그는 태양 말고는 치료할 수 있는 방법이 거의 없다고 믿고 있었다. 추위와 어둠을 몰아낼 만병통치약이었다. 그리고 현재 그의 마음 상태로 볼 때, 레번워스는 지구상에서 가장 추운 곳이었다.

1926년 1월 19일, 쿡은 면회가 있다는 소식을 들었다. 쿡은 친구나 가족이 교도소에 있는 자신의 모습을 보는 걸 거부했지만, 이번에는 특별한 면회객이었다. 쿡의 수감생활이 영혼의 긴 극지의 밤이라고 한다면, 로알 아문센은 그에게 태양과도 같았다. 노르웨이인 탐험가 아문센은 북극으로 가는 다음 비행을 준비하며 미국에서 여행을 하던 중이었고, 불행한 시간을 보내고 있는 벨지카호의 옛 전우를 만나기 위해 캔자스주에 들른 것이었다.

두 사람은 벤치에 나란히 앉았다. 아문센은 쿡의 손을 잡고는 힘을 꽉 주었다. "자네가 알았으면 하는 게 있네"라며 아문센은 입을 열었다. "온 세상이 자네로부터 등을 돌려도, 나는 자네를 믿는다는 걸 말이네." 쿡은 대화하는 내내 아문센의 손을 놓지 않았다. 둘은 벨지카호를 회상하며, 참여했던 대원들 중 누가 아직 살아 있고 누가 사망했는지 소식을 나눴다. 그러고는 남극에서 함께했던 여정과 아문센의 남극 탐사 간 연관성에 대해서도 이야기했다.

주제는 여성으로 옮겨갔다.

"자네는 무뚝뚝한 독신남이 아닌가." 쿡이 농담했다. "연인은 있나?"

쿡은 장난스럽게 미소 짓길 바라고 한 농담이었다. 하지만 아문센은 도리어 표정이 어두워졌다. "아무래도 결혼은 해야 할 것 같네. 일단 탐사가 끝난 다음에…… 돌아와서 결혼하고 다른 종류의 여정을 시작해야지."

쿡에게는 지난 몇 년간 아문센이 힘든 시간을 보냈음이 느껴지는 순간이었다. 스콧에게 도전장을 던진 그의 행위에 대한 영국 언론의 격분이 그의 명예를 훼손시켰다. 그러다 1913년에는 과거 아문센이 불복종에 대한 벌로 극지 썰매 여정에 함께할 수 없게 했던, 전 동료 얄마르 요한센의 자살이 그의 업적을 더욱 어둡게 만들었다. 특별히 만든 모드호를 타고 얼음 사이를 항해해 북극으로 가려는 시도가 굴욕적이고 지지부진한 실패로 끝나면서, 이전의 영광스러운 남극 탐험은 웃음거리로 전락되고 있었다.

개인적인 일도 잘 잘 풀리지 않았다. 계속되는 재정난을 겪으면서 아문센은 친한 친구들은 물론이고 형제이자 매니저인 레온과도 멀어졌다. 아문센은 모드호 탐험에서 두 명의 이누이트족 소녀를 데리고 돌아왔다. 한 명은 어머니가 없는 카코니타라는 네 살 아이로 아문센이 입양했고, 다른 한 명은 카밀라였다. 아문센은 점점 아이들을 좋아하게 되어, 아이들에게 노르웨이에서 더 나은 삶을 살게 해주고 싶었다. 하지만 파산의 위험 때문에 카밀라는 가족들이 있는 러시아로 보낼 수밖에 없었고, 마음 아픈 10년을 보냈다.

1925년까지 아문센은 성공적으로 재산을 회복했다. 그해 봄 그는 도르니에르-발 타입의 수상기 두 대를 타고 북극으로 가기 위해 링컨 엘스워스라는 미국의 탐험가이자 금융가와 함께 벤처를 세웠다. 원정대에서 몇 주 동안 소식이 없을 때, 세상은 여섯 명을 태우고 출발한 수상기가 실종되었다고 확신했다. 실제로 수상기는 북극에서 160마일도 채 떨어지지 않은 해빙 위에 착륙했다. (아문센이 이제는 셀 수조차 없을 정도로 길어진 그의 머릿속 목표 목록의 첫 번째에 새겨두었던, 지구상에서 아직 도달하지 못한 북극의 가장 높은 위도였다.) 비록 간과되기는 하지만, 활주로를 내기 위해 충분히 먹지도 못한 상태에서 약 600톤의 눈을 삽으로 치운 것을 포함해 수상기 한 대를 다시 띄우려 했던 노력은 아문센의 경력에서 가장 존경스러운 업적 중 하나였다. 그 노동력뿐 아니라 낮은 성공 가능성을 고려해볼 때, 1899년 벨지카호가 총빙에서 빠져나온 사건 바로 다음가는 일이었다.

아문센이 쿡에게 그 모험에 대해 들려주자, 쿡은 잠시 동안 레번워스의 눅눅한 감옥이 아닌 그의 친구와 함께 앞이 탁 트인 조종석에 앉아 있는 기분이었다.

"다음 비행 때는 자네도 우리와 함께했으면 하네. 다음엔 함께 극지를 횡단하자고." 아문센이 말했다.

아문센이 지금까지 쿡보다 극지방에 있어서 훨씬 더 많은 경험을 쌓아왔고, 최근에는 특히나 많은 경험을 쌓았다고 하더라도, 그는 극지 비행의 과학적 가치에 대해 그의 전 스승에게 질문함으로써 쿡의 체면을 세워주었다. 하지만 거의 한 세대 동안이나 극지를 횡단하지 않은 의사는 과거의 생각을 고수했다.

"사람이 날개를 달면, 두 발로 걷는 동물로서의 관점을 잃게 되지 않겠나." 쿡이 말했다. "그게 바로 이해의 기준이 되어야 하네."

반면 아문센은 고도가 유용한 관점을 제시해줄 수 있을 거라고 언급했고, 이는 곧 쿡이 했던 북극에 관한 주장의 정당성을 입증해줄 수도 있었다. "최근 비행에서 착륙하기 전에", 그가 말했다. "그곳의 일반적인 조건을 측정해낼 수 있을 만큼 극지에 충분히 가까운 거리에서 극지를 볼 수 있었네. 거기서 본 모든 것이 자네의 보고 내용을 입증했다네. 육지가 없고, 하늘과 얼음의 색은 특이했고, 빙산이 없었고, 해빙의 특징이며 표류 방향까지 말일세."

쿡은 씁쓸하게 웃었다. 아문센의 이러한 입증은 북극에 가보았다고 주장하는 걸 포기하지 않는 의사에게 있어 모든 걸 의미했다.

그러고는 둘의 대화 주제는 변덕스러운 대중과 비양심적인 언론의 손아귀에서 얼마나 고통받았는지로 옮겨갔다. 아문센은 프랑스어로 말하기 시작했는데, 아마도 호기심 많은 경비원들이 엿듣지 못하게 하려고 그런 듯했다. "참 고달픈 운명일세." 그가 말했다. "밑바닥 곤궁함에서 최고의 영광까지 누렸으니 말이네. 어렵게 얻은 성공은 금세 비난의 고통으로 변했고 말이야. 난 몇 년 동안이나 자네가 어떻게 견뎌냈는지 궁금했다네. 나도 마찬가지일세. 칼에 찔리는 고통은 별로 없었더라도 시샘으로 인한 고통은 꽤 많았으니까."

아문센은 쿡이 쓰던 벨지카호의 언어인 플레밍어, 독일어, 노르웨이어가 섞인 단어로 말하기 시작했다. "혀와 칼에는 공통점이 있네. 둘 다 고통스러운 상처를 낸다는 것이지. 다만 칼의 상처는 치유되나, 혀의 상처는 썩어버려."

쿡은 감정이 북받쳤다. 동료의 눈에도 눈물이 차오르는 걸 보고 쿡도 울기 시작했다.

"사람들이 어둠 속에서 자네를 찔러댄 것처럼", 아문센이 계속해서 말했다. "대낮에는 나를 찔러댔네."

침묵이 흘렀다. 아문센은 쿡의 손을 꽉 쥐고는 창밖으로 흐릿한 겨울날의 풍경을 내다보았다.

"자네를 여기서 보기는 싫으이." 그가 말했다. "건강을 잘 지키게. 기억과 메모를 계속하게. 우린 전에도 몇 번이나 지옥을 경험하지 않았나. 지옥은 춥지만, 자네가 어둠 속에서 나오는 날엔 그 어둠 덕에 햇빛이 더 좋을 것이네."

"그렇게 말해주니 정말 기쁘군." 쿡이 말했다. "하지만 아문센, 나는 지금 상상력만 풍부한 인간이라는 비난을 받고 있어."

"기운 내게, 멍청이들이나 그렇게 혀를 놀리겠지."

한 시간 후 아문센은 일어나 마지막으로 쿡을 껴안고 노르웨이어로 작별 인사를 건넸다.

아문센이 남기고 간 여운은 레번워스의 남은 시간 동안 쿡을 따뜻하게 해줄 것이다. 남극에서 보낸 긴 겨울밤 이후 처음 맞이한 일출처럼, 아문센은 쿡에게 새로운 희망과 에너지를 채워주었다. 그는 회고록을 쓰기 시작했고, 그중 꽤 긴 장을 할애해 벨지카에서 만난 그의 동료에 대해 적었다. 쿡은 그 기록에 "지옥은 추운 곳"이라는 제목을 붙여 아문센에게 헌정했다.

여기에 인용된 대화는 출간되지 않은 원고를 참고한 것이다. 하지만 약간의 의심스러운 부분이 있다. 길고도 은유로 가득한 아문센의 독백(몇 페이지에 걸쳐 기록됨)은 아문센의 평소 건조하고 간결한 말투보다는 쿡의 화려한 산문적 말투와 몹시 닮아 있었다. 몇몇 구절은 신뢰할 만한지 모르겠다. 예를 들어 아문센이 과연 어떻게 혀/칼 경구를 세 가지 언어로 잘 발음해냈을까? 심지어 쿡은 그중 한 언어밖에 이해하지 못하는데? 벨기에 원정대에서 20개월이나 보냈으니, 쿡이 프랑스어를 한마디도 하지 못한다는 걸 알았을 텐데도 왜 프랑스어로 바꿔서 말했을까? 게다가 "지옥은 추운 곳이오"라고 아문센이 말했다는 문장은 쿡의 회고록에서 몇 번이나 다른 사람의 입을 통해 인용된 말이다. (예를 들어 벨지카호가 힘든 시간에 빠졌을 때 르콩트도 이 말을 했다고 썼다.)

아문센의 방문에 대한 쿡의 회상이 어디까지 사실인지 궁금해하는 건 독자의 몫으로 남겨졌다. 물론 일부는 진실일 것이다. 아문센을 향한 그의 깊은 애정(아문센이 쿡에게도 그렇듯)은 의심의 여지가 없다. 하지만 쿡의 여생과 관련된 다른 많은 것과 마찬가지로, 특히 나중에 입증되지 못한 그의 업적들과 관련해서 이 역시 허구와 실제를 구분하기 어려운 내용이 되고 말았다.

여러 증거가 쿡이 몇백 마일을 앞둔 북극까지 간 것이 사실이 아님을 강력하게 시사한다.* 하지만 우리는 그것 역시 확실히 알 수는 없고, 궁극적으로 입증 자체가 불가능하다. 그리고 진실에 비해 쿡의 종잡을 수 없는 발언이 어느 정도까지 악의에 의한 것인지도 명확하지 않다. 어쩌면 쿡은 자신이 정말 북극에 갔다고 믿었을 수도 있다. 어쩌면 부인할 수 없는 영웅적인 여정을 마친 후, 북극에 도달할 자격이 있다고 믿었던 것일 수도 있다.

쿡은 낙관주의와 망상, 뻔뻔함과 사기, 상상과 허튼소리 사이의 아슬아슬한 선을 넘나드는 미국 특유의 정신을 대표하는 전형적인 표본이 되었다. 이 정신은 그로 하여금 벨지카호 동료들에게 효과를 보일 거라는 어떠한 증거도 없으면서 획기적인 치료법을 처방하고, 총빙에서 전례 없이 탈출할 계획을 짜게 만드는 영감을 준 정신이다. 또한 이 정신은 북극과 데날리산 정상을 정복했다고 주장하고, 텍사스에서 일확천금을 노리게 하며, 어쩌면 이러한 목표를 이루지 못했을 때 진실을 왜곡하게까지 만드는 정신이기도 했다.

---

* 『쿡과 피어리: 극지 논쟁, 해결되다Cook&Peary: The Polar Controversy, Resolved』의 저자인 로버트 M. 브라이스는 이와 관련해 특히 설득력 있는 주장을 제시했다.

아문센과 만난 일에 대한 쿡의 기록을 우리가 완전히 신뢰할 수 없다면, 그래서 극지를 다녀왔다는 쿡의 주장을 뒷받침하기 위해 기발하게 구성한 거라고 본다면, 이젠 아문센의 설명에 의존할 수밖에 없다. 레번워스에 면회를 갔다 오고 며칠 후 아문센은 포트워스에서 강연을 했는데, 이때 『뉴욕 타임스』 기자와 인터뷰를 했다.

아문센의 교도소 면회는 전국적인 뉴스가 되었다. 그 정도의 명성을 가지고 있는 탐험가가 악명 높은 사기꾼인 프레더릭 쿡을 만난다는 사실이 북극 논쟁을 재점화했다.

기자는 쿡의 인상과 더불어 무슨 이야기를 나눴는지 아문센에게 물었다.

"안타까운 친구입니다. (…) 그는 늙고 지칠 대로 지쳐 있었소." 아문센이 말했다. "자신의 선고에 대해서는 말하지 않았고, 그저 우리의 옛 추억과 북극에서 했던 내 최근 비행에 대해서만 말했소. 만나서 반갑다고 했고, 지난 시간 동안 자수를 놓고 있었다고도 했소. 참으로 불쌍하오! 불쌍하오!"

아문센은 제대로 된 조사도 하지 않고 쿡이 그렇게 감옥에 있어야만 하는지 잘 모르겠다는 말도 했다. 그리고 탐험가로서의 쿡의 자질에 관해서도 많은 언급을 했다.

"그는 천재였소. 우리가 젊어서 벨기에 남극 탐험을 함께했을 때, 쿡이 아니면 과연 어느 누가 북극을 정복할 수 있겠느냐고 말하기도 했소. (…) 쿡은 내가 본 최고의 여행자요."

그가 뭐라고 하던가요? 쿡은 정말 북극에 갔나요?

"나는 북극에 갔다는 쿡의 주장이 피어리의 주장만큼이나 설득력 있다고 생각하오. (…) 물론 두 사람 다 북극에 가지 않았을 수도 있죠. 쿡의 주장은 피어리의 주장과 비슷한 정도로 타당하다고 봅니다."

아문센은 솔직하게 말한 것을 아마 즉각 후회했을 것이다. 극지에 대한 쿡과 피어리의 주장이 지닌 설득력이 비슷한 것 같다는 그의 언급이 있은 후, 그 논쟁에서 피어리를 계속 지지했을 뿐 아니라 피어리가 사망한 1920년 이후에도 여전히 피어리의 충실한 지지자를 자처해온 국제지질학회the National Geographic Society가 아문센의 다음 극지 비행을 앞두고 연설 초청을 철회했기 때문이다.

아문센은 자신의 진술이 잘못 인용되었다고 주장했다. 국제지질학회의 심기를 건드린 것은 다름 아닌 쿡과 피어리가 둘 다 북극에 갔을 수도 있다고 암시한 부분이었다. 둘 다 갔다고 한다면 먼저 간 것은 쿡이기 때문이다. 그런데 "두 사람 다 북극에 가지 않았을 수도 있다"는 발언의 인용에는 아문센이 이의를 제기하지 않았지만, 이는 더 흥미로운 발언이었다. 결코 생각 없이 한 말이 아니었다. 쿡과 피어리 모두에 대한 의심을 제기함으로써 아문센은 현명하게 앞으로 할 자신의 극지 여행으로 갖게 될 북극 지분을 높이고 있었던 것이다.

1926년 봄, 아문센은 16명으로 구성된 팀과 함께 노르게라는 비행선에 올라탔다. 거기에는 링컨 엘스워스와 노르게호를 디자인한 사람이자 조종사이며 계속해서 짖어대는 애완견 티티나와 함께 탑승하겠다고 주장한 움베르토 노빌레도 포함돼 있었다. 노르게호는 1926년 5월

12일 극지에 도달했고, 아문센, 엘스워스, 노빌레가 내려서 노르웨이, 미국, 이탈리아 국기를 꽂을 때까지 충분히 긴 시간 동안 그 지점 위를 맴돌았다.

그로부터 정확히 사흘 전, 미국인 조종사인 리처드 버드가 삼륜 단엽기를 타고 북극을 일주한 후 북극 상공을 비행하고는 돌아왔다(혹은 그가 그렇게 주장했다). 그가 돌아와 착륙하자마자 그의 탐험에 대한 의구심이 제기되었다. 그의 일기에 대한 최근 조사는 회의론자들의 주장이 옳았음을 입증했고, 버드가 이후에 타이핑한 보고서와 모순되는 육분의 데이터를 지우려고 시도했다는 사실과 자신의 목표에 상당히 미치지 못한 거리까지만 갔으리라는 점을 보여주고 있었다. 이와 마찬가지로 1980년대에 국제지질학회는 로버트 피어리가 1909년 북극에 간 것과 관련하여 새로 입수한 문건을 분석했고, 그 결과 로버트 피어리 역시 기록을 위조했을 가능성이 매우 높다고 결론 내렸다. 만약 쿡도, 피어리도, 버드도 북극을 정복하지 못한 거라면, 압도적인 중론이 그러하듯, 그 트로피는 아문센에게 돌아가게 된다.

아문센은 노르웨이 국기를 휘날리며 서북 항로를 눈부시게 빛냈다. 그의 업적은 어린 시절에 그가 품었던 가장 높은 꿈보다 더 높이 도달했으며, 그의 영웅이었던 난센, 프랭클린, 그리고 그의 아버지의 업적역시 능가했다. 그럼에도 불구하고 그는 갈증이 채워지지 않았다. 더이상 정복할 새로운 땅이 없어졌을 때 그는 울지 않았다. 분노했다. 그러고는 수평선으로부터 완전히 등을 돌리고는 그가 이미 지나온 길에남겨둔 적들의 긴 발자취를 조용히 바라보았다.

1927년 가을 아문센은 심술궂은 마음으로 거칠게 집필한, 업적을 나열한 것에 불과한『탐험가로서의 삶 My Life as an Explorer』을 출간했다. 그러고는 젠체하고 무모하며 외모나 꾸미고 다니는 놈이라고 생각하던 노빌레가 노르게호의 업적을 자신도 동등하게 나눠 가질 자격이 있다고 주장하자, 비난을 쏟아부었다. 또한 국제지질학회가 쿡에게 충성심을 보였다고 해서 자신을 처벌하기로 결정한 것 역시 비난했다. 그리고 남극에 간 스콧을 배신했다며 기만적인 방법으로 자신을 비난한 영국인들을 "악질적인 루저 민족"이라면서 비난했다.

아문센의 분노는 벨지카호 원정으로까지 거슬러 올라갔다. 그는 특히 벨기에 왕립 지리학회와 원정대 리더가 사망할 시 리더 승계자 명단에서 자신을 빼는 계약서에 서명한 드 제를라슈 사령관을 경멸하고 있었다. 그는 겨울이 시작되어 총빙으로 들어갈 때, 드 제를라슈와 르콩트는 "그보다 더 큰 실수를 할 수는 없었을 것"이라고 썼다. 아문센은 얼음 속에서 겨울을 보내겠다는 결정에 반대했다고 주장했으며(물론 당시에 쓴 그의 열정적인 일기는 이와 모순되지만), 드 제를라슈와 르콩트가 괴혈병에 걸린 후 자신이 원정대를 지휘하게 되었다고도 주장했다(이 역시 전혀 사실이 아니다).

『탐험가로서의 삶』이 출간되고 얼마 후 아문센이 표명한 쿡에 대한 지지는 결국 이 유명 노르웨이인의 명성에 손상을 입혔고, 더 나아가 노르웨이 국가 자체에도 손해가 되었다. 노빌레와 이탈리아인에 대한 아문센의 모욕에 대해 보인 무솔리니의 분노는 그나마 괜찮았다. 더 문제였던 건, 노르웨이의 가장 가까운 동맹국인 대영제국의 반응이었다. 아문센의 전 영웅 프리드쇼프 난센(당시에 국제적으로 존경받는 학자이자 정치가이며 노벨평화상 수상자*)은 관계를 원만하게 해결하라는 요청을 받았다.

　난센은 왕립 지리학회의 휴 로버트 밀 학회장에게 이렇게 써서 보냈다. "나는 최근 아문센의 행동들을 도통 이해하지 못하겠습니다. 몇몇 이상한 일이 있었고, 내가 할 수 있는 설명은, 그에게 지금 뭔가 문제가 생겼다는 것 정도입니다. 지금 제 생각에, 그는 균형을 완전히 잃어버린 듯하고, 자신이 어떤 행동을 하는지 더 이상 책임감을 느끼지 않는 것 같습니다. (…) 일종의 광기를 나타내는 다양하면서도 확실한 징후라고 생각합니다."

　이러한 평가는 전문적인 진단이라기보다는(비록 난센이 신경학으로 박사 학위를 따긴 했지만) 문제 해결을 위한 노력에 가까웠다. 하지만 1927년의 아문센은 30년 전 벨지카호 갑판 위에서 젊은 모험가 난센이 처음 만났던 그 아문센이 아니었고, 훨씬 더 궁지에 몰린 사람 같고 편집증적인 사람이 되어 있었다.

　아문센이 극지의 광기에 시달리고 있다 하더라도, 톨레프센과 반 미를로를 비롯해 그 후의 수많은 극지 탐험가와 기지 주둔 요원들을 괴롭혔던 광기와는 성질이 달랐다. 극한의 환경을 지배하는 외부 힘이 아니라, 그런 환경을 그로 하여금 정복하게 만든 야망, 경쟁심, 인내, 그

---

* 1921년부터 1930년에 사망하기까지 난센은 국제연맹의 난민 고등판무관으로 일하며, 일명 난센 여권이라는 것을 발부하는 일을 조직했다. 이 여권은 국제적으로 인정되는 여행 문건으로, 나라를 잃은 수십만 명의 난민이 국경을 넘고 망명을 신청할 수 있도록 했다.

리고 거의 마조히즘에 가까운 끈질긴 투쟁과 같은 내부 힘의 흉포함이
일으킨 광기였다. 이러한 열정은 지리적 목표를 정복했다고 해서 없어
지는 간단한 것이 아니다.

난센이 "광기"라고 불렀던 행동을 아문센은 단순히 자신의 명예를
방어하기 위한 것이라고 설명했을 수도 있다. 그의 냉정하고 과묵한
태도는 시적 감성을 가렸다. 그는 스스로 현대의 삶과 어쩌면 동떨어
진 기사도적인 규범을 따르고 있다고 생각했다. 『탐험가로서의 삶』이
출간되고 얼마 지나지 않아 그는 그러한 규범에 대한 자신의 헌신을
보여줄 기회를 갖게 될 것이었다. 1928년 5월 25일, 아문센은 노빌레
가 북극으로 타고 갔던 비행선 이탈리아호가 돌아오는 길에 실종되었
다는 소식을 들었다. 아문센은 더 생각할 것도 없이 바로 최대의 라이
벌을 돕겠다고 자원했다. 무솔리니는 아문센의 도움이 필요 없다고 알
렸다. 하지만 아문센의 적극적인 제스처는 노빌레의 생명을 구하는 것
만큼이나 자기 자신의 명예를 구제하기 위함이었다. 노빌레가 불구대
천의 원수라는 사실이 아문센의 이러한 행동을 더 관대하게 보이게 해
줄 것이기 때문이었다.

2주 후, 이탈리아호의 생존자들은 킹스만 부근에서 표류하는 중에
이탈리아 지원선 시타 데 밀라노와 무선 통신하는 데 성공했다. 노빌
레와 여덟 명의 대원은 대부분 부상을 입은 상태였고, 스발바르 제도
북부에 있는 해빙에 좌초돼 있었다. 일곱 명은 죽거나 실종되었다. (개
티티나는 멀쩡했다.) 항공과 해상에서 여러 번의 구조 작업이 이미 시
작되고 있었다. 하지만 아문센은 55세의 나이에도 마지막으로 한 번

더 큰 성취의 기회, 즉 어쩌면 마지막이 될 수도 있는, 한 번 더 얼음을 볼 기회를 노리고 있었다. 그는 떠나기 전 이탈리아 기자에게 이렇게 말했다. "오! 당신도 저 북쪽이 얼마나 아름다운지 알았더라면. 그곳은 기꺼이 죽음을 맞이하고 싶은 곳이며, 죽음이 나에게 기사도적인 방식으로 도래했으면 하오. 위대한 공적을 세우는 동안 나를 찾아내, 빠르고 고통 없이 가도록 말이오."

6월 18일, 아문센과 5명의 선원은 노르웨이 북극의 트롬쇠에 정박한 프랑스산 수상기 라담 47호에 올랐다. 모터가 우르릉거리며 켜졌고, 프로펠러가 돌았으며, 비행정은 물 위를 가르며 날았다. 그러고는 곧 공중으로 떠올라, 바렌츠해를 향해 북쪽으로 꺾었다. 이것이 세상이 로알 아문센을 본 마지막 모습이었다.

현재까지 이 비행정의 잔해도 승선자들의 유해도 발견되지 않았다. (노빌레는 구조되었다.)

쿡은 1930년에 형기의 반을 채우고 가석방되었다. 64세의 나이인 그는 한쪽 눈이 거의 실명되었고, 더 이상 모험을 떠날 수 없었다. 석방된 지 얼마 지나지 않아, 그는 윌리엄 맥개리라는 프리랜서 기자와 인터뷰를 했다. 인터뷰 중 맥개리가 쿡에게 아문센의 죽음에 대해 어떻게 생각하는지 물었다.

"충분히 가능하오." 쿡이 답했다. "로알 아문센이 살아 있을 수도 있다는 것 말이오. 분명 그린란드의 북쪽 해안이나 프란츠요제프제도에 갔을 거요. 어쩌면 거기서 계속 살고 있을 수도 있죠. 그는 모든 극지 탐험가들 중에서도 으뜸이었고, 사냥감이 풍부한 지역에 도착했다면, 생활하는 데 큰 어려움은 없을 테니 말이오."

　나이 든 쿡은 친구와 함께한 여행을 떠올리며, 벨링스하우젠해의 총빙으로 기억의 물살을 타고 표류했다.

저자의 말

2015년 봄 『디파처스Departures』 잡지사의 내 책상에 앉아 일하기 싫어 노닥거리다가 벨지카호 원정에 대한 이야기를 처음 들었다. 당시 『뉴요커』 최신 호를 뒤적이다가 눈길을 사로잡는 헤드라인, "화성으로Moving to Mars"를 발견했다. 화성의 조건과 가장 비슷한 지구상의 장소인 하와이의 마우나 로아라는 곳에서 실험을 진행하고 있는데, 6명의 지원자가 궁극적인 화성 미션을 준비하기 위해 측지 돔 아래에서 고립되어 생활하는 내용이었다. 나사가 팀 역학에 관한 연구를 위해 이 실험을 지원하고 있었다. 작가 톰 키지아도 『뉴요커』에 이 이야기를 실었다. 키지아는 첫 단락에서 120년 전에 있었던 원정에 대한 이야기를 했는데, 거기엔 남극의 겨울을 최초로 견디고 살아남은 사람들에 대한 내용도 포함돼 있었다. 그가 언급한 "매드하우스 행진"이라는 문구가 내 눈에 확 들어왔다. 나는 벨지카호와 먼 거리의 우주 탐사 사이에 어떤 연관성이 있을 수 있는지 궁금해졌다. 그런데 그보다 더 나를 잡아끌었던 건 미국에서 가장 뻔뻔한 사기꾼 중 한 명으로 알려진 의사 프레더릭 앨버트 쿡이라는 캐릭터였다. 그는 뛰어난 독창성을 지니고 있었고, 나는 언제나 셜록 홈스, 부치 캐시디, 핸 솔로와 같은 영웅적인 안티 히어로에 푹 빠지곤 했었다. 그의 이야기를 더 찾아보고, 그가 마지막 여생을 내가 매일 강아지와 산책하며 지나던 뉴욕의 라치몬트의 한 집에서 보냈다는 걸 알게 되자, 나는 마치 내가 이 책을 쓰지 않으면 안 된다는 신호를 받은 느낌이었다.

그렇게 5년에 걸쳐 오슬로에서 안트베르펜을 지나 남극까지 벨지카호와 거기 탄 사람들의 흔적을 따라 세계를 가로지르는 집착의 시간이 시작되었다. 일기와 다른 주 출처를 통해 내 앞에 펼쳐진 이야기들은 내가 처음에 상상했던 심플하고 무난한 이야기에 비해 훨씬 더 풍성했다. 탐험은 미래에 위대한 탐험가가 된 두 인물을 만들어냈다. 한 명은 제대로 존경받는 위인이 된 로알 아문센이고, 다른 한 명은 억울하게도 악당이 된 쿡이었다. 그것은 규모와 야심에 있어 역사와 문학에서 위대한 인간 대 자연의 싸움으로 비견되는 끈질긴 남극 해빙으로부터의 서사적인 탈출로 절정에 달했다. 그리고 그 사건이 남긴 유산은 거기서 살아남은 (대부분의) 사람들의 단순한 생존보다 훨씬 더 중대한 것이었음이 입증되었다.

오래전에 극단적으로 고립되었던 여행의 흔적을 따라가면서 나는 당시 원정대가 경험한 감각을 질적으로 접근하는 문제에 어려움을 겪었다. 매일 무슨 일이 일어났는지, 순환 표류 중 배가 도달한 좌표가 어떻게 되는지뿐 아니라 배에 탔던 사람들이 화려한 장관을 발견하거나 고난을 견디는 것이 어떠했는지까지 느껴야 했다. 다행히 벨지카호의 원정은 영웅 시대에 가장 잘 기록된 극지 미션 중 하나로, 적어도 10명 정도는 상세한 일기 또는 일지를 작성해두었다(하나는 나중에 불탔지만).

　연구 중 첫 번째 만난 돌파구는 2018년 가을에 영화 제작자이자 사령관의 증손주인 늠름한 앙리 드 제를라슈가 겐트 외곽의 한 시골에 있는 가족들의 아름다운 집으로 초대했을 때였다.* 거기서 그는 큼직한 네 권의 하드커버로 된 책을 꺼냈다. 아드리앵 드 제를라슈의 탐험 일지였다. 앙리와 나는 날깃날깃해진 책장을 넘기며 보았고, 마치 모험소설을 읽는 듯 빠져들었다. 우리 오른쪽의 큰 계단 아래에는 벨지카호의 썰매 하나가 놓여 있었다. 거칠거칠한 썰매 가장자리 부분을 손으로 쓸며 나는 이 썰매가 어쩌면 쿡과 아문센이 얼음 위에서 죽음에 대항하는 트레킹에 사용한 썰매 중 하나가 아닐까 생각했다. 이들의 이야기가 그날 나에게는 생생히 다가왔다.

　이튿날 아침, 브뤼셀에 있는 왕립 벨기에 자연과학 연구소를 찾았다. 비교적 담백하고 실용적인 디자인에 전통적인 소재를 사용한 건물이었고, 벨지카호 기록물이 다수 보관돼 있었다. 거기서 최근의 척추동

---

* 탐험은 드 제를라슈 가문의 전통이 되어 있었다. 아드리앵의 손자인 장루이와 베르나르는 수많은 극지 탐험에 참여했다. 베르나르의 아들인 앙리는 남극을 몇 번 여행했고, 일곱 개 대륙에서 각각 가장 높은 산의 정상에 올랐다.

물에 대한 전시를 관장하는 올리비에 포웰스와 만나기로 약속돼 있었
다. 해군 스웨터 조끼를 배 위로 늘어뜨려 입은 과학자 포웰스는 동물
세계에 대한 지속적인 열정을 완전히 가려지게 한, 공무원 특유의 세
상만사에 피로한 느낌을 풍겼다. 그는 몸에 잘 맞지 않는 흰 코트를 걸
치고는 연구소의 방대한 수집품들이 있는 안쪽으로 가는 어수선하고
낡은 복도로 나를 안내했다.

　연구소의 175년 역사 동안 누적된 동물 표본은 목재 서랍과 칸막이
가 늘어선, 끝이 없어 보이는 흰 타일로 덮인 미로 속에 보관돼 있었고,
각각은 하나의 종이 여러 개체를 포함하고 있는데, 박제되거나 병에
담기거나 라벨이 붙은 뼈 더미 상태로 들어 있었다. 통로는 마치 실제
동물들이 아무렇게나 돌아다니는 것처럼, 역시 아무런 이유 없이 만들
어진 마술적 사실주의적인 야생동물의 대형 박제들이 아무렇게나 가
득 놓여 있었다. 들소와 플라밍고 떼를 지나쳐, 포웰스는 드디어 클립
보드에 붙은 한 아이템 번호 앞에 도착했다. 그는 양 손에 파란 라텍스
장갑을 꼈다.

　"예전엔 이 표본들을 진드기와 곤충을 막기 위해 비소 안에 보관하
곤 했죠." 그는 말했다. 비소는 100년이 지난 후에도 여전히 사람에게
치명적이다.

　포웰스는 큰 서랍을 열고, 벨지카호의 여정에서 잡아 안락사시켜 벨
기에에서 가지고 온 여러 점의 황제펭귄 표본 중 하나를 꺼냈다. 눈은
텅 비어 있고 털에선 윤기가 사라져 있었지만, 반듯한 자세로 서 있는
4피트 키의 이 새를 보자 경외심이 들었다. 그때의 원정에서 돌아온 존

재를 가장 가까이서 보는 것이었기 때문이다. 나는 벨지카호에 탔던
사람들 중 누가 이 펭귄을 죽였을지 궁금했고, 그 순간의 느낌은 또 어
떠했을지 상상해보았다. 그러고는 이 펭귄 고기가 이들의 목숨을 구하
는 데 도움을 주었구나 생각했다.

이후 몇 시간 동안 포웰스는 벨지카호의 보물 같은 수집품 대부분을
소개해주었다. 우리는 더 많은 펭귄(황제펭귄, 젠투펭귄, 아델리펭귄)과
에탄올로 채워진 병에 든 물범 뼈와 심해어도 보았다.

포웰스는 이제 무척추 동물 층으로 나를 안내했고, 육안으로 간신히
알아볼 수 있는 남극깔따구 유충 한 마리가 들어 있는 슬라이드를 보
여주었다. 남극에 사는 유일한 지상 동물로, 원정대의 루마니아인 박
물학자 에밀 라코비차가 발견한 것이었다. 그걸 본 나는 곧장 1898년
1월 제를라슈 해협을 따라 나 있는 바위투성이 해안으로 간 기분이었
다. 그리고 내 옆에서는 라코비차가 이끼 쪽으로 허리를 구부리고는
눈썹을 찌푸린 채 손에는 확대경을 들고 곤충을 집어내며 고랑 사이를
살피는 것이다.

조르주 르콩트는 1899년 11월 18일 벨기에 왕립 지리학회 연설에서
"한 번의 월동과 두 명의 죽음"보다 훨씬 더 많은 것을 가지고 돌아왔
다는 사실을 강조했다. 벨지카호에 탄 과학자들이 남극 연구에 한 기
여는 결코 과대평가가 아니다. 라코비차는 수백 종의 식물과 동물(이
끼, 지의류, 물고기, 새, 포유류, 곤충, 원양 유기체)에서 수천 개의 표본
을 정리했는데, 대부분 과학계에 없던 것이었다. 그는 펭귄과 물범의
행동을 상세히 기록했다. 그의 동료였던 폴란드인 지질학자 헨리크 아

르츠토프스키는 티에라델푸에고와 그레이엄랜드 사이에 있는 심연을 발견했다. 그리고 같은 폴란드인 동료 안토니 도브로볼스키와 함께 남극권 남쪽에서 최초로 1년 치 기상 및 해양학 자료를 수집했다. 원정대가 발견한 것들을 벨지카 위원회가 분류하고 분석하려면 40년도 더 걸릴 것이었다. 이들 과학자가 한 발견은 전체적으로 얼어붙은 대륙에 대한 우리의 이해의 기초를 만들어주었고, 이 세 사람 모두 뛰어난 경력을 쌓게 되었다.

그러나 벨지카호 여행의 유산은 과학적인 수확에서 그치지 않는다. 이들이 한 일은 현대의 최초로 진정한 국제적 원정으로, 무엇보다 극지로의 첫 국제적 원정이었다. 이러한 업적은 애국심과 군사적 배경에도 불구하고 늘 평화주의를 유지했던 드 제를라슈에게 공이 돌아갈 만하다. 그는 벨기에인만 고용할 거라는 자국민의 기대와 달리, 벨기에 시민권과 관계없이 그가 찾을 수 있는 최고의 사람들을 고용했다. 서구 열강들이 세계를 나눠 가지려고 경쟁하던 시기에, 즉 20년 안에 세계대전으로 이어질 수도 있는 호전적 애국주의가 판치던 시대에 드 제를라슈는 석유가 풍부하고 경쟁이 치열해지고 있는 북극과 달리 오늘날까지 남극 대륙에서 지속되는 세계 협력의 표준을 수립했다.

드 제를라슈가 오늘날 자신의 이름을 딴 해협에 대해 벨기에의 영유권 주장을 거부했다는 것 역시 주목할 만하다. (예를 들어 제임스 클라크 로스는 1841년에 공식적으로 대영제국의 이름으로 빅토리아 랜드의 소유권을 주장했다.) 과학은 정치와 국경을 뛰어넘는다는 자신의 신념에 따라 드 제를라슈는 한 세기 이상의 평화를 위한 발판을 남극에 마련한 것이다. 드 제를라슈와 1957~1958년에 남극 임무를 수행한 그의 아들 가스통 덕분에, 벨기에는 1959년 남극 대륙에 어떠한 군사적 활동도 금지하는 남극 조약에 서명했다. 그리고 1991년에는 후속 협약으로 남극의 동물과 자원을 어떠한 형태의 착취로부터도 보호한다는 마드리드 의정서가 체결되었다. 남극의 이러한 선례는 다시금 국제우주정거장과 같은 위대한 과학적 노력에 적용되어, 경쟁 국가의 우주 비행사들끼리 영토 다툼 없이 평화롭게 협업할 수 있게 되었다.

벨지카호가 가장 많은 영향력을 미친 것은 아마도 프레더릭 쿡이 광범위한 탐사로 인한 파괴적인 생리적·심리적 피해에 대해 성실히 조명한 기록일 것이다. 지난 120년간의 과학은 쿡의 의사로서의 본능이 맞았음을 실증했다.

연중 남극 기지의 과학 및 지원 인력에 대한 임상 연구는 벨지카호에 탄 사람들이 겪은 것과 유사한 신체적·정신적 증상(불규칙한 심장 박동, 피로, 적개심, 우울증, 기억력 저하, 혼란, 인지적 지연)에 대한 보고를 일관되게 기록했다. 또한 "남극의 응시"라고 알려진 해리성 둔주 상태로, 사람들이 중간 어딘가의 거리를 텅 빈 눈으로 아무 반응 없이 바라보는 현상이 자주 발견되었다. 한 의사는 그것을 "10피트짜리 방에서 12피트 앞 바라보기"라고 정의했다. 이는 아담 톨레프센이 미치기 시작한 초기 단계에서 보인 행동을 완벽하게 설명한다.

쿡은 이러한 증상들을 통틀어 "극지성 빈혈증"이라고 불렀다. 오늘날의 연구원들은 "월동 증후군"이라는 말을 쓰긴 하지만, 본질적으로 같은 것이다. 널리 알려진 이론에 따르면, 이 증후군은 우울증 및 심박

세동과 함께 나타나는 갑상선 기능 저하증의 증세 중 하나에 해당되므로 쿡이 괴혈병에 걸리기 전 가장 우려했던 증상인 '뇌 증상'과 '심장 증상'을 모두 동반한다.* 갑상선 호르몬은 신체가 고른 체온을 유지하게 돕고 24시간 주기 리듬을 설정하도록 돕는다. 극단적인 추위와 계속되는 태양의 부재가 어떻게 신체 시스템을 멈추게 하는지 이해하는 건 그리 어렵지 않다.

이것은 어디까지나 가설이다. 이 증후군의 정확한 원인은 쿡이 처음 기록한 지 한 세기가 넘도록 아직 밝혀지지 않았다. 과학자들은 이 이야기의 일부만 생리학적 요소들로 설명할 수 있다고 여기고 있다. 갇힘, 고립, 지루함, 다양하지 않은 음식, 그리고 소규모 사람들 사이에 필연적으로 발생할 수밖에 없는 심리 사회적 압박이 남극 사람들이 겪은 심리적·인지적 증상에 적지 않은 영향을 미친다는 것이다. 오늘날의 의사들은 월동 증후군과 현재 계절성 정동 장애(일광 시간 감소와 관련된 기분 변화)로 알려진 증상 사이에 연관성이 있음을 강조하면서 빛이 인간의 행복에 중대한 역할을 한다는 쿡의 신념을 지지하고 있다. 병든 동료들을 알몸으로 타오르는 불 앞에 서 있게 한 쿡의 무모해 보이는 아이디어는 오늘날에도 무엇보다 수면 장애와 우울증에 처방되고 있는 광선 요법의 첫 시도 사례다.

쿡이 오늘날 북극에 갔다고 거짓말한 사기꾼으로 기억되고 있긴 하

---

* 남극의 맥머도 기지와 아문센-스콧 남극 기지에서 미국인 남성과 여성을 대상으로 실시한 임상 실험 데이터를 분석한 로런스 팰링카스 박사는 관찰된 기억력 저하와 기타 인지 장애가 신체의 에너지 사용 방식을 관장하는 갑상선 호르몬 T3의 단계 저하와 관련이 있다고 단정 지었다.

지만, 어쩌면 인류 탐사의 다음 단계인 화성 탐사에서 명예를 회복할 수도 있다. 그런 여정의 심리적 도전은 기술적 도전만큼이나 쉽지 않은 문제이기 때문이다. 로알 아문센은 "어떤 원정에서든 인적 인자는 그 원정의 4분의 3을 차지한다"고 말하기도 했다. 미래의 위대한 화성 여행자들이 직면할 가능성이 높은 것은 행성 사이에서 겪을 월동 증후군일 것이다. 지구의 극(특히 남극) 주변의 알려지지 않은 빙경은 현재 화성이 우리에게 그렇듯 19세기 탐험가들에게 너무 멀고 험악해 보였을 것이다. 나사는 광활한 우주여행을 위해 인류 역사에서 가장 유사한 선례가 되어줄 극지 탐험에서 교훈을 얻으려고 했다. 이는 2015년에 내가 읽은 『뉴요커』 기사에서 벨지카호에 대해 언급한 부분에 나와 있다.

나사는 지난 30년 동안 1996년에 출간한 저서 『대담한 시도: 극지와 우주 탐사에서 얻은 교훈 Bold Endeavors: Lessons from Polar and Space Exploration』으로 잘 알려져 있는 행동과학자이자 인류학자 잭 스터스터와 긴밀히 협업했다. 벨지카호는 스터스터가 한 연구의 주 사례 중 하나였다. 탐사 인원이 전부 사망한 탐사에서 얻을 수 있는 실용적인 교훈은 많지 않다. 이는 1911년 아문센의 남극 탐사처럼 아무런 문제를 겪지 않고 떠났던 경우도 마찬가지다. 벨지카호처럼 큰 역경에 봉착한 후 그것을 극복하고 돌아온 사람들이 훨씬 더 유익하다. 쿡의 관찰, 경고, 임시방편 조치, 권장 사항들은 나사의 운영 절차에 직접적인 영향을 미쳤다.

예를 들어 스터스터는 우주 비행사들을 대상으로 설문 조사를 해 우주 여행자들이 음식에 금방 질려하고 뭔가 바삭한 걸 먹고 싶어한다는 걸 알아냈다.* 이는 쿡이 "우리가 얼마나 이로 씹고 싶었던지!"라고 불평했던 걸 상기시키게 한다. 이 결과를 가지고 스터스터는 의사의 자문을 받아 가능한 한 다양한 메뉴를 준비할 것을 제안했다. 또한 화성에 가는 의사들에게 쾌활한 태도를 유지하라는 쿡의 주장과 그의 풍부한 아이디어를 닮으라고 전반적으로 권장했다.

"의사의 역할에 대한 글을 쓸 때는 그 사람을 생각했소"라고 스터스터는 나에게 말했다. "프레더릭 쿡 말이오."

우리가 정말 화성에 가게 된다면, 분명 가게 될 텐데, 일정 부분은 쿡에게 공을 돌려야 한다.

내가 이 책을 쓰기 위해 직접 남극을 갈 계획이라고, 늘 좋은 조언을 해주는 편집자인 친구에게 말하자, 그는 "굳이? 일기장만 참고하지 그래?"라고 했다. 뭐라고 대답해야 할지 몰랐다. 이 책은 여행기가 아니다. 그 친구는 내가 업무 핑계로 개인적인 여행 버킷 리스트를 채우려 한다고 의심했다. 꼭 틀린 말은 아니었다. 거기 간다고 해서 뭘 찾을 수 있을지는 몰랐지만, 일기장 기록이 얼마나 구체적인지와 상관없이 남극의 광경, 소리, 냄새를 직접 경험하지 않고는 만족스럽게 재구성해낼 수 없을 것 같았다. 나는 칠레 회사인 안타르크티카 21에 연락해 2018년 12월 중순에 출발하는 일주일 일정의 크루즈 티켓을 질렀다.

---

* 특히 중력이 없는 환경에서 자유롭게 떠다니는 부스러기는 아주 작은 틈새에도 들어가 기계를 방해할 우려가 있기에 이런 걸 먹기는 힘들다.

드 제를라슈와 그의 선원들처럼 나도 푼타아레나스에서 출발했다. 다만 그들과 달리, 나는 폭풍이 몰아치고 높은 악명만큼이나 험악한 드레이크 해협을 비행기로 두 시간 동안 날아 넘어 킹조지섬에 있는 칠레-러시아 연구 기지에 내렸다. 함께 크루즈를 타고 온 동료와 나는 거기서 70인승 크루즈 헤브리디언 스카이호를 타고 브랜스필드 해협을 건너 벨지카호 사람들이 1898년에 발견한 수로로 갔다.

상황이 꼭 나에게 유리하게 돌아갈 거라는 보장은 없었다. 얼어붙은 대륙 주변의 날씨는 완전히 예측 불가능하고 잠재적 위험이 많아 크루즈 회사는 일정에 대해서는 정확한 약속을 하지 못한 채, 크루즈 선장에게 바람과 해류를 조사하고 매일 경로를 결정하도록 맡겼다. 하지만 남아메리카에서 출발하는 거의 모든 남극 크루즈의 1지망 목적지는 지구에서 가장 숭고하고 사진 찍기 좋은 장소 중 하나인 제를라슈 해협이다. 일주일간의 여행을 하며, 나는 이 풍경이 나에게 얼마나 익숙한지를 느끼고 놀랐다. 얼음의 푸르스름한 빛을 제외하고는 쿡이 찍은 흑백 사진과 거의 동일해 보였다. 하지만 곧 벨지카호 사람들이 탐험한 환경은 이제 빠르게 잃어버린 세계가 되어가고 있다는 사실이 분명해졌다.

여행이 중반에 접어든 어느 안개 낀 오후, 몇 명의 승객과 함께 나는 공기 주입식 조디악 보트를 타고 약하게 날리는 눈발을 헤치고 나아가며 수로를 건넜다. 우리는 벨지카호의 두 번째 희생자인 에밀 단코의 이름을 딴 단코섬의 바람 부는 쪽에 도착했다. 펭귄과 혹등고래가 벨지카호 사람들에게 했던 것처럼 우리 앞에서도 쇼를 보여주었다. 처음에는

120년 전과 바뀐 게 없어 보였다. 하지만 더 가까이서 보자 달랐다.

조디악 보트의 키를 잡은 사람은 고객을 위해 남극 과학 해설사로 고용되어 훈련받은 지질학자 밥 길모어 씨였다. 그는 업무의 연장선으로 제를라슈 해협의 수온, 염분, 식물성 플랑크톤 개체수를 측정했고, 지역 내 변화를 모니터링하긴 하지만 정기적으로 방문하는 성의까진 보이지 않는 연구 및 정부 기관과 이 자료를 공유했다. 길모어 씨는 나에게 작은 관을 건네며 바닷물을 채워보라고 했다. 나는 라코비차와 아르츠토프스키가 1898년에 더없이 행복했을 첫 주에 수행한 일과 동일한 일이라고 속으로 생각했다. 길모어 씨는 동물성 플랑크톤이 식물성 플랑크톤을 먹어치우기 전에 샘플 안에 든 유기체를 죽이기 위해 스포이트로 용액을 짜넣었다. 그러고는 관 상단을 돌려 닫고 내용물을 가지고 배에 돌아와 분석했다.

지난 몇 년 동안 길모어 씨가 이런 샘플들에서 관찰한 변화는 미묘하지만 심각했다. 따뜻해진 기온이 빙하가 녹는 속도를 가속화시켰다. 이 때문에 늘어난 담수의 흐름은 해협의 염도를 낮췄다. 그 결과로 식물성 플랑크톤 군집의 구조가 변했다. 크릴새우가 잘 먹는 대형 규조류는 염분이 더 적은 물에 더 잘 적응하는 소형 규조류로 대체되었다. 이런 경향성은 잠재적으로 치명적인 결과로 이어질 수 있다. 즉, 비교적 큰 규조류가 사라져버리면 이를 먹고 사는 크릴새우도 사라질 수 있는 것이다. 크릴새우가 사라지면, 이 섬세한 생태계의 나머지도 전부 사라질 것이다.

나는 2018년과 2019년 사이 여름에 남극 대륙을 방문한 5만 명이 넘는 사람 중 한 명이었다. 내가 여기 있다는 사실이, 특히 헤브리디언 스카이호를 비롯해 이와 같은 여러 척의 배에서 뿜어져 나온 가스가 이 마법 같은 곳을 직접적으로 위험하게 만드는 데 원인이 되었다는 사실도 알고 있다. 남극이 관광지로 인기를 얻고 있는 건 이해가 간다. 이곳에 가볼 수 있는 특권을 가진 사람들에겐 그 경험이 놀랍고 경이로울 것이기 때문이다. 이곳은 지구상에서 마지막으로 볼 수 있는 진정한 야생의 장소다. 하지만 남극 관광이라는 개념 자체가 어떤 면에서는 안타깝다. 일 년에 수천 명의 사람이 드 제를라슈와 그의 선원들이 전체 남극 대륙에 있는 유일한 인류라는 그런 두려움을 안고 항해한 그곳에서 마티니를 마시고 노래를 부른다니 말이다.

　강력한 쇄빙선과 통신 기술로 이곳을 여행하는 것은 더 안전해졌다. 그렇다고 남극이 덜 위험해졌다고 생각하면 안 된다. 위험이 변형된 것뿐이다. 남극은 드 제를라슈, 스콧, 섀클턴의 시대와 똑같이 인간의 목숨에 위험하다. 그저 얼음 속으로 무모하게 모험을 떠난 탐험가들보다 좀더 많이 알고 파악할 수 있을 뿐이다.

　수백만 년 동안 남극의 빙하는 바다로 흘러나가며 빙산을 느리게, 그리고 지속적으로 깎아냈다. 지난 수십 년간 빙산을 깎아내는 속도는 이 지역의 기온이 놀라운 수준으로 급격히 상승하면서 마찬가지로 빨라졌다. 2020년 2월 열파가 닥치면서 그레이엄랜드 끝에 있는 시모어섬의 기온은 69도를 기록했다. 덜 고립되어 있는 북극은 기후변화가 최남단 대륙에 어떤 영향을 주게 될지 미리 보여주고 있다. 아문센이 작은 외위아호를 타고 3년에 걸쳐 개척한 서북 항로는 2007년에 처음으로 배를 타고 지나갈 수 있게 되었다. 그리고 북극의 여름 해빙은 2050년까지 점차 없어질 것으로 예상되고 있다.

남극의 얼음은 지구 담수의 최소 80퍼센트를 가지고 있다. 이것이 전부 녹으면, 지구의 해수면은 최대 200피트까지 상승해 세계지도를 크게 바꿔놓을 것이다. 어쩌면 가까운 미래에는 일어나지 않을 수 있다. 남극의 만년설은 두께만 1마일이 넘기 때문이다. 하지만 지속적인 온난화는 해수면 상승으로 이어지고, 해수면 상승은 해안 정착지를 사라지게 하며 엄청난 고통을 초래할 것이다. 이 대륙은 엄청난 파괴력을 지닌 코일 스프링이라고 봐야 한다.

만약 포나 베른이 아직 집필활동을 하는 중이라면, 그들의 상상력을 자극시킬 악몽 같은 시나리오가 아닐 수 없다. 할 수 있는 모든 걸 할 뿐 아니라 지구 끝까지 가볼 사람들이기 때문이다. 벨지카호 대원들이 남극의 미스터리를 밝히라는 부름에 응한 것처럼, 이제는 과학자와 탐험가들이 새로운 길을 열어야 할 때다. 이들이 아드리앵 드 제를라슈의 대담함, 로알 아문센의 불굴의 용기, 그리고 프레더릭 쿡의 상황 대처 능력을 갖기를 바란다. 벨지카호처럼 우리는 스스로 만든 함정 속으로 경솔하게 항해하곤 한다. 하지만 그랬던 벨지카호 원정대가 뭔가를 증명했다면, 우리 역시 결코 운명을 포기할 이유가 없다. 행운은 용기 있는 자를 돕는다 Audaces fortuna juvat!!

감사의 말

내가 이 프로젝트를 시작하기로 했을 때, 1800년대 후반의 세계 지도에 남극이 텅 비어 있었던 것처럼, 내 머릿속 역시 텅 비어 있었다. 당시 나는 아문센, 스콧, 섀클턴과 같이 몇몇 사람의 이름과 관련된 몇 가지 사실을 제외하고는 그곳의 역사나 지리에 대해 전혀 아는 바가 없었다. 게다가 책을 어떤 식으로 집필해야 할지에 대한 아이디어도 거의 없었다. 하지만 나는 제를라슈의 낙관론처럼, 안개를 헤쳐 길을 찾아나가는 것이 예상보다 어렵지 않을 거라고 생각했다. 지난 5년간 나를 안내해준 많은 사람의 도움이 없었더라면 분명 바위에 부딪혀 좌초되고 말았을 것이다.

이 주제에 대한 공동의 열정만으로 시간과 지식을 공유해주신 분들에게 도저히 갚을 수 없는 은혜를 입었다. 브뤼셀의 그랑 플라스에서 처음 만나 맥주를 마신 날부터 늘 후한 도움을 주신, 벨지카 역사를 함께 연구하는 요제프 베를린덴과 매번 보물 같은 기록을 찾아주신 노르웨이 국립 도서관의 안네 멜고르에게 특히 감사드린다. 또한 남극 대륙의 역사와 과학에 대한 모든 질문에 참을성 있게 답변해주신 스콧 극지 연구소의 로버트 헤들랜드를 비롯해, 자문을 제공해주신 잭 스터스터, 로런스 페일린카스, 수전 캐플런, 세라 케널, 케네스 라마스터, 데이비드 로즈, 댄 오렌, 예이르 클뢰베르, 페르 이슬레 갈로엔, 아테네 앙겔로스, 마르크 로이트베커, 캐럴 스미스께도 감사드린다. 그리고 뉴벨지카 프로젝트 책임자인 퀴르트 판 캄프께 막바지에 안트베르펜으로 데려가주신 데 대해 큰 감사를 드린다. 크든 작든 모두 이 프로젝트의 항해에 바람이 되어주었다.

특히 선조들의 자료와 일지를 참고할 수 있도록 허락해주신 앙리 드 제를라슈, 베르나르 드 제를라슈, 그리고 장루이 드 제를라슈에게도 감사드리고, 왕립 벨기에 자연과학학회의 탐험 기록에 접근을 허락해주신 클로드 드 브로이어와 활발한 교류를 해주신 조르주 르콩트의 후손들께도 감사드린다.

도움이 되어준 아카이브의 다국어 기록은 숀 바이, 에마 브레슬리, 엘린 멜고르, 토마슈 포플라브스키와 같은 번역가들이 없었다면 결코 도움이 되지 못했을 것이다. 또한 고등학교 때 배운 나의 독일어(그리고 구글 번역기) 해석을 확인하는 데 도움을 준 마르쿠스 푈커에게도 감사드린다.

수정 단계가 되어서야 무서울 정도로 뛰어난 팩트체커인 CB오언스와 함께 일하게 되었는데, 그는 수많은 당황스러운 오류로부터 나를 구해주고, 몇 년 동안 내가 제대로 보지 못한 120년 치 문서를 추적해주며, 고용되고 난 후에야 노르웨이어를 읽을 줄 안다고 고백했다.

　이 프로젝트는 에비타스 크리에이티브 매니지먼트 팀이 없었더라면 그저 희미하고 차디찬 빛으로만 남았을 것이다. 특히 이 팀의 지칠 줄 모르는 에이전트인 토드 슈스터와 저스틴 브로커트, 그리고 에스콰이어사의 전 상사 데이비드 그레인저는 이 이야기에 대한 높은 기대로 열정적이었다. 편집을 맡아준 케빈 도틴의 열정 역시 그에 못지않았는데, 후에 나의 가장 가까운 협업자가 되었다. 또 리디아 모건부터 아트 디렉터 크리스토퍼 브랜드와 엘레나 자발디를 비롯한 출판 팀, 북디자이너 시몬 설리번, 카피 에디터 바버라 자콜라에게 내가 오랫동안 집필을 꿈꿔온 책에 생명을 불어넣어주신 데 대해 감사드린다.

　많은 친구와 동료들이 그동안 지지하고 조언해주었다. 일일이 다 언급할 순 없지만, 일단 나의 남극 여행 일정을 도와준(파타고니아에서 퓨마에게 공격당할 뻔하게 한) 오픈 스카이 익스피디션즈의 알렉스 로스, 양어깨에 악마와 천사가 앉은 것처럼 각각 내 초고를 읽어준 에드 코치와 존 로페즈 그리고 『디파처스』의 전 동료들, 특히 제프리스 블랙커비, 마우라 에건, 리베카 스테플러, 그리고 나의 저자 프로필 사진을 찍어주며 추위를 맛보게 해준 저스틴 비숍에게 감사드린다.

　마지막으로 내 가족들에게 깊은 감사를 전한다. 나에게 길을 가르쳐주신 아버지께, 나의 가장 열렬한 독자이신 어머니께 감사드린다. 그리고 나의 파트너이자 가장 사랑하는 제시카 레빈에게 감사하다. 마지막으로 자신들이 나에게 얼마나 영감을 주는지 모르고 있는 딸 마야와 레일라에게도 감사하다.

참고 자료

기록 자료

Belgian Antarctic Expedition. Archives. Royal Belgian Institute of Natural Sciences. Brussels.

Cook, Frederick A. Leavenworth Federal Penitentiary inmate case file. U.S. National Archives and Records Administration. College Park, MD.

Cook, Frederick A. Papers. Library of Congress Manuscript Division. Washington, DC.

Cook, Frederick A. Papers. Stefansson Collection on Polar Exploration. Dartmouth College. Hanover, NH.

De Gerlache Family Collection. Zingem, Belgium.

Frederick A. Cook Society Records. Byrd Polar and Climate Research Center Archi.5val Program. The Ohio State University. Columbus.

Library and Archives. Norwegian Maritime Museum. Oslo.

National Archives of Norway. Oslo.

National Library of Norway. Oslo.

Osterrieth, Léonie. Belgian Antarctic Expedition archives. FelixArchief. Antwerp.

Royal Belgian Geographical Society. Archives. Université Libre de Bruxelles. Brussels.

도서 및 저널 기사

Amundsen, Roald. *My Life as an Explorer*. Garden City, NY: Doubleday, Page & Company, 1927.

————. *The Northwest Passage: Being the Record of a Voyage of Exploration of the Ship "Gjöa."* New York: E. P. Dutton, 1908.

————. *The South Pole: An Account of the Norwegian Antarctic Expedition in the "Fram."* 1910-1912. Two volumes. Translated by A. G. Chater. London: John Murray, 1912.

Anthony, Jason C. *Hoosh: Roast Penguin, Scurvy Day, and Other Stories of Antarctic Cuisine.* Lincoln: University of Nebraska Press, 2012.

Arctowsky, Henryk. "The Antarctic Voyage of the Belgica During the Years 1897, 1898, and 1899." *The Geographical Journal,* no. 18 (July-December 1901).

————. Die antarktischen Eisverhältnisse: Auszug aus meinem Tagebuch der Südpolarreise der "Belgica." 1898-1899. Gotha, Germany: Justus Perthes, 1903. (Translations by author.)

————. "Aurores australes." Résultats du voyage du S.Y. Belgica en 1897-1898-1899. Rapports scientifques, Météorologie (1901).

————. "Exploration of Antarctic Lands." *The Geographical Journal,* no. 17 (January-June 1901).

Astrup, Eivind. *With Peary Near the Pole.* Translated by H. J. Bull. London: C. Arthur Pearson, 1898.

Beattie, Owen, and John Geiger. *Frozen in Time: The Fate of the Franklin Expedition.* New York: E. P. Dutton, 1987.

Bergreen, Laurence. *Over the Edge of the World: Magellan's Terrifying Circumnavigation of the Globe.* New York: William Morrow, 2003.

Bomann-Larsen, Tor. *Roald Amundsen.* Translated by Ingrid Christophersen. Thrupp, Stroud, Gloucestershire, UK: Sutton, 2006.

Bown, Stephen R. *The Last Viking: The Life of Roald Amundsen.* Boston: Da Capo Press, 2012.

————. *Scurvy: How a Surgeon, a Mariner, and a Gentleman Solved the Greatest Medical Mystery of the Age of Sail.* New York: Thomas Dunne Books, 2003.

Bridges, E. Lucas. *Uttermost Part of the Earth: A History of Tierra del Fuego and the Fuegians.* 1948. Reprint, New York: The Rookery Press, 2007.

Bryce, Robert M. *Cook & Peary: The Polar Controversy, Resolved.* Mechanicsburg, PA: Stackpole Books, 1997.

Chapman, Anne. Hain: *Ceremonia de iniciación de los Selk'nam de Tierra del Fuego.* Santiago de Chile: Pehuén Editores, 2009.

Cook, Frederick Albert. "The Antarctic's Challenge to the Explorer." *The Forum*, no. 17 (June 1894): 505-512.

————. "The Great Indians of Tierra del Fuego." *The Century Magazine*, no. 59 (March 1900): 720-729.

————. *My Attainment of the Pole: Being the Record of the Expedition That First Reached the Boreal Center, 1907-1909. With the Final Summary of the Polar Controversy. 1911.* Reprint, New York: Mitchell Kennerley, 1912.

————. "My Experiences with a Camera in the Antarctic." *Popular Photography*, February 1938, 12-14, 90-92.

————. "A Proposed Antarctic Expedition." *Around the World*, no. 1 (1894): 55-58.

————. *Through the First Antarctic Night: A Narrative of the Voyage of the Belgica Among Newly Discovered Lands and Over an Unknown Sea About the South Pole. 1901.* Reprint, New York: Doubleday, Page & Company, 1909.

————. *To the Top of the Continent: Discovery, Exploration and Adventure in Sub-arctic Alaska. The First Ascent of Mt. McKinley, 1903-1906.* New York: Doubleday, Page & Company, 1908.

Darwin, Charles. *Voyage of the Beagle.* 1839. Reprint, New York: Penguin Books, 1989.

Decleir, Hugo, ed. *Roald Amundsen's Belgica Diary: The First Scientifc Expedition to the Antarctic.* Translation by Erik Dupont & Christine Le Piez. Norfolk, UK: Erskine Press, 1999.

Decleir, Hugo, and Claude De Broyer, eds. *The Belgica Expedition Centennial: Perspectives on Antarctic Science and History.* Brussels: Brussels University Press, 2001.

De Gerlache, Adrien. "Fragments du récit de voyage." Résultats du voyage du S.Y. Belgica en 1897-1898-1899. Rapports scientifques, 1938.

————. *Quinze mois dans l'Antarctique.* Brussels: Imprimerie scientifque

Ch. Bulens, 1902. (Translations by author.)

Dobrowolski, Antoni Boleslaw. *Dziennik wyprawy na Antarktydę (1897-1899)*. Edited by Irena Łukaszewska & Janusz Ostrowski. Wrocław-WarsawKrakow: Zakład Narodowy im. Ossolińskich, 1968. (Translations of select passages provided to author by Sean Bye and Tomasz Popławski.)

————. *Wyprawy polarne: Historja i zdobycze naukowe*. Warsaw: Henryka Lindenfelda, 1914. (Translations of select passages provided to author by Sean Bye.)

Dodds, Klaus, Alan D. Hemmings, and Peder Roberts, eds. *Handbook on the Politics of Antarctica*. Cheltenham, Gloucestershire, UK: Edward Elgar Publishing, 2017.

Drinker, Henry S. *Tunneling, Explosive Compounds, and Rock Drills*. New York: John Wiley & Sons, 1882.

Du Fief, Jean, ed. *Bulletin de la Société Royale Belge de Géographie*, no. 24 (1900): 1-531.

Dunn, Robert. *The Shameless Diary of an Explorer*. 1907. Reprint, New York: Modern Library, 2001.

Dyer, George L. *The Use of Oil to Lessen the Dangerous Efect of Heavy Seas*. Washington, DC: Government Printing Ofce, 1886.

Fletcher, Francis. *The World Encompassed by Sir Francis Drake*. London: Nicholas Bourne, 1652.

Freeman, Andrew. *The Case for Doctor Cook*. New York: Van Rees Press, 1961.

Headland, Robert Keith. *A Chronology of Antarctic Exploration: A Synopsis of Events and Activities from the Earliest Times Until the International Polar years, 2007-09*. London: Bernard Quaritch, Ltd., 2009.

Henderson, Bruce. *Peary, Cook, and the Race to the Pole*. New York: W. W. Norton & Company, 2005.

Hochschild, Adam. *King Leopold's Ghost: A Story of Greed, Terror, and Heroism in Colonial Africa*. New York: Mariner Books, 1999.

Huntford, Roland. *The Last Place on Earth: Scott and Amundsen's Race to the South Pole*. 1979. Reprint, New York: Modern Library, 1999.

————. *Two Planks and a Passion: The Dramatic History of Skiing*. London, New York: Continuum, 2008.

Kløver, Geir O. *Antarctic Pioneers: The Voyage of the Belgica 1897-99*. Oslo: The Fram Museum, 2010.

Lansing, Alfred. *Endurance: Shackleton's Incredible Voyage*. 1959. Reprint, New York: Basic Books, 2014.

Larsen, Carl Anton. "The Voyage of the 'Jason' to the Antarctic Regions." *The Geographical Journal*, no. 4 (July-December 1894): 333-344.

Lecointe, Georges. *Au pays des manchots: Récit du voyage de la "Belgica."* Brussels: Oscar Schepens & Cie, 1904. (Translations by author.)

———. "Mesures pendulaires." Résultats du voyage du S.Y. Belgica en 1897-1898-1899. *Rapports scientifques*, Physique du Globe (1907).

———. *La navigation astronomique et la navigation estimée*. Paris, Nancy: Berger-Levrault & Cie, 1897.

———. "Travaux hydrographiques et instructions nautiques." Résultats du voyage du S.Y. Belgica en 1897-1898-1899. *Rapports scientifques* (1907).

Marinescu, Alexandru, ed. *Belgica (1897-1899): Emile Racovitza-lettres, journal antarctique, conférences*. Bucharest: Fondation Culturelle Roumaine, Collection le Rameau d'Or, 1998.

Marinescu, Alexandru. *Le Voyage de la "Belgica": Premier hivernage dans les glaces antarctiques*. Paris: L'Harmattan, 2019.

Martin, Stephen. *A History of Antarctica*. Kenthurst, New South Wales, Australia: Rosenberg Publishing Pty Ltd, 2013.

Nansen, Fridtjof. *Farthest North*. London: Archibald Constable and Company, 1897.

Oren, Dan A., Marek Koziorowksi, and Paul H. Desan. "SAD and the NotSo-Single Photoreceptor." *The American Journal of Psychiatry*, no. 170 (December 2013): 1403-1412.

Palin, Michael. *Erebus: The Story of a Ship*. London: Hutchinson, 2018.

Palinkas, Lawrence A. "Psychological Factors and the Seasonal Afective Disorder." Reports on the Conference on Polar and Alpine Medicine, presented at the Explorers Club, New York City, September 25, 1999, 11-22.

Palinkas, Lawrence A., and Peter Suedfeld. "Psychological efects of polar expeditions." *The Lancet*, no. 371 (January 12, 2008): 153-163.

Peary, Robert E. *Northward Over the "Great Ice": A Narrative of Life* and Work Along the Shores and upon the Interior Ice-Cap of Northern Greenland in the Years 1886 and 1891-1897. New York: Frederick A. Stokes, 1898.

Pergameni, Charles. Adrien de Gerlache: Pionnier maritime–1866-1934. Brussels: Editorial-Ofce H. Wauthoz-Legrand, 1935.

Poe, Edgar Allan. The Narrative of Arthur Gordon Pym of Nantucket. New York: Harper & Brothers, 1838.

Poplimont, Ch. La Belgique héraldique: recueil historique, chronologique, généalogique et biographique complet de toutes les maisons nobles reconnues de la Belgique, vol. 4. Paris: Imprimerie de Henri Carion, 1866.

Pyne, Stephen J. The Ice: A Journey to Antarctica. Iowa City: University of Iowa Press, 1986.

Racovitza, Emil. "Cétacés." Résultats du voyage du S.Y. Belgica en 1897-1898-1899. Rapports scientifques, Météorologie (1903).

———. "Vers le Pôle Sud: Conférence faite à la Sorbonne sur l'Expédition Antarctique Belge, son but, ses aventures et ses résultats." Causeries scientifques de la Société zoologique de France, no. 7 (1900): 175-242.

Schelf hout, Charles E. Les Gerlache: Trois générations d'explorateurs polaires. Aix-en-Provence: Editions de la Dyle, 1996.

Sides, Hampton. In the Kingdom of Ice: The Grand and Terrible Polar Voyage of the USS Jeannette. New York: Doubleday, 2014.

Smith, Percy S. "Hawaiki: The Whence of the Maori." The Journal of the Polynesian Society, no. 8 (1899): 1-48.

Stuster, Jack. Bold Endeavors: Lessons from Polar and Space Exploration. Annapolis, MD: Naval Institute Press, 1996.

Verlinden, Jozef. Discovery and Exploration of Gerlache Strait. Bruges, 2009.

———. Poolnacht: Adrien de Gerlache en de Belgica-expeditie. Tielt, Belgium: Lannoo, 1993.

Verne, Jules. Le sphinx des glaces. Paris: Bibliothèque d'éducation et de récréation, 1897.

———. Vingt mille lieues sous les mers. Paris: Bibliothèque

d'éducation et de récréation, 1870.

Walke, Willoughby. *Gunpowder and High Explosives.* Washington, DC: Government Printing Ofce, 1893.

Wharton, Charles S. *The House of Whispering Hate.* Chicago: Madelaine Mendelsohn, 1933.

출처에 관하여

1897년 1월 14일 에스타도스섬에서 살다가 1899년 3월 28일 푼타아레나스로 돌아오기 전까지 벨지카호 선원들은 다른 사람들과의 접촉이 전혀 없었다. 따라서 이 스토리의 출처는 제한적일 수밖에 없었다. 다행히 많은 탐험가가 약간의 기록 같은 것을 남겼고, 보존된 기록들은 놀라울 정도로 그 색상이며 세부 사항이 잘 살아 있었다.

　여행을 연대기순으로 설명하는 장에서는 네 가지 주요 출처에 전적으로 의존했다. 프레더릭 쿡이 흥미롭게 쓴 『남극의 첫날밤을 보내며』, 엄격함과 남성스러움에 있어서 거의 헤밍웨이의 문체와 유사한 로알 아문센의 일기, 아드리앵 드 제를라슈의 우아한 이야기인 『남극에서의 15개월』, 그리고 조르주 르콩트의 『펭귄의 땅에서』였다. 읽으며 짜증도 났다가, 재미도 있었다가, 가끔은 꽤 뭉클했다. 프랑스어로 된 기록은 전부 저자 본인이 직접 번역했다.

세부 내용은 대부분 세 명의 동유럽 과학자의 일기를 참고했다. 헨리크 아르츠토프스키는 『지질학 연구』 지에 본인이 하고 돌아온 항해에 대해 많은 내용을 발표했다. 에밀 라코비차는 지금 사람들이 들어도 자꾸만 폭소를 터뜨릴 만큼 재미있는 글과 강연을 남겼다. 안토니 도브로볼스키의 기록들은 특히 많은 내용을 담고 있었으며, 거침없는 저속함뿐 아니라 강력한 서정적 순간까지 포함하고 있었다.

선원들의 입장은 안타깝게도 장교나 과학자들의 관점만큼 잘 기록되어 있지 않았다. 다만 운 좋게 나는 카를 아우구스트 빙케가 글을 쓴 잡지를 손에 넣었다. 이 글은 희망과 깊은 성찰로 가득한 가슴 아픈 글이었고, 글이 갑자기 1월 22일에 끝나 있다는 점이 여전히 울컥하게 만든다. 요한 코렌은 남극 탐험대가 남극에 도착한 후부터는 일기를 쓰지 않았지만, 그래도 일기를 보존하고 있었다. 그의 일기에는 훌륭하게 그린 그림이 많아 유용하다.

마지막으로 사령관의 기록도 있었는데, 항해일지 문건이 다 그렇듯, 건조한 문체로 쓰여 있긴 했지만, 꾸밈없는 시적 요소가 특징이다.

여행 기록의 대부분은 브뤼셀에 있는 왕립 벨기에 자연과학학회에 있다. 여기에는 원정대의 계획뿐 아니라 드 제를라슈가 얼음에 갇힌 동안, 그리고 주로 자기 선실에 머무는 동안 주고받은 서신과 비망록 등 보물 같은 자료가 많았다. 이 자료를 통해 얻은 이야기들은 14장에서 자세히 서술했다.

드 제를라슈는 레오니 오스테릿에게 편지를 쓸 때 가장 솔직했다. 안트베르펜의 펠릭스 아카이브에 보관되어 있는 그녀의 편지는 원정대를 시작하는 과정과 사령관의 회복에 대해 많은 정보를 담고 있었다.

강박적인 작가인 쿡은 아주 길고 방대하면서도 정리되지 않은, 미출간 회고록들을 써두었고, 이 자료는 워싱턴 DC의 의회도서관에 보관돼 있다. 거기엔 『지옥은 추운 곳Hell is a cold place』(극지 경험에 관한 이야기), 『정글을 빠져나와Out of the Jungle』(레번워스 교도소 생활에 관한 이야기), 『그 너머를 엿보다Peeps into the beyond』(그의 광범위한 여행을 기반으로 한 민족지학적, 형이상학적 사색) 등이 포함돼 있었다. 의회도서관에서 수집한 쿡의 자료 중에는 아버지의 명성을 회복하는 데 일생의 대부분을 바친 딸 헬렌 쿡 베터가 보유하고 있던 전기적 기록도 포함돼 있다.

수십 년간 프레더릭 A. 쿡 협회는 공동의 목표를 추구했다. 오하이오 주립대학에 있는 버드 극지 및 기후 리서치 센터에 기증된 협회의 기록 중에는 수많은 귀중한 문서가 있었다. 특히 쿡의 전기를 집필한 앤드루 프리먼이 기록한 인터뷰 내용이 유용했다.

1961년에 출간된 프리먼의 『닥터 쿡의 사례Case for Doctor Cook』는 세 주요 캐릭터의 인생과 그들의 시간을 채우는 데 많은 도움을 받은 몇 안 되는 책 중 하나다. 벨지카호 이전과 이후의 쿡의 자세한 삶의 내용은 로버트 M. 브라이스가 쓴 『쿡&피어리: 극지 논란, 해결되다 Cook&Peary: The polar controversy, Resolved』를 많이 참고했다. 이 자료는 내가 지금까지 본 자료 중 매우 철저한 조사를 바탕으로 쓰인 논픽션 자료들 가운데 하나다. 아문센을 제대로 서술하기 위해서는 주로 롤런드

헌트퍼드의 『지구의 마지막 장소The Last place on earth』와 토르 보만라르센의 『로알 아문센』이라는 뛰어난 두 전기작품을 참고했다. 마지막으로 사령관을 서술하는 데 있어서는 드 제를라슈의 아들 가스통과 여러 협의를 거쳐 아름답게 정리해 집필한 샤를 셸프하우트의 『르 제를라슈』의 일부를 참고했다.

놀랍게도 항해에 대해 구체적으로 기록된 장편의 책은 거의 없었고, 그중에서도 영어로 쓰인 책은 전혀 없었다. 벨지카호에 열광하는 세계는 비록 작지만 열정만은 대단했는데, 특히 두 역사가의 자료에서 큰 도움을 받았다. 하나는 고 루마니아 학자 알렉산드루 마리네스쿠의 원정대에 관한 작품으로, 이 책의 원고를 마무리할 무렵에 출간된 『"벨지카"의 여행Le voyage de la "Belgica"』이었다. 다른 하나는 이 주제와 관련된 수많은 책을 쓴 플랑드르 작가 요제프 베를린덴의 자료였다.

나는 대서양 양쪽에서 수백 개의 신문을 얻어 꼼꼼히 살펴보았다. 드 제를라슈가 잘 알고 있던 벨기에 신문들은 이 원정을 심도 있게 다루었다. 이들의 특전은 배가 안트베르펜을 출발하고 돌아올 때에 대한 설명을 하는 데 큰 도움이 되었다. 벨지카호가 떠나 있는 동안 나온 기사들 역시 놀라운 내용이 많았다. 1898년 봄, 전 세계 신문사들이 벨지카호의 종말에 대해 보도했다. 배가 비글 해협에 정박한 사실은 국제적으로 난파선이 되었다는 소식으로 변해 있었다. (쿡의 약혼녀인 애나 포브스는 『뉴욕 헤럴드』에서 벨지카호가 실종됐다고 보도한 지 일주일도 지나지 않아 브루클린에서 사망했다.)

따옴표로 표시한 모든 대화는 원출처에서 본 그대로를 실은 것이다.

요약되었거나 의역된 대화는 고딕체로 표시했다. 속으로 한 생각은 전부 그 생각을 한 해당 인물이 직접 쓴 기록이나 말에서 차용했다. 몇 안 되는 나의 추측이 들어간 경우는 그에 맞는 적절한 언어로 서술했으며, 모두 논리적 추론과 세심한 조사에 근거했다.

원정에 대한 다른 이차적인 설명에서는 나오지 않는 세부 내용을 포함하는 일부 단락에 대해서도 설명하고자 한다. 3장 초반에 지친 반 미를로가 갑판 위에서 총을 휘두른 사건은 1897년 9월 3일자 빙케의 일기에 나오는 내용이다. 몬테비데오 항구에서 있었던 선실의 유혈 싸움은 빙케와 도브로볼스키가 술에 취해 몽롱한 상태에서 쓴 듯한 일기에 나온 내용이다. 푼타아레나스에서 폭동이 일어날 뻔하게 했던 드제를라슈와 반 담의 대결은 1897년 12월 9일 사령관의 일지 초반부를 참고했다. 1898년 1월 2일에 단코가 돛대 위로 벨기에 국기를 올리며 울었던 장면은 도브로볼스키의 기록 『극지 탐사: 역사와 과학적 업적 Wyprawy polarne: Historja I zdobycze naukowe』을 참고했고, 이 기록은 르콩트의 기억과 약간은 상충된다. 남극의 긴 밤이 선원들을 무력하게 만들 수 있다는, 근거 없는 쿡의 경고는 『그 너머를 엿보다』에 자세히 서술되어 있었다. 12장에 나온 1898년 7월에 르콩트가 거의 죽을 뻔했다는 사실은 『펭귄의 땅에서』와 『지옥은 추운 곳』에 나온 대화를 결합해 참고했다. 에필로그에 나온 탐험 이후의 아담 톨레프센의 안타까운 죽음에 대한 자세한 내용은 노르웨이 국립 기록 보관소의 공개 기록 자료를 참고했다. 1909년 9월 코펜하겐 호텔 피닉스에서 있었던 쿡과 아문센의 만남은 『지옥은 추운 곳』 일부와 쿡과 프리먼의 인터뷰 일부를 함께 참고했다.

역사는 개인의 기억처럼 본질적으로 정확하지 못하다. 주 출처들 사이에서도 모순되는 점이 발견될 때마다 나는 일종의 위계를 정해 그에 따라 신뢰성을 부여했다. 일기 또는 드 제를라슈의 일지와 같이 어떠한 사건 이후 가장 빨리 작성된 기록이 몇 달 또는 몇 년 후에 작성된 설명보다 더 신뢰할 만하다고 정했다. 같은 회고록 중에서도 드 제를라슈와 르콩트의 기록은 내가 느끼기에 딱히 부지런한 기록가도 아니면서 종종 미사여구를 넣어야만 직성이 풀렸던 쿡의 기록보다는 더 믿을 만하게 느껴졌다. 나의 팩트체커 역할을 해준 CB 오언스는 딱 잘라 이렇게 말했다. "쿡과 제삼자가 있다면, 나는 제삼자를 믿겠다."

쿡을 언제 믿어야 할지, 또 언제 믿지 말아야 할지가 오랫동안 날 괴롭혔다. 쿡은 나이가 들면서 점점 더 믿기 어려운 사람이 된 듯했다. 우리는 그가 정말로 데날리산이나 북극 정복을 속이려고 했는지 알 수 없지만, 교도소에서 그가 쓴 수천 장의 화려한 글을 본 뒤로는 그가 이룬 업적 중 많은 부분의 진실을 왜곡했다고 생각하게 되었다. 하지만 그의 인생에서 가장 자랑스러운 챕터 중 하나일 벨지카호와 관련해서는 그렇게 전혀 못 믿을 이야기꾼은 아니라는 증거가 있다. 데날리와 북극과는 달리 그가 묘사한 사건들을 본 목격자가 많았고, 그중 몇몇은 자기 책을 출판하기도 했다. 『남극의 첫날밤을 보내며』는 벨지카호에 대해 처음 출간된 회고록인데, 이후로 나온 기록들도 쿡의 설명과 유의미하게 모순되지 않았다.

하지만 아르츠토프스키가 1909년 『메트로폴』지에 쿡의 북극 정복과 전반적인 그의 정직성에 의구심을 품고 쓴 연재 기사를 보고 다시 혼란스러워졌다. 그는 무엇보다 쿡이 『남극의 첫날밤을 보내며』에서 고양이 난센의 죽음 이야기를 날조했다고 비난했다. 그는 고양이 난센이 배 밖으로 던져진 것이 쿡이 탐험에 참여하기 전이었기 때문에 쿡은 난센을 본 적이 없다고 했다. 이 발언은 내가 고양이를 던진 사건에 대해 언급한 빙케의 일기를 보기 전까지 나를 매우 혼란스럽게 만들었다. 빙케는 또 고양이 이름을 스베르드루프라고 기록했다. 난센은 비록 마지막엔 죽었지만 당시엔 살아 있던 다른 고양이 이름이었다. 쿡의 말이 맞았던 것이었!

　물론 아닐 수도 있다. 어쩌면 펭귄 고기와 같이 그의 기억은 유연성을 발휘해서 듣는 게 가장 좋다. 어찌 됐든 벨지카호 사람들, 그리고 아르츠토프스키조차 동의하는 단 하나의 사실이 있는데, 그건 바로 쿡이 없었더라면 남극의 겨울 동안 결코 살아남을 수 없었으리라는 점이다. 쿡을 향한 아문센의 꺼지지 않는 충성심은 나에게 있어 궁극적인 증거로 작용했으며, 적어도 벨지카호와 관련해서는 쿡이 맞는 말을 했을 거라는 평가를 받을 자격이 있다.

미쳐버린 배: 지구 끝의 남극 탐험
걸작 논픽션 24

초판인쇄 2022년 7월 4일
초판발행 2022년 7월 11일

지은이 줄리언 생크턴
옮긴이 최지수
펴낸이 강성민
편집장 이은혜
마케팅 정민호 이숙재 김도윤 한민아 정진아 우상욱 정유선
브랜딩 함유지 함근아 김희숙 안나연 박민재 박진희 정승민
제작 강신은 김동욱 임현식

펴낸곳 (주)글항아리 | 출판등록 2009년 1월 19일 제406-2009-000002호

주소 413-120 경기도 파주시 회동길 210
전자우편 bookpot@hanmail.net
전화번호 031-955-2696(마케팅) 031-955-2560(편집부)
팩스 031-955-2557

ISBN 979-11-6909-012 4 03900

잘못된 책은 구입하신 서점에서 교환해드립니다.
기타 교환 문의 031-955-2661, 3580

www.geulhangari.com